Die Zulässigkeit der Stiftung & Co. KG

Bochumer Studien zum Stiftungswesen

Herausgegeben von Karlheinz Muscheler

Band 13

Zur Qualitätssicherung und Peer Review der vorliegenden Publikation

Die Qualität der in dieser Reihe erscheinenden Arbeiten wird vor der Publikation durch externe, von der Herausgeberschaft benannte Gutachter geprüft.

Notes on the quality assurance and peer review of this publication

Prior to publication, the quality of the work published in this series is reviewed by external referees appointed by the editorship.

Gordian Oertel

Die Zulässigkeit der Stiftung & Co. KG

Unter besonderer Berücksichtigung der Strukturmerkmale der Stiftung bürgerlichen Rechts

PL ACADEMIC RESEARCH

Bibliografische Information der Deutschen Nationalbibliothek
Die Deutsche Nationalbibliothek verzeichnet diese Publikation
in der Deutschen Nationalbibliografie; detaillierte bibliografische
Daten sind im Internet über http://dnb.d-nb.de abrufbar.

Zugl.: Bochum, Univ., Diss., 2015

D 294
ISSN 1864-936X
ISBN 978-3-631-67197-9 (Print)
E-ISBN 978-3-653-06698-2 (E-Book)
DOI 10.3726/978-3-653-06698-2

Peter Lang – Frankfurt am Main · Bern · Bruxelles · New York ·
Oxford · Warszawa · Wien

Diese Publikation wurde begutachtet.

www.peterlang.com

Vorwort

Die vorliegende Arbeit wurde im Jahr 2015 von der Juristischen Fakultät der Ruhr-Universität Bochum als Dissertation angenommen. Gesetzgebung, Literatur und Rechtsprechung sind auf dem Stand von April 2015; spätere Veröffentlichungen konnte ich nur punktuell nachtragen.

Besonderer Dank gebührt meinem Doktorvater Professor Dr. Karlheinz Muscheler für seine in jeder Hinsicht vorbildliche Betreuung. Hervorheben möchte ich den mir gewährten wissenschaftlichen Freiraum und die Ermutigung kontroverse Ansichten selbstbewusst zu vertreten. Sein Interesse am Gelingen der Arbeit und sein persönliches Engagement, das nicht zuletzt bei der sehr zügigen Erstbegutachtung deutlich wurde, sind ebenso besonders zu erwähnen. Ebenfalls bedanken möchte ich mich bei Herrn Professor Dr. Bernd Andrick für die freundliche Übernahme des Zweitgutachtens.

Meine Eltern haben mir meine akademische Ausbildung ermöglicht und mich auf meinem bisherigen Lebensweg unterstützt und gefördert. Dafür danke ich ihnen von Herzen. Ebenso herzlich danke ich meiner Schwester für ihren Rat und ihre motivierenden Worte.

Größten Dank schulde meiner Lebensgefährtin Katinka von Marwick, vor allem für ihre unendliche Geduld. Durch ihre liebevolle Unterstützung und ihre Hilfsbereitschaft hat sie in hohem Maße zum Gelingen der Arbeit beigetragen.

Bonn, im April 2016
Gordian Oertel

Inhaltsverzeichnis

3. Teil: Gesellschaftsrechtliche Zulässigkeit

§ 1 Einleitung

A. Einführung

In Ansehung der vorliegenden Themenstellung mag der eine oder andere sich fragen, warum eine weitere Untersuchung die Zulässigkeit der Stiftung & Co. KG in den Blick nimmt, wo doch die Verbindung einer Stiftung bürgerlichen Rechts mit einer Personengesellschaft des Handelsrechts hinlänglich beleuchtet erscheint. In der Tat ist über die Beteiligung einer Stiftung bürgerlichen Rechts an einer Kommanditgesellschaft oder einer offenen Handelsgesellschaft in der Vergangenheit viel diskutiert worden.

Gegenstand der wissenschaftlichen Aufarbeitung war allerdings weit überwiegend die Darstellung der Stiftung & Co. KG im Allgemeinen. Zwar gehen einige stiftungsrechtliche Arbeiten den augenscheinlichen Schwierigkeiten bei der Übernahme der Komplementärstellung durch eine Stiftung nach. Die Herangehensweise war aber stets von Fragestellungen aus dem Umfeld der Unternehmensnachfolge und des großen Potenzials solcher Gestaltungen im familiären Kontext geprägt. Meist erschöpfen sich die Ausführungen in einer Darstellung der gesellschaftsrechtlichen Struktur, in Erläuterungen zu den spezifischen Besonderheiten im Vergleich zur GmbH & Co. KG sowie in Überlegungen zur Rechtsformwahl. Aufgrund ihrer vergleichsweise hohen „Flughöhe" war es diesen Untersuchungen nicht möglich, Einzelfragen zur Zulässigkeit der Stiftung & Co. KG in den Blick zu nehmen. Zudem stand die Streitfrage der allgemeinen Zulässigkeit unternehmensverbundener Stiftungen lange Zeit im Zentrum der Aufmerksamkeit[1]. Erst nachdem der Gesetzgeber im Rahmen der im Jahre 2002 in Kraft getretenen Modernisierung des Stiftungsprivatrechts die Geltung des Prinzips der gemeinwohlkonformen Allzweckstiftung bestätigt hat, ist diese – um die allgemeine Zulässigkeit geführte – Diskussion weitgehend abgeflaut.

B. Themenstellung

Während das Schrifttum Fragen zur Verwendung und Eignung[2] der Stiftung & Co. KG als Unternehmensträgerin vielfach behandelt hat, rücken hinsichtlich ihrer Zulässigkeit neuerdings Aspekte in den Vordergrund, denen noch vergleichsweise wenig Beachtung zugekommen ist[3]. So steht inzwischen für die Beurteilung unternehmensverbundener Stiftungen das Verbot der Selbstzweckstiftung im Zentrum

---

1 Vgl. statt anderer *Hennerkes/Binz/Sorg*, DB 1986, 2269, 2269 ff. m.w.N.

2 Zuletzt ging *Gehrke*, Die Stiftung & Co. KGaA im Gesellschafts- und Steuerrecht, S. 185 ff., der Frage, ob die Stiftung & Co. eine „optimale Rechtsform" ist, u. a. mit einem ausführlichen Steuerbelastungsvergleich nach.

3 Ähnlich *Burgard*, Die Stiftung 3 (2009), S. 31, 51.

der Überlegungen[4]. Auch das sogenannte Verbot der Funktionsstiftung wird gegen die Übernahme der Komplementärstellung durch eine Stiftung bürgerlichen Rechts in Stellung gebracht. Diese Entwicklung zeigt, dass der in unternehmensverbundenen Stiftungen liegende rechtspolitische Zündstoff beachtlich ist[5]. Wie kaum eine andere Erscheinungsform der Stiftung bürgerlichen Rechts bieten sie in der Rolle der persönlich haftenden Komplementärin den Vertretern der beiden im Stiftungsrecht vorzufindenden Denkschulen[6] eine Projektionsfläche für ihre jeweiligen Ansätze.

Die vorliegende Untersuchung verfolgt vor diesem Hintergrund das Ziel, den möglichen, insbesondere den zuletzt in den Fokus gerückten, sich auf das Verbot von Selbstzweck- und Funktionsstiftungen beziehenden Zulässigkeitsbedenken im Einzelnen nachzugehen. Dabei soll ein Schwerpunkt darauf liegen, die These vom Verbot der Selbstzweckstiftung und der Unzulässigkeit der Funktionsstiftung auf ihre Vereinbarkeit mit den gesetzlichen Merkmalen der Stiftung bürgerlichen Rechts zu untersuchen. Denn grundsätzlich darf jede Rechtsform zu jedem mit ihr erreichbaren Zweck verwendet werden[7]. Zweifel an den „Verboten" von bestimmten Stiftungszwecken sind also angebracht.

Ein besonderer Reiz der vorliegenden Themenstellung besteht darin, dass mit der Frage der Zulässigkeit der Stiftung & Co. KG eine Vielzahl von Problemfeldern des Stiftungsrechts in zugespitzter Form zur Untersuchung gestellt wird. Denn die Aufgabe der juristischen Person in einer GmbH & Co. KG erschöpft sich in der Regel in der Geschäftsführung und Vertretung sowie der Haftungsübernahme. Sie übernimmt regelmäßig keine Einlage und ist am Gesellschaftskapital und Vermögen sowie an Gewinn und Verlust der KG nicht beteiligt[8]. Seit der Einführung der Unternehmergesellschaft bietet sich der kautelarjuristischen Praxis zudem in Gestalt der UG (haftungsbeschränkt) & Co. KG eine wesentlich kostengünstigere Alternative zur GmbH & Co. KG. Im Hinblick auf die Stiftung & Co. KG ergibt sich daraus die Frage, ob vergleichbare Gestaltungen mit dem Stiftungsrecht vereinbar sind[9].

---

4 So explizit *Hüttemann/Rawert*, in: v. Staudinger, BGB, Vor §§ 80 ff. Rn. 148 ff., 150.

5 Vgl. nur *Weitemeyer*, Vorwort zu npoR Heft 4/2010, die die *„Weisheit des Stiftungsrechts gegenüber Versuchen verteidigen"* will, das Stiftungsrecht zu einem Rechtsgebiet des „‚anything goes'" zu machen. Siehe auch die Reaktion von *Reuter*, AcP 207 (2007), S. 1 ff., auf die Habilitationsschrift von *Burgard*.

6 *Rawert*, in: Hopt/Reuter, Stiftungsrecht in Europa, S. 109, 113 f, dort auch Fn. 27 und 28; vgl. auch die Ausführungen von Reuter, AcP 207 (2007), S. 4 ff., unter dem Gliederungspunkt „Korrekturversuche".

7 *Burgard*, Gestaltungsfreiheit im Stiftungsrecht, S. 66.

8 So *Lüke*, in: Hesselmann/Tillmann, Handbuch GmbH & Co. KG, § 3 Rn. 33, für die GmbH & Co. KG.

9 *Neuhoff*, in: Soergel, 11. Aufl., Vor § 80 Rn. 70, erfasst den Fall der Stiftung & Co. KG dann als missbräuchliche Zwecksetzung, wenn die Stiftung lediglich um der Haftungsbeschränkung willen errichtet ist.

C. Eingrenzung des Themas

Die Untersuchung soll dazu beitragen, das für eine freie Rechtsformwahl notwendige rechtliche Fundament im Hinblick auf die Zulässigkeitsfrage zu verdichten. Dabei existiert insbesondere im Zusammenhang mit der Rolle der Stiftung als Komplementärin eine ganze Reihe von Problemen, die von großer praktischer Bedeutung sind. Die skizzierte Tiefe des Untersuchungsprogramms zwingt auf der anderen Seite zu einer Begrenzung des Themas. Die vorliegende Untersuchung beschränkt sich auf die Zulässigkeit der Stiftung & Co. KG. Dabei werden einige rechtliche Besonderheiten des Organisationsrechts der stiftungsbeteiligten Kommanditgesellschaft angesprochen. Maßgabe soll stets der Bezug zur hier im Vordergrund stehenden Zulässigkeitsfrage sein. Da das Organisationsrecht der Stiftung & Co. KG in weiten Teilen mit dem der GmbH & Co. KG identisch ist, kann von einer umfassenden Darstellung abgesehen werden, zumal sich ausführliche Übertragungen des Organisationsrechts der GmbH & Co. KG auf die Stiftung & Co. KG bereits in der Literatur finden[10].

D. Gang der Untersuchung

Die folgende Untersuchung gliedert sich in drei Teile. Bevor sie sich der Zulässigkeitsfrage im Einzelnen zuwendet, stellt ein Grundlagenteil – gleichsam vor der Klammer – den aktuellen Wissensstand zur Stiftung bürgerlichen Rechts summarisch dar. Dies dient einerseits dem besseren Verständnis der später im Rahmen der Zulässigkeitsuntersuchung erfolgenden Auseinandersetzung mit Einzelfragen zur Struktur der selbstständigen Stiftung. Zudem hilft es, die in der Stiftungspraxis repräsentativen Erscheinungsformen vom Normtyp der §§ 80 ff. BGB und darauf aufbauend von (auch) zulässigen, atypischen Gestaltungsformen zu kontrastieren. In diesem ersten Teil wird zudem ein Überblick über das Recht der Kommanditgesellschaft und die historische Entwicklung der GmbH & Co. KG gegeben.

Bei der anschließenden Prüfung der Zulässigkeit soll trennscharf zwischen den Problemstellungen des Stiftungsrechts und solchen des Rechts der Kommanditgesellschaft differenziert werden. Fragen der stiftungsrechtlichen Zulässigkeit lassen sich im Kern nicht mit Hinweisen auf gesellschaftsrechtliche Gestaltungsmöglichkeiten beantworten. Umgekehrt gilt das Gleiche. Aus diesem Grund beschäftigt sich der zweite Teil fokussiert mit der stiftungsrechtlichen Zulässigkeit, der dritte Teil mit der Zulässigkeit unter Gesichtspunkten des Handels- und Gesellschaftsrechts.

---

10 Statt vieler *Höfner-Byok*, Die Stiftung & Co. KG, S. 35 ff.; *Henkel-Hoffmann*, Die Stiftung im Umfeld wirtschaftlicher Tätigkeit, S. 127 ff.

1. Teil: Grundlagen

§ 2 Stiftungsrecht

A. Der Gegenstand der Untersuchung

Um den Gegenstand der vorliegenden Untersuchung herauszuarbeiten, ist die rechtsfähige Stiftung zunächst von der nicht rechtsfähigen Stiftung sowie von den Stiftungskörperschaften abzugrenzen, die alle Stiftung im weiteren Sinne sind.

I. Terminologie

Der Begriff „Stiftung" wird in der deutschen Sprache vielfältig verwendet, sodass es zunächst einer Begriffsbestimmung bedarf. Allgemeinsprachlich wird er so umfassend gebraucht, dass ein Bezug zu der juristischen Terminologie kaum besteht. So bedeutet er im allgemeinen Sprachgebrauch sowohl die Hingabe eines bestimmten Vermögens, die dieses an einen bestimmten Zweck bindet, wie auch die Institution selbst, die durch die Vermögenshingabe finanziert wird[11]. Demgegenüber erfasst die Rechtssprache den Akt des Stiftens als sogenanntes „Stiftungsgeschäft" und grenzt so den Errichtungsakt vom Errichteten begrifflich ab[12].

Die Rechtssprache versteht im Sinne eines funktionalen (weiten) Stiftungsbegriffs, der losgelöst von den gesetzlichen Begrifflichkeiten besteht, als „Stiftung" ein Vermögen, das aufgrund eines freiwilligen und endgültigen Übertragungsaktes auf einen vom Stifter zu wählenden, aber von ihm verschiedenen Rechtsträger beliebiger Art übergeht und von diesem nach Maßgabe bestimmter und gegebenenfalls getrennt von seinem sonstigen Vermögen als Sondervermögen dauerhaft zu verwalten ist[13]. Auch innerhalb der Rechtssprache ist der Stiftungsbegriff mit verschiedenen Bedeutungen besetzt. Er ist Oberbegriff für eine Vielzahl unterschiedlicher Stiftungsarten und -unterarten.

II. Abgrenzung zur unselbstständigen Stiftung

Regelungsgegenstand der §§ 80 bis 88 BGB ist allein die rechtsfähige Stiftung, die auch als selbstständige Stiftung bezeichnet wird. Aus dem Gesetz ergeben sich drei wesentliche Elemente der rechtsfähigen Stiftung: der Stiftungszweck, das Stiftungsvermögen

---

11 Vgl. *Backert*, in: Bamberger/Roth, § 80 Rn. 3; so schon *Liebetanz*, Das Stiftungswesen nach bürgerlichem und öffentlichem Recht unter Berücksichtigung der Rechtsprechung, S. 15.

12 So differenzierte bereits § 80 Abs. 1 BGB in der Fassung vom 01. Januar 1900 zwischen Stiftung und Stiftungsgeschäft.

13 *Hüttemann/Rawert*, in: v. Staudinger, BGB, Vor §§ 80 ff. Rn. 3.

und die Stiftungsorganisation[14]. Diese wesentlichen Merkmale aufgreifend wird als rechtsfähige Stiftung heute für gewöhnlich die nicht verbandsmäßig organisierte juristische Person verstanden, die bestimmte per Stiftungsgeschäft festgelegte Zwecke mit Hilfe eines Vermögens verfolgt, das diesen Zwecken dauerhaft gewidmet ist[15].

Von der rechtsfähigen Stiftung ist die unselbstständige Stiftung zu unterscheiden, die auch treuhänderische oder fiduziarische Stiftung genannt wird. Unter einer unselbständigen Stiftung wird die Übertragung von Vermögenswerten auf eine natürliche oder juristische Person mit der Maßgabe verstanden, diese als ein vom übrigen Vermögen des Empfängers getrenntes wirtschaftliches Sondervermögen zu verwalten und dauerhaft zur Verfolgung der vom Stifter gesetzten Zwecke zu verwenden[16]. Der wesentliche Unterschied ist also, dass es sich bei der unselbständigen Stiftung um eine schuld- oder erbrechtliche Gestaltung handelt[17]. Hervorzuheben ist, dass die Wesensmerkmale der rechtsfähigen Stiftung – Stiftungszweck, Stiftungsvermögen und Stiftungsorganisation – auch die unselbstständige Stiftung kennzeichnen. Sie ist allerdings nicht eigens kodifiziert, sodass mit den Mitteln und in den Grenzen der Vertragsgestaltung die Beziehung[18] zwischen Treugeber und -nehmer so ausgestaltet werden kann, dass die unselbstständige Stiftung dem Muster der rechtsfähigen Stiftung angenähert wird[19]. Eine analoge Anwendung

---

14 *Ellenberger*, in: Palandt, BGB, Vor § 80 Rn. 5 f.; *Hüttemann/Rawert*, in: v. Staudinger, BGB, Vor §§ 80 ff. Rn. 4; *O. O. Werner*, in: Erman, BGB, Vor § 80 Rn. 7; *Reuter*, in: MünchKomm/BGB, Vor § 80 Rn. 51.

15 BVerwG, Urteil v. 12.02.1998, Az. 3 C 55/96, NJW 1998, S. 2545, 2546; so im Ergebnis auch der Regierungsentwurf zum Gesetz zur Modernisierung des Stiftungsrechts, der zusätzlich explizit die Organe nennt, die die Stiftung befähigen im Rechtsverkehr aufzutreten.

16 BGH, Urteil v. 12.03.2009, Az. III ZR 142/08, BGHZ 180, S. 144; vgl. *Hof*, in: v. Campenhausen/Richter, Stiftungsrechts-Handbuch, § 36 Rn. 3, der auf das Rechtsverhältnis zwischen Stifter und Rechtsträger abstellt.

17 *Ellenberger*, in: Palandt, BGB, Vor § 80 Rn. 10; *Hof*, in: v. Campenhausen/Richter, Stiftungsrechts-Handbuch, § 36 Rn. 1. A. A.: *Bruns*, JZ 2009, S. 840 ff., mit Verweis auf die Möglichkeit der gesellschaftsrechtlichen Ausgestaltung einer fiduziarischen Stiftung; vgl. auch *Spilker*, ZStV 2010, S. 127 ff.

18 Die Rechtsnatur dieser Rechtsverhältnisse ist umstritten. Teilweise wird auf die Regeln zum Auftragsverhältnis nach §§ 662 ff. BGB abgestellt, teilweise wird davon ausgegangen, dass es sich um eine Schenkung unter Auflage im Sinne der §§ 516, 525 BGB handelt. Siehe dazu: *Hof*, in: v. Campenhausen/Richter, Stiftungsrechts-Handbuch, § 36 Rn. 30; *Reuter*, in: v. Campenhausen/Kronke/O. Werner, Stiftungen in Deutschland und Europa, S. 208 ff.

19 *K. Schmidt*, in: Hopt/Reuter, Stiftungsrecht in Europa, S. 180 ff., bezeichnet diese Gestaltung als *„virtuelle Stiftung"*; *Hüttemann/Rawert*, in: v. Staudinger, BGB, Vor §§ 80 ff. Rn. 231, bezeichnen sie als *„Simulation"*.

der §§ 80 ff. BGB auf die unselbstständige Stiftung lehnt dagegen die herrschende Meinung mit Hinweis auf fehlende Analogievoraussetzungen ab[20].

III. Abgrenzung zu den Stiftungskörperschaften

Neben den bereits genannten Stiftungen gibt es Rechtsgebilde, die sich Stiftung nennen, obwohl sie eine andere Rechtsform haben. Insbesondere Vereine und GmbHs sind von der Praxis zu Ersatzformen der rechtsfähigen Stiftung bürgerlichen Rechts entwickelt worden und tragen in diesen Fällen die Bezeichnung „Stiftung" in ihrem Namen[21]. Bekannte Beispiele hierfür sind die Robert-Bosch-Stiftung-GmbH oder die Parteistiftungen, namentlich die Konrad-Adenauer-Stiftung e. V. und die Friedrich-Ebert-Stiftung e. V.[22]. Die Zulässigkeit der Verwendung des Begriffs „Stiftung" in diesen Fällen ist heute anerkannt[23]. Die Aufnahme des Begriffs Stiftung in die Bezeichnung der Körperschaft ist aber nur solange zulässig, wie dadurch nicht eine Irreführung der Öffentlichkeit oder Täuschung im Rechtsverkehr möglich wird[24].

Durch entsprechende satzungsrechtliche Konstruktionen sowohl beim eingetragenen Verein als auch bei der GmbH werden bei diesen Stiftungskörperschaften stiftungsartige Strukturen erzielt, insbesondere eine weitgehende Abkopplung der Mitglieder vom Körperschaftsvermögen. Das Vermögen der Körperschaft wird auf einen gemeinnützigen Stiftungszweck und die Stiftungstätigkeit anstatt auf die Mitglieder ausgerichtet[25]. Allerdings sind diesen Gestaltungsmaßnahmen Grenzen gesetzt. Die Befugnis der Gesamtheit der Verbandsmitglieder, Grundlagenänderungen, also Zweckänderung oder Ertragsverteilung, zu beschließen, muss wegen des Prinzips der Verbandsautonomie gewahrt bleiben[26]. Allenfalls kann das Beschlussquorum für solche Entscheidungen auf Einstimmigkeit erhöht werden, wobei solche Entscheidungen jedoch im Prinzip weiter möglich bleiben müssen. Dem großen Vorteil der Stiftungskörperschaften, die Freiheit von staatlicher Stiftungsaufsicht, steht also eine

---

20 RG, Urteil v. 08.11.1922, Az. IV 74/22, RGZ 105, S. 303, 305 ff.; *Ebersbach*, Handbuch des Deutschen Stiftungsrechts, S. 175; *Schlüter*, Stiftungsrecht zwischen Privatautonomie und Gemeinwohlbindung, S. 57.

21 *Schlüter*, Stiftungsrecht zwischen Privatautonomie und Gemeinwohlbindung, S. 66; *Saenger*, in: Werner/Saenger, Die Stiftung, Rn. 170; *v. Campenhausen/Stumpf*, in v. Campenhausen/Richter, Stiftungsrechts-Handbuch, § 2 Rn. 19.

22 *Riehmer*, Körperschaften als Stiftungsorganisation, S. 217.

23 *Neuhoff*, in: Soergel, BGB, Vor § 80 Rn. 38; *Hüttemann/Rawert*, in: v. Staudinger, BGB, Vor §§ 80 ff. Rn. 291; *Riehmer*, Körperschaften als Stiftungsorganisation, S. 217.

24 OLG Stuttgart, Urteil v. 12.02.1964, Az. 8 W 229/63, NJW 1964, S. 1231 f.; BayObLG, Beschluss v. 25.10.1972, Az. BReg 2 Z 56/72, NJW 1973, S. 249; *Riehmer*, Körperschaften als Stiftungsorganisation S. 39.

25 *Burgard*, Gestaltungsfreiheit im Stiftungsrecht, S. 708; *v. Campenhausen/Stumpf*, in: v. Campenhausen/Richter, Stiftungsrechts-Handbuch,§ 2 Rn. 20.

26 *Burgard*, Gestaltungsfreiheit im Stiftungsrecht, S. 709; *Riehmer*, Körperschaften als Stiftungsorganisation, S. 71.

weniger feste Manifestation des in der Statzung festgelegten Stifterwillens gegenüber, der durch einstimmigen Beschluss geändert oder aufgehoben werden kann[27].

B. Erscheinungsformen

Aufgrund der weitreichenden Freiheit des Stifters im Hinblick auf die Ausgestaltung „seiner" Stiftung findet sich in der Stiftungspraxis eine kaum überschaubare Vielfalt von unterschiedlichen Ausprägungsformen der Stiftung bürgerlichen Rechts. Das BGB geht in den §§ 80 ff. BGB von der sogenannten Einheitsstiftung aus[28]; eine Unterscheidung in unterschiedliche Erscheinungsformen enthält es nicht. Zur präziseren Verortung der im Folgenden interessierenden Fragestellungen sollen verschiedene Stiftungstypen kategorisiert werden. Eine solche typologische Betrachtung kann an verschiedenen Merkmalen anknüpfen. In der Literatur haben dabei die nachfolgend verwendeten Begriffspaare allgemeine Verbreitung gefunden, die allerdings nicht als sich dichotom gegenüberstehende Begriffe zu verstehen sind. Vielmehr sind aufgrund der dem Stifter zustehenden Freiheit Kombinationsformen, also Überschneidungen, anzutreffen[29].

I. Unterscheidung nach der Zwecksetzung

Eine erste Einteilung nach dem Stiftungszweck kann zunächst mit der Differenzierung in öffentliche und private (genauer: privatnützige) Stiftungen erfolgen[30]. Eine private Stiftung liegt vor, wenn der Stiftungszweck bestimmt, dass die Belange eines Personenkreises zu fördern sind, der durch die Zugehörigkeit zu einer Familie, einem Betrieb, einem Verein oder einer sonstigen, zahlenmäßig zumeist geringen und von der Allgemeinheit unterscheidbaren Gruppe begrenzt ist[31]. Öffentliche Stiftungen liegen demgegenüber – negativ formuliert – vor, wenn keine Begrenzung auf einen begünstigten Personenkreis vorliegt. Sie verfolgen unmittelbar[32] öffentliche

27 *v. Campenhausen/Stumpf*, in: v. Campenhausen/Richter, Stiftungsrechts-Handbuch, § 2 Rn. 20.

28 *Brackert*, in: Bamberger/Roth, BGB, § 80 Rn. 11; *Schuck*, Die Doppelstiftung, S. 39.

29 *Richter*, in: v. Campenhausen/Richter, Stiftungsrechts-Handbuch, § 13 Rn. 27.

30 *Andrick/Suerbaum*, Stiftung und Aufsicht, § 3 Rn. 21 f.; *Rawert*, in: Hopt/Reuter, Stiftungsrecht in Europa, S. 109, 111; siehe dazu ausführlich *Hüttemann/Rawert*, in: v. Staudinger, BGB, Vor §§ 80 ff. Rn. 120 f.

31 *Ebersbach*, Handbuch des Deutschen Stiftungsrechts, S. 27 f; *Hüttemann/Rawert*, in: v. Staudinger, BGB, Vor § 80 Rn. 118; *v. Campenhausen/Stumpf*, in: v. Campenhausen/ Richter, Stiftungsrechts-Handbuch, § 2 Rn. 3; *Reuter*, in: MünchKomm/BGB, Vor § 80 Rn. 55 f.

32 Nach überwiegender Ansicht soll es nur auf die unmittelbare Wirkung der Stiftung ankommen, nicht dagegen darauf, dass die privatnützige Stiftung mittelbar auch der Allgemeinheit dienen kann, so *Ebersbach*, Handbuch des Deutschen Stiftungsrechts, S. 28 f.; *v. Campenhausen/Stumpf*, in: v. Campenhausen/Richter, Stiftungsrechts-Handbuch, § 2 Rn. 3. Dagegen wird mit Hinweis auf die bei privaten Stiftungen

Zwecke wie Wissenschaft, Forschung, Bildung, Denkmalpflege oder Heimatschutz und begünstigen so die Allgemeinheit.

Da diese Orientierung am Stiftungszweck im Einzelfall erhebliche Schwierigkeiten bereiten kann, z. B. wenn der Kreis der (potentiellen) Destinatäre zwar zahlenmäßig beschränkt, die Stiftungsleistung aber gemeinwohlorientiert ist, wird auch auf die im Abgabenrecht maßgebliche Differenzierung nach Privatnützigkeit und Gemeinnützigkeit zurückgegriffen[33].

II. Unterscheidung nach der Vermögensausstattung

1. Kapital- und Einkommensstiftung

Im Hinblick auf die Vermögensausstattung stellt eine eingeführte Unterscheidung diejenige zwischen Kapital- und Einkommensstiftung dar. Bei einer Kapitalstiftung (auch: Hauptgeldstiftung) ist die Vermögensausstattung dadurch gekennzeichnet, dass der Stiftung ein Grundstockvermögen zur Verfügung steht, aus welchem die zur Zweckerreichung eingesetzten Erträge erwirtschaftet werden[34]. Die demgegenüber wesentlich selteneren Einkommensstiftungen erhalten laufend bestimmte Zuwendungen zur Erreichung ihrer Zwecke, sind also weitgehend von ihren Stiftern oder Dritten abhängig[35]. Diese auch Zuwendungsstiftung genannte Stiftung soll dann anerkennungsfähig sein, wenn gegen den Zuwendenden – oft eine juristische Person der öffentlichen Hand – ein durchsetzbarer Anspruch auf das Einkommen besteht, sodass die zweckangemessene Mittelausstattung gesichert erscheint[36].

2. Kapital- und Anstaltsstiftung

Die Differenzierung zwischen Kapital- und Anstaltsstiftung (auch: Anstaltsträgerstiftung) knüpft an der Art der Vermögensausstattung an. Kapitalstiftungen setzen zur Zweckerreichung unmittelbar lediglich die Erträge aus dem Grundstockvermögen

---

reduzierte Stiftungsaufsicht eingewandt, im Interesse der Allgemeinheit müsse bereits bei mittelbarem Gemeinwohlbezug von einer öffentlichen Stiftung im Sinne des jeweiligen Landesstiftungsgesetzes ausgegangen werden, *Hüttemann/Rawert*, in: v. Staudinger, BGB, Vor §§ 80 ff. Rn. 118 m. w. N.

33 *Schwintek*, Vorstandskontrolle in rechtsfähigen Stiftungen bürgerlichen Rechts, S. 37 f.; *Rösner*, Die Konzernierung der Stiftung und ihr Einfluss auf die Pflichten des Stiftungsvorstands, S. 41.

34 *Saenger*, in: Werner/Saenger, Die Stiftung, Rn. 183; *Hüttemann/Rawert*, in: v. Staudinger, BGB, Vor §§ 80 ff. Rn. 125.

35 *Schwintek*, Vorstandskontrolle in rechtsfähigen Stiftungen bürgerlichen Rechts, S. 41; vgl. auch *Kilian*, in: Werner/Saenger, Die Stiftung, Rn. 1116, zu Stiftungen öffentlichen Rechts.

36 *Hüttemann/Rawert*, in: v. Staudinger, BGB, Vor §§ 80 ff. Rn. 127; vgl. *Hof*, in: v. Campenhausen/Richter, Handbuch Stiftungen, § 9 Rn. 43, 49; *Schauhoff*, Handbuch Gemeinnützigkeit, § 3 Rn. 25; *Neuhoff*, in: Soergel, Vor § 80 Nachtrag 14.

ein, das Grundstockvermögen selbst dient also nur mittelbar dem Zweck. Bei einer Anstaltsstiftung dagegen wird der Stiftungszweck durch den unmittelbaren Einsatz des Stiftungsvermögens verfolgt, beispielsweise durch den Betrieb eines Krankenhauses, eines Museums oder eines Unternehmens[37]. Im erstgenannten Beispiel besteht das Stiftungsvermögen dann aus dem Krankenhaus, das damit unmittelbar den Stiftungszweck der Krankenfürsorge erfüllen kann[38].

In diesem Zusammenhang ist festzuhalten, dass eine Unternehmensträgerstiftung[39] sowohl als Kapital- wie auch als Anstaltsstiftung konzipiert sein kann. Als Kapitalstiftung ist sie zu qualifizieren, wenn das betriebene Unternehmen lediglich als Ertragsquelle, als sogenannte Dotationsquelle, dient. Schließlich kann auch eine Beteiligungsträgerstiftung, die an dem betriebenen Unternehmen nur eine Beteiligung hält, in beiden Erscheinungsformen auftreten[40].

III. Unterscheidung nach der Zweckverwirklichung

In Konsequenz der Unterscheidung von Stiftungszweck und Zweckverwirklichung können fördernde Stiftungen von operativen Stiftungen abgegrenzt werden[41]. Diese Differenzierung stellt also auf die Art und Weise der Zweckverwirklichung ab[42]. Förderstiftungen verfolgen ihren Stiftungszweck durch finanzielle Zuwendung an andere Personen oder Einrichtungen, beispielsweise durch die Vergabe von Stipendien und Forschungsmitteln oder durch einmalige oder laufende finanzielle Unterstützung von Projekten oder Einrichtungen[43]. Die Mittel der Stiftung werden somit zuerst an Dritte ausgekehrt, bevor diese sie unmittelbar zweckentsprechend einsetzen[44]. Operative Stiftungen hingegen erfüllen ihre Zwecke in der Regel ohne Zuwendungen an Dritte selbst unter Einsatz ihrer finanziellen und organisatorischen Ressourcen[45]. Sie

---

37 *Hof*, in: v. Campenhausen/Richter, Stiftungsrechts-Handbuch, § 7 Rn. 31; *Hüttemann/Rawert*, in: v. Staudinger, BGB, Vor §§ 80 ff. Rn. 125; *v. Campenhausen/Stumpf*, in: v. Campenhausen/Richter, Stiftungsrechts-Handbuch, § 2 Rn. 18.

38 *v. Campenhausen/Stumpf*, in: v. Campenhausen/Richter, Stiftungsrechts-Handbuch, § 2 Rn. 18.

39 *Hof*, in: v. Campenhausen/Richter § 8 Rn. 32; *Neuhoff*, in: Soergel, Vor § 80 Rn. 24.

40 Eingehend zur unternehmensverbundenen Stiftung unter § 5, S. 95 ff.

41 *Schwintek*, Vorstandskontrolle in rechtsfähigen Stiftungen bürgerlichen Rechts, S. 42; ausführlich *Hof* in: v. Campenhausen/Richter, Handbuch Stiftungen, § 6 Rn. 73; *Hüttemann/Rawert*, in: v. Staudinger, BGB, Vor §§ 80 ff. Rn. 128, nehmen die Unterscheidung unter dem Stichwort „Aufgabenstellung“ vor.

42 *Schwintek*, Vorstandskontrolle in rechtsfähigen Stiftungen bürgerlichen Rechts, S. 42.

43 *Hüttemann/Rawert*, in: v. Staudinger, BGB, Vor §§ 80 ff. Rn. 128; vgl. *Hof*, in: v. Campenhausen/Richter, Handbuch Stiftungen, § 9 Rn. 51.

44 *Schlüter*, Stiftungsrecht zwischen Privatautonomie und Gemeinwohlbindung, S. 342, *Schwintek*, Vorstandskontrolle in rechtsfähigen Stiftungen bürgerlichen Rechts, S. 42.

45 *Schwintek*, Vorstandskontrolle in rechtsfähigen Stiftungen bürgerlichen Rechts, S. 42.

unterhalten dazu beispielsweise eigene Kultur- oder Wissenschaftseinrichtungen oder führen selbst Projekte auf dem Gebiet ihrer Zwecke durch[46].

C. Die rechtsfähige Stiftung bürgerlichen Rechts

Gegenstand dieser Untersuchung ist allein die rechtsfähige Stiftung bürgerlichen Rechts. Im Hinblick auf die zu untersuchenden Fragestellungen soll nachfolgend der aktuelle Erkenntnisstand zu ihren prägenden Besonderheiten dargestellt werden.

I. Entstehung

Die rechtsfähige Stiftung entsteht mit der Errichtung des Stiftungsgeschäfts durch den Stifter und die Anerkennung dieses Stiftungsgeschäfts durch die landesrechtlich zuständige Behörde. Das Stiftungsgeschäft kann unter Lebenden (§ 81 BGB) und auch von Todes wegen (§ 83 BGB) erfolgen und muss neben dem vermögensrechtlichen Ausstattungsversprechen (§ 81 Abs. 1 S. 2 BGB) die organisationsrechtliche Grundordnung der Stiftung enthalten, die als Stiftungssatzung bezeichnet wird (§ 81 Abs. 1 S. 3 BGB). Begrifflich zu unterscheiden ist die Stiftungssatzung von der Stiftungsverfassung. Die Stiftungsverfassung umfasst die Gesamtheit aller Rechtsnormen, die die Organisation der Stiftung betreffen[47], und zwar unabhängig von der Rechtsquelle. Bei der Stiftungsverfassung handelt es sich danach sowohl um die Regelungen des Bundes- und Landesrechts als auch um das vom Stifter gesetzte eigene Verfassungsrecht der Stiftung[48].

II. Stiftungszweck

Der Stifter gibt der Stiftung ihren Zweck, indem er *„ein Vermögen zur Erfüllung eines von ihm vorgegebenen Zweckes"* widmet, § 81 Abs. 1 S. 2 BGB. Die Angabe des Stiftungszwecks ist zwingender Inhalt des Stiftungsgeschäfts und der Stiftungssatzung, § 81 Abs. 1 S. 3 Nr. 3 BGB. Unter den drei Strukturelementen der Stiftung kommt dem Stiftungszweck die zentrale Funktion zu[49]. Seine Verwirklichung bildet das Ziel der Stiftungstätigkeit und markiert gleichzeitig ihre Leitlinien und ihre Grenzen[50].

---

46 *Hüttemann/Rawert*, in: v. Staudinger, Vor §§ 80 ff. Rn. 128; *Hof*, in: v. Campenhausen/Richter, Handbuch Stiftungen, § 7 Rn. 76.

47 *Ebersbach*, Handbuch des Deutschen Stiftungsrechts, S. 78; *Reuter*, in: MünchKomm/BGB, § 85 Rn. 1; *Schauhoff*, in: Handbuch der Gemeinnützigkeit, § 3 Rn. 13; vgl. *Backert*, in: Bamberger/Roth, BGB, § 80 Rn. 10.

48 *Hüttemann/Rawert*, in: v. Staudinger, § 85 Rn. 4.

49 *v. Campenhausen/Stumpf*, in v. Campenhausen/Richter, Stiftungsrechts-Handbuch, § 1 Rn. 9; *Hüttemann/Rawert*, in: v. Staudinger, BGB, Vor §§ 80 ff. Rn. 5; kritisch dazu *Burgard*, Gestaltungsfreiheit im Stiftungsrecht, S. 115.

50 *Hof*, in: v. Campenhausen/Richter, Stiftungsrechts-Handbuch, § 7 Rn. 2; *Neuhoff*, in: Soergel, Vor § 80 Rn. 10.

Sowohl das Stiftungsvermögen als auch die Stiftungsorganisation sind Hilfsmittel zur Erfüllung des Stiftungszwecks. Sie sind diesem untergeordnet, sodass ihnen oft eine „dienende“ Funktion zugeschrieben wird[51]. Zugespitzt - und zu negativ - wird die Stiftung aufgrund dieser Zweckunterworfenheit auch als „Sklavin ihres Zwecks“ bezeichnet[52].

1. *Verselbstständigter Stifterwille*

Die gegenüber den anderen Stiftungselementen übergeordnete Bedeutung des Stiftungszwecks darf nicht darüber hinwegtäuschen, dass der Stiftungszweck selbst nur vermittelndes Element ist. Seine Funktion besteht darin, den Stifterwillen mit besonderer Deutlichkeit wiederzugeben. Er ist wichtigster Ausdruck des Stifterwillens[53].

Der Stifterwille ist der Maßstab für das Handeln der Stiftungsorgane[54]. Das BGB selbst bringt die Maßgeblichkeit des Stifterwillens in § 83 S. 2 BGB ebenso wie in § 87 Abs. 2 BGB zum Ausdruck, wenn es dort bezüglich der Heilung ungenügender Stiftungsgeschäfte und der Zweckänderung auf den Stifterwillen abstellt. Auch in den Landesgesetzen[55] kommt zum Ausdruck, dass die Wahrung des erkennbaren oder mutmaßlichen Willens des Stifters gewährleistet werden soll. Im Gegensatz zu den Körperschaften, bei denen eine kontinuierlich fortgesetzte Willensbildung stattfinden kann, ist die Willensbildung bei der Stiftung in Gestalt des bei ihrer Errichtung festgeschriebenen Stifterwillens abgeschlossen. Der Stifter manifestiert ihn ausdrücklich und vorrangig in der Stiftungssatzung und dem Stiftungsgeschäft, um dann mit der Anerkennung der Stiftung seinen Einfluss auf ihn (weitgehend[56]) zu verlieren. Durch die Anerkennung wird der Stifterwille verselbstständigt und objektiviert[57]. Ein später geänderter Wille des Stifters entfaltet damit keine Wirkung

---

51 *Ebersbach*, Handbuch des Deutschen Stiftungsrechts, S. 18; *Hof*, in: v. Campenhausen/Richter, Stiftungsrechts-Handbuch, § 7 Rn. 5; *Hüttemann/Rawert*, in: v. Staudinger, Vor §§ 80 ff. Rn 9; *Rawert*, in: Hopt/Reuter, Stiftungsrecht in Europa, S. 109, 125; *Schwintek*, Vorstandskontrolle in rechtsfähigen Stiftungen bürgerlichen Rechts, S. 34; *Stickrodt*, Stiftungsrecht, S. 6.

52 *Trops*, AG 1970, S. 367; *Hof*, in: v. Campenhausen/Richter, Stiftungsrechts-Handbuch, § 7 Rn. 1 nennt den Stiftungszweck „Herzstück“ der Stiftung.

53 *Burgard*, Gestaltungsfreiheit im Stiftungsrecht, S. 189.

54 *Wachter*, Stiftungen, S. 5, bezeichnet ihn mit Hinweis darauf, dass auch die Stiftungsgesetze nach dem Stifterwillen auszulegen seien, gar als „oberstes Prinzip des Stiftungsrechts“.

55 So etwa in § 4 Abs. 1 StiftGNRW; § 5 HessStiftG.

56 Der Stifter kann sich allerdings als Stiftungsorganmitglied maßgeblichen Einfluss auf die Verwirklichug des Stifterwillens vorbehalten.

57 BGH, Urteil v. 22.01.1987, Az. III ZR 26/85, NJW 1987, S. 2364 ff.; BGH, Urteil v. 14.10.1993, Az. III ZR 157/91, NJW 1994, S. 184, 186.

mehr auf die Stiftung[58]. Dies führt dazu, dass der Stifterwille zum Zeitpunkt der Anerkennung der Stiftung in seiner „aktuellsten" Form vorliegt.

2. *Motive des Stifters*

Vom Stifterwillen sind die Motive zu unterscheiden, die der Stifter mit der Stiftung verfolgt[59]. Sie sind die Gründe, weshalb er eine Stiftung errichtet. Es lassen sich verschiedene Motive nennen, die in der Praxis häufig in einem Motivbündel in Erscheinung treten. Das Motiv, ein unvergängliches Denkmal zu schaffen, also den eigenen Namen in die Zukunft wirken zu lassen, wird seit jeher als zentraler und prägender Gesichtspunkt für stifterisches Handeln betrachtet[60]. Das Motiv kann auch ideellerer Natur dergestalt sein, dass der Stifter aus Dankbarkeit oder Verbundenheit den Wunsch hegt, etwas an die Allgemeinheit zurückzugeben[61]. Außerdem ist eine Stiftungserrichtung oft im Rahmen der Nachfolgeplanung durch familiäre Motive gekennzeichnet, wenn der Stifter in Ermangelung von Nachkommen[62] sein Vermögen nicht an die nächste Generation weitergeben kann oder dies – trotz vorhandener Abkömmlinge – nicht wünscht. Im Vordergrund steht dabei häufig die Überlegung, dass die Erben mit dem vererbbaren Vermögen nicht im Sinne des Stifters umgehen würden, so etwa, wenn durch eine Stiftungserrichtung der Erhalt eines Familienunternehmens oder einer Kunstsammlung sichergestellt werden soll[63]. Schließlich werden im Hinblick auf unternehmerische Absichten zuvorderst steuerrechtliche und mitbestimmungsrechtliche Motive angeführt[64].

---

58 BGH, Urteil v. 22.01.1987, Az.: III ZR 26/85, NJW 1987, S. 2364 ff.; *Hof*, in: v. Campenhausen/Richter, Stiftungsrechts-Handbuch, § 7 Rn. 20, der auf landesgesetzliche Zustimmungs- und Anhörungsrechte des Stifters hinweist, mit denen eine Rückkopplung zum späteren Stifterwillen ausnahmsweise eröffnet sei.

59 *Hüttemann/Rawert*, in: v. Staudinger, Vor § 80 Rn. 6; *O. Werner*, in: Erman, BGB, Vor § 80 Rn. 8; eingehend zu den Motiven der Stifter: *Timmer*, Stiften in Deutschland – Die Ergebnisse der Stifterstudie.

60 *Schulze*, in: Hopt/Reuter, Stiftungsrecht in Europa, S. 55; *Timmer*, in: Richter/Wachter, Handbuch des internationalen Stiftungsrechts, S. 6.

61 So erklärt Dietmar Hopp zu seinen Motiven, die nach ihm benannte Stiftung zu errichten: „Hier bin ich geboren und aufgewachsen und hier liegt die Wiege meines Erfolgs. Deshalb gebe ich jetzt gerne etwas an die Region zurück".

62 Nach *Timmer*, in: Richter/Wachter, Handbuch des internationalen Stiftungsrechts, S. 4, sind 42 % aller Stifter kinderlos.

63 *Meyer zu Hörste*, Familienstiftung als Technik der Vermögensverewigung, S. 27: Von der Familienstiftung gehe der „institutionalisierte Zwang zur Einigung und zum geschlossenen Auftreten der Familie nach außen hin" aus.

64 *Hennerkes/May* DB 1988, S. 483, 485; *Timmer*, in: Richter/Wachter, Handbuch des internationalen Stiftungsrechts, S. 6.

3. Grundsatz der gemeinwohlkonformen Allzweckstiftung

Die Frage nach dem zulässigen und damit möglichen Stiftungszweck beantwortet § 80 Abs. 2 BGB. Im Rahmen der Reform[65] des Stiftungszivilrechts im Jahre 2002 hat der Gesetzgeber den bereits zuvor allgemein anerkannten Grundsatz der sogenannten „gemeinwohlkonformen Allzweckstiftung“ anerkannt[66] und in § 80 Abs. 2 S. 1 BGB festgeschrieben. Als Ausfluss der Privatautonomie und der durch die Grundrechte geschützten Stifter- und Stiftungsfreiheit werden alle Stiftungszwecke für zulässig erklärt, die das Gemeinwohl nicht gefährden. Was die Beschränkung auf Zwecke, die das Gemeinwohl nicht gefährden[67], im Einzelnen bedeutet, ist im Schrifttum ebenso umstritten wie die Frage, welche Reichweite die Zweckneutralität tatsächlich hat[68].

Im Rahmen seiner Grundrechte ist der Stifter beim Bestimmen des Stiftungszwecks frei. Er kann sich daher damit begnügen, lediglich einen einzigen Stiftungszweck zu bestimmen[69]. Zulässig ist aber auch, dass der Stifter in einer sogenannten „gemischten Stiftung“ mehrere untereinander gleichrangige Stiftungszwecke vorgibt oder ein Stufenverhältnis aus Haupt- und Nebenzwecken bestimmt[70]. Auch eine zeitliche Anordnung mehrerer Stiftungszwecke in einer Sukzessivstiftung ist zulässig[71].

Die Zwecksetzung muss den Stiftungsorganen einen eindeutigen und klar abgrenzbaren Auftrag geben, denn nur so lassen sich Rechtsunsicherheit und Willkür der Stiftungsverwaltung verhindern[72]. Zwar gewähren die gesetzlichen Regelungen zum Stiftungszweck dem Stifter die Möglichkeit, sich im Stiftungsgeschäft mit einer allgemein gehaltenen Zwecksetzung zu begnügen[73]. Ein extrem weit formulierter, pauschaler Stiftungszweck, wie etwa die Förderung „des Glücks der Menschheit“, ist allerdings nach allgemeiner Meinung unzulässig[74]. Eine weitere Grenze soll auch

---

65 Gesetz zur Modernisierung des Stiftungsrechts (StiftModG) vom 15.07.2002, in Kraft getreten am 01.09.2002, BGBl 2002 I, S. 2634.

66 Vgl. BT-Drucks. 14/8765, S. 10: „Der bislang im Stiftungsrecht geltende Grundsatz der gemeinwohlkonformen Allzweckstiftung wird insoweit beibehalten[...]“.

67 Vgl. etwa OVG Münster, Urteil v. 08.12.1995, Az. 25 A 2431/94, NVwZ 1996, 913 ff.

68 Eingehend zum Grundsatz der gemeinwohlkonformen Allzweckstiftung unter § 6, S. 101 ff.

69 *Hof*, in: v. Campenhausen/Richter, Stiftungsrechts-Handbuch, § 7 Rn. 8.

70 *Hof*, in: v. Campenhausen/Richter, Stiftungsrechts-Handbuch, § 7 Rn. 7 ff.

71 *Reuter*, in: MünchKomm/BGB, §§ 80, 81 Rn. 33. Zu den Begriffen der „gemischten Stiftung“ und der „Sukzessivstiftung“ mit entsprechenden Beispielen *Nissel*, in: Werner/Saenger, Die Stiftung, Rn. 222.

72 Vgl. BGH, Urteil v. 03.03.1977, Az. III ZR 10/74, BGHZ 68, S. 142, 148.

73 *Nissel*, in: Werner/Saenger, Die Stiftung, Rn. 219.

74 *Burgard*, Gestaltungsfreiheit im Stiftungsrecht, S. 120; *Hüttemann/Rawert*, in: v. Staudinger, § 81 Rn. 41; *O. Werner*, in: Werner/Saenger, Die Stiftung, Rn. 353.

dort erreicht sein, wo der Stifterwille so allgemein gehalten ist, dass er den Organen eine gleichsam körperschaftliche Willensbildung ermöglicht[75].

4. *Gewährleistung einer dauernden und nachhaltigen Erfüllung des Stiftungszwecks*

Nach § 80 Abs. 2 S. 1 BGB muss die dauernde und nachhaltige[76] Erfüllung des Stiftungszwecks gesichert erscheinen. Zwar geht die Regelung davon aus, dass Stiftungen grundsätzlich auf unbegrenzte Dauer angelegt sind[77]. Dieses Erfordernis der Dauerhaftigkeit bedeutet aber nicht Ewigkeit oder die Errichtung „auf unbestimmte Zeit“[78]. Dem Stifter ist es nicht verwehrt, eine Stiftung zu errichten, die nach Erreichen ihrer Zweckbestimmung, etwa der Wiederherstellung eines kunsthistorischen Bauensembles, enden soll[79]. Eine Stiftung ist also bereits dann anerkennungsfähig, wenn die Zweckerfüllung durch die Stiftung für eine längere Zeit in gleichbleibender und sich auswirkender Weise gesichert erscheint[80]. Auch eine Verbrauchsstiftung, also eine Stiftung, bei der zur Verfolgung des Stiftungszwecks nicht die Erträge aus dem Stiftungsvermögen eingesetzt werden, sondern auch das Stiftungsvermögen an sich verwendet werden soll, ist zulässig, wie seit Inkrafttreten des Gesetzes zur Stärkung des Ehrenamtes[81] § 80 Abs. 2 S. 2 BGB klarstellt. Ebenso ist die Befristung der Stiftung auf einen genauen Zeitpunkt, etwa 20 Jahre oder Tod des Stifters, mit § 80 Abs. 2 BGB vereinbar[82].

---

75 *Happ*, Stifterwille und Zweckänderung, S. 12 ff.; *Reuter*, in: MünchKomm/BGB, §§ 80, 81 ff. Rn 34. *Hof*, in: v. Campenhausen/Richter, Stiftungsrechts-Handbuch, § 7 Rn. 10 weist allerdings darauf hin, dass der Stiftungszweck auch nicht so eng gefasst werden sollte, dass er die Handlungsfähigkeit der Stiftung einschränkt. Siehe auch BT-Drucks. 14/8765, S. 10: „[...] ohne aber im Hinblick auf die Dauerhaftigkeit zu eng zu sein“.

76 Eingehend zur dauernden und nachhaltigen Erfüllung des Stiftungszwecks § 7, S. 213 ff.

77 *Ellenberger*, in: Palandt, BGB, § 81 Rn. 5.

78 *O. Werner*, in: Erman, BGB, Vor § 80 Rn. 23; *Reuter*, in: MünchKomm/BGB, Vor § 80 Rn. 56.

79 BT-Drucks. 14/8765, S. 10; BT-Drucks. 14/8894, S. 18.

80 Duden-Online Wörterbuch, abgerufen am 08.08.2014, wonach „dauernd“ „für längere Zeit in gleichbleibender Weise vorhanden“ und „nachhaltig“ „sich auf längere Zeit stark auswirkend“ bedeutet.

81 Ehrenamtsstärkungsgesetz vom 21.03.2013, BGBl. Nr. 15, S. 556.

82 *Burgard*, Gestaltungsfreiheit im Stiftungsrecht, S. 632; *Hof*, in: v. Campenhausen/Richter, Stiftungsrechts-Handbuch, § 11 Rn 33 ff.; *Hüttemann/Rawert*, in: v. Staudinger, § 88 Rn. 2; *Fritz*, in: Werner/Saenger, Die Stiftung, Rn. 462; vgl. auch *Muscheler*, in: FS Werner 2009, S. 129, 133 ff., mit anschaulichen Fallbeispielen.

5. *Zweckänderung*

Während die Mitglieder einer Körperschaft regelmäßig den gemeinsamen Zweck frei ändern können, wirft die Stellung der Stiftung als selbstständige juristische Person, die ab Erlangung der Rechtsfähigkeit gerade auch vom Stifter unabhängig ist, die Frage auf, wer unter welchen Voraussetzungen zu einer Zweckänderung befugt ist. Neben den vom Gesetzgeber[83] in § 87 BGB vorgesehenen Möglichkeiten einer Zweckänderung für den Fall, dass die Erfüllung des Stiftungszwecks unmöglich geworden ist oder das Gemeinwohl gefährdet, wird diskutiert, ob und in welchem Maße der Stifter den Stiftungsorganen[84] oder gar Dritten durch satzungsrechtliche Regelungen Rechte zur nachträglichen Willensbildung einräumen und damit korporative Elemente in die Stiftung bringen kann.

Nach § 87 Abs. 1 BGB ist die zuständige Stiftungsbehörde dazu berechtigt, den Stiftungszweck zu ändern, wenn die Erfüllung des Stiftungszwecks unmöglich geworden oder das Gemeinwohl gefährdet ist. Als Gründe sind insbesondere der dauerhafte Verlust des Stiftungsvermögens, der Wegfall der Destinatäre oder auch die endgültige Erfüllung des Stiftungszwecks zu nennen[85]. Der Begriff der Gemeinwohlgefährdung im Sinne des § 87 Abs. 1 BGB ist wortgleich mit § 80 Abs. 2 S. 1BGB[86].

III. Stiftungsvermögen

Nach dem Stiftungszweck wird das Stiftungsvermögen als zweites[87] und ebenso unverzichtbares Strukturelement der Stiftung bürgerlichen Rechts angesehen. Schon aus dem Gesetzeswortlaut, nach dem das Vermögen zur Erfüllung des Zwecks bestimmt ist, soll sich ergeben, dass die Stiftung zur Zweckerreichung zwingend eines mehr oder minder großen Vermögens bedarf[88]. Das Vermögen der Stiftung bildet danach die notwendige materielle Grundlage ihrer Geschäftsfähigkeit und -tätigkeit[89], mithin die Grundlage all ihrer Aktivitäten.

---

83 Siehe zu den landesrechtlichen Vorschriften betreffend die behördliche Zweckänderung unten § 9C.III.3, S. 262 ff.

84 Eingehend dazu: *Happ*, Stifterwille und Zweckänderung, S. 92 ff.

85 *Ellenberger*, in: Palandt, BGB, § 87 Rn. 1; *Reuter*, in: MünchKomm/BGB, § 87 Rn. 1 f.

86 *Hüttemann/Rawert* in: v. Staudinger, BGB, § 87 Rn. 7; vgl. BT-Drucks. 14/8765, S. 9.

87 BT-Drucks. 14/8277, S. 8 und BT-Drucks. 14/8765, S. 10 sprechen davon als „zweites Kernstück einer Stiftung".

88 *Ebersbach*, Handbuch des Deutschen Stiftungsrechts, S. 17; *Rawert*, Stiftungsrecht in Europa, S. 109 ff.; *Richter/Sturm*, NZG 2005, 655, 656; *Reuter*, in: MünchKomm/BGB, Vor § 80 Rn. 63.

89 *Hof*, in: v. Campenhausen/Richter, Stiftungsrechts-Handbuch, § 9 Rn. 1; *Rösner*, Die Konzernierung der Stiftung und ihr Einfluss auf die Pflichten des Stiftungsvorstands, S. 34.

1. Der stiftungsrechtliche Vermögensbegriff

Der Begriff des Stiftungsvermögens wird mit uneinheitlicher Bedeutung verwendet, allerdings überwiegend in einem weiteren und einem engeren Sinne verstanden[90]. Im weiteren Sinne umfasst er alle der Stiftung zur Verfügung stehenden Mittel[91]. In wirtschaftlicher Betrachtungsweise zählen dazu sowohl die Vermögensausstattung der Stiftung mit Grundstücken, Anlagen, Wertpapieren, Beteiligungen, Forderungen aller Art wie auch die von der Stiftung daraus gezogenen Erträge und ihre Rücklagen[92]. Im engeren Sinne bezeichnet er dasjenige Vermögen, das – jedenfalls bei der Kapitalstiftung – nach den Regeln der Stiftungsverfassung und dem Stifterwillen im Bestand zu erhalten ist[93].

Da das Stiftungsvermögen sowohl in Stiftungsgeschäft und -satzung wie auch in den Bundes- und Landesgesetzen Anknüpfungspunkt zahlreicher Regelungen ist, müssen verschiedene Vermögensbestandteile unterschieden werden[94]. Das Anfangs- oder Ausstattungsvermögen bezeichnet alle Vermögenswerte, die der Stiftung bei ihrer Errichtung zur Verfügung gestellt werden[95]. Das Anfangsvermögen muss nicht zwingend mit dem anfänglichen Grundstockvermögen identisch sein. Vielmehr kann es auch teilweise aus Betriebsvermögen bestehen, das nicht der Bestandserhaltung unterliegt und das die Stiftung einsetzen kann, noch bevor die ersten Erträge als Stiftungsmittel zur Verfügung stehen[96]. Als Grundstockvermögen ist das Vermögen zu verstehen, das *nach dem Stifterwillen* grundsätzlich im Wert

---

90 *Hüttemann/Rawert*, in: v. Staudinger, BGB, Vor § 80 Rn. 9.

91 *Gantenbrink*, Die hoheitliche Beendigung der Stiftung durch die Stiftungsbehörde, S. 32; *Hof*, in: v. Campenhausen/Richter, Stiftungsrechts-Handbuch, § 9 Rn. 4; *Schwarz*, DStR 2002, S. 1718, 1721.

92 *Hof*, in: v. Campenhausen/Richter, Stiftungsrechts-Handbuch, § 9 Rn. 4; *Schwarz*, DStR 2002, 1718, 1723.

93 *Hüttemann/Rawert*, in: v. Staudinger, BGB, Vor § 80 Rn. 10. Dieser Vermögensteil wird von den heutigen Landesstiftungsgesetzen, die eine diesbezügliche Regelung vorsehen, als „Stiftungsvermögen" bezeichnet, so z. B. § 4 Abs. 2 HmbStiftG, § 7 BremStiftG, § 3 BlnStiftG; § 4 Abs. 3 StiftGNRW, § 6 HessStiftG, § 7 Abs. 2 StiftG-BaWü. In Art. 11 Abs. 1 S. 1 StiftGBay und Art. 4 S. 2 Nr. 2 StiftGSH sind daneben Legaldefinitionen des Begriffs enthalten, die – mit voneinander abweichendem Wortlaut – ebenfalls auf das zu erhaltende Vermögen abzielen. Frühere Landesstiftungsgesetze, etwa Art. 5 StiftGBay in der Fassung von 1954, bezeichneten diesen Vermögensteil als „Grundstockvermögen".

94 Vgl. auch *Schiffer/Pruns*, in: NK-BGB, § 81 Rn. 54, die begrifflich zwischen Anfangs-, Grundstock- und Nettovermögen differenzieren wollen.

95 *Fritz*, in: Werner/Saenger, Die Stiftung, Rn. 452; ähnlich auch *Hof*, in: v. Campenhausen/Richter, Stiftungsrechts-Handbuch, § 9 Rn. 4 ff.

96 *Fritz*, in: Werner/Saenger, Die Stiftung, Rn. 452; so auch Hof, in: v. Campenhausen/Richter, Stiftungsrechts-Handbuch, § 9 Rn. 4 ff.

zu erhalten ist[97]. Das anfängliche Grundstockvermögen unterliegt Veränderungen. Zu Beginn der Stiftung wird das Grundstockvermögen regelmäßig aus dem Teil des Ausstattungsvermögens bestehen, den der Stifter im Stiftungsgeschäft zum dauernden Erhalt bestimmt hat. Von „außen" kann es durch Zustiftungen erhöht werden, also weiteren Vermögenswerten, die der Stifter oder Dritte der Stiftung zur Erhöhung des Grundstocks zuwenden[98]. Das Grundstockvermögen besteht also im Ergebnis aus dem Anfangsvermögen zuzüglich der nach dem Willen des Stifters, des Zustifters oder der Stiftungsorgane hinzuzurechnenden Vermögenswerte[99], die mit dem ursprünglichen Grundstockvermögen verschmelzen.

Vom Grundstock zu unterscheiden sind die verfügbaren Stiftungsmittel[100]. Hierzu gehören insbesondere die Erträge, die die Stiftung durch Bewirtschaftung[101] des Grundstockvermögens generiert. Mit diesen Erträgen finanziert die Kapitalstiftung ihre Tätigkeit, mithin die Verfolgung des Stiftungszwecks. Der stiftungsrechtliche Ertragsbegriff ist dabei nach der herrschenden Meinung gleichbedeutend mit dem in §§ 90 Abs. 2 und 100 BGB definierten Frucht- und Nutzungsbegriff[102]. Als Erträge kommen nach diesem Verständnis in erster Linie Miet- und Pachteinkünfte aus Grundvermögen sowie Zinsen und Dividenden aus Finanzanlagen in Betracht[103]. Dagegen sind zum Verbrauch bestimmte Zuwendungen, also Spenden und Zuschüsse,

---

97 Vgl. *Hof*, in: v. Campenhausen/Richter, Stiftungsrechts-Handbuch, § 9 Rn. 4; *Helios/Friedrich*, in: Gummert/Weipert, MünchnerHandbuch GesR Bd. 5, § 95 Rn. 3 ff.; *Gantenbrink*, Die hoheitliche Beendigung der Stiftung durch die Stiftungsbehörde, S. 32; *Hüttemann/Rawert*, in: v. Staudinger, BGB, § 81 Rn. 53; *Fritz*, in: Werner/Saenger, Die Stiftung, Rn. 452, der in Fn. 38 überzeugend darlegt, dass der Begriff „Grundstockvermögen" gegenüber den sonstigen in diesem Kontext vorgeschlagenen Begriffen, „Grundvermögen" oder „Stiftungskapital", der terminologisch geeignetste ist.

98 Nach der Legaldefinition in § 4 Abs. 3 S. 2 StiftGSchlH ist eine Zustiftung eine Zuwendung von Dritten, die nach dem Willen der oder des Zuwendenden dazu bestimmt sind, dem Stiftungsvermögen zugeführt zu werden. Einzelheiten zur Zustiftung bei: *Hüttemann/Rawert*, in: v. Staudinger, BGB, Vor §§ 80 ff. Rn. 264.

99 *Fritz*, in: Werner/Saenger, Die Stiftung, Rn. 452.

100 *Fritz*, in: Werner/Saenger, Die Stiftung, Rn. 452.

101 Zu dieser Begrifflichkeit näher *Hof*, in: v. Campenhausen/Richter, Stiftungsrechts-Handbuch, § 10 Rn. 54 ff.

102 *Backert*, in: Bamberger/Roth, §80 Rn. 7; *Ebersbach*, Handbuch des Deutschen Stiftungsrechts, S. 116; *Gantenbrink*, Die hoheitliche Beendigung der Stiftung durch die Stiftungsbehörde, S. 33; *Voll/Störle*, Bayerisches Stiftungsgesetz, Art. 6 Anm. 7; grundsätzlich zustimmend auch *Hüttemann/Rawert*, in: v. Staudinger, BGB, § 81 Rn. 54, die unter den stiftungsrechtlichen Ertragsbegriff analog § 99 Abs. 2 BGB nur die Nutzungen zählen wollen, die die Stiftung entsprechend dem bestimmungsgemäßen Gebrauch des Stiftungsvermögens zieht. Die Erlöse aus dem Kahlschlag eines Stiftungsforstes sollen demnach nicht dazu gehören. Dazu zu Recht kritisch: *Fritz*, in: Werner/Saenger, Die Stiftung, Rn. 455, Fn. 61.

103 *Fritz*, in: Werner/Saenger, Die Stiftung, Rn. 455; *Fischer/Sander*, in: Strachwitz/Mercker, Stiftung in Theorie, Recht und Praxis, S. 493.

nicht zu den Erträgen zu zählen[104]. Ferner können zu den verfügbaren Stiftungsmitteln auch verschiedene Arten von Ergebnisrücklagen zählen[105].

2. *Vermögenserhaltungsgrundsatz*

Nach dem Grundsatz der Vermögenserhaltung ist das Grundstockvermögen in seinem Bestand ungeschmälert zu erhalten[106]. Grund für dieses Bestandserhaltungsgebot ist, dass das Stiftungsvermögen bei jenen Stiftungen, die ihre Tätigkeit mit den Vermögenserträgen bestreiten, als Vehikel der Zweckerreichung ebenso lange zur Verfügung stehen muss, wie die dauernde und nachhaltige Zweckverfolgung angestrebt wird. Diese Anforderung an die Vermögensverwaltung ist in den meisten Landesgesetzen ausdrücklich geregelt[107], ohne jedoch die genaue Ausgestaltung festzuschreiben. Nach der im Schrifttum überwiegend vertretenen Ansicht[108] besteht eine Pflicht zur Erhaltung der Kaufkraft als reale Werterhaltung. Dies ergibt sich richtigerweise aus der Funktion des Stiftungsvermögens, das der (dauernden und) nachhaltigen Erfüllung des Stiftungszwecks dienen soll[109]. Dieses Nachhaltigkeitsgebot[110] beinhaltet, dass nach dem gesetzgeberischen Leitbild die Verfolgung des

---

104 Durch die Differenzierung zwischen Ertrag und Zuwendung im Ergebnis auch: § 7 Abs. 3 HS. 1 BremStiftG; § 6 Abs. 3 S. 1 HessStiftG; § 6 Abs. 2 S. 1 und 3 NdsStiftG; § 4 Abs. 3 StiftGNRW; § 7 Abs. 3 S. 1 StiftGRP; § 6 Abs. 2 S. 1 SaarlStiftG; § 4 Abs. 3 S. 1 SchlHStiftG; Art. 6 Abs. 2 S. 1 BayStiftG.

105 Zur Behandlung der verschiedenen Rücklagen (Betriebsmittel- und Projektrücklagen sowie freie und Umschichtungsrücklagen) *Fritz*, in: Werner/Saenger, Die Stiftung, Rn. 452.

106 *Jakob*, Schutz der Stiftung, S. 63; *Hof*, in: Hopt/Reuter, Stiftungsrechts in Europa, S. 301, 307; *Nissel*, Das neue Stiftungsrecht, S. 62; *Rödel*, NZG 2004, S. 754 ff.; kritisch dazu: *Richter/Sturm*, NZG 2005, 655 ff.

107 § 4 Abs. 2 S 1 SchlHStiftG, § 4 Abs. 2 S. 3 HmbStiftG; § 6 Abs. 1 S. 1 NdsStiftG, § 7 Abs. 1 S. 1 BremStiftG, § 3 S. 1 BlnStiftG, § 14 Abs. 2 S. 1 StiftGSaAnh, § 4 Abs. 2 S. 1 StiftGNRW; § 7 Abs. 2 S. 1 StiftGRP; § 6 Abs. 1 S. 1 HessStiftG, § 8 Abs. 2 S. 1 StiftGThü, § 4 Abs. 3 S. 1 SächsStiftG, § 6 Abs. 1 S. 1 SaarlStiftG, § 7 Abs. 2 S. 1 StiftGBaWü, Art 6 Abs. 2 BayStiftG.

108 *Burgard*, Gestaltungsfreiheit im Stiftungsrecht, S. 482; *Schindler*, DB 2003, S. 297, 301; *Rodloff/Drabe*, ZIP 2003, S. 2284 ff.; *Hof*, in: Seifart/v Campenhausen, Stiftungsrechts-Handbuch, § 9 Rn. 61; *Reuter*, in: MünchKomm/BGB, § 85 Rn. 15. A. A. *Ebersbach*, Handbuch des Deutschen Stiftungsrechts, S. 115 ff., der wohl die nominale Werterhaltung ausreichen lassen will. Unklar in der Begründung, aber im Ergebnis wohl auch a. A. *Mirbach*, Stiftungszweck und Gemeinwohlgefährdung, S. 46 f.

109 A. A. *Hüttemann/Rawert*, in: v. Staudinger, BGB, § 86 Rn. 26, die aus der „dienenden" Funktion des Stiftungsvermögens den entgegengesetzten Schluss ziehen wollen.

110 Nachhaltigkeit ist dabei nicht so zu verstehen, dass nur besonders wirkungsvolle Stiftungsvorhaben anerkannt werden sollen, *Backert*, in: Bamberger/Roth, BGB, § 80 Rn. 47; *Nissel*, Das neue Stiftungsrecht, S. 44. Der Gesetzgeber selbst hat klargestellt,

Stiftungszwecks anhaltend und unter Bewahrung der anfänglichen Leistungskraft erfolgen soll. Der – an sich vieldeutige[111] – Begriff der „Nachhaltigkeit" ist hier im Sinne von „zeitlich nicht nur vorübergehend" und „langfristig anhaltend" zu verstehen[112]. Die Lebensfähigkeit und das Wirkungspotential der Stiftung sollen also erhalten bleiben. Dies ist aber nur realistisch, wenn sich die Stiftung innerhalb der Volkswirtschaft ihre Leistungsfähigkeit erhält, mithin den Kaufkraftschwund ausgleicht. Andernfalls wäre jede Stiftung gewissermaßen eine „faktische Verbrauchsstiftung", da sich durch die Reduzierung der Kaufkraft ihres Vermögens ihre Wirkung sukzessive verringern würde.

3. *Thesaurierungsverbot*

Besonders hervorzuheben ist, dass, wie auch zahlreiche Landesgesetze bestimmen, bei der konkreten Umsetzung des Bestandserhaltungsgrundsatzes zunächst der Stifterwille zu berücksichtigen ist[113]. Unzweifelhaft ist der vom Stifter in Stiftungsgeschäft und -satzung geäußerte Stifterwille insbesondere dann, wenn er Angaben zur Vermögenserhaltung enthält, die vorrangig zu beachten sind[114]. Das Gleiche gilt, wenn der Stifter zum Ausdruck gebracht hat, dass er einen längstmöglichen Erhalt des Stiftungsvermögens gar nicht beabsichtigt. Dies gilt umso mehr, seitdem in § 81 Abs. 1 S. 2 letzter Halbsatz BGB ausdrücklich bestimmt ist, dass das gewidmete Vermögen auch zum Verbrauch bestimmt werden kann[115].

Praktische Relevanz erlangt die Pflicht zur Vermögenserhaltung insbesondere dann, wenn der (mutmaßliche) Stifterwille bezüglich der Vermögenserhaltung nicht feststellbar ist[116]. Dies ist nicht ausgeschlossen, da eine entsprechende Bekundung nicht Voraussetzung der Anerkennung ist. Die Pflicht zur kaufkrafterhaltenden Vermögensverwaltung ist dann mit dem sogenannten Thesaurierungs- bzw. Admassierungsverbot in Einklang zu bringen. Dieses ist in einer Vielzahl von

---

dass der Begriff der Nachhaltigkeit den der Dauerhaftigkeit ergänzen soll und somit keine eigenständige Bedeutung hat, vgl. Gesetzentwurf der Bundesregierung, BT-Drucks. 14/8765, S. 15; Beschlussempfehlung des Rechtsausschusses, BT-Drucks. 14/8894, S. 10.

111 Siehe zu den Bedeutungen Duden, Das Synonymwörterbuch, S. 630.

112 *Burgard*, in: Die Stiftung 3 (2009), S. 31, 47.

113 So etwa § 4 Abs. 2 S. 1 StiftGNRW: „Soweit nicht in der Satzung etwas anderes bestimmt ist [...], ist das Stiftungsvermögen ungeschmälert zu erhalten." Vgl. auch *Hüttemann*, in: FG Flume 1998, S. 59, 68 ff.; *Hüttemann/Rawert*, in: v. Staudinger, BGB, § 86 Rn. 27; *Mirbach*, Stiftungszweck und Gemeinwohlgefährdung, S. 47.

114 *Hüttemann/Rawert*, in: v. Staudinger, BGB § 86 Rn. 27.

115 Zur nunmehr durch das Ehrenamtsstärkungsgesetz vom 21.03.2013 (BGBl. I S. 556) m. W. v. 29.03.2013 für zulässig erklärten Verbrauchsstiftung siehe § 80 Abs. 2 S. 2 BGB.

116 Nach *Hüttemann*, in FG Flume 1998, S. 59, 66 ist dies nicht realistisch, da kein Stifter Vermögen „irgendwie" widmet, also ohne bestimmte wirtschaftliche Vorgabe.

Landesstiftungsgesetzen[117] festgeschrieben, gilt aber auch in den übrigen Bundesländern als Grundsatz der Ertragsverwendung zugunsten des Stiftungszwecks[118]. Danach müssen die Erträge der Stiftung grundsätzlich zugunsten des Stiftungszwecks verwendet werden und dürfen nicht dem Grundstockvermögen zufließen. Ein vermeintliches Spannungsverhältnis scheint dort gegeben, wo sich bei der konkreten Entscheidung über die Verwendung eines Ertrags die Vermögenserhaltung und die Zweckerfüllung gegenüberstehen. Denn bei einer vorsichtigen Anlagestrategie käme ein kaufkrafterhaltendes Verständnis des Vermögenserhaltungsgebots einer permanenten Thesaurierungspflicht gleich und würde somit das Gebot der Mittelverwendung zur Zweckerfüllung konterkarieren[119]. Dieser Widerspruch löst sich allerdings bei näherer Betrachtung beider Grundsätze auf. Das Bestandserhaltungsgebot betrifft nur sekundär das Stiftungsvermögen. Die Schutzrichtung des Bestandserhaltungsgebots ist in erster Linie die dauernde und nachhaltige Erfüllung des Stiftungszweckes[120]. Auch die Wirkrichtung des Thesaurierungsverbots, das die zeitnahe Mittelverwendung zur Förderung des Stiftungszwecks vorsieht, ist die Zweckerfüllung. Im Ergebnis dienen also beide Grundsätze dem vom Stifter festgelegten Ziel, wirken mithin nicht gegeneinander, sondern in dieselbe Richtung. Bei der Entscheidung über die Verwendung von zur Ausschüttung anstehenden Erträgen ist danach nicht zwischen Stiftungsvermögen und Stiftungszweck abzuwägen. Vielmehr ist im Einzelfall durch Abwägung zu entscheiden, auf welche Weise die Erträge, über die eine Verwendungsentscheidung zu treffen ist, der dauernden und nachhaltigen Zweckverfolgung wirkungsvoller dienen. Erst wenn diese Abwägung nicht eindeutig zugunsten der Zweckerfüllung oder der Vermögenserhaltung ausschlägt, ist im Zweifel[121] der Vermögenserhaltung Vorrang zu gewähren[122].

---

117 § 4 Abs. 3 S. 1 StiftGSchlH; § 6 Abs. 2 S. 2 NdsStiftG, § 4 Abs. S. 1 HmbStiftG; § 7 Abs. 3 S. 1 BremStiftG; § 4 Abs. 3 StiftGNRW; § 8 Abs. 2 S. 1 StiftGThü; § 7 Abs. 3 S. 1 StiftGRhPf; § 6 Abs. 3 S. HessStiftG, § 6 Abs. 2 S. 1 SaarlStiftG, Art. 6 Abs. 3 BayStiftG.

118 Vgl. *Ebersbach*, Handbuch des Deutschen Stiftungsrechts, S. 117; *Seifart*, BB 1987, S. 1889, 1893; *Gantenbrink*, Die hoheitliche Beendigung der Stiftung durch die Stiftungsbehörde, S. 3.

119 So die Argumentation von *Mirbach*, Stiftungszweck und Gemeinwohlgefährdung, S. 47 und *Schwintek*, Vorstandskontrolle in rechtsfähigen Stiftungen bürgerlichen Rechts, S. 98 gegen einen realen Werterhalt.

120 *Fritz*, in: Werner/Saenger, Die Stiftung, Rn. 469.

121 Ebenso *Fritz*, in: Werner/Saenger, Die Stiftung, Rn. 469: Das Bestandserhaltungsgebot sei eine gesetzliche Vermutung.

122 Der Bestandserhaltung Vorrang gewährend auch: *Seifart*, BB 1987, S. 1889, 1893; *Reuter*, NZG 2005, S. 649 ff. Siehe dazu auch *Hüttemann/Schön*, Vermögensverwaltung und Vermögenserhaltung im Stiftungs- und Gemeinnützigkeitsrecht, S. 30, die ebenfalls eine konkrete Abwägung des Einzelfalls fordern, aber mit Einzelfall auf die Erfordernisse des konkreten Stiftungszwecks abstellen. Vielmehr habe

Da die Zweckerfüllung durch Vermögensnutzung als unverrückbares Prinzip der Stiftung angesehen wird, soll es eine vermögenslose Stiftung auf Dauer nicht geben können[123]. In einem solchen Fall ist die Erfüllung des Stiftungszwecks im Sinne des § 87 Abs. 1 Alt. 1 BGB unmöglich geworden und die Stiftungsbehörde hat die Stiftung aufzuheben. Allerdings ist von Unmöglichkeit der Zweckerfüllung im Hinblick auf die Vermögenslage erst dann auszugehen, wenn das Stiftungsvermögen endgültig wegfällt oder so sehr geschrumpft ist, dass die Stiftung nicht mehr lebensfähig ist[124].

4. *Anforderungen an die Vermögensausstattung*

Vorschriften hinsichtlich einer Mindestkapitalausstattung, wie sie bei den Kapitalgesellschaften bestehen[125], gibt es im Stiftungsrecht nicht[126]. Da der Stiftungszweck mit Hilfe der Erträge aus dem Grundstockvermögen dauernd und nachhaltig erfüllt werden soll, muss das Stiftungsvermögen allgemein so beschaffen sein, dass es selbst in schwierigen Situationen die finanzielle Grundlage für den Stiftungszweck gewährleistet und dass – jedenfalls bei der Kapitalstiftung – die übertragenen Vermögenswerte die Einnahmen in derartigem Umfange garantieren, dass die Stiftung ihre Tätigkeit satzungsgemäß entfalten kann[127].

a) Mindestanforderung

Zunächst bestimmt allein der Stifter die Höhe des vorgesehenen Vermögens[128]. Im Grundsatz können Vermögensgegenstände jedweder Art – Sachen[129] und Rechte – in das Stiftungsvermögen als Grundstock eingebracht werden, es sei denn, der

der Vorstand ein an dem Stiftungszweck ausgerichtetes Rendite-Risiko-Profil zu wählen.

123 *Backert*, in: Bamberger/Roth, BGB, § 80 Rn. 46.

124 *Ellenberger*, in: Palandt, BGB, § 87 Rn. 1.

125 Vgl. § 5 Abs. 1 GmbHG: 25.000 EUR, die nunmehr gemäß § 5a GmbHG bei einer Unternehmergesellschaft (haftungsbeschränkt) auch erst im Laufe der werbenden Gesellschaft erwirtschaftet werden dürfen; § 7 AktG: 50.000 EUR.

126 *Backert*, in: Bamberger/Roth, BGB § 80 Rn. 47; *O. Werner*, in: Erman, BGB, Vor § 80 Rn. 8. Siehe dazu sogleich ausführlich § 7B.IV, S. 229 ff.

127 *O. Werner*, in: Werner/Saenger, Die Stiftung, Rn. 284.

128 *Mirbach*, Stiftungszweck und Gemeinwohlgefährdung, S. 49, vgl. auch: *Volkholz*, Geltung und Reichweite der Privatautonomie bei der Errichtung von Stiftungen, S. 325.

129 Im Fall einer reinen Sachstiftung, beispielsweise einer Kunstsammlung, die an sich keine oder nur geringe Ertragsmöglichkeiten hat, wird angenommen, dass aus Liquiditätsgründen ein gewisses Barkapital eingebracht werden muss, um die Verwaltung (und Instandhaltung) der Sachmittel zu gewährleisten. Siehe dazu *Hof*, DStR 1992, S. 1587, 1587 f.; so auch *Döring*, Die Stiftung als Finanzierungsinstrument für Unternehmen, S. 56.

Stiftungszweck erfordert gerade eine bestimmte Art von Vermögen. Voraussetzung der Anerkennung ist, dass ein angemessenes Verhältnis zwischen Zweck und Vermögensausstattung der Stiftung vorliegt, wobei die Beurteilung der Angemessenheit eine Frage des Einzelfalls ist. Die Anforderung an die zweckadäquate Höhe der Vermögensausstattung ergibt sich also aus dem Ziel der Stiftung[130]. Je aufwendiger und kostenintensiver der Stiftungszweck und dessen angestrebte Umsetzung sind, desto höher muss die Vermögensausstattung der Stiftung sein[131]. Die einzelfallbezogene Abwägung ist dabei auch bei kleineren Stiftungsvorhaben konsequent vorzunehmen. Eine bei Stiftungsbehörden[132] und Teilen der Literatur[133] geforderte Minimalkapitalausstattung, die in Anlehnung an die Körperschaften bei 25.000 EUR oder 50.000 EUR angesetzt werden soll, ist nicht rechtmäßig[134]. Es besteht kein Grund, die sich aus dem Grundsatz der Zweckadäquanz ergebende Relativität durch eine absolute Grenze zu durchbrechen. Zwar wird zu Recht darauf hingewiesen, dass ein Stiftungskapital von 50.000 EUR bei optimistisch geschätzter Verzinsung und nach Abzug der Verwaltungskosten einen jährlichen Ertrag von lediglich 1.300 EUR für die Zweckerfüllung zur Verfügung stellen wird. Es sind allerdings auch Stiftungszwecke denkbar, die mit weit weniger jährlichem Ertrag dauernd und nachhaltig verfolgt werden können, wie etwa die Zwecke von Förderstiftungen[135].

Im Hinblick auf das Erfordernis der Zweckadäquanz, aus dem sich die Minimalgrenze der Vermögensausstattung ergibt, wird auch eine Obergrenze behauptet[136]. Die Widmung eines Vermögens, aus dem auf Dauer mutmaßlich weitaus mehr, als

---

130 *Ellenberger*, in: Palandt, BGB, § 80 Rn. 5; *O. Werner*, in: Werner/Saenger, Die Stiftung, Rn. 284.

131 *O. Wener*, in: Werner/Saenger, Die Stiftung, Rn. 284 nennt beispielhaft einerseits eine Stiftung, die eine ganze Universität betreiben soll und dafür ein Vermögen von mehreren Milliarden benötigt, und andererseits eine Stiftung, die nur jährlich den Jahrgangsbesten einer Universität auszeichnen soll und dafür nur die Kosten für die Herstellung und Übergabe einer Urkunde benötigt.

132 Dazu *Hüttemann/Rawert*, in: v. Staudinger, BGB, § 80 Rn. 24.

133 *Backert*, in: Bamberger/Roth, BGB, § 80 Rn. 46.

134 Vgl. *Andrick/Suerbaum*, NJW 2002, S. 2905, 2907; *Jakob*, Schutz der Schiftung, S. 66; *Reuter*, in: MünchKomm/BGB §§ 80, 81 Rn. 13; *Schwake*, NZG 2008, S. 248, 250, 252; *Schiffer*, NJW 2006, S. 2528 ff.; *O. Werner*, in: Werner/Saenger, Die Stiftung, Rn. 284.

135 *Gantenbrink*, Die hoheitliche Beendigung der Stiftung durch die Stiftungsbehörde, S. 42, der darauf hinweist, dass die Beurteilung der Wirkung und Effektivität einer solchen Förderstiftung nicht im Rahmen des Anerkennungsverfahrens zur Überprüfung steht. Ob die Förderung dergestalt vorgesehen ist, dass der „Jahrgangsbeste" eine Urkunde erhält und diese Verleihung „nur" auf der Homepage der Stiftung veröffentlicht wird, oder ob über die Verleihung in überregionalen Medien berichtet wird, ist bei der Bewertung der Anerkennungsfähigkeit nicht von Bedeutung.

136 *Schwintek*, Vorstandskontrolle in rechtsfähigen Stiftungen bürgerlichen Rechts, S. 35.

für den (eng gefassten) Stiftungszweck benötigt, erwirtschaftet werden könnte, müsse im Hinblick auf das Verbot der Selbstzweckstiftung die Anerkennungsfähigkeit verhindern, weil die Stiftung hier überwiegend der Vermögensakkumulation diene[137].

b) Prognoseentscheidung

Ob die Vermögensausstattung nach Art und Umfang die dauerhafte und nachhaltige Erfüllung des Stiftungszwecks gewährleistet, entscheidet anschließend im Rahmen der Anerkennung die zuständige Stiftungsbehörde. Die Formulierung *„gesichert erscheint"* in § 80 Abs. 2 S. 1 BGB bedeutet, dass im Anerkennungsverfahren hinsichtlich der Zweckerfüllung keine sicheren Feststellungen möglich sein müssen, sondern eine Prognoseentscheidung vorzunehmen ist[138]. Bei der Kapitalstiftung ist von der durchschnittlichen Ertragsaussicht des Stiftungsvermögens auszugehen[139]. Die Reichweite dieser Prognoseentscheidung wird indes unterschiedlich beurteilt. Teilweise wird vertreten, der Prognosespielraum beziehe sich nur auf die Frage, ob mit dem durch den Stifter im Stiftungsgeschäft gewidmeten Vermögen, also dem anfänglichen Grundstockvermögen, eine Zweckverwirklichung gesichert erscheint[140]. Dies lasse sich aus § 81 Abs. 1 S. 2 BGB schließen, wenn dort das gewidmete Vermögen in Bezug zu dem Stiftungszweck gesetzt wird[141]. Tatsächlich gibt § 81 Abs. 1 S. 2 BGB allerdings keine Auskunft über die Prüfungskompetenz der Stiftungsbehörde im Hinblick auf die Vermögensausstattung, sondern lediglich über die Ausgestaltung des Stiftungsgeschäfts[142]. Somit ist die Antwort allein § 80 Abs. 2 BGB zu entnehmen, der allgemein auf das Stiftungsvermögen abstellt, nicht dagegen auf das „Anfangsvermögen"[143]. Es ist bei der Anerkennung also das – im Sinne einer Prognose – erwartbare zukünftige Vermögen, nicht nur das zum Zeitpunkt der Errichtung bereits gewidmete Vermögen zugrunde zu legen. Daraus folgt, dass die Stiftungsbehörde bei der Prüfung der Dauerhaftigkeit der Zweckverwirklichung auch zu berücksichtigen hat, ob weitere ausreichende Zustiftungen beziehungsweise Zuwendungen mit einer gewissen Sicherheit zu erwarten sind[144]. Für dieses weniger

137 Eingehend zum Verbot der Selbstzweckstiftung in § 6C, S. 104 ff.

138 Beschlussempfehlung des Rechtsausschusses, BT-Drucks. 14/8894, S. 10; *Backert*, in: Bamberger/Roth, BGB, § 80 Rn. 46; *O. Werner*, in: Erman, BGB, § 80 Rn. 11; *Ellenberger*, in: Palandt, BGB, § 80 Rn. 5; *Hüttemann/Rawert*, in: v. Staudinger, BGB, § 80 Rn. 20.

139 *Burgard*, Gestaltungsfreiheit im Stiftungsrecht, S. 164.

140 *Backert*, ZSt 2003, S. 129, 130; *Muscheler*, JR 2003, S. 441, 442.

141 *Backert*, ZSt 2003, S. 129, 130, ders., in: Bamberger/Roth, BGB, § 80 Rn. 45.

142 Vgl. *Gantenbrink*, Die hoheitliche Beendigung der Stiftung durch die Stiftungsbehörde, S. 35.

143 *Reuter*, in: MünchKomm/BGB, §§ 80, 81 Rn. 13.

144 So auch der unmissverständliche Wortlaut des Gesetzentwurfs BT-Drucks. 14/8765, S. 8; *Ellenberger*, in: Palandt, BGB § 80 Rn. 5; vgl. *Hüttemann/Rawert*, in: v. Staudinger, BGB, § 80 Rn. 20 die auch auf die Wertung des § 87 BGB rekurrieren, wonach

restriktive Verständnis der Prüfungskompetenz sprechen insbesondere auch der Sinn und Zweck des § 80 Abs. 1 S. 2 BGB. Wie sich aus den Gesetzesmaterialien ergibt, sollte durch diese Regelung der bereits vorher anerkannte grundrechtliche Anspruch der Stiftung und des Stifters auf Anerkennung – respektive nach altem Verständnis auf „Genehmigung" – kodifiziert werden[145]. Diese einfachgesetzliche Ausgestaltung des Anspruchs ist im Zweifel grundrechtskonform auszulegen. Das hat hier zur Folge, dass bei der Beurteilung der zweckadäquaten Vermögensausstattung auch zukünftiges Grundstockvermögen zu berücksichtigen ist, wenn dessen Erwerb gesichert erscheint, um so das Grundrecht auf Stiftung zu wahren.

IV. Stiftungsorganisation

Als juristische Person, mithin als eigenständiger Rechtsträger, bedarf die Stiftung zum Funktionieren einer Organisationsstruktur, durch die sie erst handlungsfähig wird[146]. Die Zweckverfolgung der Stiftung wird also erst durch die Stiftungsorganisation ermöglicht. Die Stiftungsorganisation bestimmt sich in erster Linie durch die Stiftungssatzung, in der der Stifter die organisatorischen Strukturen der Stiftung und damit den Grundstein für ihren Bestand und eine effektive Zweckverfolgung festlegt[147], in zweiter Linie durch landesrechtliche Vorschriften und das BGB.

In § 81 Abs. 1 S. 3 BGB sind als gesetzliche Mindestanforderungen an den Inhalt der Stiftungssatzung lediglich Name, Sitz, Zweck, Vermögen und die Bildung des Vorstands der Stiftung als Gegenstand satzungsmäßiger Regelung aufgezählt. Im Übrigen ist der Stifter in der Ausgestaltung der Stiftungsorganisation im Rahmen der Rechtsordnung frei[148]. Die spezifische Gestaltung der Organisation sollte sich dabei an den konkreten Umständen der Stiftung, insbesondere an den zu erwartenden Erträgen und dem tatsächlichen Geschäftsumfang ausrichten[149].

---

die vorübergehende Vermögenslosigkeit einer bereits anerkannten Stiftung nicht direkt zu deren Aufhebung führt. Diese Wertung würde auf das Anerkennungsverfahren übertragen. Außerdem sei dieses Verständnis auch bei der Gründung von Bürgerstiftungen und Gemeinschaftstiftungen von großer Bedeutung, bei denen das Stiftungsvermögen erst im Laufe der Zeit durch weitere Zustiftungen aufgebaut werden soll.

145 Gesetzentwurf BT-Drucks. 14/8765, S. 8 nennt als Motiv explizit, den grundrechtlich geschützten Anspruch auf Errichtung einer Stiftung wegen des Gebots der Rechtsklarheit und Rechtssicherheit eindeutig zu bestimmen.

146 *Hüttemann/Rawert*, in: v. Staudinger, BGB, Vor §§ 80 ff. Rn. 11; *Reuter*, in: MünchKomm/BGB, §§ 80, 81 Rn. 25, § 85 Rn. 9; *O. Werner*, in: Werner/Saenger, Die Stiftung, Rn. 388.

147 *Hof* in: v. Campenhausen/Richter, Stiftungsrechts-Handbuch, § 6 Rn. 116.

148 *Reuter*, in: MünchKomm/BGB § 85 Rn. 9.

149 *Schiffer/Pruns*, in: NK-BGB, § 81 Rn. 24.

1. *Der Stiftungsvorstand*

Schon mit den Regelungen zum Mindestinhalt der Stiftungssatzung bestimmt das Gesetz zugleich, dass die Stiftung zwingend einen Vorstand haben muss, § 81 Abs. 1 S. 3 Nr. 5 BGB[150]. Der Stifter ist ausschließlich an die gesetzliche Vorgabe gebunden, mindestens ein Mitglied für das Leitungsorgan festzulegen[151]. Daher ist es ihm nicht verwehrt, sich selbst zum Vorstand der Stiftung zu bestellen[152]. Zu den geforderten Regelungen zur Bildung eines Vorstands sind insbesondere Regelungen über die Mitgliederzahl sowie das Bestellungs- und Abberufungsverfahren zu zählen[153].

a) Vorstandsaufgaben

Der Stiftungsvorstand ist nach der gesetzlichen Konzeption zugleich Geschäftsführungs- und Vertretungsorgan[154]. Für die Geschäftsführung gelten gemäß §§ 86, 27 Abs. 3 BGB die Vorschriften des Auftragsrechts nach §§ 664–670 BGB. Sie umfasst vorrangig die ordnungsgemäße und zielführende Erfüllung des Stiftungszwecks[155]. Geschäftsführungsmaßnahmen, die nicht vom Stifterwillen gedeckt sind, stellen eine Pflichtverletzung dar, für die die Vorstandsmitglieder im Rahmen einer Binnenhaftung gegenüber der Stiftung gemäß § 280 Abs. 1 i. V. m. §§ 86, 27 Abs. 3, 664 ff. BGB haften[156]. Der Haftungsmaßstab richtet sich nach dem allein[157] maßgeblichen

---

150 Diese Mindestanforderung an die Stiftungsorganisation ergibt sich auch aus der Verweisung des § 86 S. 1 BGB auf § 26 Abs. 1 S. 1 BGB, der den Vorstand als zwingend notwendiges Organ eines Vereins festschreibt.

151 *O. Werner*, in: Werner/Saenger, Die Stiftung, Rn. 397.

152 *Hof*, in: v. Campenhausen/Richter, Stiftungsrechts-Handbuch, § 8 Rn. 122; *Hüttemann/Rawert*, in: v. Staudinger, BGB, § 86 Rn. 8.

153 *Backert*, in: Bamberger/Roth, BGB, § 81 Rn. 12; *Ellenberger* in: Palandt, BGB, § 81 Rn. 9.

154 *Burgard*, Gestaltungsfreiheit im Stiftungsrecht, S. 223; *Richter* in: Richter/Wachter, Handbuch des internationalen Stiftungsrechts, S. 777; *O. Werner*, in: Werner/Saenger, Die Stiftung, Rn. 391.

155 *Hof*, in: v. Campenhausen/Richter, Stiftungsrechts-Handbuch, § 9 Rn. 28; *Ebersbach*, Handbuch des Deutschen Stiftungsrechts, S. 102; *O. Werner*, in: Werner/Saenger, Die Stiftung, Rn. 394.

156 *Hüttemann/Rawert*, in: v. Staudinger, § 86 Rn. 33; *Schwintek*, Vorstandskontrolle in rechtsfähigen Stiftungen bürgerlichen Rechts, S. 189 ff.; eingehend zur Haftung *Kiethe*, NZG 2007, 810, 811, der auch auf die Haftung aus § 823 und § 826 BGB eingeht.

157 Landesgesetzliche Regelung in § 6 Abs. 1 BremStiftG, § 8 HessStiftG, § 8 Abs. 2 StiftGMeVo, § 6 Abs. 3 NdsStiftG und § 5 Abs. 2 SaarlStiftG, die eigene Haftungstatbestände oder Haftungsbeschränkungen auf Vorsatz und grobe Fahrlässigkeit vorsehen, sind mangels Gesetzgebungskompetenz der Länder unwirksam. Sowohl Haftungstatbestand als auch Haftungspriviligierung sind im BGB abschließend geregelt. So die ganz überwiegende Ansicht vgl. *Hüttemann/Rawert*, in: v. Staudinger, BGB, § 86 Rn. 33; *Reuter*, in: MünchKomm/BGB, § 86 Rn. 20; *Schwintek*,

§ 276 BGB. Durch entsprechende Festlegungen in der Stiftungssatzung kann der Stifter diesen gesetzlichen Haftungsmaßstab – im Rahmen des rechtlich Zulässigen – auf Vorsatz und grobe Fahrlässigkeit herabsetzen[158]. Vergleichbar zu den Entscheidungsträgern in Körperschaften (§ 93 Abs. 1 S. 2 AktG) steht auch dem Stiftungsvorstand ein haftungsfreier Ermessensspielraum bei der unternehmerischen Entscheidung zu[159]. Der Vorstand ist auch gemäß § 86 S. 1 BGB i. V. m. § 26 Abs. 2 S. 1 BGB ihr gesetzlicher Vertreter, gerichtlich und außergerichtlich, wobei der Umfang der Vertretungsmacht mit Wirkung gegenüber Dritten durch die Satzung beschränkt werden kann (§ 86 S. 1 i. V. m. § 26 Abs. 1 S. 3 BGB).

b) Fakultativorgane

Das gesetzliche Grundkonzept der Stiftung bürgerlichen Rechts sieht also lediglich eine Ebene der Stiftungsorganisation vor. Ein System der „Checks and Balances", wie es zum Beispiel in der Aktiengesellschaft[160] geregelt ist, gibt es im Stiftungsrecht nicht, denn aufgrund der mitgliederlosen Struktur der Stiftung kann es eine Überwachung durch eine Gesellschafterversammlung nicht geben. Daher beschränkt sich die Kontrolle des Vorstands grundsätzlich auf die staatliche Stiftungsaufsicht. Um den daraus resultierenden großen Handlungsspielraum des Stiftungsvorstands, der insbesondere bei finanzstarken Stiftungen schnell über ähnliche Werte wie der Vorstand einer Aktiengesellschaft zu entscheiden hat, zu begrenzen, kann der Stifter weitere Organe installieren, so insbesondere Überwachungsorgane oder Beratungsorgane[161]. Einem solchen fakultativen Organ, das in der Praxis oft als Kuratorium,

---

Vorstandskontrolle in rechtsfähigen Stiftungen bürgerlichen Rechts, S. 194 ff.; *Kilian*, in: Werner/Saenger, Die Stiftung, Rn. 553.

158 *Hüttemann/Rawert*, in: v. Staudinger, BGB § 86 Rn. 35; *Schwintek*, ZSt 2005, S. 108, 112; *Kilian*, in: Werner/Saenger, Die Stiftung, Rn. 553; *Burgard*, Gestaltungsfreiheit im Stiftungsrecht, S. 596.

159 *Burgard*, Gestaltungsfreiheit im Stiftungsrecht, S. 603 f.; *Werner*, ZEV 2009, S. 366, 368; *Hüttemann/Rawert*, in: v. Staudinger, BGB § 86 Rn. 33.

160 Das besondere Merkmal der Aktiengesellschaft im Vergleich zu allen anderen Gesellschaftsformen ist die dreigliedrige Führungsorganisation, die sich aus den drei Organen Mitgliederversammlung, Aufsichtsrat und Vorstand zusammensetzt. Der Vorstand führt die Gesellschaft unter eigener Verantwortung, leitet also unabhängig von Aufsichtsrat und Hauptversammlung, § 76 Abs. 1 AktG. Der Aufsichtsrat, der nicht zur Geschäftsführung befugt ist (§ 111 Abs. 1 bis 3 AktG), überwacht den Vorstand. Zu diesem Zweck hat er Informationsrechte (§ 90 AktG), Zustimmungsvorbehalte (§ 111 Abs. 4 AktG) und übt die Personalhoheit über den Vorstand aus (§ 84 AktG). Der Hauptversammlung steht schließlich die Personalkompetenz bezüglich des Aufsichtsrates zu, sie hat als Eigentümerversammlung über die grundlegenden Entscheidungen zu befinden, vgl. *Raiser/Veil*, Kapitalgesellschaften, § 13 Rn. 7 ff.

161 *Hof*, in: v. Campenhausen/Richter, Stiftungsrechts-Handbuch, § 9 Rn. 53; *O. Werner*, in: Werner/Saenger, Die Stiftung, Rn. 408 ff.

Stiftungsrat oder Beirat bezeichnet wird[162], kann insbesondere die Beratung, etwa aufgrund besonderen Sachverstandes in Bezug auf Vermögensanlage oder zweckgerichtete Mittelverwendung, obliegen.

2. Stiftungsaufsicht

Die Stiftung bürgerlichen Rechts unterliegt von der Anerkennung bis zur Beendigung der Stiftungsaufsicht durch die Landesbehörden. Die Stiftungsaufsicht wird in § 87 Abs. 1 BGB vorausgesetzt.

Als Aufgabe der staatlichen Stiftungsaufsicht wird in vielen Landesstiftungsgesetzen die Wahrung des in Stiftungsgesetz und Stiftungssatzung zum Ausdruck gebrachten Stifterwillens genannt[163]. Die Verwirklichung des in Stiftungsgeschäft und Stiftungssatzung fixierten Stiftungszwecks zu gewährleisten stellt danach die Kernfunktion der staatlichen Stiftungsaufsicht dar[164]. Die Legitimation für diese staatliche Aufsicht wird in der „stiftungstypischen Gefährdungslage"[165] erblickt, in der sich die Stiftung als rechtsfähiges, einem bestimmten Zweck gewidmetes Sondervermögen befindet, das in Folge ihrer Eigentümer- oder Mitgliederlosigkeit keine anderen Kontrolleure hat[166]. Daher muss die Stiftungsaufsicht die Rechtmäßigkeit der Stiftungsverwaltung überwachen, die Einhaltung des Stifterwillens gewährleisten (Garantiefunktion) und die Stiftung im Rahmen einer unabhängigen Überwachung vor schädigendem Verhalten ihrer Organe schützen (Schutzfunktion)[167]. Ferner soll die Stiftungsaufsicht dem Schutz der Allgemeinheit vor einem nicht durch Mitglieder oder Kontrollorgane kontrollierten Rechtsträger dienen (Kontrollfunktion)[168]. Die Folgerung, zur Aufgabe der Stiftungsaufsicht gehöre es auch, die Gemeinwohlverträglichkeit zu überwachen, wird auf § 87 BGB gestützt, der der zuständigen Behörde die Möglichkeit einräumt, die Zweckbestimmung umzuwandeln oder die Stiftung aufzulösen, wenn sie das Gemeinwohl gefährdet[169].

---

162 *Hof*, in: v. Campenhausen/Richter, Stiftungsrechts-Handbuch, § 9 Rn. 53; *O. Werner*, in: Werner/Saenger, Die Stiftung, Rn. 408; *Schiffer/Pruns*, in: NK-BGB, § 81 Rn. 16 und 29 ff. beschreiben die (nicht einheitliche) Begriffsverwendung im Kontext der entsprechenden Aufgaben.

163 Vgl. § 6 Abs. 1 StiftGBbg; § 6 Abs. 2 StiftGNRW; Art. 2 Abs. 1 BayStiftG; § 1 Abs. 1 StiftGRhPf; § 2 NdsStiftG; § 8 Abs. 1 StiftGBaWü; § 8 Abs. 1 StiftGSchlH.

164 *Backert*, in: Werner/Saenger, Die Stiftung, Rn. 1258.

165 *Schulte*, DÖV 1996, S. 497, 499; eingehend zu dem Problem mangelnder Kontrollorgane *Jakob*, Schutz der Stiftung, S. 89 ff., 258 ff.

166 *Hof*, in: v. Campenhausen/Richter, Stiftungsrechts-Handbuch, § 11 Rn. 35.

167 BGH, Urteil v. 03.03.1977, Az. III ZR 10/74, BGHZ 68, S. 142, 145; BGH, Urteil v. 22.01.1987, Az. III ZR 26/85, BGHZ 99, S. 344, 349; BVerwG, Beschluss v. 10.05.1985, Az. 7 B 211/84, NJW 1985, 2964; BVerwG, Beschluss v. 29.11.1990, Az. 7 B 155/90, BVerwG, NJW 1991, S. 713.

168 *Burgard*, Gestaltungsfreiheit im Stiftungsrecht, S. 205; *Reuter*, Privatrechtliche Schranken der Perpetuierung von Unternehmen, S. 92.

169 *Reuter*, in: MünchKomm/BGB, Vor § 80 Rn. 78.

3. Prüfung der zweckadäquaten Stiftungsorganisation?

Die Stifterfreiheit gewährleistet dem Stifter im Rahmen der Rechtsordnung Satzungsautonomie, sodass er – vom gesetzlich geforderten Mindestinhalt abgesehen – in seinen Satzungsbestimmungen frei ist. Er kann somit in der Satzung gewillkürte Anordnungen treffen[170], so etwa die Wege zur Erreichung des Stiftungszwecks näher konkretisieren oder Vorgaben zur Art und Weise der Vermögensverwaltung festlegen[171]. Vor diesem Hintergrund stellt sich die Frage, inwiefern in die Prüfung, ob die dauernde und nachhaltige Erfüllung des Stiftungszwecks gesichert erscheint, auch Aspekte der Stiftungsorganisation einzubeziehen sind. Überwiegend wird davon ausgegangen, das Erfordernis der dauernden und nachhaltigen Erfüllung des Stiftungszwecks beziehe sich nur auf die Angemessenheit der Finanzausstattung der zu errichtenden Stiftung in Relation zum Stiftungszweck[172]. Müssten im Rahmen der Anerkennungsentscheidung auch Aspekte der Stiftungsorganisation berücksichtigt werden, würde die Anerkennungsbehörde mit kaum justiziablen Prognoseentscheidungen belastet[173]. Außerdem sei zu beachten, dass der Gesetzgeber bewusst davon abgesehen habe, für größere Stiftungen Organisationsstrukturen verbindlich vorzuschreiben[174], andererseits in §§ 86 S. 1, 26 Abs. 1 aber zwingend das Organ des Vorstands vorgeschrieben habe[175].

Gegen diese Ansicht spricht bereits der aufschlussreiche Wortlaut der Gesetzesbegründung, nach der das Erfordernis der nachhaltigen Erfüllung „besonders" die Vermögensausstattung betrifft[176]. Diese Betonung des einen Prüfungsgegenstandes macht deutlich, dass auch ein zweiter Prüfungsgesichtspunkt, hier die Stiftungsorganisation, Berücksichtigung finden soll[177]. Dieses Wortlautargument findet Rückhalt in der ratio legis des § 80 Abs. 2 BGB, der sicherstellen soll, dass nur „lebensfähige" Stiftungen anerkannt werden, und liegt auf einer Linie mit der (gesetzlichen) Grundstruktur der Stiftung bürgerlichen Rechts. Die Stiftungsorganisation ist ebenso wie das Stiftungsvermögen notwendiges Strukturelement der juristischen Person Stiftung. Wenn beide Strukturelemente notwendige Voraussetzung für das Erreichen des Zwecks sind, ist auch bei beiden die jeweils konkrete Ausgestaltung im Hinblick auf die Handlungsfähigkeit der Stiftung und die Eignung zur Zweckverfolgung zu überprüfen. Auch aus einer unzureichenden Stiftungsorganisation kann sich eine überlebens- oder handlungsunfähige Stiftung ergeben. Wie noch an anderer Stelle dieser Arbeit ausführlich herauszuarbeiten sein

---

170 *Hüttemann/Rawert*, in: v. Staudinger, BGB, § 85 Rn. 6.

171 *Schiffer/Pruns*, in: NK-BGB, § 81 Rn. 15.

172 *Andrick*, DVBl 2003, 1246, 1249 f.; *Hüttemann/Rawert*, in: v. Staudinger, BGB, § 80 Rn. 18; *Backert*, in: Bamberger/Roth, BGB, § 80 Rn. 45.

173 *Hüttemann*, ZHR 167 (2003), S. 35, 55.

174 *Hüttemann/Rawert* in: v. Staudinger, BGB § 80 Rn. 18.

175 *Backert*, in: Bamberger/Roth, BGB, § 80 Rn. 45.

176 BT-Drucks. 14/8765, S. 8.

177 *Reuter*, in: MünchKomm/BGB, §§ 80, 81 Rn. 59.

wird, ist die Stiftungsorganisation wie das Stiftungsvermögen Mittel im Sinne der Zweck-Mittel-Relation[178]. Die Stiftungsorganisation fällt danach in gleicher Weise unter den Lebensfähigkeitsvorbehalt der dauernden und nachhaltigen Erfüllung des Stiftungszwecks. Die Stiftungsbehörde ist also auch berechtigt, die Anerkennung nach § 80 Abs. 2 S. 1 Alt. 1 BGB abzulehnen, wenn sie befindet, dass die Stiftungsorganisation für das vorliegende Stiftungsvorhaben (oder generell) nicht geeignet ist, die Handlungsfähigkeit der Stiftung zu gewährleisten[179].

178 Siehe dazu ausführlich § 6D, S. 195 ff.

179 Vgl. *Burgard*, Gestaltungsfreiheit im Stiftungsrecht S. 172 ff.; ders., in: NZG 2002, S. 697, 699, der die Ablehnung für den Fall bejaht, dass die Behörde zu dem Prüfungsergebnis gelangt, neben dem Vorstand benötige die Stiftung ein weiteres Gremium.

§ 3 Gesellschaftsrecht

Die Stiftung & Co. KG im allgemein diskutierten Sinne ist die Verbindung einer Stiftung bürgerlichen Rechts mit einer Kommanditgesellschaft dergestalt, dass die Stiftung als Komplementärin eingesetzt wird[180]. Sie weist zahlreiche Parallelen zu einer GmbH & Co. KG auf[181], bei der eine GmbH als Komplementärin fungiert. Nachstehend soll daher nach einer einleitenden Darstellung zur Kommanditgesellschaft im Allgemeinen die historische und rechtspolitische Entwicklung der GmbH & Co. KG nachvollzogen und ein gesellschaftsrechtlicher Überblick über diese Mischform gegeben werden. Dies soll zum Grundverständnis der anschließenden Untersuchung der Stiftung & Co. KG beitragen.

A. Die Kommanditgesellschaft

Die GmbH & Co. KG ist eine Kombination aus einer Kommanditgesellschaft im Sinne des § 161 Abs. 1 HGB und einer GmbH. Bevor auf Einzelfragen im Kontext der GmbH & Co. KG[182] eingegangen wird, soll zunächst die Grundkonzeption der Kommanditgesellschaft dargestellt werden.

I. Überblick

Aus der Definition in § 161 Abs. 1 HGB ergibt sich, dass eine Kommanditgesellschaft eine auf den Betrieb eines Handelsgewerbes unter gemeinschaftlicher Firma gerichtete Gesellschaft ist, bei der bei mindestens einem Gesellschafter (dem Kommanditisten) die Haftung gegenüber den Gesellschaftsgläubigern auf den Betrag einer bestimmten Vermögenseinlage, der Haftsumme, beschränkt ist, während mindestens ein anderer Gesellschafter (der Komplementär) unbeschränkt für die Verbindlichkeiten der Gesellschaft haftet[183]. Eine nur aus Kommanditisten bestehende Gesellschaft ist rechtlich nicht möglich[184].

Die Kommanditgesellschaft ist im System des HGB eine Abwandlung der OHG im Sinne der §§ 105 ff. HGB[185]. Während bei einer OHG im Hinblick auf die Haftung alle

180 *Henze/Notz*, in: Ebenroth/Boujong/Joost/Strohn, HGB, Anh. § 177 a Rn. 24; *Richter*, in: v. Campenhausen/Richter, Stiftungsrechts-Handbuch, § 11a Rn. 40.

181 *App*, BuW 1992, S. 557, 557.

182 Die hier behandelte GmbH & Co. KG stellt die in der Praxis überwiegende Mischform dar. Als Trägergesellschaft einer GmbH & Co. kommen allerdings auch die OHG und die GbR in Betracht.

183 *Mueller-Thuns*, in: Hesselmann/Tillmann, Handbuch GmbH & Co. KG, § 1 Rn. 4.

184 *Grunewald*, in: MünchKomm/HGB, § 161 Rn. 3; *Saenger*, Gesellschaftsrecht, Rn. 332; *K. Schmidt*, Gesellschaftsrecht, S. 1530.

185 *Hopt*, in: Baumbach/Hopt, HGB, § 161, Rn 1.

Gesellschafter gleichstehen, zeichnet sich die Kommanditgesellschaft dadurch aus, dass zwei Arten von Gesellschaftern zu unterscheiden sind. Die Rechtsstellung der Komplementäre, die unbeschränkt haften, entspricht in jeder Hinsicht derjenigen der Gesellschafter der OHG. Der wesentliche Unterschied zur OHG besteht darin, dass es in einer KG auch Gesellschafter gibt, die lediglich mit einer begrenzten Haftsumme haften. Diese durch die §§ 171 ff. HGB gegenüber der OHG modifizierte Haftung der Kommanditisten ist der Kern des Unterschieds zur OHG, auf den alle weiteren Abweichungen (§§ 161–170, 177 HGB) zurückgehen[186]. Neben diesen den Hauptunterschied bestimmenden und ausgestaltenden Sonderregeln gelten für die Kommanditgesellschaft die gesetzlichen Regeln des OHG-Rechts, wie in dem Verweis in § 161 Abs. 2 HGB deutlich wird. Ergänzend gilt gleichermaßen für die KG wie für die OHG das Gesellschaftsrecht des BGB, § 105 Abs. 3 HGB (sog. Schachtelprinzip)[187].

II. Personengesellschaften und Körperschaften

1. Personenverbände und Verbandspersonen

Obwohl die Kommanditgesellschaft also sowohl personalistische als auch kapitalistische Elemente enthält, ist sie Personengesellschaft und als solche von den Körperschaften abzugrenzen. Sowohl Personengesellschaft wie auch Körperschaften sind Verbände. Eine Unterscheidung kann insofern vorgenommen werden, als die Körperschaften als *Verbandspersonen*, die Personengesellschaften dagegen als *Personenverbände* bezeichnet werden[188]. Als Charakteristikum der Personengesellschaften gilt ihre Abhängigkeit von der Individualität ihrer Gesellschafter. Als Charakteristikum der Körperschaften wird demgegenüber die überindividuelle Verselbstständigung[189] angesehen. Während der Zweck der Körperschaft die Einzelpersönlichkeit der Mitglieder überdauert, ist die Personengesellschaft von ihren Mitgliedern abhängig[190].

2. Personengesellschaften

Die Gesellschaft ist eine Personenvereinigung, in der die Gesellschafter gemeinsam individuelle, aber gleichgerichtete Zwecke verfolgen[191]. Grundform der Personengesellschaften ist die Gesellschaft bürgerlichen Rechts, die in den §§ 705 ff. BGB

---

186 *Hopt*, in: Baumbach/Hopt, HGB, § 161, Rn 1.

187 *Saenger*, Gesellschaftsrecht, Rn. 11.

188 Vgl. *Flume*, Die juristische Person, S. 259; *K. Schmidt*, Gesellschaftsrecht, S. 656 f.

189 *K. Schmidt*, Gesellschaftsrecht, S. 46 f.; vgl. auch *Saenger*, Gesellschaftsrecht, § 2 Rn. 12 f.

190 So zu Recht *K. Schmidt*, Gesellschaftrecht, S. 46, der darauf hinweist, dass aufgrund der Gestaltungsfreiheit Realstrukturen gebildet werden, die als kapitalistische Personengesellschaft oder personalistische Kapitalgesellschaft bezeichnet werden können.

191 *Raiser/Veil*, Kapitalgesellschaften, § 3 Rn. 2.

geregelt ist[192]. Die Personengesellschaft entsteht durch Abschluss eines schuldrechtlichen Gesellschaftsvertrages, schafft zwischen den Gesellschaftern aber eine enge, über das Schuldrecht hinausgehende Verbindung[193]. Der Bundesgerichtshof bezeichnet die Mitgliedschaft in einer Personengesellschaft als einen Inbegriff von Rechtsverhältnissen[194], da sie Rechtsverhältnisse in Bezug zu der Gesellschaft und zu den Mitgesellschaftern begründe. Im Unterschied zur juristischen Person ist die rechtsfähige Personengesellschaft nicht als solche, sondern nur in der Gesamtheit ihrer Gesellschafter rechtsfähig. Das Gesellschaftsvermögen steht den Gesellschaftern zur gesamten Hand zu, ist also ein Sondervermögen der Gesellschafter, das von ihrem sonstigen Vermögen getrennt ist. Denn die Gesamthandgemeinschaft führt zu einer starken dinglichen Bindung des Gesellschaftsvermögens dergestalt, dass der einzelne Gesellschafter nicht über seinen Anteil an den einzelnen zum Gesellschaftsvermögen gehörenden Gegenständen verfügen kann. Die Geschäfte führen alle Gesellschafter gemeinsam oder jedenfalls einige von ihnen (Prinzip der Selbstorganschaft).

3. *Körperschaften*

Auch die Körperschaften des privaten Rechts sind Gesellschaften im weiteren Sinne[195]. Sie gliedern sich auf in Kapitalgesellschaften (AG, GmbH, KGaA), Vereine (Verein des bürgerlichen Rechts, VVaG) und Genossenschaften[196]. Überwiegend wird die Körperschaft definiert als eine Verbandsperson, die überindividuelle Zwecke verfolgt und in ihrem Bestand vom Wechsel der Mitglieder unabhängig ist[197]. Im Gegensatz zu den Personenverbänden ist die Körperschaft selbst Eigentümerin des Gesellschaftsvermögens und wird selbst – als juristische Person – berechtigt und verpflichtet. Während die Gesellschaften als Personenvereinigungen auf einer vertraglichen Bindung der Gesellschafter beruhen, verfügt die Körperschaft über eine Verfassung, ein normatives Organisationsstatut, das die innere Organisation regelt. Ausführendes Organ ist das von der Mitgliederversammlung gewählte Geschäftsleitungsorgan, das nicht selbst Gesellschafter sein muss (Prinzip der Fremdorganschaft). Folge der kapitalistischen Struktur ist die grundsätzliche Trennung von Mitgliedschaft und Organstellung, die dazu führt, dass der Vorstand seine Befugnisse nur kraft Bestellung, nicht – wie etwa bei der Personengesellschaft – kraft eigenen Rechts innehat[198].

---

192 *Saenger*, Gesellschaftsrecht, Rn. 11.
193 *Sprau*, in: Palandt, BGB, § 705 Rn. 4.
194 BGH, Urteil v. 14.05.1986, Az. IVa ZR 155/84, BGHZ 98, S. 48, 50.
195 *K. Schmidt*, Gesellschaftsrecht, S. 45 f.
196 *K. Schmidt*, Gesellschaftsrecht, S. 46 f.
197 *Raiser/Veil*, Kapitalgesellschaften, § 3 Rn. 2.
198 So schon *Zielinski*, Grundtypvermischungen und Handelsgesellschaftsrecht, S. 112.

III. Die Verfassung der Kommanditgesellschaft

Die nachfolgenden Erläuterungen zur Kommanditgesellschaft dienen als Grundlage für die anschließende Darstellung der historischen Entwicklung der GmbH & Co. KG. Sie sollen insbesondere die Erwägungen zu ihrer Zulässigkeit und die bis heute währenden rechtspolitischen Bedenken nachzuvollziehen helfen. Zudem soll gezeigt werden, wie die gesellschaftsrechtliche Gestaltungsfreiheit in der Personengesellschaft Möglichkeiten eröffnet, den Interessen der Gesellschafter weitgehend gerecht zu werden.

1. Innenrecht

Nach dem HGB steht die Geschäftsführung der Kommanditgesellschaft im Innenverhältnis nur dem Komplementär zu, § 164 HGB. Der Kommanditist soll nach der ratio legis von der Leitung der Geschäfte ausgeschlossen sein, weil er in der Regel nur sein Kapital zur Verfügung stellt[199]. Davon unberührt bleibt, dass der Kommanditist nach § 164 S. 1 HS. 2 BGB bei außergewöhnlichen Geschäften zum Widerspruch berechtigt ist. Über den Wortlaut hinaus erweitert die allgemeine Auffassung dieses Widerspruchsrecht und verlangt bei ungewöhnlichen Geschäften die Zustimmung der Kommanditisten gemäß §§ 161 Abs. 2, 116 Abs. 2 HGB[200], wobei sich dieses Zustimmungserfordernis nur auf das Innenverhältnis beziehen soll[201]. Zum Ausgleich seiner Interessen steht ihm ein ordentliches Informationsrecht zu, § 166 HGB, das sich auf den Jahresabschluss und die dazugehörenden Unterlagen beschränken soll[202].

Allerdings ist § 164 HGB dispositiv[203], sodass abweichende Vereinbarungen zur Einschränkung oder Stärkung der Kommanditistenrechte zulässig sind. Im Rahmen der im Innenverhältnis zwischen den Gesellschaftern bestehenden Vertragsfreiheit kann der Gesellschaftsvertrag daher vorsehen, dass die dem Kommanditisten zustehenden Rechte weiter eingeschränkt werden, beispielsweise das Stimmrecht für außergewöhnliche Geschäfte ausgeschlossen wird[204]. Umgekehrt ist es auch möglich, die Geschäftsführung ganz oder teilweise auf den Kommanditisten zu übertragen[205].

---

199 Zum historischen Hintergrund dieser Erwägung sogleich unter § 3B, S. 57 ff.

200 *Assmann*, in: Kübler/Assmann, Gesellschaftrecht, S. 104; *Grunewald*, in: MünchKomm/HGB, § 164 Rn. 10; *Hopt*, in: Baumbach/Hopt, HGB, § 164 Rn 2.

201 *K. Schmidt*, Gesellschaftsrecht, S. 1538.

202 *Grunewald*, in: MünchKomm/HGB, § 166 Rn. 1 ff., 3.

203 *Hopt*, in: Baumbach/Hopt, HGB, § 164 Rn 6.

204 BGH, Urteil v. 14.05.1956, Az. II ZR 229/54, BGHZ 20, S. 368; *Saenger*, Gesellschaftrecht, Rn. 341.

205 BGH, Urteil v. 27.06.1955, Az. II ZR 232/54, BGHZ 17, S. 392, 394; BGH, Urteil v. 09.12.1968, Az. II ZR 33/67, BGHZ 51, S. 198, 201: An den persönlich haftenden Gesellschafter ist die Geschäftsführungsbefugnis nicht zwingend gebunden; sie kann auch, wie sich aus den §§ 114 Abs. 2, 163, 164 HGB ergibt, durch Gesellschaftsvertrag unter Ausschluss des persönlich haftenden Gesellschafters einem

Darin liegt kein Verstoß gegen das Verbot der Drittorganschaft, da der Kommanditist selbst Gesellschafter ist. In einem solchen Fall wird die eigentliche interne Leitungsmacht in der Gesellschaft ganz in die Hände des Kommanditisten verlagert, ohne dass sich dadurch sein Verhältnis nach außen gegenüber Dritten ändert[206].

2. *Außenrecht*

Die Kommanditgesellschaft wird gemäß §§ 161 Abs. 2, 125–127 HGB durch den Komplementär vertreten. Die Vertretung erfolgt in der Eigenschaft als Gesellschafter, also organschaftlich[207]. Es handelt sich um eine gesetzliche Vertretungsmacht, wie sie den Organen juristischer Personen als deren gesetzliche Vertreter zusteht[208]. Sind mehrere Komplementäre vorhanden, hat grundsätzlich jeder Gesellschafter ohne Mitwirkung der anderen Vertretungsmacht. Davon abweichende Vereinbarungen sind bis an die vom Gebot der Selbstorganschaft gesetzten Grenzen zulässig, beispielsweise der gesellschaftsvertragliche Ausschluss eines oder mehrerer, aber nicht aller Komplementäre von der Vertretung[209]. Dem Kommanditisten steht organschaftliche Vertretungsmacht nicht zu, § 170 HGB. Denn für das HGB sind organschaftliche Vertretung und Haftungsbeschränkung unvereinbar. Er ist auch im Hinblick auf die Gestaltung des Gesellschaftsvertrages von der organschaftlichen Vertretung zwingend ausgeschlossen[210]. Daraus ergibt sich, dass weder dem einzigen noch allen Komplementären die Vertretungsmacht gesellschaftsvertraglich entzogen werden kann (Prinzip der Selbstorganschaft)[211].

Kommanditisten kann dagegen durch den Gesellschaftsvertrag oder durch den Komplementär namens der Gesellschaft rechtsgeschäftliche Vertretungsmacht

---

oder mehreren Kommanditisten übertragen werden; *Hopt*, in Baumbach/Hopt, HGB, § 164 Rn. 7; *Roth/Morck*, in: Koller/Roth/Morck, HGB, § 164 Rn. 3.

206 BGH, Urteil v. 17.03.1966, Az. II ZR 282/63, BGHZ 45, S. 204, 205 ff.

207 BGH, Urteil v. 11.07.1960, Az. II ZR 260/59, BGHZ 33, S. 105, 108; BGH, Urteil v. 22.01.1962, Az. II ZR 11/6136, S. 293, 295; BGH, Urteil v. 09.12.1968, Az. II ZR 33/67, BGHZ 51, S. 198, 200.

208 So *Hopt*, in: Baumbach/Hopt, HGB, § 125 Rn 2; *K. Schmidt*, Gesellschaftsrecht, S. 254 ff. Die Fragestellung des Organhandelns ist Gegenstand des dogmatischen Streits zwischen den Vertretern der *Organtheorie* und denen der *Vertretertheorie*. Dazu ausführlich unter § 9D.III.1., S. 272 ff.

209 *Hopt*, in: Baumbach/Hopt, HGB, § 125 Rn. 12.

210 BGH, Urteil v. 09.12.1968, Az. II ZR 33/67, BGHZ 51, S. 198, 200; kritisch dazu *Grunewald*, in: MünchKomm/HGB, § 170 Rn. 10; *Weipert*, in: Ebenroth/Boujong/Joost/Strohn, HGB, § 170 Rn. 11; A. A. *Bergmann*, ZIP 2006, 2064 zugl. Besprechung von OLG Frankfurt a. M., Beschluss v. 26.9.2005, Az. 20 W 192/05, in dem der Senat diese Trennung bestätigt hat.

211 BGH, Urteil v. 09.12.1968, Az. II ZR 33/67, BGHZ 51, S. 198, 200; BGH, Urteil v. 10.12.2001, Az. II ZR 139/00, ZIP 2002, S. 396 ff.

eingeräumt werden. Er kann auf diese Weise Vollmacht jeder Art bis hin zur Prokura oder Generalvollmacht erhalten[212].

3. *Haftung*

a) *Des Komplementärs*

Für die Gesellschaftsschulden haftet einerseits die Kommanditgesellschaft mit dem Gesellschaftsvermögen, andererseits haften die Gesellschafter persönlich. Der Komplementär haftet für die Gesellschaftsschulden wie die Gesellschafter einer OHG, für ihn gelten nach § 161 Abs. 2 HGB die §§ 128–130 HGB. Er haftet also den Gläubigern der Gesellschaft für deren Verbindlichkeiten zwingend persönlich, unmittelbar, primär und unbeschränkt, § 128 HGB. Unmittelbare Haftung bedeutet, dass den Gläubigern gegenüber den Gesellschaftern Direktansprüche zustehen und nicht lediglich das haftende Gesellschaftsvermögen durch Verlustdeckungs- oder Nachschusspflichten ergänzt wird. Die Haftung ist insofern eine primäre, als sie nicht bloß subsidiär ist, sodass es den Gläubigern freisteht, ob zuerst die Gesellschaft oder die Gesellschafter in Anspruch genommen werden. Eine andere Frage ist die nach dem Inhalt der Gesellschafterhaftung in einem Fall, in dem eine andere Leistung als Geld geschuldet ist, etwa Nacherfüllung oder Abgabe einer Willenserklärung. Hier ist umstritten, ob der Gesellschaftsgläubiger vom Gesellschafter nur die Leistung von Geld verlangen kann, wie aus der Perspektive der Haftungstheorie zu schließen ist, oder ob die Haftungsverbindlichkeit denselben Inhalt wie die Gesellschaftsschuld hat[213]. Letzteres entspräche der sogenannten Erfüllungstheorie, nach der der Gläubiger gegen den Gesellschafter Anspruch auf dieselbe Leistung hat, wie sie von der Gesellschaft geschuldet ist, also etwa Herausgabe von Besitz, Übereignung oder Auskunft[214]. Die heute überwiegende Meinung folgt der Erfüllungstheorie, allerdings in zahlreichen Varianten der Begründungen und Schlussfolgerungen[215].

b) *Des Kommanditisten*

Der Kommanditist haftet den Gläubigern der Gesellschaft demgegenüber in der Regel nur beschränkt nach Maßgabe der in das Handelsregister einzutragenden Haftsumme, und er haftet auch nur, soweit er seine Einlage nicht erbracht oder

---

212 BGH, Urteil v. 27.06.1955, Az. II ZR 232/54, BGHZ 17, S. 392, 394; BGH, Urteil v. 22.01.1962, Az. II ZR 11/61, BGHZ 36, S. 293, 295; *Hopt*, in Baumbach/Hopt, HGB, § 170 Rn. 3; *Thiessen*, in: Staub/GroßkommHGB, § 172 Rn. 34 ff.

213 *Hopt*, in: Baumbach/Hopt, HGB, § 128 Rn. 8; *K. Schmidt*, Gesellschaftsrecht, S. 1423.

214 BGH; Urteil v. 11.12.1978, Az. II ZR 235/77, BGHZ 73, S. 217; BGH, Urteil v. 01.04.1987, Az. VIII ZR 15/86, BGH NJW 1987, S. 2367 ff.; vgl. *K. Schmidt*, Gesellschaftsrecht, S. 1423; *Hopt*, in: Baumbach/Hopt, HGB, § 128 Rn. 8; *Haas*, in: Röhricht/v. Westphalen/Hass, HGB, § 128 Rn. 6.

215 Ausführlich *K. Schmidt*, Gesellschaftsrecht, S. 1423.

zurückerhalten hat[216]. Eine genaue Unterscheidung zwischen Einlage und Haftungssumme fehlt zwar im Gesetz, ist für das Verständnis des Systems der Kommanditistenhaftung aber unerlässlich. Die Einlage ist ein durch Einbringung in das Gesellschaftsvermögen zu leistender Beitrag in Form von Geld- oder Sachleistung. Die Haftsumme ist der Höchstbetrag, bis zu dem der eingetragene Kommanditist den Gesellschaftsgläubigern persönlich haftet. Die Haftungsbeschränkung verlangt im Interesse der Gesellschaftsgläubiger Publizität und einen bestimmten Vermögenseinsatz. Hat der Kommanditist seine Einlage noch nicht geleistet, haftet auch er unmittelbar, primär und als Gesamtschuldner mit seinem ganzen Vermögen, jedoch beschränkt auf die Höhe der im Handelsregister eingetragenen Haftsumme, § 171 Abs. 1 HGB[217]. Es handelt sich um eine lediglich summenmäßige Begrenzung, so dass nicht wie bei einer gegenständlichen Haftungsbeschränkung – beispielsweise gemäß §§ 1975 ff. BGB – die Haftung auf bestimmte Vermögensgegenstände begrenzt wäre[218]. Soweit der Kommanditist eine Einlage bei der Gesellschaft hält, haftet er nicht mehr, denn die im Gesellschaftsvermögen vorhandene Einlage ersetzt seine Haftung[219]. Ist eine geringere Einlage als die Haftsumme vereinbart oder die Einlage erst teilweise erbracht, haftet er wiederum für die Differenz mit seinem ganzen Vermögen.

B. Entwicklung und Zulässigkeit der GmbH & Co. KG

Regelmäßig wird die GmbH & Co. KG etwas pauschal als Kommanditgesellschaft definiert, deren einziger Komplementär eine GmbH ist[220]. Bei der GmbH & Co. KG ist also der unbeschränkt (persönlich) haftende Gesellschafter der Kommanditgesellschaft nicht eine natürliche Person, sondern die GmbH, also eine juristische Person[221]. Nachfolgend soll die Entwicklungsgeschichte der GmbH & Co. KG summarisch nachgezeichnet werden.

I. Die „commenda“

Wie auch die OHG stammt die KG aus der mittelalterlichen – teils romanischen, teils germanischen – Rechtsentwicklung[222]. Ihren geschichtlichen Ursprung hat sie in einer Zusammenarbeit, bei der einer zum Handel auszog (tractor), dem ein

216 *K. Schmidt*, Gesellschaftsrecht, S. 1548.

217 *Assmann*, in: Kübler/Assmann, Gesellschaftrecht, S. 107; *Roth/Morck*, in: Koller/Roth/Morck, HGB, §§ 171, 172 Rn. 7; *Strohn*, in: Ebenroth/Boujong/Joost/Strohn, HGB, § 171 Rn. 8.

218 Vgl. *Saenger*, Gesellschaftsrecht, Rn. 353; *K. Schmidt*, Gesellschaftsrecht, S. 1558 f.

219 *K. Schmidt*, Gesellschaftsrecht, S. 1529 f.

220 Vgl. nur *Windbichler*, Gesellschaft, § 37 Rn. 1.

221 *Mueller-Thuns*, in: Hesselmann/Tillmann, Handbuch GmbH & Co. KG, § 1 Rn. 4.

222 Dazu ausführlich *Servos*, Die Personengesellschaften in den Kodifikationen vom ALR bis zum ADHGB, S. 9 ff.

anderer dazu Waren anvertraute (commendator)[223]. Gewinn und Verlust entfielen auf beide derart, dass der commendator nur mit den Waren einstand, während der tractor in voller Höhe haftete[224]. In den romanischen Ländern bezeichnete man diese Kooperation als commenda[225], ein Name, der dann auch in der Entwicklung in Deutschland Eingang fand. Teilweise trat der commendator nach außen überhaupt nicht in Erscheinung. Aus diesen stillen Beteiligungen entwickelten sich die ersten „stillen Gesellschaften". Wurde allerdings eine gemeinsame Firma gebildet, unter der beide Akteure als Unternehmer auftraten, lag der Vorläufer der heutigen KG vor[226]. Die Verbindung von persönlicher Betätigung und unbeschränkter Haftung einer Gruppe von Gesellschaftern mit der nur kapitalistischen Beteiligung einer anderen Gruppe gestattete eine möglichst weitgehende Ausnutzung von Arbeitskraft und Kapital, die den übrigen Handelsgesellschaften fremd ist[227]. Weiterer und überwiegender Grund, der zur Ausbildung der heutigen Kommanditgesellschaften führte, war das Bestreben einiger Gesellschafter offener Handelsgesellschaften, insbesondere Familienangehöriger oder deren Erben, sich nur mit ihrer Kapitaleinlage und nicht aktiv an der Geschäftsführung zu beteiligen[228]. Nachdem bereits zuvor verschiedene Kodifikationen und Kodifikationsentwürfe die Kommanditgesellschaft kannten[229], hielt sie schließlich Einzug in das ADHGB von 1861, auf dem das heute geltende Recht, das HGB vom 10. Mai 1897, in Kraft getreten am 1. Januar 1900, weitgehend beruht[230].

---

223 *Haupt/Reinhardt*, Gesellschaftsrecht, § 20 II.

224 *Haupt/Reinhardt*, Gesellschaftsrecht, § 20 II.

225 Von commendare = anvertrauen, siehe dazu *Goldschmidt*, Universalgeschichte des Handelsrechts, Bd. I, S. 258.

226 *Haupt/Reinhardt*, Gesellschaftsrecht, § 20 II.

227 *Weipert*, in: RGR Komm, HGB, Vorbem. zu § 161 II.

228 *Haupt/Reinhardt*, Gesellschaftsrecht, § 20 II; *Servos*, Die Personengesellschaften in den Kodifikationen vom ALR bis zum ADHGB, S. 9 f.

229 Dazu ausführlich *Servos*, Die Personengesellschaften in den Kodifikationen vom ALR bis zum ADHGB, S. 9 ff., 107 ff., 238 ff.: Das Badische Handelsrecht von 1809 hob bereits in einer Definition in Art. 23 bad. HGB die beschränkte Haftung eines Teils der Gesellschafter hervor. Für die freie Reichsstadt Frankfurt am Main wurde im Jahre 1811 ein Entwurf eines Handelsgesetzbuchs vorgelegt, der nach dem Muster des Code de commerce ausgearbeitet war. Dieser Entwurf behandelte in den Art. 29–90 die Handelsgesellschaften, wobei nach dem Vorbild des französischen Rechts die offene Handelsgesellschaft, die Kommanditgesellschaft sowie die Aktiengesellschaft eine gemeinsame Regelung erfuhren, ohne dass eine systematische Trennung zwischen den verschiedenen Formen der Handelsgesellschaften vorgenommen wurde. Wegen der Bedeutung der Zuführung von Kapitalien für den Handel und die Liquidität und Bonität der Handelsgesellschaften, so die Motive zum Entwurf, enthielt auch der Entwurf eines Handelsgesetzbuches für Deutschland von 1849 in den Art. 61–72 die sogenannte Commanditengesellschaft.

230 *K. Schmidt*, Gesellschaftsrecht, S. 1531 f.

II. Die Gesellschaft mit beschränkter Haftung

Während die meisten Gesellschaftsformen – wie soeben auch für die Kommanditgesellschaft gezeigt – auf geschichtliche Vorbilder zurückgehen, also unabhängig von den gesetzlichen Grundlagen im Laufe der Zeit organisch gewachsen sind und nur im Anschluss an ihre Entwicklung nachträglich kodifiziert wurden, ist die GmbH eine Kunstschöpfung des Gesetzgebers[231]. Ihrer Schaffung lag die Erwägung zugrunde, dass zwischen den Rechtsformen der Aktiengesellschaft und der Personengesellschaften eine Lücke bestehe, die im Sinne der praktischen Bedürfnisse zu schließen sei[232]. In Gestalt der GmbH schuf der Gesetzgeber eine modifizierte Kapitalgesellschaft, bei der „das Verhältnis der Mitglieder zu der Gesellschaft erheblich fester geknüpft wird als bei der Aktiengesellschaft“[233]. Durch Gesetz vom 20. April 1892[234], in Kraft getreten am 19. Mai 1892, stand der Rechtspraxis diese neue Gesellschaftsform zur Verfügung.

III. Die Frage der Grundtypvermischung

1. Anfänge

Bereits vor der Schaffung der GmbH war der Rechtswissenschaft die Frage bekannt, ob eine juristische Person sich als Gesellschafter an einer Personengesellschaft beteiligen könne. In den Lehrbüchern zum Handelsrecht des 19. Jahrhunderts wurde dazu erwähnt, dass eine juristische Person sich als Kommanditist oder stiller Gesellschafter beteiligen könne[235]. Zu dieser Zeit folgten die für eine solche „Combination“[236] erwogenen Motive noch dem oben bereits dargestellten Modell, das der Entwicklung der KG zugrunde lag. Eine Aktiengesellschaft, etwa eine Bank, die Kommanditist einer Unternehmung an Handels- und Börsenplätzen außerhalb ihres eigentlichen Sitzes war, konnte auf diese Weise – „vertreten“ durch den Komplementär – leichter am Bank- und Wechselverkehr teilnehmen[237]. Eine Beteiligung als persönlich haftender Gesellschafter war demgegenüber offenbar nicht oder noch wenig bekannt[238].

---

231 *K. Schmidt*, Gesellschaftsrecht, S. 986 f.

232 Vgl. Begründung zum GmbHG 1891, S. 24 ff. Die Gesellschaft sollte einerseits ihren Gesellschaftern eine beschränkte Haftung gewährleisten und andererseits leichter zu handhaben sein als die AG, insbesondere deren umständliche Gründungsvorschriften entbehren.

233 Vgl. Begründung zum GmbHG 1891, S. 31 f.

234 RGBl. S. 477.

235 *Thöl*, Das Handelsrecht, S. 242.

236 *Auerbach*, Das Gesellschaftswesen in juristischer und volkswirthschaftlicher Hinsicht, S. 135.

237 *Auerbach*, Das Gesellschaftswesen in juristischer und volkswirthschaftlicher Hinsicht, S. 135 f., dort Fn. 4.

238 *Boesebeck*, Die „kapitalistische“ Kommanditgesellschaft, S. 72.

2. Vom ADHGB zum HGB

Unter der Geltung des ADHGB entwickelte sich die Frage, ob Kapitalgesellschaften Mitglieder von Personengesellschaften sein können, zu einem viel umstrittenen Problem[239], wurde aber bereits bejahend beschieden[240]. In den Kommissionsberatungen zum HGB regte dann in der 1. Sachverständigen-Kommission ein kaufmännisches Mitglied an, ausdrücklich klarzustellen, dass auch Aktiengesellschaften Gesellschafter einer OHG sein könnten, da sonst *„Zweifel an der Zulässigkeit nicht ausgeschlossen"* seien[241]. Der Gesetzgeber lehnte eine solche gesetzliche Regelung ab. Auch im Übrigen enthalten die Gesetzesmaterialien zu der Frage keinen Hinweis[242], sodass mangels einer eindeutigen Stellungnahme die Streitfrage in das geltende HGB vom 10. Mai 1897 überführt wurde. Als Folge dieser Unsicherheit lehnten die Gerichte anschließend Eintragungen in das Handelsregister ab, bei denen juristische Personen Mitglieder von Personengesellschaften werden sollten. Wenngleich das RG zuvor die Frage offen gelassen hatte[243], stand auch das damalige Schrifttum auf Seiten der ablehnenden Gerichte[244]. Bei den Entscheidungen dieser Zeit ist unterdessen nicht feststellbar, welche wirtschaftlichen Erwägungen Anlass zu diesen Gründungsversuchen gaben[245].

3. Doppelbesteuerung in Bayern

Eine entscheidende Wendung trat schließlich durch eine bedeutende Änderung der wirtschaftsrechtlichen Rahmenbedingungen, speziell der Steuergesetzgebung ein. Zuvor wurden im Deutschen Reich Kapitalgesellschaften und ihre Gesellschafter entweder steuerlich nicht doppelt belastet oder eine Doppelbelastung wurde zumindest gemildert. So waren nach dem Preußischen Einkommensteuergesetz von

---

239 *Kolb,* Kann eine Aktiengesellschaft einer offenen Handelsgesellschaft als Mitglied angehören?, S. 20; *Hergenhahn/Tuchatsch,* Die offene Handelsgesellschaft, S. 14; vgl. *Eltzbacher,* ZHR 45 (1896), S. 40 ff., 57, der weitere Aufsätze und Darstellungen nachweist; OLG Hamburg v. 19.12.1890, ZHR 40 (1891), S. 457 (das Gericht nimmt zu der Frage im Rahmen der Entscheidung darüber Stellung, ob eine OHG Mitglied einer anderen OHG sein kann); KG v. 16. Februar 1891, KGJ Bd. 11 (1891), S. 19 ff.; KG v. 09. Januar 1986, in: Holdheims Zeitschrift Jhg. 2 (1893), S. 99; OLG Dresden v. 31. Januar 1899 in Holdheims Zeitschrift Jhg. 9 (1900), S. 21.

240 Vgl. zu einer jeden juristischen Person: *Eltzbacher,* ZHR 45 (1896), S. 65; *Scheuing,* Die Teilnahme an einer offenen Handelsgesellschaft, S. 27 ff.; *Zahn,* in: Seufferts Blätter für Rechtsanwendung Bd. 11 (1893), S. 97 ff.

241 Protokolle zum HGB, Bd. I, S. 64; zitiert bei *Boesebeck,* Die „kapitalistische" Kommanditgesellschaft, S. 72, und *Zielinski,* Grundtypvermischungen und Handelsgesellschaftsrecht, S. 79.

242 *Schäfer,* Zulässigkeit und rechtliche Grenzen der GmbH u. Co, S. 44.

243 RG, Urteil v. 11. Februar 1896, Az. Rep. III. 328/95, RGZ 36, S. 139.

244 *Eltzbacher,* ZHR 45 (1896), S. 57 ff., und die dort ausführlich angegebene Literatur.

245 Siehe dazu *Schäfer,* Zulässigkeit und rechtliche Grenzen der GmbH u. Co, S. 22.

1891 bei den Gesellschaftern der GmbH die Dividenden von der Einkommenssteuer freigestellt. Durch die Einführung der Doppelbesteuerung für die GmbH durch das Bayerische Einkommenssteuergesetz vom 14. August 1910, das am 01. Januar 1912 in Kraft trat, änderte sich die Steuerlast der GmbH und ihrer Gesellschafter signifikant, da es eine eigenständige Besteuerung sowohl der Gewinne der Gesellschaft als auch der Gewinnausschüttungen bei den Gesellschaftern vorsah[246]. Dies führte zu teils großen Wettbewerbsnachteilen bei solchen Unternehmen[247]. Unternehmer, die ihr Geschäft in der Rechtsform der GmbH organisiert hatten, suchten eine Möglichkeit, der Doppelbesteuerung zu entgehen, die sie im Wettbewerb mit Personengesellschaften erheblich benachteiligte. Eine Umgehung dieser Steuerlast war zwar durch Auflösung der GmbH und anschließender Gründung einer Personengesellschaft möglich, dieser Ausweg war allerdings aufgrund der hohen Gründungs- und Übertragungskosten wenig zweckmäßig[248]. Zudem hätte die Umwandlung durch die vom Gesetz vorgeschriebenen Förmlichkeiten bei der Liquidation der GmbH, etwa dem Gläubigeraufruf oder dem Sperrjahr, erhebliche Störungen des Geschäftsbetriebs des Unternehmens hervorgerufen[249].

4. Der Ausweg über „Umgründungen“

Vielmehr behalf man sich mit der Konstruktion einer GmbH & Co. KG. Dabei sollte die (bestehende) GmbH die Rolle des einzigen Komplementärs übernehmen, während ihre Gesellschafter die Kommanditistengruppe bilden sollten[250]. Die so gestaltete KG pachtete anschließend das Geschäft der GmbH, die gleichzeitig ihren Zweck

246 Art. 1 des bayerischen Einkommenssteuergesetzes vom 14. August 1910 (GVOBl. für das Königreich Bayern, Jahrgang 1910, S. 493 ff.) lautete in dem hier interessierenden Teil: „I Einkommenssteuerpflichtig sind: 1. Die bayerischen Staatsangehörigen, [...] 2. die nichtbayerischen Reichsangehörigen, [...] 3. die Ausländer [...], 4. die juristischen Personen und nicht rechtsfähigen Vereine, die in Bayern ihren Sitz haben, insbesondere: a) Erwerbsgesellschaften, wie Aktiengesellschaften, Kommanditgesellschaften auf Aktien, Gesellschaften mit beschränkter Haftung, Genossenschaften, Berggewerkschaften [...].“

247 *Zielinski*, Grundtypvermischungen und Handelsgesellschaftsrecht, S. 37: „zu Unrentabilität verurteilt“.

248 *Heintzeler*, G. m. b. H. & Co. Kommanditgesellschaft, S. 7; *Schönle*, Grundtypenvermischung im neuen Recht, S. 14.

249 Das Umwandlungsrecht fand erstmals durch Umwandlungsgesetz vom 05. Juli 1934 Einzug in das deutsche Gesellschaftsrecht. Auch wenn die Auflösung der GmbH nur als Voraussetzung für die sich sofort anschließende Gründung einer Personengesellschaft vorgenommen worden wäre, hätte ihre Liquidation nach den Vorschriften der §§ 60 ff. GmbHG folgen müssen. Das hätte die Pflicht zur Aufforderung an die Gläubiger, sich bei der Gesellschaft zu melden (§ 65 Abs. 2 GmbHG), und die Hinderung einer Vermögensverteilung vor Ablauf eines Jahres seit Gläubigeraufforderung (§ 73 Abs. 1 GmbHG) bedeutet.

250 *Schönle*, Grundtypenvermischung im neuen Recht, S. 14.

in Verpachtung ihres Betriebes änderte[251]. Die GmbH erhielt von der Kommanditgesellschaft nur genau so viel Pachtzins, wie sie für ihre Weiterexistenz benötigte[252]. Der gesamte übrige Gewinn der Kommanditgesellschaft fiel den Kommanditisten zu, sodass auf diese Weise der Steuerzugriff des Fiskus auf den Gewinn der GmbH „meisterhaft pariert" wurde[253].

Die ersten Versuche, eine solche Konstruktion in das Handelsregister eintragen zu lassen, scheiterten an der ablehnenden Haltung der Registergerichte. So lehnte das Amtsgericht München den Antrag der „Portland Zement-Fabrik, Stein- und Kalkwerk August M., Gesellschaft mit beschränkter Haftung", die zusammen mit ihren Gesellschaftern eine KG unter der Firma „Portland Zement-Fabrik, Stein- und Kalkwerk August M., GmbH KG, gegründet hatte, auf Eintragung in das Handelsregister ab[254]. In dem ablehnenden Beschluss rekurrierte das Gericht besonders auf die Steuerabwendungstendenzen. Über die dagegen gerichtete Beschwerde hatte schließlich der I. Zivilsenat des Bayerischen Obersten Landesgerichts zu entscheiden, der in seinem Beschluss vom 16. Februar 1912 die Zulässigkeit bejahte und das Registergericht anwies, die Eintragung vorzunehmen[255]. Bemerkenswert ist, dass der Senat in der Begründung seiner Entscheidung vorrangig auf die Prüfung einer etwaigen Rechtswidrigkeit der steuerrechtlichen Umgehung abstellt, weniger dagegen auf die handelsrechtliche Zulässigkeit als solche[256].

5. Die Duldung durch den Gesetzgeber

Die natürliche Folge dieses Beschlusses war ein signifikanter Anstieg der „Umgründungen" von GmbHs in GmbH & Co. KGs[257]. Allein zum Münchner Handelsregister

---

251 *Hachenburg*, DJZ 1913, S. 54 f.; *Schönle*, Grundtypenvermischung im neuen Recht, S. 14.

252 *Hachenburg*, DJZ 1913, S. 54 f.; *Heintzler*, G. m. b. H. & Co. Kommanditgesellschaft, S. 7.

253 *Schönle*, Grundtypenvermischung im neuen Recht, S. 14.

254 *Hachenburg*, DJZ 1913, S. 54, gibt eine genaue Beschreibung der Beschaffenheit der gesellschaftsrechtlichen Konstruktion.

255 BayObLG, Beschluss v. 16. Februar 1912, Az. III 12/1912, OLGZ 27, S. 331, 332.

256 Im Beschluss v. 16. Februar 1912 heißt es dazu: „Mit dem Landgericht ist auch davon auszugehen, dass zwar die Kommanditgesellschaft [...] zu dem Zweck errichtet worden ist, um die Steuerbelastung zu mindern, dass dieser Umstand aber eine Nichtigkeit des Vertrages nicht begründen kann. Wenn die Gesellschafter einer GmbH zur Erreichung des Zieles, das den Gegenstand dieser Gesellschaft bildet, eine neue Gesellschaft eingehen und dabei eine Gesellschaftsform wählen, bei der die Steuerbelastung geringer ist, so haben sie lediglich einen Weg beschritten, den die Steuergesetze selbst ihnen offen gelassen haben. Von einer bürgerlich-rechtlichen Nichtigkeit des Gesellschaftsvertrages kann deshalb, weil er eine geringe Steuerbelastung bewirken soll, nicht die Rede sein."

257 *Zielinski*, Grundtypvermischungen und Handelsgesellschaftsrecht, S. 39.

sollen innerhalb kurzer Zeit 80 Eintragungen angemeldet worden sein[258]. In anderen bayerischen Städten wie Nürnberg und Fürth fand das Münchner Beispiel gerade für Vereinigungen mit bedeutender Kapitalausstattung wiederholt Nachahmung[259]. Die Steuerbehörden konnten dieser „offenen Sabotierung der Steuerbestimmungen"[260] nichts entgegensetzen. Vielmehr veranlasste das Ausmaß der Neugründungen den Abgeordneten der bayerischen Kammer Freiherr von Haller in der Sitzung vom 15. Oktober 1912 an den Finanzminister die Frage zu richten, ob die Regierung gegen die Umgehung der steuerlichen Belastung der GmbH durch Bildung von Kommanditgesellschaften im Wege der Gesetzgebung etwas unternehmen werde[261]. Der entsprechende Antrag, die Gesetzeslücke zu schließen, wurde allerdings abschlägig beschieden und mit dem Hinweis kommentiert, man müsse die neue Gesetzgebung in Bayern sich vollständig einleben lassen, ehe wiederum an eine Abänderung herangetreten werde[262].

6. Der Durchbruch im gesamten Reich

Auch über die Grenzen Bayerns hinaus fand die Konstruktion der GmbH & Co. KG große Nachfrage in der Gestaltungspraxis und bei den Gerichten Zustimmung. Bereits im Jahr 1913 schloss sich das Kammergericht dem Bayerischen Obersten Landesgericht an[263], welches seinerseits in zahlreichen weiteren Beschlüssen seine Entscheidung bestätigte und auch andere Gestaltungen zuließ[264]. Zwischenzeitlich hatte das Körperschaftssteuergesetz vom 30. März 1920, nach dem die juristischen Personen der AG und GmbH als Steuersubjekte der Körperschaftssteuer unterliegen, das bayerische Modell der Doppelbesteuerung einheitlich für das Deutsche Reich übernommen[265]. Zudem hatte die Praxis inzwischen erkannt, wie erheblich die Bedeutung des Mischtyps über ihren ursprünglichen Zweck, die Steuerreduzierung,

258 *Liebmann*, DJZ 1913, S. 231; *Schwarting*, Kann GmbH persönlich haftender Gesellschafter einer oHG sein?, S. 99; *Zielinski*, Grundtypvermischungen und Handelsgesellschaftsrecht, S. 39; vgl. auch Beispiele bei *Stern*, Möglichkeit der Bildung einer offenen Handelsgesellschaft durch andere Handelsgesellschaften, S. 2.

259 *Held*, DJZ 1913, S. 1196.

260 So *Zielinski*, Grundtypvermischungen und Handelsgesellschaftsrecht, S. 39.

261 Vgl. stenografischer Bericht 1912 Nr. 146, S. 175, zitiert bei *Hachenburg*, DJZ 1913, S. 54.

262 *Hachenburg*, DJZ 1913, S. 54.

263 BayObLG, Beschluss v. 28. Februar 1913, DJZ 1913, S. 1500; siehe auch Beschluss v. 31. Mai 1918, KGJ Bd. 51, S. 122.

264 BayObLG, Beschluss v. 28. Juni 1918, KGJ Bd. 51, S. 125; Beschluss, BayObLG v. 11. Juli 1919, KGJ Bd. 52, S. 90 (AG als Komplementär); BayObLG, Beschluss v. 16. Juni 1922, OLGE 42, S. 214 (OHG aus zwei AG).

265 In § 1 des Körperschaftssteuergesetzes vom 30. März 1920 (RGBl. 1920, S. 393) hieß es dazu: „Der Körperschaftssteuer unterliegen mit ihrem Einkommen: 1. Juristische Personen des öffentlichen und des bürgerlichen Rechtes sowie alle Berggewerkschaften."

hinausgewachsen war. Vorteile bei der Suche nach qualifizierten Führungspersönlichkeiten und der Erschließung neuer Absatzgebiete sowie die zunehmende Tendenz zur Unternehmensverflechtung oder die positive Auswirkung auf die Kreditwürdigkeit[266] wurden ebenso genannt wie die Nachfolgeregelung. Wenn der Inhaber eines größeren Unternehmens stirbt und die Witwe das Geschäft nicht weiterführen wolle, während eine AG oder GmbH bereit sei, sich dem Unternehmen anzugliedern, sei die Errichtung einer KG, an der die Witwe als Kommanditistin, die Kapitalgesellschaft als Komplementär beteiligt sei, zu empfehlen.

IV. Der Streit in der Wissenschaft

Das Reichsgericht hatte in der Frage der Zulässigkeit der GmbH & Co. KG bislang noch nicht Stellung bezogen. Zu einer Stellungnahme kam es erst, als das Amtsgericht Hamburg die Eintragung einer GmbH & Co. KG, bei der eine GmbH einziger Komplementär und eine natürliche Person Kommanditist sein sollte, mit der Begründung ablehnte, dass die GmbH nicht persönlich haftender Gesellschafter einer KG sein könne[267]. Die von der Gesellschaft erhobene Beschwerde wurde zurückgewiesen. Das Hanseatische Oberlandesgericht hätte die weitere Beschwerde ebenfalls zurückgewiesen, wenn die Entscheidungen des Bayerischen Obersten Landgerichts und des Kammergerichts nicht entgegengestanden hätten[268]. Es legte deshalb gemäß § 28 Abs. 2 FGG die Angelegenheit dem Reichsgericht zur Entscheidung vor[269].

Das Reichsgericht hatte somit eine Fragestellung zu entscheiden, die nicht nur unter den Instanzgerichten unterschiedlich beurteilt wurde, sondern auch in der Rechtswissenschaft Gegenstand einer umfangreichen[270] und „lebhaften“[271] Diskussion war. Im Einzelnen wurden während der Befassung des Reichsgerichts mit der Fragestellung in der Literatur nachfolgend wiedergegebene Argumente und Erwägungen vertreten. Der – zuvor dargestellten – historischen Entwicklung der Rechtsfrage ist geschuldet, dass sich die ersten dazu veröffentlichten Beiträge unspezifisch mit der Zulässigkeit der Beteiligung einer (Kapital-)Gesellschaft an einer Personengesellschaft auseinandersetzten, ohne einzelne Gestaltungsvarianten differenziert zu betrachten[272]. Die älteren Untersuchungen dieses Problems boten dabei in erster Linie keine unabhängigen Prüfungen der GmbH & Co. KG, sondern

---

266 *Zielinski*, Grundtypvermischungen und Handelsgesellschaftsrecht, S. 45 ff.

267 *Schönle*, Grundtypvermischung im neuen Recht, S. 15.

268 Das Hanseatische OLG Hamburg hatte bereits in einem Beschluss vom 19. Juli 1914 (GmbHR 1915, S. 32 ff.), in dem es das Eintragungsbegehren des Beschwerdeführers bereits aus einem anderen Grund zurückwies, angedeutet, dass es der Rechtsform GmbH & Co. KG ablehnend gegenüberstand.

269 *Schönle*, Grundtypvermischung im neuen Recht, S. 15.

270 *Held*, DJZ 1913, S. 1196, 1196 weist auch Zeitungsartikel in der Tagespresse nach.

271 So verweist der II. Zivilsenat des RG zu Beginn des Beschlusses vom 04. Juli 1922 selbst auf die im Schrifttum vertretenen Meinungen.

272 *Zahn*, Seufferts Blätter für Rechtsanwendung, Bd. 11 (1893), S. 97, 99.

vielmehr dogmatisch-positivistische Beiträge gegen die Einwände, auf die eine Mitgliedschaft einer Kapitalgesellschaft an einer Personengesellschaft früher stieß. Diesem Muster soll sich die nachfolgende Darstellung anlehnen:

1. *Das Recht der Personenhandelsgesellschaft*

Als eine erste Gruppe von Einwänden gegen die Zulässigkeit der Grundtypvermischung lassen sich solche Bedenken zusammenfassen, die an dem Recht und der Natur der Personenhandelsgesellschaften anknüpfen.

a) Keine „menschlichen" Merkmale der juristischen Personen

Gegen die Zulässigkeit der Stellung einer juristischen Person als persönlich haftender Gesellschafter einer Handelsgesellschaft führte bereits *Kolb*[273] die Beweiskraft des Gesetzeswortlauts an. Die Gegner der Grundtypvermischung verwiesen auf die spezifisch menschlichen Merkmale, die der Gesetzeswortlaut in den Regelungen der OHG und der KG vorsehe[274]. So seien die Bestimmungen des HGB auf physische – also natürliche – Personen zugeschnitten, wenn sie von „Vorname" oder „Wohnort" (§ 106 Abs. 2 HGB), von dem „Tod" eines Gesellschafters (§§ 131 HGB) oder seiner „Lebenszeit" (§ 134 HGB) handelten[275].

Dieser Argumentation traten die Verfechter der Zulässigkeit mit dem Hinweis entgegen, Normen wie § 106 HGB, der von „Name", „Vorname" oder „Wohnort" spreche, seien gar nicht gedacht, um die Voraussetzung der Fähigkeit, Gesellschafter einer Personenhandelsgesellschaft zu sein, zu bestimmen[276]. Sie argumentierten auch mit einem Vergleich zu den Erwägungen über die Zulässigkeit der kommanditistischen Beteiligung einer juristischen Person. Da die gesetzlichen Regelungen betreffend den Kommanditisten ebenfalls spezifisch menschliche Merkmale beträfen[277], dies allerdings zu keiner Zeit als Argument gegen die – insofern unbestritten zulässige – kommanditistische Beteiligung einer juristischen Person angeführt

---

273 *Kolb*, Kann eine Aktiengesellschaft einer offenen Handelsgesellschaft als Mitglied angehören?, S. 21.

274 *Kolb*, Kann eine Aktiengesellschaft einer offenen Handelsgesellschaft als Mitglied angehören?, S. 21; *Kunz*, Rechtsgebilde als Gesellschafter einer offenen Handelsgesellschaft, S. 2 ff.

275 Unter Geltung des ADHGB bestimmte Art. 125 Abs. 2 Ziff. 5 außerdem: „Die Auflösung der Gesellschaft kann ausgesprochen werden, wenn ein Gesellschafter durch anhaltende Krankheit oder aus Ursachen zur Erfüllung der ihm obliegenden Geschäfte unfähig wird".

276 Ausführlich zu jeder einzelnen eingewandten Vorschrift, *Zahn*, Seufferts Blätter für Rechtsanwendung, Bd. 11 (1893), S. 97, 99; ihm folgend *Kunz*, Rechtsgebilde als Gesellschafter einer offenen Handelsgesellschaft, S. 4: Sonst könnten natürliche Personen, die „aus irgend welchen Gründen keinen Vornamen" hätten, keine Gesellschafter werden.

277 §§ 162 HGB zum „Vornamen" und § 177 HGB zum „Tod" des Kommanditisten.

worden sei, verfingen sie auch nicht bezüglich der persönlich haftenden Gesellschafter[278]. Vielmehr sei in diesen Fällen die analoge Anwendung dieser Vorschriften anerkannt, da sich die analogen Merkmale der juristischen Person aus den einzelnen Vorschriften ergäben[279]. Als weitere Erwägung wurde auf Vorschriften der ZPO verwiesen, deren Wortlaut[280] ebenfalls menschliche Merkmale beschreibe. Trotzdem werde nicht der Schluss gezogen, juristische Personen könnten nicht Prozesspartei sein[281]. Nicht unerwähnt sollte dabei allerdings bleiben, dass *Kunz* diesem Argument schon damals die Beweiskraft absprach, weil die Prozessfähigkeit juristischer Personen in der ZPO positiv kodifiziert ist[282].

b) Unbeschränkte Haftung einer nur „beschränkt" haftenden Kapitalgesellschaft

Ferner wurde gegen die Grundtypvermischung in unterschiedlichen Prägungen vorgebracht, die Kapitalgesellschaft könne schon begrifflich nicht persönlich haftende Gesellschafterin einer Handelsgesellschaft sein, weil sie gerade nicht unbeschränkt hafte[283]. So stehe die *unbeschränkte* Haftung des persönlich haftenden Gesellschafters in diametralem Widerspruch zu der *beschränkten* Haftung der Kapitalgesellschaften[284].

Dieser ablehnenden Haltung lag zunächst ein unrichtiges Verständnis des GmbHG zugrunde. Der Bestimmung des HGB, dass bei persönlich haftenden Gesellschaftern den Gesellschaftsgläubigern deren gesamtes (Privat-)Vermögen hafte, stehe der Regelung des GmbHG gegenüber, nach der die GmbH nur mit ihrem

---

278 *Staub*, HGB, § 161 Anm. 6; *Daeschner*, Handelsgesellschaftliche Gestaltungsformen, S. 34; *Kunz*, Rechtsgebilde als Gesellschafter einer offenen Handelsgesellschaft, S. 4 f., verweist außerdem darauf, dass von der damaligen Verkehrsanschauung allgemein als Gesellschaft bürgerlichen Rechts angesehene Zusammenschlüsse mehrerer Kapitalgesellschaften, etwa zu einem Kartell oder einer Interessengemeinschaft, ebenfalls nicht zulässig gewesen wären.

279 So später auch *Zielinski*, Grundtypvermischungen und Handelsgesellschaftsrecht, S. 83.

280 Genannt wurden die Regelungen der §§ 132, 268 a. F., die sich heute in §§ 141, 239 ZPO befinden und die Anordnung des „persönlichen" Erscheinens und die Verfahrensunterbrechung durch den „Tod" regeln.

281 *Eltzbacher*, ZHR Bd. *45 (1896), S. 62; Daeschner,* Handelsgesellschaftliche Gestaltungsformen, S. 34 f.

282 *Kunz*, Rechtsgebilde als Gesellschafter einer offenen Handelsgesellschaft, S. 5 f.; später auch *Zielinski*, Grundtypvermischungen und Handelsgesellschaftsrecht, S. 82.

283 *Kolb*, Kann eine Aktiengesellschaft einer offenen Handelsgesellschaft als Mitglied angehören?, S. 22; im Anschluss an RGZ 105, S. 101 ff., auch *Fuchs*, JW 1922, S. 1676.

284 *Boesebeck*, Die „kapitalistische" Kommanditgesellschaft, S. 74 beschreibt anschaulich, die Worte „beschränkt" und „unbeschränkt" würden gegensätzlich gegenübergestellt.

„eingetragenen Kapital" hafte[285]. Die Argumentation ging davon aus, dass die Haftung der GmbH unabhängig von der Höhe des Gesellschaftsvermögens auf die Höhe des Stammkapitals beschränkt sei, sie also nur mit einer Quote ihres Gesellschaftsvermögens hafte. Wird demgegenüber die zutreffende Bedeutung der Begriffe angelegt, versteht man also insbesondere das Gesellschaftsvermögen als die – je nach dem wirtschaftlichen Erfolg vermehrte oder verringerte – Gesamtheit aller Vermögenswerte der juristischen Person, während das Stammkapital nur die Summe der Stammeinlagen darstellt, ist festzuhalten, dass auch eine juristische Person mit ihrem ganzen Vermögen haftet[286] und somit der Hinweis auf die Haftung nur des eingetragenen Kapitals verfehlt war[287].

Der in diesem Zusammenhang bedeutendere Einwand knüpfte am haftungsrechtlichen Trennungsprinzip an und lautete, die GmbH könne nicht persönlich haftender Gesellschafter sein, weil sie selbst nach ihrer begrifflichen Struktur nur eine beschränkte Haftung habe[288]. Diesem Argument lag also eine differenzierende Betrachtung des Haftungsfonds einer natürlichen und desjenigen einer juristischen Person zugrunde. Bei der Letztgenannten sei durch das Gesetz die Haftung beschränkt. Letztlich gründete diese Argumentation auf einem falschen Verständnis der Bezeichnung der GmbH, der Gesellschaft mit beschränkter Haftung[289]. Denn es bestand schon damals kein Zweifel daran, dass auch die GmbH – kraft ihrer Rechtsfähigkeit im Rechtsverkehr auftretend – wie ein Mensch Verbindlichkeiten eingehen könne, für die sie letztendlich mit ihrem gesamten Vermögen, also mit allen ihr ursprünglich gehörenden und hinzuerworbenen Werten, einzustehen habe[290]. Sie hafte wie die natürliche Person eben nur mit dem, was sie als ihr Vermögen vorzuweisen habe. Ein Widerspruch zu § 128 HGB, der eine „persönliche" Haftung versieht, bestehe richtigerweise nicht, da diese Regelung nur bedeute, dass die Person des Gesellschafters mit ihrem ganzen Vermögen hafte[291].

---

285 *Kolb*, Kann eine Aktiengesellschaft einer offenen Handelsgesellschaft als Mitglied angehören?, S. 22, entsprechend für die AG.

286 *Eltzbacher*, ZHR, Bd. 45 (1896), S. 40, 61.

287 Im Ergebnis auch: *Schwarting*, Kann eine GmbH persönlich haftender Gesellschafter einer oHG sein?, S. 22; *Oppenheimer*, Handelsgesellschaften als Mitglied von Personengesellschaften, S. 39.

288 Im Anschluss an RGZ 105, S. 101 ff., auch *Fuchs* JW, 1922, S. 1676.

289 *Zielinski*, Grundtypvermischungen und Handelsgesellschaftsrecht, S. 89.

290 *Kunz*, Rechtsgebilde als Gesellschafter einer offenen Handelsgesellschaft, S. 9; vgl. *Eltzbacher*, ZHR Bd. 45 (1896), S. 40, 61; *Lehmann/Ring*, HGB, § 105 Anm. 3.

291 So im Anschluss an RGZ 105, S. 101ff., auch *Heintzeler*, G. m. b. H. & Co. Kommanditgesellschaft, S. 6.

c) *Die Vereinbarkeit der Organisation der Kapitalgesellschaft mit dem Wesen der Personengesellschaft*

Weitere Einwände der Zulässigkeitsgegner lassen sich dahingehend zu einer Gruppe zusammenfassen, dass sie die spezifischen Merkmale einer Kapitalgesellschaft als juristische Person im Vergleich zu natürlichen Personen betreffen. Das Wesen der OHG als einer Personalgesellschaft, die sich als Arbeitsgesellschaft durch persönliche Tüchtigkeit auszeichne, sei mit der juristischen Person nicht vereinbar[292].

Holdheim wandte ein, einer Kapitalgesellschaft würde es an der Eignung zum Eintritt in Personengesellschaften fehlen, weil die Möglichkeit des Mitgliederwechsels innerhalb der Kapitalgesellschaft die Personengesellschaft in ihrem Bestand beeinflusse[293]. Dies führte sogar zu der Behauptung, die Gesellschafter, die der Kapitalgesellschaft beiträten, würden ohne Weiteres auch Mitglieder der Handelsgesellschaft[294]. Jedenfalls habe die Handelsgesellschaft aber keine Handhabe, den Gesellschafterwechsel bei der GmbH zu verhindern. Diese Ansicht konnte nicht überzeugen[295]. Schon der Hinweis auf die körperschaftliche Ausgestaltung der Kapitalgesellschaften, der zufolge der Gesellschafter der GmbH ebenso wenig in einem direkten Rechtsverhältnis zu der Personengesellschaft steht, wie er auch keine Rechtsbeziehung zu einem gewöhnlichen Gläubiger der GmbH hat, zeigte die Unrichtigkeit der Argumentation. Mitglied der Personengesellschaft ist einzig und allein die rechtsfähige Kapitalgesellschaft[296], die sich im Vergleich zu Personengesellschaften ja gerade dadurch auszeichnet, vom Bestand ihrer Mitglieder unabhängig zu sein.

Ferner wurde als Einwand erhoben, die Kapitalgesellschaft könne unabhängig vom Willen der übrigen HGB-Gesellschafter bedeutsame Änderungen an ihrem eigenen Kapitalbestand vornehmen, insbesondere ihr Grundkapital herabsetzen[297]. Dass dieses Argument wenig Überzeugungskraft besitzen konnte, zeigte sich einerseits bei einem Blick auf den natürlichen Gesellschafter, der sein Vermögen während seiner Mitgliedschaft gleichsam unbeeinflusst mindern kann[298]. Es zeigte sich aber

292 *Lehmann*, Das Recht der Aktiengesellschaften, S. 255, dort Fn. 7; vgl. auch *Kolb*, Kann eine Aktiengesellschaft einer offenen Handelsgesellschaft als Mitglied angehören?, S. 21 f.

293 *Holdheim*, in: Holdheims Zeitschrift, Jhg. 1 (1982), S. 195; so auch *Lehmann/Ring*, HGB, § 105 Anm. 4, wohl aber zur Frage, ob eine OHG Gesellschafter einer OHG sein kann; vgl. auch *Kunz*, Rechtsgebilde als Gesellschafter einer offenen Handelsgesellschaft, S. 9 ff.

294 *Wieland*, Handelsrecht, S. 833.

295 Im Ergebnis ablehnend *Zahn*, Seufferts Blätter für Rechtsanwendung, Bd. 11 (1893), S. 113, 113 ff.; *Daeschner*, Gestaltungsformen, S. 35; *Zielinski*, Grundtypvermischungen und Handelsgesellschaftsrecht, S. 93.

296 *Zielinski*, Grundtypvermischungen und Handelsgesellschaftsrecht, S. 93.

297 *Holdheim*, in: Holdheims Zeitschrift, Jhg. 1 (1982), S. 195, 196.

298 Vgl. *Zahn*, Seufferts Blätter für Rechtsanwendung, Bd. 11, 1893, S. 113, 115; im Anschluss *Kunz*, Rechtsgebilde als Gesellschafter einer offenen Handelsgesellschaft, S. 25.

insbesondere bei einem Blick auf die damals schon bestehenden Kapitalschutzvorschriften für GmbH und AG[299], die im Vergleich zur natürlichen Person sogar einen zusätzlichen Schutz vor Vermögensänderung vorsahen.

Schließlich fanden auch die Bedenken wegen der jederzeitigen Möglichkeit der Auflösung der Kapitalgesellschaft wenig Gehör[300] und wurden schließlich sogar mit dem Hinweis darauf beschieden, eine natürliche Person sei durch nichts gehindert, ihr Ende durch Selbstmord herbeizuführen und dadurch den gesetzlichen Grund für die Auflösung der Personenhandelsgesellschaft zu geben[301].

d) Entgegenstehendes Handelsregisterrecht

Gegen die Zulässigkeit der Beteiligung von juristischen Personen an einer OHG oder KG ist weiter folgender Einwand geltend gemacht worden: Aufgabe des Handelsregisters sei es, über gewisse Rechtsverhältnisse Auskunft zu geben, um dem Bedürfnis des Handelsverkehrs nach Publizität derselben zu genügen. Wer ins Handelsregister Einsicht nehme, solle insbesondere daraus ersehen können, wer berechtigt ist, die Gesellschaft zu vertreten. Bei einer Grundtypvermischung gebe das Handelsregister über die Fragen aber nicht genügend Auskunft. Im Handelsregister der umschließenden offenen Handelsgesellschaft seien diejenigen Personen nicht genannt, die für die juristische Person vertretungsberechtigt seien[302]. Diese Personen seien aber gleichzeitig auch als Vertreter der Personenhandelsgesellschaft anzusehen, sodass das Handelsregister unvollständige Angaben enthalte. Hiergegen bemerkt *Scheuing*, dass sich die vergleichbare Schwierigkeit auch bei einer Gesellschafterbeteiligung der „bevormundeten physischen Person“ ergebe[303]. Der Vertreter des Mündels werde auch nicht in das Handelsregister eingetragen, woraus aber noch niemand den Schluss gezogen habe, dass bevormundete Personen nicht Gesellschafter eine Personengesellschaft werden könnten.

---

299 §§ 288 ff. HGB und § 58 GmbHG sahen vor, dass ein Sperrjahr das Recht der Gläubiger auf vorherige Befriedigung und Publizität die Herabsetzung des Grundkapitals erschwerten.

300 Vgl. *Kunz*, Rechtsgebilde als Gesellschafter einer offenen Handelsgesellschaft, S. 11.

301 *Eltzbacher*, ZHR Bd. 45 (1896), S. 40, 63; *Zielinski*, Grundtypvermischungen und Handelsgesellschaftsrecht, S. 98.

302 Vgl. *Kunz*, Rechtsgebilde als Gesellschafter einer offenen Handelsgesellschaft, S. 11 ff.

303 *Scheuing*, Die Teilnahme an einer offenen Handelsgesellschaft, S. 37.

2. *Recht der Kapitalgesellschaften*

Schwerwiegender erschienen damals die Bedenken, die auf dem Recht und der Organisation der Kapitalgesellschaften fußten und darin Gründe für die Unzulässigkeit der Verbindung zu erblicken glaubten[304].

a) *Die Befugnis der persönlich haftenden Gesellschafter, die Kapitalgesellschaft zu vertreten*

Auf das Oberlandesgericht Dresden ging der Einwand zurück, in einer solchen Mischform könne ein zweiter persönlich haftender Gesellschafter durch die ihm zustehende Vertretungsmacht in der Lage sein, mittelbar zugleich über das Vermögen der Kapitalgesellschaft zu verfügen und dasselbe so den Gläubigern dieser Gesellschaft zu entziehen, was mit dem Wesen der AG nicht vereinbar sei[305]. Dies sei unzulässig, weil auf diese Weise Dritten außerhalb der Kapitalgesellschaft Verfügungsmacht über das ganze Vermögen der Kapitalgesellschaft ermöglicht würde[306]. Wenn das HGB das Amt des Vorstands (der Aktiengesellschaft) als jederzeit notwendig frei widerruflich erkläre, so bezeichne es jede Ernennung eines anderen Vertreters als gesetzwidrig[307]. Demgegenüber gingen führende Stimmen davon aus, dass die damaligen Vorschriften der §§ 231 HGB, 35 GmbHG die Kapitalgesellschaften nicht daran hindern, rechtsgeschäftlich bestellte Vertreter einzusetzen[308]. Die Normen sollten vielmehr allein zum Ausdruck bringen, dass Vorstand und Geschäftsführer die zur Vertretung der juristischen Person bestimmten Organe seien, ohne ein Verbot der rechtsgeschäftlichen Vertretung zu bestimmen. Auf diese richtige Auffassung aufbauend gingen sie davon aus, dass Kapitalgesellschaften jedenfalls rechtsgeschäftliche Vertretungsmacht für jedwede Vermögensverfügung erteilen könnten[309]. Eine Grenze sei mit Hinweis auf § 138 BGB dort zu ziehen, wo die Selbstständigkeit und Unabhängigkeit der juristischen Person an sich berührt würde, wo etwa die Organkompetenz auf diese fremde Dritte übertragen würde oder die Mitgliederversammlung auf Geheiß des Dritten gezwungen würde, bestimmte

---

304 In diesem Zusammenhang wurde vielfach auch noch die Frage besprochen, ob eine Aktiengesellschaft überhaupt eine juristische Person sei; dazu *Zahn*, Seufferts Blätter für Rechtsanwendung, Bd. 11 (1893), S. 113 ff.

305 Vgl. *Zielinski*, Grundtypvermischungen und Handelsgesellschaftsrecht, S. 101; siehe auch *Lehmann*, Das Recht der Aktiengesellschaften, S. 255, dort Fn. 7.

306 So für die AG schon *Hergenhahn/Tuchatsch*, Die offene Handelsgesellschaft, S. 14 f: „Aktiengesellschaften können nur durch Zeichnung einer bestimmten statutenmäßigen Firma und ihre verfassungsmäßigen Organe verpflichtet werden"; *Holdheim*, in: Holdheims Zeitschrift, Jhg. 1 (1982), S. 195, 196; *Zahn*, in: Seufferts Blätter für Rechtsanwendung Bd. 11 (1893), S. 114.

307 *Daeschner*, Handelsgesellschaftliche Gestaltungsformen, S. 52.

308 *Staub*, HGB, 11. Auflage, § 231 Anm. 3.

309 *Flechtheim*, in: Düringer/Hachenburg, HGB, § 105 Anm. 20. A.A. *Brodmann*, JW 1922, S. 1656, 1657.

Beschlüsse zu fassen[310]. Da die Beteiligung als persönlich haftender Gesellschafter für die Kapitalgesellschaft aber nicht die völlige Unterwerfung bedeute, sei auch insofern kein Grund für die Ablehnung der Zulässigkeit der Grundtypvermischung auszumachen[311].

Etwas unscharf führten die Befürworter der Zulässigkeit daneben das Argument an, die übrigen Gesellschafter würden nicht die Kapitalgesellschaft als solche, sondern die Gesamtheit der Gesellschafter, also die Gesellschaft selbst, vertreten und begründeten die Ansicht mit dem Wortlaut des § 125 HGB, der von der Vertretung „der Gesellschaft" spreche[312]. Kritik an dieser Erwägung berief sich darauf, dass die Vertretung der Personenhandelsgesellschaft „sachlich nichts anderes als eine Vertretung der einzelnen Gesellschafter" sei[313].

b) Freie Widerruflichkeit der Organstellung im Konflikt mit der Bindung der Selbstorganschaft

Das prominenteste Argument der Zulässigkeitsgegner stellte darauf ab, dass sich aus den unterschiedlichen Abberufungsmöglichkeiten der Organe der Kapitalgesellschaften und der zur Vertretung berufenen Gesellschafter der OHG oder KG unauflösbare Widersprüche ergäben. Dem lagen folgende gesetzliche Regelungen zugrunde. Für den Vorstand der AG bestimmte damals § 231 Abs. 3 HGB a. F.[314], dass die Bestellung zum Vorstand jederzeit widerruflich sei. Zum Schutz der Aktionärsrechte hatte der Gesetzgeber festgelegt, dass die Entziehung der Vertretungsbefugnis jederzeit erfolgen konnte, und zwar ohne Rücksicht auf etwaige Vereinbarungen[315]. Die für die GmbH maßgebliche Regelung des § 38 GmbHG a. F. sah zwar demgegenüber schon vor, dass die Widerruflichkeit der Geschäftsführerbestellung im Rahmen des Gesellschaftsvertrags auf Fälle beschränkt werden konnte, in denen ein wichtiger Grund die Entziehung der Vertretungsbefugnis rechtfertigte. Grundsätzlich galt aber auch bei der GmbH freie Widerruflichkeit. Vor diesem Hintergrund trugen die Gegner der Zulässigkeit einer Typenvermischung vor, dass zwar bei der

---

310 Vgl. auch RG, Urteil v. 27.05.1913, Az. Rep.II. 625/12, RGZ 82, S. 313, zu „Knebelverträgen" unter Gesellschaftern; *Zielinski*, Grundtypvermischungen und Handelsgesellschaftsrecht, S. 105.

311 Im Ergebnis so auch für den eingetragenen Verein: *Kunz*, Rechtsgebilde als Gesellschafter einer offenen Handelsgesellschaft, S. 19 f.

312 *Lehmann/Ring*, HGB, § 105 Anm. 3; *Oppenheimer*, Handelsgesellschaften als Mitglieder, S. 98; *Schwarting*, Kann eine GmbH persönlich haftender Gesellschafter einer oHG sein?, S. 76; siehe auch *Cahn*, G.m.b.H. und Co., Kommanditgesellschaft, S. 12.

313 *Flechtheim*, in: Düringer/Hachenburg, HGB, § 125 Anm. 2.

314 Das ursprünglich im HGB einbezogene Aktienrecht (§§ 230 ff. HGB 1897) wurde im Zuge der Aktienrechtsreform von 1937 aus dem HGB, für das es zu umfangreich geworden war, herausgenommen und in einem eigenen Aktiengesetz zusammengefasst.

315 *Lehmann/Ring*, HGB, § 231 Anm. 12 und 13; *Staub*, HGB, § 231 Anm. 14.

juristischen Person Vorstand oder Geschäftsführer dem Mehrheitswillen folgend jederzeit abberufen werden könnten, bei den nichtrechtsperönlichen Handelsgesellschaften die Widerruflichkeit der ordentlichen Vertreter jedoch sehr erschwert sei[316]. Die Kapitalgesellschaft alleine habe keine Möglichkeit, einen vertretungsberechtigten Mitgesellschafter der OHG oder KG zu entfernen und dadurch ihren abweichenden eigenen Willen geltend zu machen[317], wenn nicht Gründe im Bezug zu der Personengesellschaft dies ermöglichten. Da ein solcher weiterer persönlich haftender Gesellschafter[318] aber – wie oben gezeigt – auch die Kapitalgesellschaft verpflichten und über ihr Vermögen verfügen könne, entstünde auf diese Weise ein unwiderruflicher[319] Vertreter der Kapitalgesellschaft, gegen den diese keine Handhabe habe. Sie erhalte Vertreter, die von ihr nicht jederzeit abberufen werden könnten.

Die Beweiskraft des Einwands wurde insbesondere durch Beantwortung der Frage erschüttert, wie die Regelung des § 127 HGB zu verstehen sei. Sollte die Norm – wie von zahlreichen Stimmen behauptet[320] – eine zwingende Regelung zum Entzug der Vertretungsmacht darstellen, wäre in der Tat eine beachtliche Divergenz der Abberufungsmöglichkeiten festzustellen[321]. Die Prüfung des § 127 HGB führte die Befürworter der Grundtypvermischung allerdings zu der Feststellung, dass die Entziehung der Vertretungsmacht gesellschaftsvertraglich auch anderweitig geregelt werden könne, etwa durch Beschluss der Gesellschafter und auch ohne Vorliegen eines wichtigen Grundes[322]. Es sei nicht „der geringste Grund“[323], gegeben, warum der Gesetzgeber die Gesellschafter zur Regelung des § 127 HGB hätte zwingen sollen. Die Verkehrsschutzinteressen seien bereits über § 15 HGB berücksichtigt[324] und die Interessen der Gesellschafter würden eher die Abdingbarkeit der Regelung nahelegen. Im Ergebnis sei es also keineswegs zwingende Folge des Beitritts einer Kapitalgesellschaft zu einer Personenhandelsgesellschaft, dass die juristische Person dadurch Vertreter erhalte, die von ihr nicht jederzeit abberufen werden könnten[325]. Außerdem wandte *Kunz* ein, der

---

316 Vgl. §§ 117, 127 HGB; siehe dazu *Daeschner*, Handelsgesellschaftliche Gestaltungsformen, S. 50.

317 *Kunz*, Rechtsgebilde als Gesellschafter einer offenen Handelsgesellschaft, S. 29.

318 *Boesebeck*, Die „kapitalistische“ Kommanditgesellschaft, S. 76, weist auf den dem Argument immanenten Widerspruch hin: Die Gegner versuchten gegen die alleinige Stellung einer juristischen Person als Komplementärin mit einer Konstellation zu argumentieren, die zwingend einen weiteren haftenden (und somit vertretungsberechtigten) Gesellschafter voraussetze.

319 *Brodmann*, JW 1922, S. 1656, 1657; *Kunz*, Rechtsgebilde als Gesellschafter einer offenen Handelsgesellschaft, S. 29; *Zielinski*, Grundtypvermischungen und Handelsgesellschaftsrecht, S. 114, der die Terminologie „unwiderruflich“ kritisiert.

320 *Staub*, HGB, § 127, Anm. 7, auch Anm. 2.

321 *Zielinski*, Grundtypvermischungen und Handelsgesellschaftsrecht, S. 119.

322 *Flechtheim*, in: Düringer/Hachenburg, HGB, § 127 Anm. 8.

323 *Zielinski*, Grundtypvermischungen und Handelsgesellschaftsrecht, S. 119.

324 *Flechtheim*, in: Düringer/Hachenburg, HGB, § 127, Anm. 8. A.A. *Oppenheimer*, Handelsgesellschaften als Mitglieder von Personengesellschaften, S. 97.

325 *Zielinski*, Grundtypvermischungen und Handelsgesellschaftsrecht, S. 121.

Eintritt einer Kapitalgesellschaft in eine Personenhandelsgesellschaft sei lediglich als Verzicht auf die freie Widerruflichkeit zu werten[326].

c) Unvereinbarkeit der Bilanzierungsgrundsätze

Schließlich wandten die Gegner der Grundtypvermischung ein, die Bilanzierungsvorschriften für Kapitalgesellschaften einerseits und Personenhandelsgesellschaften andererseits korrespondierten nicht miteinander. Dies führe dazu, dass die Kapitalgesellschaften ihre Bilanzen nicht mehr gesetzeskonform aufstellten[327]. Die Wortführer stellten zunächst auf die unterschiedlichen Bewertungsgrundsätze ab, die bei der Bewertung der Aktiva und Passiva zu beachten seien[328]. Während die Kapitalgesellschaft dem Vorsichtsprinzip streng folgend höchstens mit dem Anschaffungs- oder Herstellungspreis[329] bewerten dürfe, sei es der OHG auch möglich, einen höheren Wert, den Veräußerungswert, anzusetzen. Dabei verkannten sie, dass die Mitgliedschaft in einer OHG oder KG die Kapitalgesellschaft nicht von ihrer Pflicht entbindet, eine eigene Bilanz zu errichten[330] und dabei den für sie spezifisch geltenden Bewertungsgrundsätzen zu folgen.

Für die Praxis folgenreicher wäre ein anderer Einwand geworden, wenn er sich durchgesetzt hätte. So sollten Kapitalgesellschaften in ihrer Bilanz alle Aktiva und Passiva der OHG aufführen, so wie sie bei dieser bestünden[331]. Die Bilanzen beider Gesellschaften müssten insofern „ganz gleich“ sein. Dies sei folgerichtig, da die GmbH ja für alle Schulden der OHG hafte. Dieser Forderung wurde zum einen entgegengehalten, dass es bei anderen – beispielsweise kommanditistischen – Beteiligungen einer juristischen Person üblich sei, diese Anteilsrechte auf einem gesonderten Bilanzkonto für „Beteiligungen“ abzubilden[332]. Daher sei auch bei der OHG der Anteil als einheitliches Vermögensobjekt darzustellen[333]. Zum anderen erfordere

326 *Kunz*, Rechtsgebilde als Gesellschafter einer offenen Handelsgesellschaft, S. 21.

327 *Holdheim*, in: Holdheims Zeitschrift, Jhg. 1 (1982), S. 195, 196; im Anschluss auch: *Kunz*, Rechtsgebilde als Gesellschafter einer offenen Handelsgesellschaft, S. 33 ff. A.A. *Spiegelberg*, Die offene Handelsgesellschaft als Teilnehmerin an einer anderen offenen Handelsgesellschaft, S. 47.

328 Vgl. *Zielinski*, Grundtypvermischungen und Handelsgesellschaftsrecht, S. 125 f.

329 §§ 261 HGB; 42 GmbHG a. F.: „höchstens zu dem Anschaffungspreise“.

330 *Liebmann*, DJZ 1913, S. 229, 230; *Staub*, HGB, § 105, Anm. 22.

331 So im Anschluss an RGZ 105, S. 101 ff. dann *Brodmann*, JW 1922, S. 1656, 1657; zuvor schon ähnlich *Kunz*, Rechtsgebilde als Gesellschafter einer offenen Handelsgesellschaft, S. 33.

332 So damals schon *Schär*, Buchhaltung und Bilanz, S. 221; *Flechtheim*, JW 1923, S. 228.

333 *Flechtheim*, in: Düringer/Hachenburg, HGB, § 105 Anm. 20; *Wieland*, Handelsrecht, S. 831; *Stern*, Möglichkeit der Bildung einer offenen Handelsgesellschaft, S. 60; später auch *Boesebeck*, Die „kapitalistische“ Kommanditgesellschaft, S. 75. A.A.: *Brodmann*, JW 1922, S. 1656, 1657.

die sich aus § 128 HGB ergebende Haftung auch nicht, dass die Gesellschafter in ihren Bilanzen Aktiva der OHG aufführten[334].

3. *Sittenwidrigkeit*

Schließlich wandten die Gegner ein, der Gesellschaftsvertrag der Kommanditgesellschaft sei nichtig, weil ihr Zweck, Steuern zu sparen, sittenwidrig sei. Diesem Einwand begegnete die Gruppe der Befürworter mit dem Hinweis auf die zahlreichen anderen Motive, die Grund für die Gründung einer solchen Gesellschaftsform sein könnten[335]. Außerdem, so *Daeschner*, würde auch niemand bei einer Umbildung der juristischen Person in eine Kommanditgesellschaft unter Auflösung des alten Unternehmens darin eine sittenwidrige Maßnahme erblicken wollen, obwohl damit die gleichen Steuererleichterungen verbunden wären[336].

V. Entscheidung des Reichsgerichts

Der Entscheidung des Reichsgerichts lag der folgende Sachverhalt zugrunde: Der alleinzeichnungsberechtigte Geschäftsführer der hanseatischen Motoren-Gesellschaft mbH hatte am 17. respektive 24. Februar 1922 für seine Gesellschaft sowie für einen Einzelkaufmann zur Anmeldung ins Handelsregister von Hamburg die Errichtung einer Kommanditgesellschaft unter der Firma Hanseatische Motoren-Gesellschaft mbH & Co angemeldet, an welcher die GmbH als persönlich haftender Gesellschafter und der Kaufmann als Kommanditist mit einer Einlage von 1.000.000 Mark beteiligt sein sollten[337].

Nach einem Überblick über den oben dargestellten Stand der Meinungen im Schrifttum erläuterte das Reichsgericht zunächst die bislang ergangenen Entscheidungen der Instanzgerichte und stellte klar, dass nach Ansicht des II. Zivilsenats neben den steuerrechtlichen Gründen weitere Zweckmäßigkeitserwägungen für das große Interesse der Wirtschaft an der GmbH & Co. KG sprächen. Es bestehe gewiss kein Anlass, diese neuere Entwicklung als eine ungesunde oder auch nur bedenkliche anzusehen[338].

Im Anschluss daran setzte sich das Reichsgericht mit den von den Gegnern ins Feld geführten Argumenten auseinander. Es bestehe kein rechtliches Hindernis, die Vorschriften, die einen rein auf natürliche Personen hindeutenden Wortlaut hätten, entsprechend auf juristische Personen anzuwenden. Es könne auch nicht zugegeben werden, dass die Natur der OHG oder KG mit der Zulassung der GmbH

---

334 *Flechtheim*, JW 1923, S. 228; dazu auch *Zielinski*, Grundtypvermischungen und Handelsgesellschaftsrecht, S. 128.

335 *Hachenburg*, DJZ 1913 S. 53 f., mit weiteren Argumenten.

336 *Daeschner*, Handelsgesellschaftliche Gestaltungsformen, S. 26.

337 Vgl. den Tatbestand des Beschlusses von RG, Beschluss v. 04.07.1922, Az. II B 2/22, RGZ 105, S. 101, 102.

338 RG, Beschluss v. 04.07.1922, Az. II B 2/22, RGZ 105, S. 101, 103.

als persönlich haftender Gesellschafter unvereinbar sei. Den vermeintlichen Widerspruch der Begriffe der „unbeschränkten Haftung" der Gesellschafter und der „beschränkten Haftung" der GmbH löste der Senat mit Verweis darauf auf, dass nicht ohne Weiteres der natürliche Gesellschafter größeren Kredit genieße oder größere Sicherheit biete als die GmbH[339]. Ferner gebe es „Wechselfälle", wie die Kapitalherabsetzung oder die Auflösung, ebenso bei natürlichen Personen, die in Vermögensverfall geraten oder sterben könnten. Auch die Struktur und das Wesen der GmbH stünden ihrer Aufnahme in die OHG oder KG nicht entgegen. Den Einwand hinsichtlich der Bilanzaufstellung beantwortete das Reichsgericht richtigerweise[340] mit dem Hinweis, es handele sich um zwei selbstständige Gesellschaften, die sich an die für sie geltenden Vorschriften halten könnten. Dem Einwand bezüglich des „unwiderruflichen Vertreters" widmete sich der Senat ausführlicher, da dieser das Hauptbedenken darstelle[341]. Da die GmbH auch durch ihre Geschäftsführer mit bindender Wirkung gegenüber Dritten in Höhe ihres ganzen Vermögens verpflichtet werden könne, sei die bloße Möglichkeit, durch die anderen Gesellschafter einer OHG dieser ungewollten Gefahr ausgesetzt zu sein, kein rechtliches Hindernis für ihre Beteiligung an einer solchen Personenhandelsgesellschaft[342]. Außerdem könne durch „verständige Organisation" des Gesellschaftsvertrages die Ausschaltung der Gefahr besorgt werden.

Schließlich verstoße die Gründung einer GmbH & Co. KG auch nicht gegen die guten Sitten. Eine solche Würdigung sei nur dann gerechtfertigt, wenn der einzige Zweck der Gründung die Umgehung der Steuergesetze wäre. Wie der Senat zu Beginn der Entscheidung durch Verweis auf die vielfältigen weiteren Zweckmäßigkeitserwägungen selbst dargelegt hatte, bestehe kein Anlass zu einer dahingehenden Annahme. Vielmehr dürfe dem Handelsverkehr die Erreichung seiner geschäftlichen Ziele durch eine möglichst zweckmäßige und kostengünstige Organisationsform nicht verwehrt werden[343].

VI. Reaktionen in Wissenschaft und Praxis

1. Die Instanzgerichte

Mit der Entscheidung des Reichsgerichts fand die bis dahin umstrittene Gesellschaftsform der GmbH & Co. KG ihre zivilrechtliche Anerkennung. Die Rechtsprechung der Instanzgerichte ging seit dieser Entscheidung von ihrer Zulässigkeit

339 Vgl. zum größeren Kredit der GmbH aufgrund der Gläubigerschutzvorschriften später auch BGH, Urt. v. 17.03.1966, Az. II ZR 282/63, BGHZ 45, S. 204 ff., sog. „Rektor-Fall".

340 So auch *Boesebeck*, Die „kapitalistische" Kommanditgesellschaft, S. 75.

341 RG, Beschluss v. 04.07.1922, Az. II B 2/22, RGZ 105, S. 101, 105.

342 RG, Beschluss v. 04.07.1922, Az. II B 2/22, RGZ 105, S. 101, 105 f.

343 RG, Beschluss v. 04.07.1922, Az. II B 2/22, RGZ 105, S. 101, 106 f.

aus[344], das Reichsgericht musste sich nicht erneut mit der Frage auseinandersetzen. Folglich war für die Praxis die Frage mit dem Spruch des höchsten deutschen Gerichts geklärt[345]. Besonders aufschlussreich sind die rechtstatsächlichen Ermittlungen von *Zielinsiki*[346]. Schon im Jahre 1925 konnte er im Berliner Handelsregister 60 Fälle einer Beteiligung einer juristischen Person an einer Personengesellschaft ausmachen. Obwohl die GmbH & Co. KG im Gesetz lange Zeit keine ausdrückliche Regelung erhielt, hat der Gesetzgeber im Laufe der Zeit in verschiedenen Vorschriften[347] Bezug auf die Mischform genommen. Diese Bezugnahmen wurden auch als Anerkennung der GmbH & Co. KG durch den Gesetzgeber gewertet[348].

2. Ablehnung und Zustimmung im Schrifttum

Im Schrifttum verstummte der Widerspruch gegen die Anerkennung allerdings keineswegs. Vielmehr setzte sich die Diskussion um die Zulässigkeit, in der in ungewohnt heftigem Ton die Entscheidung des Reichsgerichts kritisiert wurde[349], fort. Es zeigte sich, dass die vom Reichsgericht gegebene Begründung nicht zu überzeugen vermochte. Das Feld der Gegner hielt an seinen Zweifeln fest, weil sich das Reichsgericht, ohne auch nur eines der gegen die GmbH & Co. KG sprechenden Bedenken zu widerlegen, für die Zulässigkeit entschieden habe[350]. Die Gegner trugen ihre Bedenken oft mit bekannter Argumentation erneut vor, etwa den auf Menschen zugeschnittenen Wortlaut des HGB, die erheblichen Verzerrungen im Recht über die Entziehung der Vertretungsmacht und insbesondere den Sinn der unbeschränkten Haftung[351].

---

344 Vgl. OLG Karlsruhe, Entscheidung v. 14.04.1925, JFG 3, S. 210 ff.; KG, Entscheidung v. 08.12.1938, JW 1939, S. 423 ff.; LG Hamburg, Entscheidung v. 08.07.1952, DNotZ 1953, S. 109 ff.; OLG Hamm, Entscheidung v. 06.10.1953, DNotZ 1954, S. 92 ff.

345 *Boesebeck*, Die „kapitalistische" Kommanditgesellschaft, S. 73.

346 *Zielinski*, Grundtypvermischungen und Handelsgesellschaftsrecht, S. 21 ff.

347 § 5 Abs. 1 KVStG vom 08. April 1922 bzw. § 6 Abs. 1 Ziff. 4 KVStG vom 24.07.1959 bestimmte: „Als Gesellschaftsrechte an Kapitalgesellschaften gelten [...] 4. Anteile der Kommanditisten an einer Kommanditgesellschaft, wenn zu den persönlich haftenden Gesellschaftern der Kommanditgesellschaft eine Kapitalgesellschaft gehört." *Schäfer*, Zulässigkeit und rechtliche Grenzen der GmbH u. Co, S. 31, nennt weitere Beispiele und deutet sie aber nur so, dass der Gesetzgeber zu erkennen geben wollte, dass er von der Beliebtheit der GmbH & Co. KG in der Wirtschaft Kenntnis habe.

348 *Boesebeck*, Die „kapitalistische" Kommanditgesellschaft, S. 73; *Heintzeler*, Die G. m. b. H. & Co. Kommanditgesellschaft, S. 8, der auch auf die amtliche Begründung zum Körperschaftssteuergesetz verweist, in dem es ausdrücklich heiße: „persönlich haftende Gesellschafter einer Kommanditgesellschaft oder offenen Handelsgesellschaft können auch juristische Personen sein."

349 *Schäfer*, Zulässigkeit und rechtliche Grenzen der GmbH u. Co, S. 33; A.A. *Drescher*, Wie gründet man eine Kommanditgesellschaft?, S. 34.

350 *Brodmann*, Kommentar GmbHG, § 13, Anm. 1.

351 *Reinhardt*, in: Haupt/Reinhardt, Gesellschaftsrecht, § 13 I 3. a).

Diese fanden Ergänzung durch weitere Argumente. So rekurrierte *Reinhardt* auf den Charakter der OHG als einer auf engster gegenseitiger Verbundenheit beruhenden Arbeitsgemeinschaft, dem die juristische Person zuwiderlaufe, weil deren Organe (Vorstand, Geschäftsführer) keine Mitglieder sein müssten[352]. Außerdem spreche im Fall der GmbH & Co. KG im engeren Sinne gegen die Eignung der Kapitalgesellschaft als Komplementärin die Aufgabenverteilung zwischen Kommanditist und Komplementär. Denn in diesem Fall würden die Kommanditisten, die zugleich Mitglieder der GmbH sind, über diese (mittelbar) an der Geschäftsführung teilnehmen, obwohl sie nach dem Willen des HGB – wegen ihrer beschränkten Haftung – gerade davon ausgeschlossen seien[353]. *Müller-Erzbach* stellte etwa darauf ab, die jederzeitige Abberufbarkeit der Organe der juristischen Person sei mit dem Recht der nichtrechtsfähigen Handelsgesellschaft nur dann vereinbar, wenn bei dieser die Vertretungsmacht kraft Gesellschaftsvertrag jederzeit widerruflich sei[354]. Die Zulässigkeitsbefürworter verteidigten die Entscheidung des Reichsgerichts mit den bekannten Argumenten, ohne wesentlich neue Erwägungen vorzubringen[355]. Andere gingen davon aus, dass an der rechtlichen Zulässigkeit der GmbH & Co. KG nicht mehr gezweifelt werden könne[356], und beteiligten sich an der Diskussion nicht mehr.

3. *Rechtspolitische Erwägungen*

Neben der fortgeführten Diskussion über die rechtliche Zulässigkeit war auch die rechtspolitische Beurteilung Gegenstand umfassender Stellungnahmen. Überwiegend konstatierten deren Verfasser, eine große Anzahl von Fällen der juristischen Person & Co. beruhe auf rechtspolitisch einwandfreier Grundlage[357]. Es komme auf die in jedem Fall konkret zu beurteilende Rechtfertigung ihrer Errichtung an[358]. Sei es auf einen „Zufall" zurückzuführen, dass die juristische Person persönlich haftender Gesellschafter sei, bestünden dagegen keine Bedenken. Auch gegen Nachfolgegestaltungen oder Sanierungsmodelle, bei denen sich die sanierungsbedürftige Kapitalgesellschaft mit ihren Gläubigern zu einer Kommanditgesellschaft zusammenschließe[359], sei kein Einspruch zu erheben. Differenzierende Betrachtung sei in solchen Fällen angezeigt,

---

352 *Reinhardt*, in: Haupt/Reinhardt, Gesellschaftsrecht, § 13 I 3. a).

353 *Reinhardt*, in: Haupt/Reinhardt, Gesellschaftsrecht, § 20 III und IV 5., der insofern zwischen der zulässigen Kommanditistenstellung und der unzulässigen Komplementärstellung differenziert und so einigen seiner selbst vorgebrachten Argumenten (*Reinhardt*, in: Haupt/Reinhardt, Gesellschaftsrecht, § 13 I 3. a)) widerspricht.

354 *Müller-Erzbach*, Deutsches Handelsrecht, S. 180.

355 Siehe etwa *Weipert*, in: RGRK, HGB, § 105, Anm. 26.

356 *Heintzeler*, G.m.b.H. & Co. Kommanditgesellschaft, S. 8.

357 *Boesebeck*, Die „kapitalistische" Kommanditgesellschaft, S. 78.

358 *Boesebeck*, Die „kapitalistische" Kommanditgesellschaft, S. 80.

359 *Boesebeck*, Die „kapitalistische" Kommanditgesellschaft, S. 80 f., mit Verweis auf seinerzeitige Pläne zur Sanierung der Allgemeinen Deutschen Kreditanstalt durch die damalige Sächsische Staatsbank.

in denen die juristische Person eigens zum Zwecke des Beitritts als persönlich haftende Gesellschafterin in einer OHG oder KG gegründet würde; sie seien teilweise als gegen die guten Sitten verstoßend anzusehen[360]. Diese Gründungen seien zwar nicht generell bedenklich, auch dann nicht, wenn eine GmbH & Co. KG im engeren Sinne entstünde, nicht hinnehmbar seien aber solche Konstruktionen, in denen die juristische Person kein betriebswirtschaftlich gerechtfertigtes Eigenleben führe, sondern nur dazu diene, „die Kommanditisten als die wirklichen Inhaber und Leiter des Geschäfts zu verbergen[361]. *Zartmann* wollte einen typischen Fall des Rechtsmissbrauchs dann erkennen, wenn in einer GmbH & Co. KG die allein persönlich haftende GmbH mit offensichtlich unzulänglichen Mitteln ausgestattet ist und die Kommanditisten zugleich Gesellschafter der GmbH sind[362]. Entgegenzuwirken sei etwa durch eine gesetzliche Bestimmung, dass bei einer Kommanditgesellschaft, deren einziger persönlich haftender Gesellschafter eine juristische Person ist, alle diejenigen Kommanditisten den Gläubigern wie persönlich haftende Gesellschafter unbeschränkt haften, die an der juristischen Person beteiligt sind[363].

VII. Keine neue Prüfung durch den Bundesgerichtshof

Im Jahre 1955, in einer Zeit, in der die GmbH & Co. KG gerade einen neuen Aufschwung erlebte, hatte dann der Bundesgerichtshof zur Zulässigkeit der GmbH & Co. KG Stellung zu nehmen[364]. Das Gericht befasste sich aber nicht mit den verschiedenen Fragestellungen, die im Kontext der Zulässigkeit der GmbH & Co. KG diskutiert wurden, sondern bezog sich in seiner Entscheidung[365] auf das Ergebnis des Reichsgerichts, das es sich zu eigen machte:

> *„Das Reichsgericht hat sich in RGZ 105, 101 ff. mit den Bedenken auseinandergesetzt, die gegen die hier gewählte Gesellschaftsform erhoben worden sind. Es hat ausgesprochen, dass sich aus der Natur weder der KG noch der GmbH rechtliche Hindernisse dafür ergeben, eine GmbH als persönlich haftenden Gesellschafter einer KG zuzulassen. Das entspricht der heute herrschenden Auffassung. Von ihr abzugehen besteht kein Anlass."*

Ungeachtet der die rechtliche Zulässigkeit der GmbH & Co. KG bejahenden Entscheidung des BGH folgten weitere Veröffentlichungen, die sich mit der Zulässigkeit und rechtspolitischen Würdigung auseinandersetzen. So gelangte *Schäfer* bei seiner Prüfung zu dem Ergebnis, aus dem „Sinn und Zweck" der Personalgesellschaften, bei denen der Gesetzgeber der Persönlichkeit der Gesellschafter besonders vertraue,

360 *Weipert*, in: RGRK, HGB, § 105, Anm. 26.
361 *Boesebeck*, Die „kapitalistische" Kommanditgesellschaft, S. 81.
362 *Zartmann*, BB 1951, S. 736, 737.
363 *Boesebeck*, Die „kapitalistische" Kommanditgesellschaft, S. 82; in diese Richtung auch *Reinhardt*, in: Haupt/Reinhardt, GesR, § 20 III und IV 5. a).
364 *Schäfer*, Zulässigkeit und rechtliche Grenzen der GmbH u. Co, S. 28.
365 BGH, Urt. v. 28.09.1955, Az. VI ZR 28/53, WM 1956, S. 61, 63.

ergebe sich die gesellschaftsrechtliche Unzulässigkeit der GmbH & Co. KG[366]. Andererseits müsse sie aber inzwischen als gewohnheitsrechtlich anerkannt gelten[367]. Die juristische Debatte verlagerte sich hin zur gesellschaftsrechtlichen Dogmatik, in der Stichworte wie Sonderform, Zwischenform oder Typenverbindung als Antwort auf die Zulässigkeitsfrage dienen sollten[368]. Mittlerweile hat sich in der Literatur die Meinung durchgesetzt, dass juristische Personen persönlich haftende Gesellschafter einer OHG oder KG sein können[369], obwohl ihre Zulassung von namhafter Stimme bis zuletzt als „Sündenfall" des deutschen Gesellschaftsrechts bezeichnet wird[370]. Unbestritten erfolgte inzwischen auch die Anerkennung der GmbH & Co. KG durch den Gesetzgeber in einer Reihe gesetzlicher Vorschriften[371].

C. Die juristische Person & Co. KG

Nachdem die Kommanditgesellschaft als solche bereits Gegenstand überblicksartiger Erläuterungen war, soll in der folgenden Darstellung des Rechts der juristischen Person & Co. KG der Fokus auf die spezifischen Fragen gelegt werden, die sich in Folge der Grundtypvermischung ergeben.

I. Wesen und Einordnung als Personengesellschaft

Die Rechtsform der juristischen Person & Co. KG im Allgemeinen und der GmbH & Co. KG im Speziellen ist im Schrifttum nach wie vor umstritten. Wie in der vorangegangenen Darstellung gezeigt, bauten schon zu Zeiten der Zulässigkeitsdebatten viele Einwände auf einer unscharfen Einordnung der GmbH & Co. KG als Kapitalgesellschaft auf. Zahlreiche Gegner der Zulässigkeit sahen in der Gründung einer GmbH & Co. KG die Schaffung einer einzelnen Gesellschaft[372].

Die Frage, ob die Hauptgesellschaft Kapitalgesellschaft oder Personengesellschaft ist, wird auch heute noch unterschiedlich beantwortet. So wird sie einerseits als modifizierte echte Personengesellschaft bezeichnet[373]. Andere Autoren wollen in

366 *Schäfer*, Zulässigkeit und rechtliche Grenzen der GmbH u. Co., S. 51 ff., 53.
367 *Schäfer*, Zulässigkeit und rechtliche Grenzen der GmbH u. Co., S. 68.
368 Vgl. *Wiethölter*, in: Aktuelle Probleme der GmbH & Co. KG, S. 13 ff.
369 *Schäfer*, in: Staub/GroßkommHGB, § 105 Rn. 93; *K. Schmidt*, in: MünchKomm/HGB, § 105 Rn. 84; *Hopt* in: Baumbach/Hopt, HGB, § 105 Rn. 28; *Raiser*, in: Ulmer/Habersack/Löbbe, § 13 GmbHG Rn. 19; *Emmerich*, in: Scholz, § 13 GmbHG Rn. 16.
370 *K. Schmidt*, Gesellschaftsrecht, S. 1624 f.
371 Vgl. §§ 19 Abs. 2, 125 a Abs. 1 Satz 2, 129 a a. F., 130 a, 172 Abs. 6, 172 a a. F., 177 a, 264 a Abs. 1 Nr. 1 HGB; siehe auch die Übersicht bei *Hopt*, in: Baumbach/Hopt, HGB, Anh. § 177 a Rn. 4 f.
372 Dazu *Zahn*, in: Seufferts Blätter für Rechtsanwendung Bd. 11 (1893), S. 113, 116 f.
373 *Barth*, BB 1986, S. 2234, 2236.

ihr eine Mischform ausmachen, in der kapitalistische Züge überwiegen[374]. In dieser Mischform seien die Grundformen der Personen- und Kapitalgesellschaft zu einer wirtschaftlichen und organisatorischen Einheit verzahnt[375]. *Raiser* will gar den Schluss ziehen, dass sie eine eigene Erscheinungsform der Kapitalgesellschaft sei, da beide Gesellschaften zu einer Einheit verschmölzen und hinsichtlich Haftkapital und Mitgliedschaft die kapitalistische Beteiligung überwiege[376].

Die Rechtsprechung beschreibt eine wenig taugliche, differenzierende Sichtweise. Die GmbH & Co. KG sei der Form nach als Personengesellschaft einzuordnen, sachlich allerdings als Kapitalgesellschaft zu werten, da sie diesen näher stehe als einer OHG oder KG. So führt der BGH aus: *„[D]ie GmbH & Co. KG ist zwar der Form nach eine Personengesellschaft. Sachlich handelt es sich aber um eine Gesellschaft mit beschränkter Haftung, die insoweit der GmbH oder Aktiengesellschaft näher steht als einer normalen offenen Handelsgesellschaft oder Kommanditgesellschaft“*[377]. Dies ergebe sich aus der Beschränkung der Haftung für Unternehmensverbindlichkeiten auf eine bestimmte Vermögensmasse und dem Fehlen der persönlichen Haftung natürlicher Personen als gläubigerschützendes Korrektiv. Das BVerfG spricht davon, dass die GmbH & Co. KG *„wirtschaftlich einer Kapitalgesellschaft ähnelt“* und *„rechtlich und wirtschaftlich in der Nähe einer Kapitalgesellschaft“* zu verorten sei[378].

Tatsächlich stellt sich die GmbH & Co. KG nach wie vor als Fall der Grundtypvermischung auf Basis einer Kommanditgesellschaft dar, so dass sie ohne Zweifel eine Personengesellschaft ist[379]. Daher wird man ihr nur gerecht, wenn die unterschiedlichen Rechtsvorschriften, die für die GmbH und die KG gelten, im Einzelnen und „verzahnend“ auf sie abstimmt werden[380].

II. Das Innenverhältnis am Beispiel der GmbH & Co. KG

Die unterschiedlichen Ansichten zur Rechtsform der GmbH & Co. KG ändern nichts daran, dass auf das Rechtsverhältnis der Gesellschafter der Hauptgesellschaft

---

374 Vgl. *Windbichler*, Gesellschaftsrecht, § 37 Rn. 4, die feststellt, die Kapitalgesellschaft & Co. KG könne „nicht generell den personalistischen oder den kapitalistischen Personenvereinigungen“ zugeordnet werden, und sich daher für eine differenzierende Betrachtung ausspricht.

375 *Mueller-Thuns*, in: Hesselmann/Tillmann, Handbuch GmbH & Co. KG, § 1 Rn. 4; *Binz/Sorg*, GmbH & Co, § 5 Rn. 3; vgl. auch *K. Schmidt*, GmbHR 1984, S. 272 ff.

376 *Raiser/Veil*, Kapitalgesellschaften, § 42 Rn. 1; so auch *Kübler*, Gesellschaftsrecht, 4. Auflage, S. 286 ff.

377 BGH, Urteil v. 18.03.1974, Az. II ZR 167/72, BGHZ 62, S. 216, 227.

378 BVerfG, Beschluss v. 02.10.1968, Az.1 BvF 3/65, BVerfGE 24, S. 174, 182.

379 *K. Schmidt*, Gesellschaftsrecht, S. 1623; *Hopt*, in: Baumbach/Hopt, HGB, Anh. § 177a Rn. 1; *Kübler* in: Kübler/Assmann, Gesellschaftsrecht, S. 353.

380 Vgl. *Henze/Notz*, in: Ebenroth/Boujong/Joost/Strohn, HGB, Anh. § 177a Rn. 5, *K. Schmidt*, JZ 2008, S. 425 ff.; zur konkreten Abwägung im Einzelfall etwa KG Berlin, Beschluss v. 08.09.2009, Az: 1 W 244/09, NZG 2009, 1159, zu der Frage, ob eine Unternehmergesellschaft nach § 5a GmbHG als GmbH & Co. KG firmieren darf.

untereinander grundsätzlich die §§ 161 Abs. 2, 163 ff., 109 ff. HGB anzuwenden sind. Da die Vorschriften der §§ 163 ff., 161 Abs. 2 i. V. m. § 109 HGB abdingbar sind, bestimmt sich das Innenverhältnis in erster Linie nach dem Gesellschaftsvertrag und nur mangels vertraglicher Regelungen nach dem Gesetz[381]. Wie sich das Recht der GmbH & Co. KG an den Schnittstellen zwischen den für die KG maßgebenden Vorschriften des Personengesellschaftsrechts und den für die GmbH gültigen Regelungen bestimmt, ist im Einzelfall zu entscheiden.

Im Regelfall weist die GmbH & Co. KG drei Organe auf, die Gesellschafterversammlung der GmbH und den Geschäftsführer der GmbH sowie die Gesellschafterversammlung der Hauptgesellschaft[382]. Nach den §§ 164, 161 Abs. 2 und 114 Abs. 1 HGB ist in einer echten GmbH & Co. KG ausschließlich die GmbH zur Führung der Geschäfte der Kommanditgesellschaft befugt[383]. Als juristische Person kann die GmbH diesen Geschäftsführerpflichten nur durch Handeln ihres Geschäftsführungsorgans (§§ 6 Abs. 1, 35 Abs. 1 GmbHG) nachkommen. Da die Geschäftsführer der GmbH demnach die Geschäfte der KG kraft doppelter Organstellung mittelbar führen, wird von ihnen auch als dem „mittelbaren Geschäftsführer" der GmbH & Co. KG gesprochen[384]. Weil die GmbH als Komplementärin durch ihren Geschäftsführer die Geschäfte der Kommanditgesellschaft führt, kann – anders als bei der Kommanditgesellschaft mit einer natürlichen Person als Komplementär – ein beliebiger Dritter oder ein Kommanditist ohne Verletzung des Prinzips der Selbstorganschaft Geschäftsführung und organschaftliche Vertretung der Kommanditgesellschaft mittelbar ausüben[385].

Ein Entzug der Geschäftsführungsbefugnis aus wichtigem Grund durch gerichtliche Entscheidung oder gegebenenfalls bei vertraglicher Regelung durch Gesellschafterbeschluss ist auch möglich, wenn die GmbH alleinige geschäftsführungsberechtigte Gesellschafterin ist[386]. Dabei muss sie sich das Handeln ihres Geschäftsführers zurechnen lassen, ohne dass sie nach dem Grundsatz der Anwendung des mildesten Mittels einwenden könnte, ihr müsse zunächst Gelegenheit gegeben werden, ihren Geschäftsführer abzuberufen[387]. Als ultima ratio können die Kommanditisten sogar die Ausschließung der Komplementärin aus der KG beschließen, wenn

---

381 *Saenger*, Gesellschaftrecht, Rn. 422.

382 *Raiser*, in: Raiser/Veil, Recht der Kapitalgesellschaften, § 44 Rn. 1.

383 *Gummert*, in: Gummert/Weipert, MünchnerHandbuch GesR Bd. 2, § 52 Rn. 1.

384 *Binz/Sorg*, GmbH & Co. KG, § 4 Rn. 2; *Cahn*, G. m. b. H. & Co., Kommanditgesellschaft, S. 20.

385 BGH, Urteil v. 09.12.1968, Az. II ZR 33/67, BGHZ 51, S. 198, 201; BGH, Urteil v. 05.10.1981, Az. II ZR 203/80, NJW 1982, S. 1817, 1818; *Henze/Notz*, in: Ebenroth/Boujong/Joost/Strohn, HGB, Anh. § 177 a Rn. 70; *Gummert*, in: Gummert/Weipert, MünchnerHandbuch GesR Bd. 2, § 52 Rn. 3.

386 BGH, Urteil v. 09.12.1968, Az. II ZR 33/67, BGHZ 51, S. 198, 201; BGH, Urteil v. 25.04.1983, Az. II ZR 170/82, BGH NJW 1984, S. 173, 174.

387 BGH, Urteil v. 25.04.1983, Az. II ZR 170/82, BGH NJW 1984, S. 173, 174; *Hopt*, in: Baumbach/Hopt, Anh. § 177a Rn. 26.

ihnen deren weiterer Verbleib in der Gesellschaft nicht mehr zugemutet werden kann, weil der Entzug der Geschäftsführungsbefugnis zur Befriedung der Verhältnisse in der Gesellschaft nicht ausreichend erscheint[388].

III. Das Außenverhältnis

Die Stellvertretung richtet sich nach den allgemein für die Kommanditgesellschaft geltenden Regeln. Nach §§ 161 Abs. 2, 125 Abs. 1 HGB ist die Komplementär-GmbH als persönlich haftende Gesellschafterin zur organschaftlichen Vertretung der GmbH & Co. KG berechtigt. Eine Beschränkung des Umfangs der organschaftlichen Vertretungsmacht ist Dritten gegenüber bei der Kommanditgesellschaft nach §§ 126 Abs. 2, 161 Abs. 2 HGB und bei der GmbH für deren Geschäftsführer nach § 37 Abs. 2 GmbHG unwirksam. Die Vertretungsmacht der GmbH wird durch den Geschäftsführer als ihr Organ ausgeübt (§ 35 Abs. 1 GmbHG). Dieser vertritt unmittelbar die Komplementärin und mittelbar die GmbH & Co. KG.

Bezüglich der Haftung ist zwischen der GmbH & Co. KG sowie ihrer Komplementär-GmbH einerseits und den Kommanditisten andererseits zu differenzieren. Die GmbH & Co. KG haftet ihren Gläubigern unbeschränkt mit ihrem gesamten Vermögen. Gemäß §§ 161 Abs. 2, 128 HGB haftet daneben auch die GmbH als persönlich haftende Gesellschafterin unbeschränkt mit ihrem Gesellschaftsvermögen. Bei der Haftung der Kommanditisten, die den allgemeinen Grundsätzen folgt, ist die Regel des § 172 Abs. 6 S. 1 HGB von besonderer Bedeutung, nach dem der Gesetzgeber eine Kommanditeinlage, die in Anteilen an der Komplementär-GmbH besteht, als „unzureichende" Einlage bewertet, die gegenüber den Gläubigern der KG nicht die Wirkung des § 171 Abs. 1 S. 2 HGB entfaltet (sog. Grundsatz der „doppelten Kapitalaufbringung")[389]. Nach der überwiegenden Auffassung in der Literatur ist bei der Haftung des Kommanditisten außerdem zu berücksichtigen, dass bereits aus der Firma als „GmbH & Co. KG" für jeden Gläubiger ersichtlich ist, dass eine an einer GmbH & Co. KG als Gesellschafterin beteiligte natürliche Person nur Kommanditist sein könne und daher die unbeschränkte Haftung im Gründungsstadium nach § 176 HGB abzulehnen sei[390].

---

388 BGH, Urteil v. 18.10.1976, Az. II ZR 98/75, BGH NJW 1977, S. 1013, 1014; BGH, Urteil v. 28.06.1993, Az. II ZR 119/92, BGH NJW-RR 1993, S. 1123, 1124.

389 *Hopt*, in: Baumbach/Hopt, HGB, § 172 Rn. 13; *Thiessen*, in: Staub/GroßkommHGB, § 172 Rn. 169; *Strohn*, in: Ebenroth/Boujong/Joost/Strohn, HGB, § 172, Rn. 58 f.

390 Vgl. OLG Frankfurt, Urteil v. 09.05.2007, Az. 13 U 195/06, NZG 2007, S. 625 f.; *Henze/Notz*, in: Ebenroth/Boujong/Joost/Strohn, HGB, Anh § 177 a Rn. 53; *K. Schmidt*, NJW 1983, S. 2260, 2261, Anm. zu BGH, Urteil v. 21.03.1983, Az. II ZR 113/82. A.A. *Knobbe-Keuk*, in: FS Stimpel 1985, S. 187, 193 f.

D. Vergleich Stiftungsrecht und Gesellschaftsrecht

Die rechtsfähige Stiftung bürgerlichen Rechts gehört zu den juristischen Personen des Privatrechts. Wie bereits im Verlauf der bisherigen Darstellung deutlich wurde, zeichnet sie sich allerdings durch gewisse Besonderheiten aus, die sie von anderen Organisationsformen, insbesondere den hier interessierenden Gesellschaftsformen, wesentlich unterscheidet. Nachfolgend sollen die Unterschiede, die bei der anschließenden Untersuchung besondere Bedeutung erlangen werden, im Überblick dargestellt werden.

I. Rechtsquellen

Die wesentliche Kodifikation der bürgerlich-rechtlichen Stiftung findet sich in den §§ 80 bis 88 BGB. Über § 86 BGB finden zudem die Vorschriften des Vereinsrechts entsprechende Anwendung. Dieses Kodifikationsgerüst wird zwar durch – überwiegend das Aufsichtsrecht betreffende – Landesstiftungsgesetze ergänzt. Im Vergleich zu den Gesellschaftsformen, auch den hier interessierenden KG und GmbH, handelt es sich aber um eine äußerst schlanke Rechtsgrundlage, um nicht mehr als ein Grundgerüst[391]. Viele Fragen, die im Gesellschaftsrecht Regelung im Gesetz erfahren – wie etwa die Organkompetenz, die Organpflichten oder die Mindestkapitalausstattung – beantwortet das Gesetz für die Stiftung nicht[392]. Festzuhalten ist also, dass sich aus der geringen Regelungsdichte des Stiftungsrechts je nach Blickwinkel eine beträchtliche Gestaltungsfreiheit oder eine nicht unerhebliche Rechtsunsicherheit ergibt.

II. Mitgliederlosigkeit und Verbandsstruktur

Die rechtsfähige Stiftung bürgerlichen Rechts gehört wie die Körperschaften zu den juristischen Personen des Privatrechts. Die Körperschaften, zu denen neben der GmbH auch die AG oder der eingetragene Verein zählen, zeichnen sich allerdings durch ihre Verbandsstruktur aus. Als privatrechtlicher Verband sind sie durch Gesellschaftsvertrag oder Satzung verfasste, auf Mitgliedschaft beruhende und gegenüber den Mitgliedern verselbstständigte, einem Verbandszweck dienende Organisationen[393]. Obschon die mitgliedschaftliche Bindung im Vergleich zu den Personengesellschaften geringer ist, ist die Mitgliedschaft bestimmendes Merkmal. Die Kapitalgesellschaft gehört ihren Gesellschaftern, so wie etwa die Aktiengesellschaft den Aktionären. Insbesondere im Hinblick auf die vermögensrechtliche Wirkung der Mitgliedschaft kann festgestellt werden, dass die Kapitalgesellschaft für ihre Mitglieder existiert. Die rechtsfähige

391 *v. Campenhausen/Stumpf,* in: v. Campenhausen/Richter, Stiftungsrechts-Handbuch, § 3 Rn. 2.

392 *Rösner,* Die Konzernierung der Stiftung und ihr Einfluss auf die Pflichten des Stiftungsvorstands, S. 48.

393 *K. Schmidt,* Gesellschaftsrecht, S. 167.

Stiftung bürgerlichen Rechts ist demgegenüber organisierte juristische Person ohne Verbandsstruktur[394]. Sie ist gerade keine Personenvereinigung[395] und daher nicht Gesellschaft im allgemeinen Sinne dieses Begriffs[396]. Im Gegensatz zu den Gesellschaften verfügt die Stiftung nicht über Mitglieder und hat keine Eigentümer[397]. Vielmehr ist die Stiftung die einzige juristische Person, die nicht durch Personen überprüft wird, die an ihr korporations- oder vermögensrechtlich beteiligt sind[398]. Dies hat zur Folge, dass es bei der Stiftung weder ein Mitgliedschaftsrecht noch Mitgliedschaftsansprüche gibt[399]. Konsequenz der Eigentümerlosigkeit ist insbesondere, dass es in der Stiftung an der Wahrnehmung wesentlicher Kontrollrechte fehlt. Diesem Kontrollproblem kann nur bedingt, und zwar durch die Erweiterung der Rechte anderer Stiftungsbeteiligter, begegnet werden[400]. Daraus ergibt sich, dass der Stiftungsvorstand im Vergleich zu den Geschäftsleitungsorganen in körperschaftlichen Organisationsformen eine ungleich unabhängigere Stellung innehat und gleichzeitig über einen größeren Handlungsspielraum verfügt.

III. Stiftungszweck und Verbandszweck

Wie die privaten Verbände sind die Stiftungen bürgerlichen Rechts Zweckgebilde[401], sie haben einen Gesellschaftszweck respektive einen Stiftungszweck. Zwar ist die genaue Bedeutung dieses Merkmals im Gesellschaftsrecht ebenso umstritten wie im Stiftungsrecht[402]; Gemeinsamkeiten und Unterschiede lassen sich dennoch ausmachen. Der Gesellschaftszweck bestimmt ebenso Organisation und Vermögensausstattung des Verbandes, wie es der Stiftungszweck tut[403]. Er ist bei den Verbandspersonen – wie bei der Stiftung aufgrund ihrer Mitgliederlosigkeit schon naturgemäß – auch gegenüber ihren Mitgliedern verselbstständigt und unabhängig.

---

394 *K. Schmidt*, Gesellschaftsrecht, S. 173; *Schönfeld*, AcP 136 (1932), S. 331, 341 bezeichnet die Stiftung sogar als „Rechtsperson in Reinkultur"; *Hof*, in: v. Campenhausen/Richter, Stiftungsrechts-Handbuch, § 10 Rn. 4, geht davon aus, dass sie selbstständige Stiftung „konzeptionell der Prototyp der juristischen Person" ist.

395 Vgl. BVerwG, Urteil v. 12.02.1998, Az. 3 C 55/96 106, BVerwGE 177, S. 177, 179; siehe auch OVG Münster, Urteil v. 08.12.1995, Az. 25 A 2431/94, NVwZ 1996, S. 913 ff.

396 *Assmann*, in: Kübler/Assmann, Gesellschaftrecht, S. 140.

397 BGH, Urteil v. 22.01.1987, Az. III ZR 26/85, BGHZ 99, S. 344, 350 f.; *v. Campenhausen/Stumpf*, in: v. Campenhausen/Richter, Stiftungsrechts-Handbuch, § 1 Rn. 7; *Ebersbach*, Handbuch des Deutschen Stiftungsrechts, S. 20 f.; *Jakob*, Schutz der Stiftung, S. 43; *Schiffer/Pruns*, in: NK-BGB, § 80 Rn. 2; *Schlüter*, Stiftungsrecht zwischen Privatautonomie und Gemeinwohlbindung, S. 249.

398 *Nissel*, Das neue Stiftungsrecht, S. 86.

399 A.A. *Burgard*, Gestaltungsfreiheit im Stiftungsrecht. S. 458 ff.

400 Vgl. dazu *Schwintek*, Vorstandskontrolle in rechtsfähigen Stiftungen bürgerlichen Rechts, S. 351 ff.; *Wernicke*, ZEV 2003, S. 301, 302 ff.

401 *K. Schmidt*, Gesellschaftrecht, S. 57.

402 Für das Gesellschaftsrecht siehe *K. Schmidt*, Gesellschaftsrecht, S. 57 m. w. N.

403 Vgl. *Burgard*, Gestaltungsfreiheit im Stiftungsrecht, S. 116.

Auch ihr Verbandszweck ist nicht individueller oder gemeinsam geteilter Zweck eines jeden Mitglieds, sondern als konstituierendes Merkmal überindividueller Zweck des verselbstständigten Verbandes[404].

Stiftung und Verbandsperson unterscheiden sich lediglich darin, wie dieser überindividuelle Zweck zustande kommt. Bei den Gesellschaften ist er *gemeinsamer* Zweck der Gesellschafter, in deren Zuständigkeit die freie Willensbildung fällt[405]. Er ist der Grund, warum sich die Gesellschafter zusammenschließen, und führt durch Abschluss des Gesellschaftsvertrages zu der Pflicht eines jeden Gesellschafters, ihn gemeinsam mit den anderen Gesellschaftern zu fördern[406]. Auch bei den Verbandspersonen, bei denen er überindividuellen Charakter erlangt und zum Verbandszweck wird, bleibt er im Innenverhältnis der Gesellschafter bestimmend und gibt diesem Innenverhältnis eine mehrheitsfeste Geschäftsgrundlage[407].

Ungleich den Gesellschaften, die (durch ihre Mitglieder) Herren über ihren gemeinsamen Zweck bleiben, kann bei der Stiftung der Zweck im Grundsatz nicht mehr geändert werden. Der Gesellschaftszweck als solcher ist durch die Mitglieder im Wesentlichen frei änderbar. Hier unterscheidet er sich vom Stiftungszweck, der nur bei Vorliegen strenger Voraussetzungen Änderungen zugänglich ist. *Burgard*[408] weist in diesem Zusammenhang relativierend darauf hin, dass eine Zweckänderung auch im Gesellschaftsrecht selten sei[409] und daher von einer Annäherung der Rechtsformen auch im Hinblick auf diese Abänderbarkeit auszugehen sei. Gleichwohl ändert diese rechtstatsächliche Feststellung nichts daran, dass der Verbandszweck als verbindende Grundlage der Gemeinschaft jederzeitiger Änderung zugänglich ist, während der Stiftungszweck als verobjektivierter Stifterwille grundsätzlich keine Aktualisierung erfahren kann[410].

IV. Kapital und Vermögen

Die hier betrachtete Stiftung verfügt über ein Grundstockvermögen, dessen Erträge sie zur Zweckverfolgung einsetzt. Eine vorgeschriebene Höhe ist im Gegensatz zu den gesellschaftsrechtlichen Kapitalaufbringungsregeln nicht vorgesehen. Trotzdem fordern die meisten Stiftungsbehörden eine Vermögensausstattung von mindestens 25.000 EUR[411]. Wird bei den haftungsbeschränkten Körperschaften der Grund für die

---

404 *K. Schmidt*, Gesellschaftsrecht, S. 60; *Goerdeler*, JuS 1963, S. 253, 256.
405 *Flume*, Juristische Person, S. 98 f.
406 Zur Zweckförderungspflicht *K. Schmidt*, Gesellschaftsrecht, S. 1736.
407 *K. Schmidt*, Gesellschaftsrecht, S. 60.
408 *Burgard*, Gestaltungsfreiheit im Stiftungsrecht, S. 116.
409 *K. Schmidt*, Gesellschaftsrecht, S. 65.
410 Vgl. *Hof*, in: v. Campenhausen/Richter, Stiftungsrechts-Handbuch, § 8 Rn. 4; *v. Campenhausen/Stumpf*, in: Seifart/v. Campenhausen, Stiftungsrechts-Handbuch, § 1 Rn. 7.
411 *Damrau/Wehinger*, ZEV 1998, S. 178, 178 f; *Hof*, in: v. Campenhausen/Richter, Stiftungsrechts-Handbuch, § 9 Rn. 28.

anfängliche Kapitalausstattung im Wesentlichen im Gläubigerschutz gesehen, dient das Stiftungsvermögen in erster Linie der Zweckverfolgung und damit der Stiftung selbst. Der Schutz des Rechtsverkehrs durch Bereitstellung des Stiftungsvermögens als Haftungsfonds tritt dahinter zurück. Gleichwohl dient auch die Forderung einer zweckadäquaten Vermögensausstattung letztlich dem Schutz des Rechtsverkehrs, wenn auf diesem Weg sichergestellt wird, dass nur lebensfähige Stiftungen auftreten.

V. Anerkennung und Aufsicht

Unterschiede zwischen der Stiftung sowie den Personen- und Kapitalgesellschaften ergeben sich durch die Anerkennung als Entstehungsvoraussetzung und die Stiftungsaufsicht. Die bis zur Stiftungsrechtsreform als Genehmigung ausgestaltete Anerkennung ist ein privatrechtsgestaltender Verwaltungsakt, der der Stiftung Rechtsfähigkeit verleiht und sie als juristische Person entstehen lässt[412]. Die Stiftungserrichtung ist daher vergleichbar mit der Errichtung anderer juristischer Personen des Privatrechts, zu deren Entstehung es neben dem privatrechtlichen Errichtungsakt (Stiftungsgeschäft oder Gesellschaftsvertrag) eines hoheitlichen Aktes bedarf, der Eintragung in das Handelsregister, § 7 Abs. 1 GmbHG. Die Rechtsfähigkeit erwirbt die rechtsfähige Person also entweder mit der Eintragung in das staatliche Handelsregister (Normativsystem) oder durch staatliche Anerkennung (Konzessionssystem). Allerdings hat die Stiftungsbehörde vor Anerkennung der Stiftung die materiellrechtlichen Voraussetzungen zu prüfen. Dazu gehört neben den formellen Anforderungen an das Stiftungsgeschäft insbesondere auch die Prognoseentscheidung über die Stiftungszweckerfüllung. Auch das Registergericht hat vor der Eintragung zu prüfen, ob die Gesellschaft ordnungsgemäß errichtet und angemeldet ist. Doch ist der Prüfungsumfang wesentlich geringer als derjenige, der sich aus der Prüfungskompetenz der Stiftungsaufsicht ergibt. So ist dem Registergericht versagt, die Zweckmäßigkeit einzelner Vorschriften des Gesellschaftsvertrages oder die Erfolgsaussichten der neu gegründeten Gesellschaft – insbesondere die Frage, ob das vereinbarte Stammkapital für den beabsichtigten Geschäftsumfang ausreicht, die Gesellschaft also nicht unterkapitalisiert ist – zu prüfen.

Mit der staatlichen Anerkennung beginnt zudem die hoheitliche Stiftungsaufsicht[413], die zwingend besteht und sich bis zur Beendigung der Stiftung fortsetzt. Es gibt keine andere juristische Person des Privatrechts, die auf diese Weise staatlich überwacht und beaufsichtigt wird[414]. Dies ist nach der mitgliederlosen Struktur die zweite wesentliche Besonderheit der Stiftung bürgerlichen Rechts.

---

412 *Backert,* in: Bamberger/Roth, § 80 Rn. 40; *Hüttemann/Rawert,* in: v. Staudinger, Vor §§ 80 ff. Rn. 13; *O. Werner,* in: Werner/Saenger, Die Stiftung, Rn. 371.

413 Siehe zu der ebenso bedeutenden Rolle der Stiftungsaufsicht im Stiftungsrecht vieler anderer Rechtsordnungen, *Reuter,* in: Hopt/Reuter, Stiftungsrecht in Europa, S. 139 ff.

414 *Backert,* in: Werner/Saenger, Die Stiftung, Rn. 1256.

2. Teil: Stiftungsrechtliche Zulässigkeit

Auf den ersten Blick stellt die Stiftung & Co. KG lediglich einen Sonderfall der juristischen Person & Co. KG dar[415]. Nachdem diese auch in anderen gesellschaftsrechtlichen – wie auch grenzüberschreitenden – Kombinationen[416] als allgemein anerkannt bezeichnet werden kann, spricht prima facie viel dafür, dass unter Berücksichtigung der allgemein für die Beteiligung juristischer Personen als Komplementär geltenden Grundsätze auch die Zulässigkeit der Stiftung & Co. KG zu bejahen ist. Es überrascht daher nicht, dass eine verbreitete Auffassung im Schrifttum allgemein von ihrer Zulässigkeit ausgeht[417]. Indes ist zu beachten, dass sich bei der Frage nach der Zulässigkeit der Beteiligung einer juristischen Person an einer Kommanditgesellschaft im Kern zwei Fragen differenzieren lassen. Einerseits stellt sich die Frage, ob das Recht der Kommanditgesellschaft eine solche Beteiligung zulässt[418]. Andererseits ist der Frage nachzugehen, ob das für die jeweilige juristische Person geltende Recht eine solche Beteiligung gestattet.

Konkret im Bezug auf die Beteiligungsfähigkeit der Stiftung bürgerlichen Rechts verstummt der Widerstand gegen die organisatorische Verknüpfung von Kommanditgesellschaft und Stiftung nicht. *Rawert* meint, Gestaltungsziele, die durch die Instrumentalisierung rein privatnütziger Stiftungen zur Stiftung & Co. KG (oder zu Doppelstiftungen) verfolgt würden, täten einem idealerweise am Gedanken der

---

415 Nach *Maincyk*, Stbg 2002, S. 76, 83, ist sie die konsequente Fortentwicklung der GmbH & Co. KG.

416 So war die Zulässigkeit der ausländischen juristischen Person & Co. KG zwischenzeitlich mehrfach Gegenstand von Monographien: *Kieser*, Die Typenvermischung über die Grenze; *Grothe*, Die „ausländische Kapitalgesellschaft & Co."; *Haidinger*, Die „ausländische Kapitalgesellschaft & Co. KG"; *Duys*, Auslands-Kapitalgesellschaft & Co KG; vgl. auch BayObLG, Beschluss vom 21.03.1986, Az. 3 Z 148/85, GmbHR 1986, S. 305, 307 ff.

417 *Casper*, in: Staub/GroßkommHGB, § 161 Rn. 73; *Gummert*, in: Beuthien/Gummert, MünchnerHandbuchGesR, Bd. 5, § 82 Rn. 4; *Richter*, in: Seifart/v. Campenhausen, Stiftungsrechts-Handbuch, § 12 Rn. 77; *Hof*, in: Seifart/v. Campenhausen, Stiftungsrechts-Handbuch, § 11a Rn. 40 f., jeweils m. w. N.

418 Sog. Aufnahme- oder Beteiligtenfähigkeit. Siehe dazu unter 3. Teil, S. 241 ff.

Gemeinwohlpflege orientierten Stiftungswesen Gewalt an[419]. *K. Schmidt* nennt die Kombination gar eine „Missbildung"[420]. Obgleich sich die Bestrebungen[421], welche die Stiftung & Co.KG im Rahmen der Modernisierung des Stiftungsrechts für unzulässig erklären wollten, nicht durchsetzen konnten, wird die Kritik seit der Neugestaltung des Stiftungsrechts im Jahre 2002 dem ungeachtet bis hin zu der Behauptung ihrer grundsätzlichen Unzulässigkeit erneuert[422]. Auch der Umstand, dass die Rechtsprechung, soweit ersichtlich, noch keine Gelegenheit hatte, sich mit der Frage der Zulässigkeit auseinanderzusetzen, trägt zur Persistenz der Bedenken bei[423]. Dabei ist der Hinweis der Befürworter[424] auf die bestehenden und am Wirtschaftsverkehr teilnehmenden Stiftung & Co. KGs hinsichtlich der Zulässigkeitsfrage nicht mehr als ein petitio principii. Die tatsächliche Existenz sagt noch nichts über die zu untersuchende rechtliche Zulässigkeit aus[425].

Da es also im Wesentlichen um zwei Untersuchungsgegenstände – einerseits die handelsrechtliche Beteiligtenfähigkeit und andererseits die stiftungsrechtliche Beteiligungsfähigkeit – geht, stellt sich unweigerlich die Frage nach der gebotenen

---

419 *Rawert*, ZEV 1999, S. 294, 296; ders. Stiftung & Sponsoring 4/2000, S. 16, 18; *Wochner*, BB 1999, S. 1441, 1142: „[...] geeignet, das Stiftungsrecht insgesamt in Misskredit zu bringen".

420 *K. Schmidt*, DB 1987, S. 261, 263; vgl. auch *Rawert*, ZEV 1999, S. 294 und *Wochner*, BB 1999, S. 1441, 1142.

421 Nach dem Gesetzesentwurf von Bündnis 90/Die Grünen sollte eine Stiftung jeden erlaubten Zweck verfolgen dürfen, der nicht aus einen wirtschaftlichen Geschäftsbetrieb (§ 22 BGB) gerichtet sei, Entwurf vom 01.12.1997 für ein Gesetz zur Förderung des Stiftungswesens (StiftFördG), BT-Drs. 13/9320. Die FDP sah hingegen grundsätzlich den Betrieb eines Unternehmens als zulässigen Stiftungszweck an, stritt aber für eine Beschränkung des Zwecks hinsichtlich unternehmensverbundener Stiftungen dergestalt, dass sich die Stiftungstätigkeit nicht im Betrieb eines Handelsgewerbes erschöpfen und sie nicht persönlich haftende Gesellschafterin einer Personenhandelsgesellschaft sein dürfe, Entwurf v. 28.01.1999 für ein Gesetz zur Reform des Stiftungsrechts (StiftRReformG), BT-Drs 14/336.

422 Siehe *Hüttemann/Rawert*, in: v. Staudinger, BGB, Vor §§ 80 ff. Rn. 140.

423 *Hennerkes/Binz/Sorg* wiesen in DB 1986, S. 2269, 2269 f. darauf hin, dass die damaligen Genehmigungsbehörden häufig der Komplementärstiftung die Genehmigung (heute: Anerkennung) verweigerten, wenn bekannt werde, dass die Stiftung eine Komplementärstellung übernehmen solle. Ob die zwischenzeitlich von *Grummert*, in: Beuthien/Gummert, MünchnerHandbuch GesR, Bd. 5, § 82 Rn. 4, mit Blick auf die wenigen tatsächlichen Beispiele gezogene Schlussfolgerung, diese Gestaltungsform würde sowohl von den Registergerichten wie von Stiftungsbehörden unbeanstandet bleiben, zutrifft, kann in Ermangelung negativer wie positiver Erfahrungsberichte nicht nachvollzogen werden.

424 So auch *Zartmann/Litfin*, Unternehmensform nach Maß, S. 277.

425 Soweit gesagt wird, schon die Faktizität spreche für die Zulässigkeit der Stiftung & Co. KG (so *Stengel*, Stiftung und Personengesellschaft, S. 46), ist dagegen zudem anzubringen, dass die Macht des Faktischen bei einer vergleichsweise geringen Anzahl bestehender Verbindungen dieser Art ohnehin nicht bedeutend ist.

Prüfungsreihenfolge. Dabei könnte von Bedeutung sein, ob die Beteiligtenfähigkeit von der Beteiligungsfähigkeit abhängt, etwa eine Beteiligung an der Kommanditgesellschaft nur zulässig ist, wenn auch das Recht der Komplementärin die Typenvermischung gestattet[426]. Allerdings besteht im Schrifttum die verbreitete Ansicht, dass Hindernisse in der (juristischen) Person des Komplementärs einer gesellschaftsrechtlich wirksamen Beteiligung an der Kommanditgesellschaft nicht entgegenstehen und das Entstehen des Gesellschaftsverhältnisses auch dann nicht hindern, wenn es etwa mit dem Stiftungszweck oder einem öffentlich-rechtlichen Verbot in Konflikt steht[427]. Sind Beteiligungsfähigkeit und Beteiligtenfähigkeit demnach in rechtlicher Hinsicht unabhängig voneinander, besteht keine zwingende Notwendigkeit einer bestimmten Prüfungsreihenfolge. Nachdem aber zur gesellschaftsrechtlichen Zulässigkeit viele Einzelfragen bereits anhand anderer Kombinationen der Typenvermischung untersucht worden sind und demgegenüber zur stiftungsrechtlichen Zulässigkeit deutlich mehr grundlegende (Vor-)fragen kontrovers diskutiert werden, erscheint es zweckmäßig, zunächst die stiftungsrechtliche Zulässigkeit zu untersuchen. Der obenstehende Vergleich der stiftungsrechtlichen mit den gesellschaftsrechtlichen Prinzipien zeigt, dass im Stiftungsrecht grundlegende Besonderheiten zu beachten sind. Vor einer Übertragung der Zulässigkeitserwägungen ist daher eine genaue Prüfung der stiftungsrechtlichen Strukturen im Hinblick auf die Beteiligungsfähigkeit an einer Kommanditgesellschaft angezeigt. Es stellt sich die Frage, ob die Komplementärstiftung eine zulässige Anwendungsform der Stiftung bürgerlichen Rechts ist. Ferner ist zu fragen, ob im Hinblick auf die vorgestellten Grundsätze zu Stiftungsvermögen und Stiftungsverfassung Zulässigkeitshindernisse zu bedenken sind.

426 Vgl. *Höhne*, Die Ltd. & Co. KG, S. 134.

427 Für das Fehlen öffentlich-rechtlicher Genehmigungen: *Emerich*, in: Heymann, HGB, § 105 Rn. 43, mit Fn. 92; *Schäfer*, in: Staub/GroßkommHGB, § 105 Rn. 94, dort Fn. 294. Anders, aber im Ergebnis ähnlich BayObLG, Beschluss vom 05.10.1989, Az. 3 Z 114/89, NJW-RR 1990, 476 ff., das bei Fehlen einer öffentlich-rechtlichen Genehmigung für die Beteiligung einer öffentlich-rechtlichen Stiftung als Kommanditistin auf die Grundsätze der fehlerhaften Gesellschaft abstellt.

§ 4 Die Stiftung als Komplementärin

A. Konkretisierung der Stellung und Aufgabe einer Komplementärstiftung

Eine Stiftung & Co. KG im allgemein diskutierten Sinne ist dadurch charakterisiert, dass in einer Kommanditgesellschaft im Sinne der §§ 161, 128 HGB eine selbstständige Stiftung bürgerlichen Rechts gemäß §§ 80 ff. BGB die Stellung der einzigen Komplementärin einnimmt. Als Kommanditisten kommen Stifter, Destinatäre (etwa Familienmitglieder) oder Dritte in Frage[428]. Hinsichtlich der Kapitalverteilung sind verschiedene Gestaltungen denkbar, so etwa die Komplementärstiftung mit einem großen Kapitalanteil oder der Extremfall einer Komplementärstiftung mit einem 0-%-Kapitalanteil[429]. Gegenstand der folgenden Untersuchung soll – von explizit genannten Fällen abgesehen – allein die Kombination einer Kommanditgesellschaft mit einer Stiftung bürgerlichen Rechts sein, in der die Stiftung die alleinige Komplementärin und auch nur Komplementärin der Personengesellschaft ist.

Wie zuvor gezeigt, ergeben sich zwar bereits aus dem handelsrechtlichen Regelungsgerüst der §§ 161 ff. HGB einige besondere Rechte und Pflichten einer solchen Komplementärin. Allerdings sagt allein die Stellung der Stiftung in der Kommanditgesellschaft wenig über ihre Aufgabe innerhalb der Gesamtkonstruktion aus. Zur Illustrierung ihrer Funktion eignet sich zunächst ein Blick auf Formulierungen einer Mustersatzung zur Stiftung & Co. KG[430]. Danach soll die Satzung der Komplementärstiftung folgenden Wortlaut haben:

§ 1 Name, Sitz

§ 2 Zweck der Stiftung

(1) Die Stiftung hat den Zweck der Übernahme der Stellung des persönlich haftenden Gesellschafters bei der Kommanditgesellschaft .... mit Sitz in ...., um die Fortführung des Unternehmens auf gesicherter finanzieller Grundlage zu gewährleisten. Die Beteiligung und Geschäftsführung dient dem Ziel, die Gesellschaft nach objektiven, ausschließlich am Interesse des Unternehmens und seiner Gesellschafter orientierten Kriterien zu führen sowie den Bestand und weiteren Ausbau der Gesellschaft zu sichern. Vornehmliche Aufgabe der Stiftung im Sinne dieser Zielsetzung ist die Gewährleistung der gedeihlichen Fortentwicklung und Unabhängigkeit des betriebenen Unternehmens.

428 Vgl. *Burgard*, Gestaltungsfreiheit im Stiftungsrecht, S. 685.

429 *Richter* in: v. Campenhausen/Richter, Stiftungsrechts-Handbuch, § 12 Rn. 77 ff.

430 Vgl. die bei *Höfner-Boyk*, Die Stiftung & Co.KG, Anhang, 2, S. 185 ff., abgedruckte (Muster-)Satzung.

(2) Zur Erfüllung des Stiftungszwecks gemäß Abs. 1 kann die Stiftung gewerbliche Unternehmen jeder Art gründen oder sich daran beteiligen.

Zum besseren Verständnis der in der folgenden Untersuchung relevanten Fragestellungen sollen zudem die maßgeblichen Regelungen des Gesellschaftsvertrages der Kommanditgesellschaft (auszugsweise) dargestellt werden:

§ 1 Errichtung, Zweck

§ 2 Dauer
Die Gesellschaft beginnt am .... Sie ist auf unbestimmte Zeit errichtet.

§ 7 Kapital, Beteiligung der Gesellschafter
(1) Persönlich haftende Gesellschafterin (Komplementärin) ist die ....Verwaltungs-Stiftung bürgerlichen Rechts mit Sitz in .... Sie ist zur Leistung einer Einlage weder berechtigt noch verpflichtet und nicht am Gesellschaftskapital und Vermögen der Gesellschaft beteiligt.
(2) Kommanditisten sind: 1.).........
2.).........

§ 10 Geschäftsführung, Vertretung
(1) Zur Geschäftsführung und Vertretung ist die Komplementärin berechtigt und verpflichtet. Sie selbst und ihr Vorstand sind für Rechtsgeschäfte zwischen der Komplementärin und der Gesellschaft von den Beschränkungen des § 181 BGB befreit.
(2) Macht ein Kommanditist von seinem Widerspruchsrecht nach § 164 HGB Gebrauch, so entscheiden auf Antrag der Komplementärin die Gesellschafter durch Beschluss über die Vornahme der Handlung.

§ 12 Vergütung der Komplementärin
(1) Der Komplementärin werden von der Gesellschaft sämtliche Ausgaben und Aufwendungen[431] *für die Geschäftsführung erstattet, sobald sie entstehen.*
(2) Die geschäftsführungs- und vertretungsberechtigte Komplementärin erhält für die Geschäftsführung, Vertretung und Haftung eine Festvergütung in Höhe von 2.500 EUR[432].

Es ist festzuhalten, dass der Stiftung nach dieser Satzungsformulierung der Unternehmensführungsauftrag übertragen wird. Besonders bedeutsam ist, dass der Stiftungszweck nichts über den Unternehmensgegenstand aussagt. Dadurch kann die Kommanditgesellschaft, geleitet durch die Komplementärstiftung, den

431 Der Aufwendungsersatz beinhaltet im Regelfall insbesondere die Jahresgehälter der Stiftungsvorstände sowie die Verwaltungskosten.

432 Bei der Komplementär-GmbH werden hier meistens zwischen fünf Prozent und zehn Prozent des Stammkapitals angesetzt. Für die UG (haftungsbeschränkt) & Co. KG werden regelmäßig zwischen 500 und 1.000 Euro gefordert. Ausführlich zur Notwendigkeit einer Geschäftsführungs- und Haftungsvergütung siehe unten § 7B.IV.3, S. 238.

Unternehmensgegenstand soweit erforderlich frei ändern, ohne dass dadurch ein Konflikt mit der Stiftungssatzung zu bedenken oder gar die Änderung des Stiftungszwecks veranlasst wäre[433]. Die Organmitglieder der Stiftung sind mangels abweichender Bestimmungen in ihren unternehmerischen Entscheidungen weitgehend frei und nur in den Grundsätzen ordentlicher Firmenpolitik an den Stifterwillen gebunden. Ist als Stiftungszweck allein bestimmt, dass die Stiftung als geschäftsführende Komplementärin die Leitung des Unternehmens übernehmen soll, hat die Starrheit des Stiftungszwecks keine (negativen) Auswirkungen auf die im Wirtschaftsleben erforderlichen dynamischen Entscheidungsabläufe[434].

Zudem ist mit Blick auf die vorgestellte Satzungsgestaltung darauf hinzuweisen, dass regelmäßig eine Zweigliedrigkeit des Stiftungszwecks, einerseits die Führung des Unternehmens, andererseits die Unterstützung der Angehörigen der Stifterfamilie, vorgeschlagen wird. Im Rahmen der vorliegenden Untersuchung soll allerdings eine Zwecksetzung im Fokus stehen, bei der die Komplementärstiftung allein den Zweck der Unternehmensführung erhält. Damit rücken Rechtsfragen in den Vordergrund, die im Fall von Komplementärstiftungen mit Familienbezug meist weniger Bedeutung erlangen. Zudem können auf diese Weise möglichst umfassend die in der Literatur bislang vorgebrachten Argumente und Überlegungen dargestellt, untersucht und ergänzt werden.

B. Rechtstatsachen[435]

Obwohl die Kombination eines Unternehmens mit einer Stiftung in der Zeit vor 1945 insgesamt auf sehr wenige Einzelfälle beschränkt war[436], sind schon aus dieser Zeit Verbindungen einer Stiftung mit einer Kommanditgesellschaft bekannt. Mit der Peter Klöckner Familienstiftung (Duisburg, 1937) existierte eine Stiftung, der mit

433 Den in diesem Fall unbegründeten Einwand, in Anbetracht der Starrheit ihrer Verfassung sei die Stiftung nicht dazu im Stande, den Bedürfnissen des dynamischen Wirtschaftslebens zu genügen (vgl. statt anderer *Großfeld/Mark*, WuR 37, 1985, S. 64, 86 f.; *Pavel*, Eignet sich die Stiftung für den Betrieb erwerbswirtschaftlicher Unternehmen?, S. 116 ff.), hat *Höfner-Byok*, Die Stiftung & Co. KG, S. 73 ff., bereits untersucht.

434 So schon *Goerdeler/Ulmer*, AG 1963, S. 328, 330; siehe zu Zweckmäßigkeitserwägungen allgemein und der Möglichkeit, speziell in Nachfolgesituationen durch sorgfältige Formulierung des Stiftungswecks den Spielraum der unternehmerischen Betätigung einzuschränken, die ausführlichen Erwägungen bei *Höfner-Byok*, Die Stiftung & Co. KG, S. 74 ff.

435 Vgl. zur Empirie bereits *Höfner-Byok*, Die Stiftung & Co. KG, S. 82 ff.

436 Nachweise dazu bei *Heuel*, Die Entwicklung der Unternehmensträgerstiftung in Deutschland, S. 18 ff; siehe auch *Schwake*, Kapital und Zweckerfüllung bei Unternehmensstiftungen, S. 156 f.; *Stengel*, Stiftung und Personengesellschaft, S. 21 f.; *Kalteis*, Der Stiftungsgedanke und seine Verwirklichung bei wirtschaftlichen Unternehmungen, S. 103.

dem Tode Peter Klöckners im Jahre 1940 ein Kommanditanteil, der eine Beteiligung von 95 % an der Klöckner & Co. KG ausmachte, übertragen wurde. Zwar handelte es sich hier nicht um eine Komplementärstellung. Gleichwohl wurden durch den Einsatz einer Stiftung die Gestaltungsmöglichkeiten des Gesellschaftsrechts „veredelt". So diente die Stiftung vornehmlich dazu, die Einheit des Vermögens zu wahren[437].

Die Zahl der als Stiftung & Co.KG organisierten Kombinationen wurde lange Zeit – wohl zurückgehend auf *Hennerkes*[438] – mit etwa 100 angesetzt[439]. *Seibt* geht inzwischen davon aus, dass sie in der letzten Dekade bei einer Reihe mittelständischer beschäftigungsstarker Unternehmen an Bedeutung gewonnen hat[440]. Beispiele sind also selten, aber im Einzelfall bei durchaus namhaften Unternehmen zu finden, so etwa die Lidl-Stiftung & Co. KG, die Kaufland Stiftung & Co. KG oder die Diehl Stiftung & Co. KG[441]. Zu nennen ist ferner die Vorwerk Stiftung & Co. KG, deren einziger Komplementär die Vorwerk-Stiftung, Hamburg, ist, die Moeller-Stiftung & Co. KG, deren einziger Komplementär bis 2003 die Moeller-Stiftung war[442], oder die Schickedanz Holding Stiftung & Co. KG[443]. Als sicherlich prominentes Beispiel ist zudem die Adi-Dassler-Stiftung & Co. KG, Herzogenaurach, zu nennen, die jedoch wegen erheblicher Schwierigkeiten in der Geschäftsführung des unter diese Organisation gestellten Unternehmens, der Adidas Sportschuh-Fabriken, zwischenzeitlich in eine Aktiengesellschaft umgewandelt worden ist.

In der stiftungsrechtlichen Literatur findet die Stiftung & Co. KG vergleichsweise vielerorts Erwähnung. Ursprünglich wurde sie von der Kautelarpraxis entwickelt, um die Unternehmensübergabe an die nächste Generation zu optimieren[444]. Die Stiftung als Komplementärin kann hier der „Entmachtung" der Kommanditisten dienen, weil diese eine Stiftung wegen ihrer Eigentümerlosigkeit nicht kontrollieren können[445] und so die unternehmerischen Ziele der übergebenden Generation „verewigt" sind. Heute wird als Vorzug vor allem die Nichterfassung durch die Mitbestimmung angeführt[446].

---

437 *Heuel*, Die Entwicklung der Unternehmensträgerstiftung in Deutschland, S. 32.

438 *Hennerkes*, StbJb 1984/85, S. 117; vgl. auch *Hennerkes/Schiffer/Fuchs*, BB 1995, S. 209, 213.

439 Vgl. *Muscheler*, Stiftungsrecht, S. 327.

440 *Seibt*, ZIP 2011, S. 249, 251, mit zahlreichen Nachweisen.

441 Siehe auch zur Edeka Minden-Hannover Stiftung & Co. KG die Entscheidung LG Dortmund, Beschluss v. 25.03.2010, Az. 18 O 95/09 AktE, ZIP 2010, S. 2152 ff.

442 *Gummert*, in: Beuthien/Gummert, MünchnerHandbuch GesR, Bd. 5, § 82 Rn. 5.

443 *Gummert*, in: Beuthien/Gummert, MünchnerHandbuch GesR, Bd. 5, § 82 Rn. 4, Fn. 7; für weitere Beispiele siehe *Schiffer*, ZEV 1999, 424, 425.

444 Vgl. auch *Hennerkes/Schiffer*, BB 1992, S. 1940, 1941 ff.; *Weimar/Delp*, Information StW 1987, S. 74 ff.

445 *Richter* in: v. Campenhausen/Richter, Stiftungsrechts-Handbuch, § 12 Rn. 86.

446 *Richter* in: v. Campenhausen/Richter, Stiftungsrechts-Handbuch, § 12 Rn. 91; *Seibt*, ZIP 2011, S. 249, 251; der frühere Vorteil der Nichterfassung der Stiftung & Co. KG bei der handelsrechtlichen Publizität ist seit dem KapCoRiLiG (BGBl. I 2000, NR. 8 v. 08.03.2000) nicht mehr vorhanden.

§ 5 Stiftung als unternehmensverbundene Stiftung

Wie aus den rechtstatsächlichen Beispielen und auch der Formulierung der Mustersatzung zu ersehen ist, dient die Stiftung & Co. KG regelmäßig als Unternehmensträgerin. Während die Kommanditgesellschaft unmittelbar das erwerbswirtschaftlich ausgerichtete Unternehmen betreibt, ist die Stiftung an diesem als Gesellschafterin mittelbar beteiligt. Für die ein Unternehmen mittelbar oder unmittelbar betreibende Stiftung wird heute überwiegend der Begriff der *unternehmensverbundenen* Stiftung verwendet[447].

A. Begriffsbestimmung

Hervorzuheben ist zuvorderst, dass es sich bei einer unternehmensverbundenen Stiftung nicht um eine eigene Rechtsform, sondern lediglich um eine Anwendungsmöglichkeit der Rechtsform Stiftung handelt. Unter diesen Oberbegriff werden zunächst solche Stiftungen gefasst, die unter ihrer Rechtsform selbst ein Unternehmen betreiben, sogenannte (unmittelbare) Unternehmensträgerstiftungen[448]. Bei der Unternehmensträgerstiftung bilden Stiftung und Unternehmen eine Einheit[449]. Sie entsteht vornehmlich durch die Übertragung eines bereits zuvor bestehenden einzelkaufmännischen Unternehmens auf die Stiftung, durch den Erwerb eines Unternehmens durch die Stiftung oder dadurch, dass die Stiftung ein solches selbst aufbaut[450]. In der Praxis sind Unternehmensträgerstiftungen allerdings selten.

---

447 Vgl. *Gummert*, in: Beuthien/Gummert, MünchnerHandbuch GesR, Bd. 5, § 81 Rn. 5; *Backert*, in: Bamberger/Roth, BGB, § 80 Rn. 16; *Muscheler*, ErbR 2008, S. 134 f., der darauf hinweist, dass sich die Begriffe der Unternehmens- und Unternehmensträgerstiftung nicht als Oberbegriffe eignen, weil sie den Anschein erwecken, die Stiftung müsse stets selbst in ihrer Rechtsform ein Unternehmen betreiben. Der von *Hüffer*, GS Tettinger 2007, S. 449, 453, vorgebrachte Vorschlag, von „unternehmensnahen Stiftungen" zu sprechen, weil „unternehmensverbunden" zu konzernlastig sei, überzeugt demgegenüber nicht, weil „Unternehmensnähe" auch schon durch Spende, Zustiftungen, gemeinsame Projekte oder andere Formen der Zusammenarbeit mit einem Unternehmen gegeben ist und so die begrifflich scharfe Abgrenzung fehlt. Instruktiv zum schwedischen Recht, in dem die „erwerbswirtschaftliche Stiftung" positiv geregelt ist, Hushan, Stiftungen im deutschen und schwedischen Recht, S. 41 ff.

448 *Ihle*, RNotZ 2009, S. 557, 562 f.; *Hüttemann/Rawert*, in: v. Staudinger, BGB, Vor §§ 80 ff. Rn. 132.

449 *Hennerkes/Binz/Sorg*, DB 1986, S. 2217, 2220; *Saenger*, in: Werner/Saenger, Die Stiftung, S. 553.

450 *Muscheler*, ErbR 2008, S. 134, 135.

In erster Linie werden dem Begriff solche Stiftungen zugerechnet, die als Gesellschafter einer Personen- oder Kapitalgesellschaft und somit mittelbar an einem Unternehmen beteiligt sind[451]. Dies soll jedenfalls dann gelten, wenn die unternehmensverbundene Stiftung in gewissem Umfang – etwa über das Gesellschaftsrecht – Einfluss auf das Unternehmen auszuüben berechtigt ist[452]. In diesem Fall wird von einer Beteiligungsträgerstiftung gesprochen[453]. Festzuhalten ist also, dass es sich bei der hier diskutierten Komplementärstiftung im Regelfall um eine unternehmensverbundene Stiftung – genauer: um eine Beteiligungsträgerstiftung – handelt.

B. Zulässigkeit und Diskussionsstand

I. Grundsätzliche Einwände

Die generelle Zulässigkeit der unternehmensverbundenen Stiftung wurde lange Zeit kontrovers diskutiert[454]. Nachdem jene rechtswissenschaftlichen Untersuchungen, die das Phänomen der unternehmensverbundenen Stiftung erstmalig durchleuchteten, nahezu ausnahmslos von der Zulässigkeit dieser Ausgestaltung ausgingen[455], entwickelte sich in der Folge durch das Aufkommen teils heftiger Kritik ein beachtlicher Diskurs. Das Schrifttum knüpfte die Diskussion, ob die Sonderform der

451 Vgl. *Gummert*, in: Beuthien/Gummert, MünchnerHandbuch GesR, Bd. 5, § 81 Rn. 5; *Backert*, in: Bamberger/Roth, BGB, § 80 Rn. 16; *Hüttemann/Rawert*, in: v. Staudinger, BGB, Vor §§ 80 ff. Rn. 132; *Kronke*, Stiftungstypus und Unternehmensträgerstiftung, S. 187. *Pavel*, Eignet sich die Stiftung für den Betrieb erwerbswirtschaftlicher Unternehmen?, S. 19, und ihm folgend *Fasselt*, Die Beteiligungsträgerstiftung, S. 20, weisen richtigerweise darauf hin, dass der Begriff Unternehmensträgerstiftung in diesem Kontext dogmatisch angreifbar ist. Denn Träger des Unternehmens sind bei Kapitalgesellschaften die Körperschaften selbst und bei Personenhandelsgesellschaften die Gesamthandsgesellschaft, nicht dagegen der Gesellschafter.

452 *Richter*, in: v. Campenhausen/Richter, Stiftungsrechts-Handbuch, § 12 Rn. 3; in diesem Sinne auch *Gummert*, in: Beuthien/Gummert, MünchnerHandbuch GesR, Bd. 5, § 81 Rn. 5, dem darin zuzustimmen ist, dass es sich bei einer Stiftung, die lediglich zu Vermögensanlagezwecken und bezogen auf das gesamte Grund- und Stammkapital in nur geringfügigem Umfang und mit dementsprechend verminderter Einflussnahmemöglichkeit Bezug zu Unternehmen hat, nicht um eine unternehmensverbundene Stiftung im diskutierten Sinne handelt.

453 *Saenger*, in: Werner/Saenger, Die Stiftung, S. 553.

454 Ausführlich zur Zulässigkeitsdiskussion und der Stiftungspraxis *Heuel*, Die Entwicklung der Unternehmensträgerstiftung in Deutschland, S. 58 ff.; siehe auch *Stengel*, Stiftung und Personengesellschaft, S. 26 ff.

455 *Goerdeler*, ZHR 113 (1950), S. 145, 163 ff.; *Kalteis*, Der Stiftungsgedanke und seine Verwirklichung bei wirtschaftlichen Unternehmungen, S. 55 ff., 65 ff.; *Steuck*, Stiftung als Rechtsform, S. 63 ff.; *Strickrodt*, Stiftungsrecht, S. 201 f., 207 f., 223 ff.; *Nipperdey*, in: Enneccerus/Nipperdey, Lehrbuch des Bürgerlichen Rechts, Bd. 1, S. 726.

unternehmensverbundenen Stiftung überhaupt zulässig ist, an eben dieser Begrifflichkeit an, obwohl dem Begriff „unternehmensverbunden“ und den zur weiteren Differenzierung verwendeten Begriffen *de jure* keine rechtliche Bedeutung zukommt[456]. Wohl schon vor dem Erlass des Gesetzes zur Modernisierung des Stiftungsrechts vom 15. Juli 2002 ging die herrschende Meinung von der Zulässigkeit der unternehmensverbundenen Stiftung aus[457].

Demgegenüber vertraten prominente Stimmen im Schrifttum eine wesentlich restriktivere Auffassung[458]. Die vorgebrachten Einwände waren vielfältig, insbesondere auch rechts- und ordnungspolitisch motiviert. In der Verbindung einer Stiftung bürgerlichen Rechts mit einem erwerbswirtschaftlich ausgerichteten und nach Gewinnerzielung strebenden Unternehmen sahen und sehen viele die Grenzen der Instrumentalisierung der Stiftung überschritten. Bereits das Fehlen eines personalen Eigentümers sei mit einer von privaten Erwerbsinteressen beherrschten Wirtschaftsordnung unvereinbar. Außerdem führe die Eigentümerlosigkeit der Stiftung zu einem Fehlen der sonst hinter einem Unternehmen stehenden natürlichen Personen, die bei den gewöhnlichen Unternehmensträgern mit ihrem naturgemäß gegebenen wirtschaftlichen Eigeninteresse korrigierend wirkten[459]. Die gläubigerschützende Funktion von persönlicher Haftung sei somit nicht gegeben.

Konkret habe der Gesetzgeber die Rechtsform der Stiftung nicht als Träger von Unternehmen konzipiert. Insbesondere fehlten – so die Kritiker weiter – dem Stiftungsrecht im Gegensatz zum Gesellschaftsrecht gläubigerschützende Kapitalaufbringungs- und Kapitalerhaltungsvorschriften[460]. Regelungsdefizite bestünden zudem in Hinblick auf die Grundsätze zur Haftung im Errichtungsstadium, die Organvertretungsrechte,

---

456 Vgl. Backert, in: Bamberger/Roth, BGB, § 80 Rn. 16.

457 Vgl. *Neuhoff*, in: Soergel, BGB, Vor § 80 Rn. 65 ff.; *Heinrichs/Ellenberger*, in: Palandt, 67. Aufl., Vor § 80 Rn. 9; *Steffen*, in: BGB-RGRK, Vor § 80 Rn. 11; *Coing*, in: v. Staudinger, 12. Aufl., Vor § 80 ff. Rn. 12 f.; *Kunze*, in: FS Barz 1974, S. 178 f.; *Kronke*, Stiftungstypus und Unternehmensträgerstiftung, S. 62 ff.; *Stengel*, Personengesellschaft, S. 26 ff.; *Schiffer* ZEV 1999, S. 424; *Goerdeler/Ulmer*, AG 1963, S. 328, 332. Auch dem Bericht der Bund-Länder-Arbeitsgruppe, S. 51, ist zu entnehmen, dass die Arbeitsgruppe von einer Zulässigkeit ausging, wenn es dort heißt, „es bei der generellen Zulässigkeit der unternehmensverbundenen Stiftung nach dem BGB zu *belassen*“.

458 *Ballerstest/Salzwedel*, Gutachten für den 44. DJT, Bd. I, 5. Teil der Verhandlungen, S. 33 ff., 37; *Mestmäcker*, Verhandlungen 44. DJT; S. 17 ff.; *K. Schmidt*, Stiftungswesen, S. 20 ff.; ders. DB 1987, S. 261, 261 ff.; *Wochner*, MittRhNotK 1994,S. 89, 92 ff.; *Kersten*, in: FS 45. DJT, S. 123, 141.

459 *Ballerstest/Salzwedel*, Gutachten für den 44. DJT, Bd. I, 5. Teil der Verhandlungen, S. 36.

460 *Rawert*, in: v. Staudinger, BGB, 1995, Vor § 80 Rn. 90; vgl. auch *Backert*, in: Bamberger/Roth, BGB, § 80 Rn. 18, insbesondere in Bezug auf die unmittelbare Unternehmensträgerstiftung. A. A. *Stengel*, Stiftung und Personengesellschaft, S. 103 ff., insbesondere 208, der § 82 a. F. BGB Kapitalaufbringungswirkung zuspricht.

die Publizitätsvorschriften, die insolvenzrechtlichen Vorschriften und die Unternehmensmitbestimmung[461]. Außerdem seien die strenge Zweckbindung und die staatliche Stiftungsaufsicht zu starr, um den Erfordernissen einer in Wirtschaft und Wettbewerb agierenden Unternehmensführung genügen zu können[462]. Es fehle an einem System der Kontrolle durch Gesellschafter und Anteilseigner, wie es bei den originär als Unternehmensträger ausgestalteten Rechtsformen vorhanden sei[463].

II. Analogie zu §§ 21, 22 BGB im Speziellen

Nach einer mittlerweile aufgegebenen, früher vor allem von *Reuter*[464] und *Rawert*[465] vertretenen Auffassung sollten gar die §§ 21, 22 BGB der Zulässigkeit der wirtschaftlichen Betätigung von Stiftungen grundsätzlich entgegenstehen. Das Gebot der Gleichbehandlung des Gleichartigen gebiete eine Gleichstellung der wirtschaftlichen Stiftung und des wirtschaftlichen Vereins im Wege der analogen Anwendung von § 22 BGB[466]. Der Verein bürgerlichen Rechts sei wie die Stiftung bürgerlichen Rechts dadurch gekennzeichnet, keine Anteilseigner mit vermögenswerten Mitgliedschaften vorzusehen, sodass sie hinsichtlich § 22 BGB gleichartig seien[467]. Durch analoge Anwendung der vereinsrechtlichen §§ 21, 22 BGB solle zwischen genehmigungsfähigen Idealstiftungen und grundsätzlich nicht genehmigungsfähigen wirtschaftlich tätigen Stiftungen unterschieden werden. Nach der sogenannten Lehre von der Stiftungsklassenabgrenzung solle den Stiftungen ein Spielraum für wirtschaftliche Betätigung nur insoweit verbleiben, wie diese entsprechend dem vereinsrechtlichen Nebenzweckprivileg zur Unterstützung des ideellen Hauptzwecks der Stiftung zulässig sei. Eine darüber hinausgehende unternehmerische Tätigkeit sollte unzulässig sein.

---

461 *Rawert*, in: v. Staudinger, BGB, 1995, Vor § 80 Rn. 90, Rn. 95; ders., Die Genehmigungsfähigkeit der unternehmensverbundenen Stiftung, S. 81 ff., 88 ff.

462 *Ballerstedt/Salzwedel*, Gutachten für den 44. DJT, Bd. I, 5. Teil der Verhandlungen, S. 35.

463 *Ballerstedt/Salzwedel*, Gutachten für den 44. DJT, Bd. I, 5. Teil der Verhandlungen, S. 35.

464 *Reuter*, in: MünchKomm/BGB, 4. Aufl. (2001), Vor § 80 Rn 49 ff.

465 *Rawert*, in: v. Staudinger, BGB, 1995, Vor § 80 Rn. 83 ff., Rn 94 ff.; ders, Die Genehmigungsfähigkeit der unternehmensverbundenen Stiftung, passim; siehe auch *Rawert* ZEV 1999, S. 294 ff.

466 *Reuter*, AcP 207 (2007), S. 1, 24; *Reuter*, in: MünchKomm/BGB, 5. Aufl., §§ 80, 81 Rn. 94 ff., siehe auch *Reuter*, in: MünchKomm/BGB, 4. Aufl. (2001), Vor § 80 Rn. 7 ff. und 45 ff.; ders., in: Non Profit Law Yearbook 2001, S. 27, 51 ff.

467 *Reuter*, in: MünchKomm/BGB, 5. Aufl., §§ 80, 81 Rn 90; Non Profit Law Yearbook 2001, S. 27, 56. Kritisch schon zur Vergleichbarkeit: *Saenger/Arndt*, ZRP 2000, S. 13, 16.

Eine sorgfältige Auseinandersetzung mit dieser Auffassung ist allerdings inzwischen entbehrlich. *Schwarz*[468] und *Muscheler*[469] erörterten bereits zeitnah nach Erlass des Gesetzes zur Modernisierung des Stiftungsrechts, dass der Reformgesetzgeber die unternehmensverbundene Stiftung abschließend anerkannt habe, als er in Kenntnis der Diskussion von einer entsprechenden Anwendung des §§ 21, 22 BGB bewusst davon abgesehen hatte, die Anwendung dieser Vorschriften im Stiftungsrecht anzuordnen[470]. Zwar ging insbesondere *Hüttemann* davon aus, dass der Streit um die generelle Zulässigkeit der unternehmensverbundenen Stiftung weitergehen müsse[471]. Aus der Entwicklung der Reformdiskussion bis hin zum Wortlaut der Gesetzesbegründung, die die Zulässigkeit der unternehmensverbundenen Stiftung – anders als der Bericht der Bund-Länder-Arbeitsgruppe und die vorhergehenden Entwürfe[472] – nicht mehr thematisiert, könne der Schluss auf einen eindeutigen Willen des Gesetzgebers nicht gezogen werden[473]. Nachdem inzwischen bei der Reform der Landesstiftungsgesetze solche Vorschriften, die Einschränkungen der Anerkennungsfähigkeit von Unternehmensstiftungen enthielten, weggefallen[474] sind,

468 *Schwarz* DStR, 2002, S. 1767, 1768; *Schwarz/Backert*, in: Bamberger/Roth, BGB, 2. Aufl. 2003, Vor § 80 Rn 18; so auch *Richter/Sturm*, NZG 2005, 655, 656.

469 *Muscheler* NJW 2003, S. 3161 f., der zudem den seiner Meinung nach verfehlten Begriff der Gemeinwohlgefährdung, der mit Gesetz vom 15.07.2002 Einzug in das Stiftungsrecht gehalten hat, kritisiert.

470 So nun auch *Backert*, in: Bamberger/Roth, BGB, § 80 Rn. 18.

471 *Hüttemann*, ZHR 167 (2003), S. 35, 60; auch *Reuter*, in: MünchKomm/BGB, 5. Aufl., §§ 80, 81 Rn 90 ff., 94, hielt zunächst an dem Vorbehalt gegen die wirtschaftliche Stiftung analog § 22 BGB fest: „Die Gleichbehandlung der wirtschaftlichen Stiftung mit dem wirtschaftlichen Verein [...] [sei] nach wie vor rechtliches Gebot".

472 So der Gesetzentwurf der Fraktion Bündnis 90/Die Grünen, BT-Drucks. 13/9320, S. 3.

473 *Hüttemann*, ZHR 167 (2003), S. 35, 60; dem zustimmend *Rawert*, in: Non Profit Law Yearbook 2003, S. 1, 6.

474 Zuvor schränkte etwa § 7 Abs. 3a StiftGMeVo v. 24.02.1993 die Anerkennungsfähigkeit von Stiftungen gesetzlich ein, indem der Stiftungsbehörde ein Ermessen zur Versagung der Genehmigung eingeräumt wurde, wenn der „Hauptzweck der Stiftung in dem Betrieb oder der Verwaltung eines erwerbswirtschaftlichen Unternehmens besteht, das ausschließlich oder überwiegend eigennützigen Interessen des Stifters oder seiner Erben dient". Mit der Novellierung der Landesstiftungsgesetze ist diese Einschränkung ebenso wie bisher existierende, inhaltsgleiche Einschränkungen in den StiftGNRW und StiftgBbg weggefallen. Vgl. zum Wegfall einer einschränkenden Regelung im StiftGBay; *Pöllath/Richter* in: v. Campenhausen/Richter, Stiftungsrechts-Handbuch, 3. Aufl., § 12 Rn. 137, dort Fn. 107 und 108.

wird aber in der Literatur der grundsätzliche Widerstand gegen die unternehmensverbundene Stiftung nicht mehr aufrechterhalten[475]. So geht trotz unterschiedlich nuancierter Kritik[476] die heute herrschende Meinung von der grundsätzlichen Zulässigkeit unternehmensverbundener Stiftungen aus[477].

---

475 Siehe nunmehr *Rawert*, Non Profit Law Yearbook 2003, S. 1, 5 ff., dort Fn. 21, der nach Inkrafttreten des Gesetzes zur Modernisierung des Stiftungsrechts und der Einführung eines tatbestandlich gebundenen Anspruchs aus Anerkennung einer Stiftung nach § 80 Abs. II BGB die für eine Analogie zu § 22 BGB erforderliche Regelungslücke vermisst und an der von ihm früher vertretenen Auffassung nicht mehr festhält; siehe auch *Hüttemann/Rawert*, in: v. Staudinger, Vor §§ 80 ff. Rn. 148; auch *Reuter*, in: MünchKomm/BGB, Vor § 80 Rn. 105, verfolgt den Ansatz „trotz unveränderter Überzeugung in der Sache" nicht weiter.

476 Zum „Spannungsfeld" zwischen Unternehmen und Stiftungen aufgrund der Regelungslosigkeit: *Hüttemann/Rawert*, in: v. Staudinger, Vor §§ 80 ff. Rn. 144.

477 *Backert*, in: Bamberger/Roth, BGB, § 80 Rn. 18; *Brandmüller/Lindner*, Gewerbliche Stiftungen, S. 35 ff.; *Flume*, Juristische Person, S. 133 f., dort Fn. 146; *Heinrichs*, in: Palandt, Vor § 80 Rn. 11; *Henkel-Hoffmann*, Die Stiftung im Umfeld wirtschaftlicher Tätigkeit, S. 36 ff.; *Hennerkes/Binz/Sorg*, DB 1986, S. 2217 ff.; *Hennerkes/Binz/Sorg* DB 1986, S. 2269 ff.; *Hennerkes/May*, DB 1988, S. 483, 488; *Hof*, in: v. Campenhausen/Richter, Stiftungsrechts-Handbuch, § 11a Rn. 18 ff; *Richter*, in: v. Campenhausen/Richter, Stiftungsrechts-Handbuch, § 12 Rn. 127 ff.; *Holzschuh*, Die Stiftung als Rechtsform für erwerbswirtschaftliche Unternehmen, S. 36, *Hushahn*, Unternehmensverbundene Stiftungen im deutschen und schwedischen Recht, S. 72; *Kronke*, Stiftungstypus und Unternehmensträgerstiftung, S. 62 ff., 195 ff.; *Muscheler*, Stiftungsrecht, S. 332 ff.; *Neuhoff*, in: Soergel, BGB, Vor § 80 Rn. 65 ff.; *Schiffer*, ZSt 2003, S. 252 ff.; *K. Schmidt*, Gesellschaftsrecht, S. 151 ff.; *Schwarz* ZEV 2003, S. 306, 307, 310 ff.; *O. O. Werner*, in: Erman, BGB, Vor § 80 Rn. 20; *Schwintowski*, NJW 1991, S. 2736, 2740; *Ihle*, RNotZ 2009, S. 621, 622.

§ 6 Zulässigkeit des Stiftungszwecks

In der Aufgabe dieser bisherigen Einwände darf allerdings keine vorbehaltlose Zustimmung zu der Verbindung von Stiftungen mit Unternehmen gesehen werden. Nach wie vor behaupten – überwiegend dieselben – Stimmen in der Literatur Zulässigkeitshindernisse, wobei in der neueren Diskussion das Verbot der Unternehmensselbstzweckstiftung und der Funktionsstiftung in den Vordergrund getreten sind. *Hüttemann* nimmt sogar an, dass die Grenzen der Zulässigkeit unternehmensverbundener Stiftungen aufgrund der unstreitigen Wesenselemente der Stiftung enger gezogen seien, als sie dies auf der Grundlage einer analogen Anwendung des § 22 BGB waren[478].

A. Widerstand in der Literatur

I. Unzulässigkeit als (verdeckte) Unternehmensselbstzweckstiftung

Das größte Hindernis im Zusammenhang mit der Stiftung & Co. KG wird darin gesehen, dass die Komplementärstiftung primär den Zweck verfolge, das Unternehmen zu betreiben und es zu erhalten. Bei einer Stiftung, die Alleininhaber eines Unternehmens oder Allein- bzw. Mehrheitsgesellschafter einer unternehmenstragenden Gesellschaft ist, stelle das Unternehmen gleichzeitig das Stiftungsvermögen dar. Die Folge sei, dass die Stiftung zwar ihren Zweck mit Hilfe ihres Vermögens erfülle[479]. Wenn aber ihr Zweck auf Erhaltung und Weiterentwicklung des Unternehmens laute, drohe sie dadurch zur unzulässigen Selbstzweckstiftung zu werden[480]. Die Erhaltung und Weiterentwicklung des Unternehmens als Stiftungszweck kehre das gesetzlich vorgesehene Zweck-Mittel-Verhältnis um: Nicht das Unternehmen diene mehr der Stiftung, sondern die Stiftung dem Unternehmen[481].

Eine Unternehmensselbstzweckstiftung in diesem Sinne solle zum einen dann vorliegen, wenn die Erhaltung und Weiterentwicklung des Unternehmens ausdrücklich

478 *Hüttemann*, ZHR 167 (2003), S. 35, 61.

479 *Hüttemann* ZHR 167 (2003), S. 35, 55; *Rawert*, in: Non Profit Law Yearbook 2003, S. 1, 6 ff.

480 *Reuter*, in: MünchKomm/BGB §§ 80, 81 Rn. 103 ff., 105; ders. AcP 207 (2007), S. 1, 19; relativierend *Höfner-Byok*, Die Stiftung & Co. KG, S. 33.

481 *Hüttemann* ZHR 167 (2003), S. 35, 55; *Rawert*, in: Non Profit Law Yearbook 2003, S. 1, 9 ff.; *Reuter*, in: MünchKomm/BGB §§ 80, 81 Rn. 106; *Wochner*, BB 1999, S. 1441, 1142; *Wochner*, MittRhNotK 1994, S. 89, 93; *Nietzer/Stadie*, NJW 2000, S. 3457, 3458; zur Praxis der Stiftungsbehörden, die die Genehmigung solcher Selbstzweckstiftungen gerenell ablehnen, vgl. *Hennerkes/Schiffer/Fuchs*, BB 1995, S. 209, 211.

in der Satzung festgeschrieben sei (offene Unternehmensselbstzweckstiftung)[482], aber auch dann, wenn zwar ausschließlich andere satzungsmäßige Zwecke bestünden, die Stiftung aber tatsächlich oder aufgrund besonderer Satzungsbestimmungen so eng an das Unternehmen gebunden sei, dass faktisch eine unauflösbare symbiotische Verbindung von Stiftung und Unternehmens besteht, dem Unternehmensinteresse also der Vorrang vor dem Stiftungszweck zukommt (verdeckte Unternehmensselbst zweckstiftung)[483].

II. Unzulässigkeit als Funktionsstiftung

Besonders auf die Komplementärstiftung zielt die These vom Verbot der sogenannten Funktionsstiftung ab. Unzulässig sei eine reine Funktions- oder Verwaltungsstiftung, da sie zur Erfüllung ihres Zwecks gar kein Vermögen benötige[484]. *Reuter* beschreibt die Funktionsstiftung als geschäftsführende Komplementärin der Kommanditgesellschaft mit dem Auftrag der Unternehmensleitung nach Maßgabe des in ihrer Satzung festgelegten Willens[485]. Ferner wird erläutert, der einzige Zweck einer reinen Funktionsstiftung sei die Übernahme der Komplementärfunktion im Rahmen einer Stiftung & Co. KG. Sie sei daher letztlich ein funktionsloses Gebilde[486], da sich ihr Zweck im Zur-Verfügung-Stellen einer juristischen Person erschöpfe[487].

Solche Funktionsstiftungen stünden in Konflikt mit den Wesenselementen der Stiftung bürgerlichen Rechts. Nach *Reuter* ergibt sich aus § 81 Abs. 1 S. 2 und S. 3 Nr. 4 BGB zwingend, dass der Stiftung ein Vermögen gehört, mit *„dessen Hilfe sie ihren Zweck verfolgt“*[488]. *Rawert* und *Hüttemann* argumentieren – nicht in erster Linie auf das Vermögen, sondern auf den Zweck abstellend –, die Stiftung müsse nicht nur ein Vermögen haben, sondern überdies einen *„Zweck, dessen Erfüllung ein Vermögen voraussetzt(e)“*[489]. Dies sei aber bei der Funktionsstiftung nicht gegeben. Denn für die Unternehmensleitung als Komplementärin benötige die Stiftung kein Vermögen, vielmehr könne sie die Rolle des geschäftsführenden Komplementärs einer KG auch ohne Vermögen übernehmen. Da der Anstellungsvertrag des Stiftungsvorstands

---

482 Kritisch *Burgard*, Die Stiftung 3 (2009), S. 31, 45 f.

483 *Reuter*, in: MünchKomm/BGB §§ 80, 81 Rn. 105; ders. AcP 207 (2007), S. 20; ders., Non Profit Law Yearbook 2001, S. 27. A. A. *Burgard*, Die Stiftung 3 (2009), S. 31, 44 f.

484 *Backert*, in: Bamberger/Roth, BGB § 80 Rn. 19; *Reuter*, in: MünchKomm/BGB §§ 80, 81 Rn. 12; *Reuter* AcP 207 (2007), S. 1, 18 f.; *Schwintek*, Vorstandskontrolle in rechtsfähigen Stiftungen bürgerlichen Rechts, S. 81, *Peiker*, Kommentar HessStiftG, § 3 Anm. 4.4; vgl. auch *Hüttemann* ZHR 167 (2003), S. 35, 61; A. A. Burgard, *Gestaltungsfreiheit* im Stiftungsrecht, S. 146; *Ihle*, RNotZ 2009, S. 621, 623; *Gummert*, in: Beuthien/Gummert, MünchnerHandbuchGesR, Bd. 5, § 82 Rn. 4 ff.

485 *Reuter*, in: MünchKomm/BGB §§ 80, 81 Rn. 105.

486 *Rawert*, in: v. Staudinger, BGB, 1995, Vor § 80 Rn. 88.

487 *Stengel*, Stiftung und Personengesellschaft, S. 61.

488 *Reuter*, in: MünchKomm/BGB §§ 80, 81 Rn. 105.

489 *Hüttemann/Rawert*, in: v. Staudinger, BGB, Vor § 80 ff. Rn. 140.

mit der Kommanditgesellschaft geschlossen werden könne, brauche sie nicht einmal ein Einkommen, um das Gehalt des Stiftungsvorstands bezahlen zu können[490]. Erforderlich seien allein die Verwaltungsrechte, die die Leitungsmacht im Unternehmen sicherstellen. Solche Verwaltungsrechte seien aber – so diese Auffassung weiter – nicht vermögenswert[491]. Auch wenn die Stiftung GmbH-Gesellschafterin oder Kommanditistin sei, bedürfe sie ausschließlich eines ausreichenden Stimmrechts. Ein Vermögen – gleichgültig ob vorhanden oder nicht – müsse nicht eingesetzt werden[492], sodass die Stiftung abstrakt betrachtet kein Vermögen benötige[493]. Es fehle bei der reinen Funktionsstiftung deshalb an der Erforderlichkeit eines Vermögens, die in § 81 Abs. 1 S. 2 BGB zwingend bestimmt sei. Dies gelte selbst dann, wenn der Stifter seine Stiftung de facto mit einem bestimmten Vermögen ausstatte[494].

B. Die Bedeutung des Stiftungszwecks

Wie die vorhergehende Darstellung der kritischen Stimmen zeigt, knüpfen die Argumente der Kritiker insbesondere an der Zulässigkeit des Stiftungszwecks, genauer an der These vom Verbot der Funktionsstiftung an. Diese zielt wie auch die These vom Verstoß gegen das Verbot der Selbstzweckstiftung auf das Verhältnis von Stiftungszweck zum Stiftungsvermögen ab. Bei dem Einwand der Funktionsstiftung kommt es entscheidend auf die Frage an, ob nur solche Stiftungszwecke zulässig sind, zu deren Erfüllung die Stiftung ein Vermögen unmittelbar benötigt. Demgegenüber soll nach dem Verbot der Selbstzweckstiftung eine Stiftung unzulässig sein, die keinen über das eigene Vermögen hinausgehenden Zweck verfolgt.

Die Kritiker knüpfen ihre Argumente also insbesondere und zuletzt verstärkt an zwei scheinbar wohlbekannte Rechtsinstitute des Stiftungsrechts. Das Verbot der Selbstzweckstiftung wird in diesem Zusammenhang gar zum Kernbestand der juristischen Lehre gezählt[495]. Auch der Hinderungsgrund der Funktionsstiftung begegnet in der Literatur bislang kaum Widerstand. Die juristische Diskussion stellt vielmehr direkt auf die – sich nach juristischer Methodik erst anschließende – Frage ab, ob die Komplementärstiftung unter diese behaupteten Verbote zu subsumieren ist. Bevor man daran gehen kann, die in Frage stehenden Sachverhalte unter die behaupteten Verbote zu subsumieren, stellt sich aber vorrangig die Frage, ob das Verbot der Selbstzweckstiftung und der Lehrsatz vom Verbot der Funktionsstiftung nach geltendem Recht überhaupt existieren. Wäre das nicht der Fall, so wäre die Komplementärstiftung, was die Zulässigkeit des Stiftungszwecks anbelangt,

---

490 *Reuter*, in: MünchKomm/BGB §§ 80, 81 Rn. 12.

491 *Reuter*, in: MünchKomm/BGB §§ 80, 81 Rn. 12; *Hüttemann/Rawert*, in: v. Staudinger, BGB, Vor §§ 80 ff. Rn. 140; A.A. *Burgard*, Gestaltungsfreiheit im Stiftungsrecht, S. 146; ders., Burgard, in: Die Stiftung 3 (2009), S. 31, 46 f.

492 *Reuter*, in: MünchKomm/BGB §§ 80, 81 Rn. 12.

493 *Hüttemann/Rawert*, in: v. Staudinger, BGB, Vor §§ 80 ff. Rn. 140.

494 *Hüttemann/Rawert*, in: v. Staudinger, BGB, Vor §§ 80 ff. Rn. 140 a.E.

495 *Rawert*, Non Profit Law Yearbook 2003, S. 1, 7.

jedenfalls nicht aufgrund dieser Verbote unzulässig. Ehe untersucht werden kann, ob diese Einwände im Hinblick auf die Zulässigkeit einer Komplementärstiftung Überzeugungskraft entfalten, ist also zunächst zu fragen, ob die behaupteten Stiftungszweckverbote de lege lata bestehen.

C. Unzulässigkeit als Selbstzweckstiftung

I. Der Lehrsatz vom Verbot der Selbstzweckstiftung

Der Lehrsatz vom Verbot der Selbstzweckstiftung hat den Inhalt, dass Zweck einer Stiftung nicht bloß die Erhaltung, Pflege und Förderung ihres Vermögens sein darf[496]. Eine Selbstzweckstiftung soll also dadurch gekennzeichnet sein, dass ihr Vermögen keinem externen Zweck gewidmet ist, sondern – nach dem Verständnis der im Schrifttum vertretenen Stimmen und zugespitzt formuliert – sich selbst und der „eigenen" Verwaltung[497].

Nachdem als Stiftungsvermögen grundsätzlich ganz verschiedene Vermögenswerte in Betracht kommen, kann die „Selbstzweckstiftung" in unterschiedlicher Gestalt auftreten. Nach Art der Vermögensausstattung lassen sich etwa die Kapital-, die Kultur- und die Unternehmensselbstzweckstiftung unterscheiden. Zur Veranschaulichung sind folgende Beispiele denkbar[498]:

a) Die Kapitalselbstzweckstiftung[499]

Der Millionär M, der sein Vermögen weder etwaigen Erben noch dem Staat zukommen lassen will, sucht einen Weg, seinen Nachlass zu isolieren und vor dem Zugriff eines anderen zu schützen. Zu diesem Zweck errichtet er eine Stiftung, in die er, sei es zu Lebzeiten, sei es von Todes wegen, sein Vermögen einbringt. Einziger Zweck der Stiftung ist es, das Stiftungsvermögen zu verwalten und soweit möglich zu mehren. Dafür darf das Kapital in jeder renditeversprechenden Weise angelegt werden. Ein kleiner Teil des Vermögens soll und darf für die Stiftungsorganisation verwendet werden.

---

496 *K. Schmidt*, DB 1987, S. 261 f.; *Reuter*, in: MünchKomm/BGB, Vor § 80 Rn. 52; ders., AcP 207 (2007), S. 1, 19 ff.; *Neuhoff*, in: Soergel, Vor § 80 Rn. 70; *Backert*, in: Bamberger/Roth, BGB, § 80 Rn. 5; *O. Werner*, in: Werner/Saenger, Die Stiftung, Rn. 18; *Jakob*, Schutz der Stiftung, S. 52 ff.; *Schwintek*, Vorstandskontrolle in rechtsfähigen Stiftungen bürgerlichen Rechts, S. 49 ff.; *Dutta*, Warum Erbrecht?, S. 137 f.; *Hüttemann*, ZHR 167 (2003), S. 35, 61.

497 *Schwarz*, BB 2001, S. 2381, 2382.

498 Beispiele angelehnt an *Mirbach*, Stiftungszweck und Gemeinwohlgefährdung, S. 94 f.; vgl. auch die Beispiele bei *Schiffer/Pruns*, ZStZ 2012, S. 1, 1 ff.

499 Im Bericht der Bund-Länder-Arbeitsgruppe vom 19.10.2001 wird die „reine Kapitalstiftung" in der hier beschriebenen Form (Stiftung verwaltet nur Kapital und verfolgt ebenfalls keine darüber hinausgehenden Zwecke) ausdrücklich neben der „reinen Selbstzweckstiftung" genannt. Siehe zur begrifflichen Ungenauigkeit und einer differenzierenden Einordnung sogleich § 6C.III.1, S. 113 f.

b) Die Kulturselbstzweckstiftung

Der Sammler S hat sein Leben der Vervollständigung und Pflege einer Sammlung antiker Musikinstrumente gewidmet. Seine größte Sorge ist, dass die vollständige Sammlung nach seinem Tod zerstreut wird. Er errichtet daher eine Stiftung und überträgt dieser die vollständige Sammlung. Als Zweck der Stiftung wird der Erhalt der vollständigen Sammlung der Musikinstrumente festgeschrieben. Zum Schutz vor Diebstahl, Abhandenkommen und Zerstörung soll die Sammlung nicht ausgestellt, sondern an einem geheimen Ort aufbewahrt werden. Außerdem sichert K durch genügende Geldmittel[500] *die Stiftungsorganisation.*

c) Unternehmensselbstzweckstiftung

Der Unternehmer U hat ein wirtschaftlich erfolgreiches Unternehmen aufgebaut, das er gegen zahlreiche Übernahmeversuche durch Konkurrenzunternehmen verteidigt hat. Er will sicherstellen, dass das Unternehmen auch in Zukunft unabhängig bleibt[501]. *Daher bringt er sein Unternehmen in die zu errichtende Stiftung ein und schreibt als einzigen Stiftungszweck den Erhalt des Unternehmens fest*[502].

Dass diese Beispielsfälle nicht nur theoretische Modelle sind, zeigt ein Blick auf einen bedeutenden Erbfall in England. Dort hatte Ende des 18. Jahrhunderts der sehr vermögende Peter Thellusion testamentarisch verfügt, dass sein Nachlass in der Größenordnung von rund 600.000 Pfund einer von ihm gegründeten Stiftung zufallen und diese die erwirtschafteten Erträge über 80 Jahre[503] thesaurieren sollte, ohne Ausschüttungen vorzunehmen[504]. In dieser Zeit wäre alleiniger Zweck der

500 Siehe zum Erfordernis eines Barvermögens bei der – dann nicht mehr so – „reinen" Sachstiftung schon Fn. 124.

501 *Jahn*, steueranwaltsmagazin 2010, S. 128, 130, versteht die Stiftung & Co. KG als übernahmefestes Konstrukt.

502 Eine ähnliche Motivlage wird in einem Leserbrief in der Zeitschrift „Der Wirtschaftsprüfer", 1952, S. 164 deutlich, in dem der Eigentümer eines größeren Unternehmens ausführt, seinen Betrieb mangels eines Erben als Stiftung weiterbetreiben zu wollen, um so die seit 100 Jahren bestehende Firma „auf ewige Zeiten" zu erhalten.

503 Die Thesaurierung sollte laut dem Testament fortgesetzt werden, „during the natural lives of my sons Peter Isaac Thelluson, George Woodford Thelluson and Chares Thelluson, and of my grandson John Thelluson, son of my said son Peter Isaac Thelluson and of such other sons as my said son Peter Isaac Thelluson now has or may have, and of such issue as my grandson John Thelluson may have, and of such issue as my said sons George Woodford Thelluson and Charles Thelluson may have and of such issue as such sons may have as shall be living at the time decease or be born in due time afterwards", *Patrick Polden*, Peter Thellusson's Will of 1797 and its Consequences on Chancery Law, S. 134 ff., 139, der die Verfügungen des Testators eingehend erläutert.

504 *Großfeld*, Aktiengesellschaft, Unternehmenskonzentration und Kleinaktionär, S. 88. Nach seinerzeitigen Berechnungen hätte der Wert des Nachlasses nach diesem

Stiftung die Verwaltung und Vermehrung ihres eigenen Vermögens gewesen, was einer Selbstzweckstiftung nach dem heutigen Verständnis sehr nahe kommt[505].

Gewiss stehen solche oder ähnliche Zweckbestimmungen nicht im Mittelpunkt der Stiftungswirklichkeit, gänzlich undenkbar sind sie allerdings – insbesondere auch vor dem Hintergrund wachsender Beliebtheit der Stiftung bürgerlichen Rechts – nicht. Jenseits der Frage, ob diese Beispiele mal mehr, mal weniger praxisrelevant sind, ist festzuhalten, dass keine der aufgezeigten Stiftungsgründungen mit dem Verbot der Selbstzweckstiftung vereinbar wäre. In den genannten Fällen würde der Stiftungszweck sich stets darauf beschränken, das Stiftungsvermögen zu erhalten bzw. zu vermehren.

II. Begründungsversuche

Während dem Verbot der Selbstzweckstiftung durch die aktuelle Argumentation von *Hüttemann* und *Rawert* hinsichtlich der Stiftung & Co. KG in der gegenwärtigen Diskussion besondere Bedeutung zukommt, gehen die Begründungsversuche dieses Lehrsatzes bereits in die Zeit vor der Modernisierung des Stiftungsrechts zurück. Es sollen daher zunächst die seinerzeitigen Stimmen dargelegt werden, bevor anschließend der heutige Standpunkt der herrschenden Meinung aufgezeigt wird.

1. Vor der Modernisierung

Es wäre im Rahmen der vorliegenden Arbeit sicherlich unergiebig, jeder Einzelerwähnung zu folgen. Gleichwohl sind solche Erörterungen darzustellen, die für die Argumentation typisch und für die Sache bedeutend sind. Als – soweit ersichtlich – ersten Hinweis auf die Selbstzweckstiftung können die Ausführungen von *Knoke*[506] aus dem Jahr 1928 gewertet werden. Er erläutert, bei der rechtsfähigen

---

Zeitraum 32,5 Millionen Pfund betragen und so die Macht gehabt, die gesamte englische Volkswirtschaft zu schädigen.

505 Um keine Selbstzweckstiftung handelte es sich gewiss bei der Familienstiftung, die der Entscheidung des Bundesfinanzhofs vom 18.11.2009, Az. II R 46/07 zugrundelag. In diesem Fall war es Zweck der Stiftung, Familienmitglieder des Stifters im in der Satzung näher benannten Bedarfsfall, dem Unterschreiten der sonstigen Einkünfte unter einen bestimmten Betrag, finanziell zu unterstützen. Die anderweitigen Bezüge der Familienmitglieder waren allerdings nie hinter den satzungsmäßig bestimmten Grenzbeträgen zurückgeblieben, sodass die Stiftung über 30 Jahre keine Unterstützungsleistungen an die Familie geleistet hatte. Hier nahm der Bundesfinanzhof aber zu Recht an, dass die satzungsmäßige Bezugsberechtigung an sich den Charakter einer Familienstiftung begründe. Davon sei auch dann auszugehen, wenn der wirtschaftliche Gehalt der Bezugsberechtigung gering sei, denn auf die wirtschaftliche Wahrscheinlichkeit, mit der die Destinatäre mit Unterstützungsleistungsleistungen rechnen können, komme es nicht an.

506 *Knoke*, in: Handwörterbuch der Rechtswissenschaften, Bd. V (1928), Stichwort: Stiftungen, S. 726 f, dort unter I.

Stiftung werde durch den Stifter eine Einrichtung geschaffen, durch die dauernd ein bestimmter überindividueller Zweck gemäß den Vorgaben des Stifters von menschlichen Kräften verwirklicht werde. Ihr stehe dazu ein Vermögen zur Verfügung, dieses Stiftungsvermögen sei aber nur Mittel zum Zweck, nicht Selbstzweck[507].

Dem ungeachtet finden sich an anderer Stelle weit weniger kritische Stellungnahmen. Ohne darin ein Problem auszumachen, stellt *Meyer zu Hörste* hinsichtlich der Zwecksetzung bei Unternehmensträgerfamilienstiftungen fest, dass in ihrem Fall die Vermögenserhaltung und Akkumulation (neben der Unterstützung der Familie) gleichrangiger Stiftungszweck sei[508]. Aufgrund dieses Thesaurierungsinteresses zeigten diese Stiftungen in der Satzungsgestaltung die Tendenz zur Verewigung und Erhaltung des Vermögens, die über die Tatsache der Rechtsform hinausgehe[509]. Soweit hierin deutlich wird, dass das Verewigungsziel über das allgemeine stiftungsrechtliche Gebot der Vermögenserhaltung hinausgeht, ergibt sich in dieser Stellungnahme jedenfalls keine Kritik an der Festsetzung der Vermögenserhaltung und -verwaltung als Stiftungszweck.

Deutlicher formuliert *Hahn* seinen Standpunkt: Er stellt fest, dass anhand der unterschiedlichen Stiftungszwecke verschiedene Stiftungsunternehmenstypen differenziert werden können[510]. Zuvorderst sei die Stiftung zu nennen, bei der die Unterhaltung des Unternehmens alleiniger Zweck sein soll, so dass die Tätigkeit des Unternehmens selbst die Erfüllung des Stifterwillens darstelle. *Hahn* nimmt Bezug auf die Ausführungen von *Knoke* und stellt fest, dass in diesem Fall das Stiftungsvermögen zulässigerweise zum Selbstzweck werde[511].

Soweit ersichtlich, beinhalten die Stellungnahmen[512] von *Trops* zu den Strukturen der Unternehmensträgerstiftung eine der ersten dogmatischen Begründungsversuche des Verbots der Selbstzweckstiftung. Er behauptet, die Unternehmensselbstzweckstiftung beinhalte einen Widerspruch in sich[513]. Ein wirtschaftlicher Geschäftsbetrieb diene *entweder* dem Erwerbsinteresse des Eigentümers *oder* der Erbringung von Stiftungszweckleistungen. Die Annahme, dass die Befriedigung des erstgenannten Interesses zum Zweck des zweitgenannten Interesses werde, sei *„aus Gründen der Logik (Gegensatz der Zwecke) irrig“*[514]. Versuche darzulegen, wie es möglich sein solle, dass ein Mittel zu einem Zweck gleichzeitig der Zweck sein könne, seien – so *Trops* weiter – bislang nicht gelungen[515].

---

507 *Knoke*, in: Handwörterbuch der Rechtswissenschaften, Bd. V (1928), Stichwort: Stiftungen, S. 726 f, dort unter I.

508 *Meyer zu Hörste*, Familienstiftung als Technik der Vermögensverewigung, S. 174.

509 *Meyer zu Hörste*, Familienstiftung als Technik der Vermögensverewigung, S. 177.

510 *Hahn*, Die Besteuerung der Stiftungen, S. 106.

511 *Hahn*, Die Besteuerung der Stiftungen, S. 106 dort Fn. 12.

512 *Trops*, AG 1970, S. 367 ff.; ders., ZRP 1971, S. 227 ff.

513 *Trops*, AG 1970, S. 368.

514 *Trops*, AG 1970, S. 368; ders., ZRP 1971, S. 229.

515 *Trops*, AG 1970, S. 368; ders., ZRP 1971, S. 229.

Als Ausgangspunkt für die noch heute geführte Debatte über die Zulässigkeit der Selbstzweckstiftung (und der Funktionsstiftung) kann die Diskussion auf dem und im Anschluss an den 44. Deutschen Juristentag bezeichnet werden. Wenngleich sich die Erörterungen nicht explizit auf diese Problemstellungen konzentrierten, versuchten führende Stimmen, der Verwirtschaftlichung des Stiftungswesens Einhalt zu gebieten. Gegen eine Verwendung für rein wirtschaftliche Zwecke, so wurde vorgeschlagen, sollte der Stiftungsgedanke etwa dadurch abgesichert werden, eine Beteiligungsträgerstiftung nur dann als zulässig anzuerkennen, wenn und soweit der Hauptzweck der Stiftung auf eine Aufgabe von ideellem öffentlichem Interesse gerichtet und diesem Hauptzweck die Verwaltung der Beteiligung untergeordnet sei[516].

Seit dieser Zeit finden sich Stellungnahmen zum Problem der Selbstzweckstiftung überwiegend als Randbemerkung in einzelnen Aufsätzen oder Dissertationen. Vielfach gehen die Erklärungen allerdings über begriffliche Argumentation nicht hinaus[517]. So etwa wenn *Riemer* sie (für das schweizerische Stiftungsrecht) als „*perpetuum mobile*" bezeichnet[518]. Gesondert zu erwähnen ist die Begründung von *Dewald*, die ebenfalls hinsichtlich einer Unternehmensträgerstiftung davon ausgeht, dass die Selbstzweckstiftung immer unzulässig sein müsse, da das Unternehmen als Dotationsquelle und gleichzeitig einzig möglicher Destinatär dem Erfordernis der Fremdnützigkeit widerspreche[519]. Dies gelte auch dann, wenn es sich bei Stiftung und Unternehmen um zwei unterschiedliche juristische Personen handele. Zu dieser Zeit, Ende der 1980er Jahre, als sich ein Übergewicht der die Zulässigkeit der (Unternehmens-)Selbstzweckstiftung ablehnenden Stimmen herausbildete, stellte *Härtl* fest, dass die Genehmigungsbehörden aufgrund schlechter Erfahrungen mit solchen Konstruktionen grundsätzlich keine weiteren genehmigten[520]. Selbstzweckstiftungen entsprächen nicht dem Stiftungsgedanken, der eine entsprechende Förderung des Gemeinwohls oder zumindest des Wohls einzelner Familien erfordere. Außerdem seien solche Stiftungen zu stark mit einem wirtschaftlichen Risiko belastet, was bei Insolvenzen dann dem Dauerhaftigkeitserfordernis einer Stiftung widerspreche[521]. *Neuhoff* geht davon aus, dass die Stiftung wesensmäßig einen außerhalb der Stiftung als Institution liegenden Zweck voraussetze und daher per se fremdnützig sei[522]. In diesem Sinne ist auch *Fasselt* zu verstehen, der die Unzulässigkeit der „*Beteiligungsselbstzweckstiftung*" mit der Begründung zu untermauern versucht,

516 *Ballerstedt/Salzwedel*, Gutachten für den 44. DJT, Bd. I, 5. Teil der Verhandlungen, S. 37.
517 *Schwintowsky*, NJW 1991, S. 2736, 2740.
518 *Riemer*, in Hopt/Reuter, Stiftungsrecht in Europa, S. 511, 517.
519 *Dewald*, Die privatrechtliche Stiftung als Instrument zur Wahrnehmung öffentlicher Zwecke, S. 184.
520 *Härtl*, Ist das Stiftungsrecht reformbedürftig?, S. 122 f.
521 *Härtl*, Ist das Stiftungsrecht reformbedürftig?, S. 122.
522 *Neuhoff*, in: Soergel, BGB, 12. Aufl. 1988, Vor § 80 Rn. 70.

die Stiftung setze einen über ihre Wesensmerkmale Vermögen und Organisation hinausreichenden Zweck voraus[523].

Von eher rechtsdogmatischer Seite versucht *Stengel* ein Argument zu konstruieren, das einer Stiftung, deren einziger Zweck die Verwaltung und Bewahrung ihres Vermögens ist, entgegenstehen soll. Ein solcher Zweck erschöpfe sich in der Zuweisung eines Betätigungsfeldes, ohne dass der Stiftung ein Ziel vorgegeben würde[524]. Weil aber zwischen Mittel und Zweck der Stiftung unterschieden werden müsse, bleibe bei der Selbstzweckstiftung offen, welchen karitativen oder familiären Zweck sie verfolge[525].

Demgegenüber gingen die Argumente von *Rawert* über die begriffliche Deutung hinaus. Die Stiftung sei eine Leistungsorganisation, deren Zweck nicht im Erwerb um des Erwerbes willen, sondern im Einsatz der erwirtschafteten Erträge zugunsten eines außerhalb des Stiftungsvermögens selbst ruhenden Zweckes liege[526]. Eine Selbstzweckstiftung stelle deswegen einen Fall der Unmöglichkeit im Sinne des § 87 BGB, und zwar den Fall der rechtlichen Unmöglichkeit dar[527]. Könne ein wirtschaftliches Unternehmen im Sinne einer Unternehmensselbstzweckstiftung durch die Einbringung in eine Stiftung sich selbst zum Zwecke gewidmet werden, laufe dies auf eine zeitlich und mengenmäßig unbegrenzte Anhäufung von Vermögen hinaus, das weder der Befriedigung der Erwerbsinteressen eines personalen Eigentümers noch der Erbringung von aus Erträgen finanzierten Leistungen an Dritte dienen könne[528].

2. Seit der Modernisierung

Im jüngeren Schrifttum wird die Begründung des Selbstzweckverbots weit überwiegend in dem „Begriff" der Stiftung oder ihrem „Wesen" gesehen. *Schuck* formuliert dazu, eine reine Selbstzweckstiftung sei begrifflich ausgeschlossen, weil *„der Stiftungsbegriff und das Wesen der Stiftung"* voraussetzten, dass das Stiftungsvermögen nicht nur sich selbst, sondern einem außerhalb seiner selbst liegenden Zweck gewidmet sei[529]. Diesen Zulässigkeitsmaßstab konkretisiert er an anderer Stelle dahingehend, dass die Frage an dem zivilrechtlichen Stiftungsbegriff und dessen Wesensmerkmalen auszurichten sei[530]. Auf das „Wesen" der Stiftung stellt auch die Argumentation ab, nach der Stiftung als Leistungsorganisation dazu bestimmt sei, rechtlich wie faktisch einen außerhalb ihrer selbst liegenden Zweck zu verfolgen

523 *Fasselt*, Die Beteiligungsstiftung, S. 38.
524 *Stengel*, Stiftung und Personengesellschaft, S. 40.
525 *Stengel*, Stiftung und Personengesellschaft, S. 41.
526 *Rawert*, in: v. Staudinger, BGB, 1995, Vor §§ 80 ff. Rn. 88.
527 *Rawert*, Die Genehmigungsfähigkeit der unternehmensverbundenen Stiftung, S. 79.
528 *Rawert*, in: v. Staudinger, BGB, 1995, Vor §§ 80 ff. Rn. 88.
529 *Schuck*, Die Doppelstiftung, S. 31.
530 *Schuck*, Die Doppelstiftung, S. 76.

und nicht unbegrenzt Vermögen anzuhäufen, das weder Eigentümerinteressen noch Interessen außen stehender Empfänger diene[531].

Die Beweisführung geht in den meisten Stellungnahmen nicht über die Feststellung hinaus, dass das Stiftungsvermögen nicht nur sich selbst und seiner eigenen Perpetuierung, sondern einem außerhalb seiner selbst, also außerhalb des Vermögens liegenden Zweck gewidmet sein müsse[532]. Auch *Hüttemann* und *Rawert* stellen zuvorderst auf den Begriff „Stiftung" ab[533]. Eine Stiftung, die lediglich ihr eigenes Vermögen verwalte, sei ein Gebilde ohne Nutzen oder Funktion, dem die Rechtsordnung die Anerkennung verweigern müsse[534]. Dies habe die Bund-Länder-Arbeitsgruppe deutlich zum Ausdruck gebracht, als sie in ihrem Bericht vom 19.10.2001 ausgeführt habe, dass Selbstzweckstiftungen *„bereits aufgrund des Wesens der Stiftung, die immer einem äußeren Zweck gewidmet ist, ausgeschlossen werden"*[535]. Außerdem – so *Hüttemann* und *Rawert* weiter – schreibe das Gesetz seit der Stiftungsrechtsmodernisierung in § 80 Abs. 1 S. 2 BGB ausdrücklich vor, dass das Stiftungsgeschäft die verbindliche Erklärung enthalten müsse, ein *„Vermögen zur Erfüllung eines von ihm vorgegebenen Zwecks zu widmen"*[536]. Auch in § 80 Abs. 2 BGB habe der Modernisierungsgesetzgeber deutlich gemacht, dass er dem Stiftungsvermögen eine gegenüber dem Stiftungszweck dienende Funktion zuordne[537]. Dies sei in der Gesetzformulierung dadurch hervorgehoben, dass die *„dauernde und nachhaltige Erfüllung des Stiftungszwecks gesichert erscheinen"* müsse[538]. Daraus ergebe sich, dass der Gesetzgeber jedenfalls eine im Bezug zum verfolgten Zweck angemessene Vermögensausstattung fordere[539]. Werde aber auf die dauernde und nachhaltige Erfüllung des Stiftungszwecks abgestellt, würde einer Stiftung, deren Zweck lediglich in der Verwaltung eigenen Vermögens besteht, bereits ein einziger Euro an Stiftungsvermögen ausreichen[540].

---

531 *Reuter*, in: MünchKomm/BGB, §§ 80, 81 Rn. 105; *Rawert*, in: v. Staudinger, BGB, 1995, Vor §§ 80 ff. Rn. 9, 88; *Hushahn*, Unternehmensverbundene Stiftungen im deutschen und schwedischen Recht, S. 76.

532 *Backert*, in: Bamberger/Roth, BGB, § 80 Rn. 5. Vergleichsweise intensiv setzt sich Dutta, RabelsZ 77 (2013), S. 828. 836 f., mit der Fragestellung auseinander, will aber im Ergebnis wohl auch dahingehend verstanden werden, dass die reine Vermögensverwaltung unzulässig sein solle.

533 *Hüttemann/Rawert*, in: v. Staudinger, BGB, Vor §§ 80 ff. Rn. 8; vgl. auch *Reuter*, AcP 207 (2007), S. 1, 23.

534 *Hüttemann/Rawert*, in: v. Staudinger, BGB, Vor §§ 80 ff. Rn. 150.

535 Bund-Länder-Arbeitsgruppe Stiftungsrecht, Abschlussbericht 2001, S. 37.

536 *Hüttemann/Rawert*, in: v. Staudinger, BGB, Vor §§ 80 ff. Rn. 150.

537 *Andrick*, DVBl 2003, 1246, 1250: Deckungsgleichheit von Zweck und Vermögen sei systemfremd.

538 *Hüttemann/Rawert*, in: v. Staudinger, BGB, Vor §§ 80 ff. Rn. 150.

539 *Hüttemann/Rawert*, in: v. Staudinger, BGB, Vor §§ 80 ff. Rn. 150, unter Hinweis auf die Gesetzbegründung BT-Drucks. 14/8277 und BT-Drucks. 14/8765.

540 *Hüttemann/Rawert*, in: v. Staudinger, BGB, Vor §§ 80 ff. Rn. 150.

Schiffer und *Pruns* verwiesen zuletzt[541] auf die systematische Bedeutung des § 87 Abs. 2 BGB, nach dem bei der Zweckänderung dafür Sorge getragen werden muss, dass die Erträge des Stiftungsvermögens dem Personenkreis, dem sie zustattenkommen sollten, im Sinne des Stifters erhalten bleiben. Daraus folgern sie, dass der Stiftungszweck im Allgemeinen voraussetze, dass der Stifter ein Vermögen zur Erfüllung eines von ihm vorgegebenen Zwecks zu übertragen habe, *„sodass die Erträge des Stiftungsvermögens einer oder mehreren von der Stiftung verschiedenen Personen zustatten kommen"* würden[542].

3. Zusammenfassung

Es ist bemerkenswert, dass die einschlägigen Fundstellen alles in allem wesentlich weniger eindeutig sind, als dies die jüngeren Stellungnahmen glauben machen wollen. Noch auffälliger ist es, dass im Schrifttum verhältnismäßig wenige und insbesondere wenig tiefgreifende Erörterungen zu dem Themenkomplex zu finden sind, der als fester Kernbestand der juristischen Lehre bezeichnet wird[543]. Auffallend ist an allen Untersuchungen, dass sie beharrlich von dem schon bestehenden Verbot der Selbstzweckstiftung ausgehen und dies mehr zu rechtfertigen, denn zu begründen versuchen.

III. Stellungnahme

In methodischer Hinsicht ist mit *Schewe* zu konstatieren, dass eine Begründung, die sich auf Wesen oder Begriff beruft, erheblichen Bedenken begegnen muss[544]. Ihr soll scheinbar eine naturgesetzliche Überzeugungskraft zukommen, die – so scheint es – unabhängig von der gesetzlichen Regelung existiert. So rekurrieren – wie gezeigt – die wenigstens Stellungnahmen auf einzelne gesetzliche Merkmale oder andere Anknüpfungspunkte, obwohl sich letztlich auch Begriff und Wesen eines gesetzlich normierten Instituts aus der Auslegung der zugrunde liegenden Vorschriften ergibt.

Rechtsformfragen werden häufig, aber ebenso häufig fälschlicherweise zu den „ausdiskutierten" Problemen des Zivilrechts gerechnet. Nicht selten wird im Schrifttum in diesen Situationen auf das Wesen oder den Typus abgestellt. Dies trifft ebenfalls auf die hier interessierende Problemstellung zu. Die Berufung auf das Wesen der Stiftung ist jedoch kein geeignetes Mittel zur Beantwortung der Frage nach der Zulässigkeit einzelner Stiftungszwecke. *Westermann* will unter dem Wesen eines Rechtsinstituts die das Rechtsinstitut prägende Struktur verstehen, die nicht allein aus einer Zusammenfassung der begrifflichen Merkmale ermittelt werden könne,

541 *Schiffer/Pruns*, ZStV 2012, S. 1, 5.
542 *Schiffer/Pruns*, ZStV 2012, S. 1, 5.
543 *Rawert*, Non Profit Law Yearbook 2003, S. 1, 7.
544 *Schewe*, Die Errichtung der rechtsfähigen Stiftung von Todes wegen, S. 107; *Hof*, in: v. Campenhausen/Richter, Stiftungsrechts-Handbuch, § 6 Rn. 339; sich ihm anschließend *Pruns*, AnwZert ErbR 9/2012 Anm. 2.

sondern aus der *„Quintessenz der ihm untrennbar anhaftenden Eigenarten, die durch eine begriffliche Merkmalzusammensetzung nicht vollständig wiedergegeben werden kann“*[545]. Eine solche Formel mag – trotz ihrer Abstraktheit – im Fall eines besonders wertedurchdrungenen Rechtsinstituts geeignet sein, weil in diesem die charakteristischen – und sich wandelnden – Wertevorstellungen offenbar sind[546] und nachvollzogen werden können. Bei vom Gesetzgeber wertneutral geschaffenen und zur Verfügung gestellten Rechtsinstituten, wie sie im Gesellschafts- oder Stiftungsrecht[547] anzutreffen sind, ist ein (zusätzliches[548]) Einfallstor für Wertevorstellungen dagegen weder förderlich noch erforderlich. Mit dem Hinweis auf das Wesen eines solchen Rechtsinstituts wird vielmehr eine eigentlich gebotene Sachargumentation behindert oder gar der Versuch unternommen, eine Annahme nach dem Judiz zu rechtfertigen[549]. Zudem scheint das Rekurrieren auf das „Wesens“-Argument im vorliegenden Fall auch schon deswegen methodisch verfehlt, weil der hohe Abstraktionsgrad dieses Arguments ungeeignet ist, konkrete Antworten auf die Frage nach der Zulässigkeit eines bestimmten Stiftungszwecks zu geben.

Tatsächlich sollte der (juristische) Begriff der Stiftung oder das Wesen der Stiftung bürgerlichen Rechts allein Ergebnis der Auslegung der §§ 80 ff. BGB sein[550], ohne dass dabei losgelöst vom maßgeblichen Normgefüge und vorgreiflich einzelne Grundsätze gebildet werden. Zustimmung verdient in diesem Zusammenhang die Formulierung von *Burgard* in seiner Habilitationsschrift: *„Das Wesen ist ein juristisches „Unwesen“*“[551]. Das zwingende Recht und nur das zwingende Recht fördert – wenn auch längst nicht in dem Maße und der Klarheit, wie es nach den Theorien von Wesen und Typus gewünscht sein mag – die Strukturen der Rechtsform zutage[552]. Es ist daher angezeigt, im Rahmen der vorliegenden Arbeit zunächst zu fragen, ob das Verbot der Selbstzweckstiftung in der behaupteten Form de lege lata tatsächlich besteht, und dieser Frage mit den Mitteln der Auslegung nachzugehen. Vorangestellt werden müssen eine begriffliche Präzisierung des Stiftungszwecks sowie allgemeine Überlegungen zum Terminus des Selbstzwecks.

545 *Westermann*, Vertragsfreiheit und Typengesetzlichkeit, S. 93.

546 *Steinbeck*, Vereinsautonomie und Dritteinfluß, S. 37 f.

547 Die Fragestellung, inwiefern die Stiftung bürgerlichen Rechts in den §§ 80 ff. BGB wertneutral ausgestaltet wurde, ist eine der Kernfragen der vorliegenden Untersuchung, dazu ausführlich § 6C.III.5.b)(ff), S. 156 ff.

548 Zur stiftungsrechtlichen Besonderheit des Gemeinwohlvorbehalts ausführlich unter § 6C.III.6, S. 184 ff.

549 Ähnlich *Steinbeck*, Vereinsautonomie und Dritteinfluß, S. 38.

550 So auch *Schiffer/Pruns*, ZStV 2012, S. 1, 3.

551 *Burgard*, Gestaltungsfreiheit im Stiftungsrecht, S. 52.

552 Vgl. zum Wesensargument allgemein: *Scheuerle*, AcP 163 (1964), S. 429 ff., 431, der die These vertritt, der Gebrauch des Wesensarguments verstoße gegen den Anspruch, den der Rechtsstaat an eine juristische Begründung stellen muss; *Westermann*, Vertragsfreiheit und Typengesetzlichkeit, S. 57 ff.

1. *Aufgabenstellung: Dogmatischer Gehalt des Selbstzweckverbots*

Wenn das Schrifttum im Hinblick auf die Zulässigkeit der Unternehmensstiftungen und insbesondere bezüglich der Komplementärstiftung das sogenannte Verbot der Selbstzweckstiftung bemüht, ist dies bei genauerer Betrachtung begrifflich unscharf. Ausgangspunkt muss die Überlegung sein, was genau die Beziehung von Zweck zu Mittel besagt. Allgemein wird angenommen, dass Mittel und Zweck dergestalt in Beziehung stehen, dass sich das agierende Subjekt eines objektiven Mittels bedient, um unter Ausnutzung der Kausalrelation von Ursache und Wirkung den beabsichtigten subjektiven Zweck zu erreichen[553]. Wird aufbauend auf diesem Ansatz versucht, den Begriff des Selbstzwecks zu definieren, bezeichnet er einen Vorgang oder einen Gegenstand, der seinen Grund in sich selbst hat und nicht als objektives Mittel zur Verfolgung eines subjektiven Zweckes dient. An dieser Begriffsbestimmung wird deutlich, dass Anknüpfungspunkt des Selbstzwecks allein das Objekt[554] ist, dem der Zweck innewohnt. Eine „Selbstzweckstiftung" läge danach allein dann vor, wenn eine Stiftung als einzigen Zweck die Existenz der juristischen Person Stiftung hätte. Wollte man – um auf die oben beschriebenen Beispiele zurückzukommen – dies mit einer entsprechenden Zweckformulierung verdeutlichen, müsste der Zweck lauten: *„Der Zweck der xy-Stiftung ist Erhalt und Existenz der xy-Stiftung"*[555].

Bereits an dieser Stelle kann festgehalten werden, dass es sich bei den von der meinungsführenden Literatur angegriffenen Stiftungsvorhaben nicht lediglich um die „Existenz und Erhaltung der juristischen Person Stiftung" als Stiftungszweck handelt. Auf die hier zu untersuchenden Fragestellungen trifft der Begriff der „Selbstzweckstiftung" folglich nicht zu. Gemeinsam haben die oben vorgestellten Fallbeispiele und die Komplementärstiftung (mit Kapitalanteil) vielmehr, dass sich ihr Stiftungszweck prima facie in der Verwaltung und Erhaltung des eigenen Vermögens erschöpft. Im Rahmen der juristischen Debatte um die Zulässigkeit solcher Stiftungsvorhaben sollte daher nicht länger auf den Begriff der Selbstzweckstiftung zurückgegriffen werden. Bei unbefangener Herangehensweise handelt es sich allein um (echte) Vermögensverwaltungsstiftungen, deren Zweck im Halten und Verwalten von Vermögen, sei es Geldvermögen, sei es Sachvermögen, besteht[556].

---

553 Vgl. *Zimmer*, in: Sandkühler, Europäische Enzyklopädie zu Philosophie und Wissenschaft, S. 997 ff.; vgl. auch *Künnemann*, Die Stiftung im System des Unterordnungs-Konzerns, S. 76 f.

554 Oder die Tätigkeit, der der Zweck innewohnt.

555 Demgegenüber geht der oben dargestellte Stiftungszweck der Geschäftsführung in der Kommanditgesellschaft deutlich über einen Selbstzweck hinaus. Zu der Frage, ob dies auch dann anzunehmen ist, wenn alleiniger Zweck der Stiftung die Haftungsübernahme in der Komplementärgesellschaft sein soll, siehe unten § 7B.III S. 224.

556 Zum Begriff der Verwaltungsstiftung auch schon *Jakob*, Schutz der Stiftung, S. 85, der aber begrifflich unscharf auf die Tätigkeit der Stiftung abstellt und folglich auch solche Stiftungen als Verwaltungsstiftungen bezeichnet, die üblicherweise

Im Rahmen der nachfolgenden Arbeit soll daher begrifflich differenziert werden: Als (wirkliche) Selbstzweckstiftungen werden solche Stiftungen behandelt, deren einziger Zweck das (eigene) Bestehen als juristische Person ist. Stiftungen, deren Zweck in der Erhaltung, Verwaltung und Vermehrung des eigenen Vermögens besteht, werden als Vermögensverwaltungsstiftungen verstanden.

Im Hinblick darauf, dass die hier in Frage stehenden Zwecksetzungen ganz offensichtlich weitreichenderen Charakter haben, verdeckt die Terminologie des „Verbots der Selbstzweckstiftung" also den Kern der Fragestellung. Gleichwohl wäre es wohl juristische Rabulistik, würde man auf Grundlage dieser Ungenauigkeit die unter dem „Verbot der Selbstzweckstiftung" beschriebenen Argumente negieren und darauf aufbauend die Zulässigkeitsfrage – positiv – beantworten. Vielmehr scheint es angezeigt, den Blick für die dogmatischen Anknüpfungspunkte der meinungsführenden Lehre zu schärfen. Im weiteren Verlauf der Untersuchung ist also den folgenden Fragestellungen nachzugehen: Gibt es ein stiftungsrechtliches Gebot für einen fremdnützigen[557] Zweck? Was heißt es, dass ein „außerhalb der Stiftung" liegender Zweck gefordert wird? Darf der Stiftungszweck tatsächlich nicht bloß in der Erhaltung, Pflege und Förderung des Stiftungsvermögens liegen? Was hat es mit dem Gebot, die Stiftung müsse einen gegenüber dem Vermögen „eigenständigen" Zweck haben, auf sich?

2. *Der Stiftungszweck: Stiftungsziel oder Stiftungstätigkeit?*

Bevor die Zulässigkeit der Vermögensverwaltungsstiftungen untersucht werden kann, ist zunächst der Begriff des Stiftungszwecks näher zu bestimmen. Das Gesetz erhebt in § 81 Abs. 1 S. 2 BGB den Stiftungszweck zum zentralen Element der Stiftung und fordert in § 81 S. 3 Nr. 3 BGB die Angabe des Stiftungszwecks in der Satzung. Was die Angabe des Stiftungszwecks konkret erfordert, ergibt sich aus

---

als Förderstiftungen die mithilfe des Stiftungsvermögens generierten Erträge ausschütten, um Einrichtungen und Vorhaben anderer finanziell zu unterstützen. In diesem Sinne will wohl auch *Stengel*, Stiftung und Personengesellschaft, S. 60, den Begriff der Verwaltungsstiftung verstehen. Auch *Kalteis*, Der Stiftungsgedanke und seine Verwirklichung bei wirtschaftlichen Unternehmungen, verwendet den Begriff der „reinen Vermögensverwaltungsstiftung" (S. 110), grenzt aber zu den Stiftungen, bei denen neben der Vermögensverwaltung noch die Unternehmensleitung hinzukomme, ab. Daraus kann wohl geschlossen werden, dass er unter der „reinen Vermögensverwaltungsstiftung" eine Kapitalstiftung versteht.

557 Im weiteren Verlauf der Arbeit wird sich erhellen, dass der Begriff der Fremdnützigkeit im stiftungsrechtlichen Zusammenhang verschiedene Bedeutungen haben kann. Entscheidend ist, ob auf die Person des Stifters oder der Stiftung abgestellt wird. Stellt sich die Frage der Fremdnützigkeit des Stifters, ist zu prüfen, inwiefern der Stiftungszweck nicht seinem eigenen, sondern allein einem fremden Nutzen dienen soll. Ohnedies kann auch die Frage aufgeworfen sein, ob der Stiftungszweck für die juristische Person Stiftung fremdnützig ist. Welche Bedeutung jeweils zugrunde gelegt ist, wird an den entsprechenden Stellen kenntlich gemacht.

den gesetzlichen Regelungen nicht. Eine Festlegung zu dem genauen Inhalt, wie die Zwecksetzung in der Satzung anzugeben ist, hat der Gesetzgeber nicht vorgenommen[558]. Für die Themenstellung der vorliegenden Arbeit ist die Klärung des Zweckbegriffs zwingend erforderlich. Wenn erörtert werden soll, ob de lege lata ein Verbot der Verwaltungsstiftung existiert, muss zunächst geklärt werden, was das BGB überhaupt mit dem Begriff des Stiftungszwecks meint.

a) Hauptzweck im Sinne des § 81 Abs. 2 S. 2 BGB

Das Bürgerliche Gesetzbuch verwendet den Begriff des Stiftungszwecks in verschiedenen Zusammenhängen: Mal geht es um die Angabe des Stiftungszwecks in der Satzung, mal um das Gemeinwohl und an wieder anderer Stelle um den vom Stifter vorgegebenen Zweck. Soweit diese Zweckbegriffe nicht immer deckungsgleich sein müssen, ist festzuhalten, dass mit dem Begriff des *Stiftungszwecks* im Folgenden allein auf den Hauptzweck der Stiftung abgestellt wird. Denn im Rahmen der hier interessierenden Widmung des Stiftungsvermögens, also der Zweck-Mittel-Relation, ist nur der *Hauptzweck* im Sinne des § 81 Abs. 1 S. 2 BGB gemeint, nicht jedoch die die Hauptzwecksetzung ergänzende Zweckbestimmung der Satzung nach § 81 Abs. 2 Nr. 3 BGB. Das ergibt sich bereits daraus, dass auch die anderen Bestandteile der Satzung nach § 81 Abs. 2 S. 3 BGB nicht unter § 80 Abs. 2 BGB und § 87 Abs. 1 BGB fallen[559] und somit von dem Zweck-Mittel-Verhältnis unberührt sind.

b) Begriffsbedeutung

Die aufgeworfene Frage ist, welche Gestalt die Widmung des Stiftungsvermögens konkret haben muss; also ob unter dem Begriff Stiftungszweck nur die übergeordneten Ziele der Stiftung oder auch die Art und Weise, mittels derer diese Ziele verfolgt werden sollen, zu verstehen sind. Ein Stifter kann etwa durch die Angabe eines abstrakt gehaltenen Ziels einen Zweck äußern, ohne dass er dabei zu der Frage, wie dieser Zweck erreicht werden soll, Stellung bezieht. Dies ist zum Beispiel der Fall, wenn als Stiftungszweck die „Förderung der Wissenschaft und Forschung auf dem Gebiet der Humanmedizin" angegeben ist und der Stifter keine Angaben dazu macht, wie diese Förderung erfolgen soll. Wenn nicht andere Hinweise darauf hindeuten, wie der Stifter diesen Zweck verfolgt wissen wollte, hat der Stiftungsvorstand die konkrete Stiftungstätigkeit auszuwählen. In einem solchen Fall gibt der Stifter also nur Auskunft über das Stiftungsziel, nicht aber über die Art der Zielverwirklichung.

Gleichwohl kann ein Stifter aber auch einen Stiftungszweck so formulieren, dass er in erster Linie als Festlegung der Art und Weise der Zweckverwirklichung zu verstehen ist. Dies ist zum Beispiel dann der Fall, wenn der Stifter die Vergabe von Stipendien an überdurchschnittlich gute Studenten der Humanmedizin als

558 *Hüttemann*, ZHR 167 (2003), S. 35, 51; ders., in: v. Staudinger, BGB, § 81 Rn. 40.
559 Vgl. *Muscheler*, Stiftungsrecht, S. 127 f.

Stiftungszweck benennt. In diesem Fall stellt sich eine weiterführende Frage[560]. Einerseits kann hier der Stifterwille dergestalt sein, dass das Stiftungsziel der Zweckverwirklichung innewohnt und es kein darüber hinausgehendes Ziel gibt. Der Stifterwille beschränkt sich also darauf, Medizinstudenten finanzielle Hilfe zukommen zu lassen, ohne dass der Stifter weitergehende Ziele, etwa die Weiterentwicklung moderner Forschung, verfolgt. Andererseits ist aber auch denkbar, dass der Stifter ein weitergehendes, abstraktes Ziel verfolgt, ohne dieses explizit zu benennen[561]. Im vorliegenden Beispiel wäre dies etwa das Ziel, durch die Förderung der besten Medizinstudenten deren Forschung und damit die Humanmedizin an sich zu unterstützen. Es ist danach also zunächst festzuhalten, dass im Stiftungsrecht zwischen dem Ziel der Stiftung und dem Gegenstand der Stiftungstätigkeit differenziert werden kann.

c) Keine Frage des Bestimmtheitsgebots

Vielfach wird die Frage des Zweckbegriffs in engem Zusammenhang mit dem stiftungsrechtlichen Bestimmtheitsgebot diskutiert[562]. Nach diesem Grundsatz muss der Stiftungszweck in Stiftungsgeschäft und Satzung so eindeutig formuliert sein, dass er Maßgabe und Richtlinie für das Handeln von Stiftungsvorstand und Aufsichtsbehörde sein kann[563]. Nachdem die Aufgabe des Stiftungsvorstands stets ausschließlich der Vollzug des ursprünglichen Stifterwillens sein kann, soll der Stiftungszweck daher jedenfalls die Festlegung eines fest umrissenen Lebensbereichs enthalten[564]. So soll verhindert werden, dass dem Stiftungsorgan die Möglichkeit einer faktisch körperschaftlichen Willensbildung zukommt[565].

---

560 Ein Beispiel für eine solche Zweckformulierung ist auch der vom Bundesgerichtshof entschiedene Fall BGH, Stiftungen in der Rechtsprechung III, S. 27, in dem die Stifterin als Zweck formuliert hatte, die Stiftung solle „vorbeugende Maßnahmen zur Bekämpfung des Alkoholismus durchführen, insbesondere alkoholfreie Gaststätten einrichten". Auch hier ergibt sich nicht eindeutig, ob Stiftungsziel und Stiftungstätigkeit deckungsgleich sind oder ob die Formulierung als Angabe sowohl des Stiftungszwecks (der Bekämpfung des Alkoholismus) als auch als Erläuterung einer möglichen Zweckverfolgungsmaßnahme (der Errichtung entsprechender Gaststätten) anzusehen ist.

561 *Happ*, Stifterwille und Zweckänderung, S. 12, zeigt anhand einer beispielhaften Formulierung eines Stiftungszwecks und dessen vermeintlich unbedeutenden Umformulierung, dass eine Abgrenzung in der Praxis schnell problematisch werden kann.

562 So etwa *Hüttemann/Rawert*, in: v. Staudinger, BGB, § 81 Rn. 41; *Burgard*, Gestaltungsfreiheit im Stiftungsrecht, S. 114.

563 *Backert*, in: Bamberger/Roth, § 81 Rn. 9.

564 *Hüttemann/Rawert*, in: v. Staudinger, BGB, § 81 Rn. 41; *Backert*, in: Bamberger/Roth, § 81 Rn. 9.

565 *Hüttemann/Rawert*, in: v. Staudinger, BGB, § 85 Rn. 11.

Sicherlich ist diesem Grundsatz im Sinne von Rechtssicherheit und -klarheit sowie dem Erfordernis einer hinreichend objektiven Determinante, an der sich Stiftungsorgan und Aufsichtsbehörde orientieren können, zuzustimmen. Gleichwohl muss festgehalten werden, dass die Fragestellung, welche Reichweite das Bestimmtheitsgebot im Einzelnen hat, von der hier vorliegenden Frage zu unterscheiden ist. Bei der unter *§ 6 C. III. 2* aufgeworfenen Prüfung interessiert allein die Präzisierung des abstrakten Begriffs „Stiftungszweck", wohingegen das Bestimmtheitsgebot auf die konkrete Bezeichnung im jeweiligen Stiftungsgeschäft bzw. der einzelnen Stiftungssatzung abzielt. So handelt es sich bei der hier interessierenden Frage gewissermaßen um die vorgelagerte Frage, der unabhängig vom Bestimmtheitsgebot nachzugehen ist.

d) Stiftungszweck und Stiftungsgegenstand?

Stiftungszweck kann – wie gezeigt – sowohl als Stiftungsziel wie auch als Zweckverwirklichung verstanden werden. Im Stiftungsrecht wird bei der Verwendung des Begriffs Stiftungszweck überwiegend nicht zwischen diesen Bedeutungen unterschieden[566]. Vielmehr wird der Begriff oft als Synonym für Zweck und Stiftungstätigkeit verwendet[567]. Vor dem Hintergrund der Mehrdeutigkeit ist allerdings eine differenziere Terminologie angezeigt. *Burgard* spricht sich für eine Übertragung der differenzierenden Begriffe aus dem Gesellschaftsrecht aus[568]. Dort wird – in Anlehnung an den Gesetzeswortlaut[569] – zwischen dem Gesellschaftszweck und dem Unternehmensgegenstand unterschieden[570]. Während der Zweck der Gesellschaft als das beschrieben wird, was die Gesellschafter mit der Gesellschaft erreichen wollen, soll der Unternehmensgegenstand – oder bei nicht-unternehmerischen Verbänden der Gegenstand der Verbandstätigkeit – die Art der Betätigung der Gesellschaft festlegen[571].

In diesem Sinne hat der Bundesgerichtshof für den eingetragenen Verein bereits eine klare Abgrenzung zwischen der Zweckbestimmung einerseits und der näheren

566 BGH, Urteil v. 03.03.1977, Az. III ZR 10/74, BGHZ 68, S. 142 ff.; *Hof*, in: v. Campenhausen/Richter, Stiftungsrechts-Handbuch, § 7 Rn. 8 ff. Soweit in der Literatur zwischen dem „Stiftungszweck im Sinne eines Endziels" und den „Mitteln zur Erreichung des Ziels" unterschieden wurde, bleibt an diesen Stellen unklar, was nach Auffassung der Autoren Zweck im gesetzlichen Sinne sein soll, siehe beispielhaft *Stengel*, Stiftung und Personengesellschaft, S. 40, 58.

567 *Burgard*, Gestaltungsfreiheit im Stiftungsrecht, S. 113; *Mirbach*, Gemeinwohlgefährdung und Stiftungszweck, S. 31.

568 *Burgard*, Gestaltungsfreiheit im Stiftungsrecht, S. 121.

569 Vgl. etwa §§ 1, 3 GmbHG.

570 So auch *Tieves*, Der Unternehmensgegenstand der Kapitalgesellschaft, S. 11 ff., der zwischen Sachziel, dem Tätigkeitsbereich und Formalziel, der Zweckbestimmung, unterscheidet.

571 Siehe dazu *K. Schmidt*, Gesellschaftsrecht, S. 57. Umstritten ist in diesem Zusammenhang allerdings, ob der Gegenstand nur Mittel zur Erreichung des Zwecks ist oder selbständiger Bestandteil des Zwecks.

Darstellung der Aufgaben und einzuschlagenden Wege andererseits vorgenommen[572]. Der Vereinszweck sei oberster Leitsatz des Vereins und von der Frage des Weges, der zur Verwirklichung des Zwecks einzuschlagen ist, zu differenzieren[573]. In der Tat spricht viel dafür, hinsichtlich der stiftungsspezifischen Bezeichnung die begriffliche Unterscheidung aus dem Gesellschaftsrecht zu übernehmen[574]. Soweit im Gesellschaftsrecht allgemein unter dem Gegenstand der Verbandstätigkeit die Art und Weise sowie die Mittel der Zweckverfolgung des Verbandes verstanden werden[575], entspricht dies dem, was der stiftungsrechtliche Gesetzgeber in der Gesetzesbegründung als die Maßnahmen zur Verwirklichung des Stiftungszwecks bezeichnet[576]. Wird bei der Zwecksetzung insbesondere auf das übergeordnete Ziel abgestellt, dem die Verbands- bzw. Stiftungstätigkeit dient, ist auch hier eine Vergleichbarkeit gegeben[577].

e) Stiftungsziel als Stiftungszweck im engeren Sinne

Aufbauend auf dem Befund, dass zwischen dem Stiftungsziel und dem Stiftungsgegenstand zu differenzieren ist, stellt sich im Anschluss die Frage nach dem Bedeutungsinhalt der gesetzlichen Regelung. Zu untersuchen ist, ob die gesetzlich vorgeschriebene Angabe des Zwecks im Stiftungsgeschäft (und in der Satzung) auf den Stiftungszweck im Sinne des Stiftungsziels abstellt[578] oder ob damit auch Angaben im Sinne der Stiftungstätigkeit gefordert sind[579].

Unabhängig von den bislang verwendeten Begriffen[580] ist davon auszugehen, dass mit Stiftungszweck im Sinne des § 81 Abs. 1 S. 1 BGB allein das Stiftungsziel gemeint ist[581]. Dies ergibt sich bereits aus einem Hinweis in der Gesetzesbegründung, wenn es dort heißt, *„der Stiftungszweck und die Maßnahmen zu seiner Verwirklichung sollten so*

572 BGH, Urteil v. 11.11.1985, Az. II ZB 5/85, BGHZ 96, 245, 251.

573 BGH, Urteil v. 11.11.1985, Az. II ZB 5/85, BGHZ 96, 245, 251.

574 *Burgard*, Gestaltungsfreiheit im Stiftungsrecht, S. 114; *Döring*, Die Stiftung als Finanzierungsinstrument für Unternehmen, S. 133.

575 *K. Schmidt*, Gesellschaftsrecht, S. 65.

576 BT-Drucks. 14/8765, S 10.

577 In diesem Sinne auch *Burgard*, Gestaltungsfreiheit im Stiftungsrecht, S. 114.

578 So *Werner*, in: Werner/Saenger, Die Stiftung, Rn. 353; *Burgard*, Gestaltungsfreiheit im Stiftungsrecht, S. 121.

579 *Mirbach*, Gemeinwohlgefährdung und Stiftungszweck, S. 33; *Hüttemann/Rawert*, in: v. Staudinger, BGB, § 81 Rn. 43.

580 A. A. *Mirbach*, Gemeinwohlgefährdung und Stiftungszweck, S. 33, der aus der bislang synonymen Verwendung der Begriffe Rückschlüsse ziehen will.

581 So wohl auch *Stengel*, Stiftung und Personengesellschaft, S. 40, der den Stiftungszweck als „Zielvorgabe" versteht. Anders auch *Döring*, Die Stiftung als Finanzierungsinstrument für Unternehmen, S. 132 ff., die davon ausgeht, dass bei der Auslegung der Satzung darauf abzustellen sei, was aus Sicht des Stifters bei Errichtung des Stiftungsgeschäfts im Vordergrund stand und den Charakter der Stiftung prägen sollte.

bestimmt wie möglich formuliert sein“[582]. Wenn der Gesetzgeber hier die Stiftungstätigkeit als Maßnahmen seiner Verwirklichung besonders benennt, macht er deutlich, dass er den Begriff des Stiftungszwecks demgegenüber allein als Stiftungsziel versteht. Durch die begriffliche Abgrenzung des Stiftungszwecks von den Maßnahmen seiner Verwirklichung wird gezeigt, dass der Begriff des Stiftungszwecks eben gerade nicht die Stiftungstätigkeit, also die Maßnahmen zur Verwirklichung, meint. Mithin ist dem Begriff „Stiftungszweck“ die Bedeutung von „Stiftungsziel“ zugeschrieben[583]. Für das Verständnis als Stiftungsziel spricht zudem die Etymologie des Begriffs „Zweck“. Denn in abstraktem Sinne wurde er erstmals in der Philosophie des 17. Jahrhunderts in der Bedeutung von „Ziel“ verwendet[584].

Auch aus der gesetzlichen Systematik ergibt sich, dass mit dem Begriff des Stiftungszwecks nicht der Gegenstand der Stiftungstätigkeit gemeint sein kann. Würde dem Stiftungszweck diese Bedeutung zugemessen, wäre jede Änderung der Stiftungstätigkeit als Zweckänderung anzusehen[585]. Nachdem aber die Änderung des Stiftungszwecks – wie oben bereits gezeigt[586] – nur in engen Ausnahmefällen möglich ist, wäre auch eine Änderung der Art und Weise der Zweckverwirklichung stets als Zweckänderung zu qualifizieren und als solche nur ausnahmsweise zulässig. Dieses Ergebnis wäre im Hinblick auf die gewollte Dauerhaftigkeit der Stiftung nicht sachdienlich. Eine Stiftung wäre im Zweifel darauf verwiesen, eine weniger effektive Zweckverfolgung fortzuführen, anstatt zu einer den geänderten Verhältnissen entsprechenden, zielführenderen Art und Weise der Zweckverwirklichung zu wechseln, weil die notwendige Zweckänderung nicht zulässig wäre. So stellt auch der Bundesgerichtshof fest, dass es in einem längeren Zeitraum der Verbandstätigkeit nicht ausbleibt, dass sich die bei der Gründung maßgeblichen Umstände im Laufe der Zeit ändern und sich unvorhergesehene Schwierigkeiten auftun, auf die sich der Verband in praktikabler Weise einstellen und derentwegen er in der Lage sein muss, ohne Aufgabe der prinzipiellen Zielrichtung die konkrete

---

582 BT-Drucks. 14/8765, S 10.

583 A. A. *Hüttemann/Rawert*, in: v. Staudinger, BGB, § 81 Rn. 40, die wohl aus dem Wortlaut der Gesetzesbegründung die gegenteilige Schussfolgerung ziehen wollen. Zu bemerken ist allerdings, dass *Hüttemann*, in: Gemeinnützigkeits- und Spendenrecht, S. 177, für das Gemeinnützigkeitsrecht den satzungsmäßigen Zweck als das „verfolgte Ziel“ versteht.

584 Der vorbegriffliche Gebrauch der Worte „Zweck“ und „Mittel“ ist vielfältig. Zweck bezeichnete einen Nagel oder Stift, auch einen Zweig; Schusterzwecke waren Nägelchen zum Befestigen der Sohle. Ab dem 15. Jh. meinte Zweck erstmals das Ziel, da in der Mitte der Zielscheibe der sie befestigende Zweck bei Schützenfesten zu treffen war; vgl. dazu *Zimmer/Regenbogen*, in: Sandkühler, Enzyklopädie Philosophie, Stichwort: Zweck/Mittel.

585 *Burgard*, Gestaltungsfreiheit im Stiftungsrecht, S. 114.

586 Siehe bereits oben § 2C.II.5, S. 36.

Tätigkeit entsprechend abzuwandeln und sachgerecht den geänderten Verhältnissen anzupassen[587]. Diese Einschätzung trifft bei der Stiftung in gleicher Weise zu.

Eine weitere Stütze dieser Sichtweise lässt sich aus der historischen Betrachtung herleiten. So ist in den Gesetzesmaterialien ein Hinweis darauf enthalten, dass es für das Wesen der Stiftung nicht auf die Frage ankommen soll, welche besonderen Einrichtungen die Verfolgung des Stiftungszwecks voraussetzt und ob sich der Stiftungszweck in solchen Einrichtungen verkörpert oder sich ohne sie vollziehen lässt[588]. Diese Feststellung lässt sich auf Basis folgender Überlegung für die hier behandelte Frage fruchtbar machen: Zu Beginn der Kodifikationsarbeiten ging ein Teil der Rechtslehre davon aus, dass Stiftungen Anstalten seien, in denen sich der Stiftungszweck verkörpere[589]. Sollte sich danach in der Anstalt der Stiftungszweck verkörpern, ist damit gesagt, dass nach dieser Sichtweise der Stiftungszweck gleich der Stiftungstätigkeit war. Denn die Anstaltsstiftung zeichnete sich gerade dadurch aus, dass die Stiftungstätigkeit in dem Betrieb der Anstalt lag. Dies zu Grunde gelegt, nehmen wir den Hinweis der Zweiten Kommission in den Blick, der unmittelbar auf die Anstalten abstellt[590]. Wenn der Gesetzgeber dort feststellt, dass es auf die Einrichtungen der Zweckverfolgung (oder darauf, ob sich in einer besonderen Einrichtung der Zweck verkörpert) nicht ankommt, beschreibt er damit die Stiftungstätigkeit. Zugleich stellt er aber fest, dass der Stiftungszweck eben gerade unabhängig von dieser Einrichtung ist, mithin von der Stiftungstätigkeit zu trennen ist. Dieser Rückschluss lässt erkennen, dass schon der historische Gesetzgeber (betreffs der Anstaltsstiftungen) davon ausging, dass der Stiftungszweck ein von der Stiftungstätigkeit zu differenzierendes „höheres Ziel“ darstellt.

Außerdem ergibt sich ein Unterschied zwischen Stiftungszweck und Stiftungstätigkeit aus Sinn und Zweck der Verpflichtung zur Angabe des Stiftungszwecks. Wie bereits herausgearbeitet wurde, dient der Stiftungszweck als äußerlich wahrnehmbare Festlegung des Stifterwillens. In dieser Funktion sollte er in seiner „reinsten Form“ festgehalten werden, um jede nachträgliche Bestimmung des Stifterwillens auf eine Determinante stützen zu können, die den Stifterwillen am eindeutigsten wiedergibt. Nur so ist eine möglichst rechtssichere Ermittlung des Stifterwillens möglich. Wenn der Stifter das Ziel seiner Stiftung angibt, ist – sollten Festsetzungen zur Stiftungstätigkeit nicht gegeben sein – interpolierend im Wege der Auslegung zu ermitteln, wie die Stiftung tätig werden soll. In diesem Fall bewegt sich der Auslegende aber insofern in einem bekannten Bereich, als er vom Stiftungsziel auf die vom Stifter gewünschte Stiftungstätigkeit schließen kann. Müsste demgegenüber aus der Festlegung einer Stiftungstätigkeit erst auf das Stiftungsziel geschlossen

587 BGH, Urteil v. 11.11.1985, Az. II ZB 5/85, BGHZ 96, 245, 251.
588 *Mugdan*, Die gesammelten Materialien zum BGB, Bd. I, S. 396.
589 *Gebhard*, Vorentwürfe der Redaktoren zum BGB, S. 180.
590 *Mugdan*, Die gesammelten Materialien zum BGB, Bd. I, S. 396: „[...] berührt das Wesen der Sache nicht. Es ist daher von der [...] mehrfach vertretenen Scheidung zwischen Anstalten und Stiftungen abgesehen“.

werden, um dann – etwa wenn die festgelegte Stiftungstätigkeit durch Änderung der Verhältnisse nicht mehr ausgeübt werden kann – aus diesem Auslegungsergebnis wiederum durch Auslegung auf eine mutmaßlich vom Stifter gewollte andere Stiftungstätigkeit zu schließen, wäre diese Ermittlung des Stifterwillens erheblich unsicherer.

Mit anderen Worten könnte man formulieren: Der Stiftungszweck beschreibt nicht den Weg, sondern das Ziel. Gegen dieses Verständnis der §§ 80, 81 BGB spricht schließlich auch nicht der Einwand, mit dem Begriff Stiftungszweck müsse in erster Linie die Stiftungstätigkeit gemeint sein, weil andernfalls die Anerkennungsbehörde keine Prüfung der Gemeinwohlgefährdung vornehmen könne. Dieser Einwand überzeugt aus zwei Gründen nicht: Zunächst ist dieses Argument ein Zirkelschluss. Die Stiftungsbehörde hat die Gemeinwohlgefährdung dessen zu prüfen, was der Stifter im Sinne des Stiftungszwecks nach dem Gesetz anzugeben hat. Ist dies das Stiftungsziel, so hat die Stiftungsbehörde die Gemeinwohlgefährdung des Stiftungsziels zu überprüfen. Für einen Rückschluss auf Grundlage der Erwägung, dass die Prüfung des abstrakten Stiftungsziels nicht möglich sei, bleibt dann kein Raum. Außerdem ist die Prüfung der Stiftungstätigkeit durch die Stiftungsbehörde auch schon deshalb nicht angezeigt, weil es sich bei der Stiftungstätigkeit um die nach außen hin gerichtete Tätigkeit handelt, die dem allgemeinen Schutz Dritter, also insbesondere §§ 134, 138 BGB, unterliegt.

Als Ergebnis ist somit festzustellen, dass das Stiftungsrecht in den §§ 80 ff. BGB mit dem Begriff „Stiftungszweck" allein auf das Stiftungsziel abstellt. Der Angabe des Stiftungszwecks im Stiftungsgeschäft kommt daher Zielcharakter zu, wohingegen eine Angabe der vom Stifter angedachten Mittel wünschenswert, aber nicht Voraussetzung für die behördliche Anerkennung ist. In Anlehnung an *Burgard* kann vom Stiftungsziel als dem Stiftungszweck im engeren Sinne gesprochen werden, während der Stiftungszweck im weiteren Sinne Stiftungsziel und Stiftungsgegenstand beschreibt[591]. Nachdem bei der weiteren Untersuchung insbesondere die Terminologie im Sinne der lege lata bedeutsam ist, wird im Folgenden der Begriff des „Stiftungszwecks" im engeren Sinne gebraucht.

3. Elemente des Zweckbegriffs

Nachdem diese erste Abgrenzung gezeigt hat, dass Stiftungszweck als Stiftungsziel zu verstehen ist, schließt sich die Frage an, wie dieses Stiftungsziel näher definiert werden kann. Hier ist zunächst festzuhalten, dass zwischen der Stiftung und dem Stiftungsvermögen zu differenzieren ist – das Stiftungsvermögen nicht gleich der Stiftung ist. Nur die rechtsfähige Stiftung als juristische Person ist das Rechtssubjekt[592], dem der Zweck gegeben ist, nicht aber das Stiftungsvermögen als solches.

591 *Burgard*, Gestaltungsfreit im Stiftungsrecht, S. 115.

592 So auch schon *Knoke*, in: Handwörterbuch der Rechtswissenschaften, Bd. V (1928), Stichwort: Stiftungen, S. 726, dort unter I, der vom „zur Verwirklichung des Stiftungszwecks geschaffenen Organismus" spricht.

Mit Blick auf die bereits oben vorgenommene Abgrenzung von Stiftungstätigkeit und Stiftungszweck gibt diese Feststellung zu einer Untersuchung der Frage Anlass, ob der Begriff des Zwecks weitergehend bestimmt werden kann. Hier bietet sich ein rechtsformübergreifender Blick auf das Verbandsrecht an[593].

a) Differenzierung im Verbandsrecht

Zentrale Bedeutung erlangt im Verbandsrecht die Differenzierung verschiedener Elemente des Verbandszwecks[594]. Es wird davon ausgegangen, dass die im Verbandsrecht auch Formalziel genannte Zielsetzung des Verbandes in zwei Teilelemente differenziert werden kann[595]. Zur genauen Bestimmung des Verbandsziels wird dort zwischen dem Element der Wertschöpfung und dem der Wertverteilung unterschieden[596]. Das Element der Wertschöpfung betrifft dabei die Frage, welche Art von Werten der Verband zu erschaffen beabsichtigt, das Element der Wertverteilung beantwortet die Frage, wem diese Werte zugutekommen sollen.

(aa) Wertschöpfung

Beabsichtigt ein Verband die Gewinnerzielung, ist die Wertschöpfung auf die Schaffung von Vermögen gerichtet. In diesem Fall kann von einem *Gewinnziel* gesprochen werden[597]. Kapitalgesellschaften wie auch Personenhandelsgesellschaften verfolgen daher regelmäßig ein Gewinnziel[598]. Andere gehen davon aus, dies sei der Zweck der „normalen" Aktiengesellschaft[599]. Strebt der Verband dagegen nicht nach der Schaffung von Vermögen, sondern zielt die verbandsmäßige Zusammenarbeit auf etwas anderes als Kapital ab, lässt sich die Zielsetzung als *Sachziel* qualifizieren[600]. Zum Teil wird als Komplementärbegriff zum Gewinnziel der des „Naturalziels" verwandt, um so eine begriffliche Abgrenzung der hier beschriebenen Situation zu dem des – in anderem Kontext[601] ebenfalls als „Sachziel" bezeichneten – Unternehmensgegenstands

---

593 Ähnlich *Burgard*, Die Stiftung 3 (2009), S. 31, 38 f.

594 Siehe dazu schon *Wiedemann*, Gesellschaftsrecht I, S. 326 ff., dort insbesondere Übersicht 7.

595 *Leuschner*, Das Konzernrecht des Vereins, S. 31 ff., der dort rechtformübergreifend die Elemente des Verbandszwecks herausarbeitet.

596 Diese Begriffe verwenden *Wiedemann*, Gesellschaftsrecht I, S. 326, und *Leuschner*, Das Konzernrecht des Vereins, S. 31, mit wohl teils abweichendem Verständnis.

597 *Leuschner*, Das Konzernrecht des Vereins, S. 31.

598 Vgl. *Wiedemann*, Gesellschaftsrecht I, S. 326; siehe auch ders., ZGR 1975, S. 385, 413 ff.

599 Siehe dazu *Eberth*, Die Aktiengesellschaft mit atypischer Zwecksetzung, S. 19, 26 ff.

600 Vgl. *Nienhaus*, Kapitalschutz in der Aktiengesellschaft mit atypischer Zwecksetzung, S. 6 ff.; *Beuthien*, GenG, § 1 Rn. 8 ff.

601 Vgl. nur *Wiedemann*, Gesellschaftsrecht I, S. 328, der als „sachliches Unternehmensziel" den Unternehmensgegenstand auffasst; vgl. auch *Mülbert*, in: MünchKomm/HGB, Bd. 3, KonzernR, Rn. 117 ff.

zu verdeutlichen[602]. In spezifisch aktienrechtlicher Literatur[603] wird für den Fall, dass die Aktionäre nicht zuvörderst die Gewinnerzielung anstreben, sondern wirtschaftlich andere Personen(gruppen) berücksichtigen, zudem der Begriff der „altruistischen Zielsetzung" verwandt.

Grundsätzlich können alle gesellschaftsrechtlichen Vereinigungen ihren gemeinsamen Zweck frei bestimmen. Daher steht es auch den Verbandspersonen frei, eine atypische Wertschöpfung festzusetzen. Eine Ausnahme stellt die Genossenschaft dar: Für sie ist in § 1 Abs. 1 GenG ein Sachziel gesetzlich vorgeschrieben. Ihr Zweck darf nur darauf gerichtet sein, den Erwerb oder die Wirtschaft ihrer Mitglieder oder deren soziale oder kulturelle Belange durch gemeinschaftlichen Geschäftsbetrieb zu fördern. Es handelt sich – und dies wird für unsere Frage noch erhebliche Bedeutung erlangen – um eine gesetzliche Typenbeschränkung, der zufolge Genossenschaften keine kapitalwirtschaftlichen Ziele verfolgen dürfen[604]. Die Zielsetzung darf deshalb nicht darin bestehen, dass ein am Markt erwirtschafteter Unternehmensgewinn den Mitgliedern als Kapitalertrag oder Kapitaldividende zugeleitet wird[605]. Wie sich am Beispiel eines Sportvereins, bei dem die Wertschöpfung auf die Ermöglichung der sportlichen Betätigung gerichtet ist, zeigen lässt, ist auch bei Vereinen regelmäßig ein Sachziel gesetzt. Ebenfalls als Sachziel wird schließlich die Zielsetzung der Komplementär-GmbH einer GmbH & Co. KG angesehen, deren Aufgabe sich darauf beschränkt, die Funktion des Gesellschafters und die Geschäftsführung auszuüben[606].

(bb) Wertverteilung

Von dem Element der Wertschöpfung wird im Verbandsrecht das der Wertverteilung unterschieden. So kann die Wertschöpfung grundsätzlich entweder den Mitgliedern oder Dritten zukommen, sie kann mitgliedernützig oder fremdnützig sein[607]. Nachdem bei den Handelsgesellschaften der im Rahmen der Wertschöpfung erzielte Gewinn typischerweise an die Gesellschafter verteilt wird, ist ihr Zweck regelmäßig mitgliedernützig[608]. Zwingend ist dies allerdings nicht[609]. So können die

602 *Leuschner*, Das Konzernrecht des Vereins, S. 31.

603 *Eberth*, Die Aktiengesellschaft mit atypischer Zwecksetzung, S. 19, 28 f.; *Nienhaus*, Kapitalschutz in der Aktiengesellschaft mit atypischer Zwecksetzung, S. 6 ff.

604 *Beuthien*, GenG, § 1 Rn. 10.

605 Beuthien, GenG, § 1 Rn. 10.

606 *Leuschner*, Das Konzernrecht des Vereins, S. 32.

607 *Leuschner*, Das Konzernrecht des Vereins, S. 31 f.; *Beuthien*, GenG, § 1 Rn. 10 f.; *Eberth*, Die Aktiengesellschaft mit atypischer Zwecksetzung, S. 29 f.; *Nienhaus*, Kapitalschutz in der Aktiengesellschaft mit atypischer Zwecksetzung, S. 6 ff.

608 *Wiedemann*, Gesellschaftsrecht I, S. 326 m. w. N. Hinsichtlich der eigennützigen Wertverteilung kann zudem zwischen mittelbarer (Thesaurierung) und unmittelbarer (Gewinnausschüttung) Realisation unterschieden werden.

609 So schon *Ballerstadt*, JuS 1963, S. 253, 254.

Gesellschafter auch festsetzen, dass der jährliche Überschuss aus ihrer (gemeinsamen) wirtschaftlichen Betätigung einem uneigennützigen Zweck gespendet wird[610].

Besonders zu erwähnen ist auch im Hinblick auf die Wertverteilung die Genossenschaft: Denn das genossenschaftliche Prinzip fordert die unmittelbare Förderung der Mitglieder. Die Genossenschaft kann insofern nur einen zulässigen Zweck haben: Die Förderung ihrer Mitglieder[611]. Demzufolge ist für die Genossenschaft zwingend vorgegeben, dass die geförderten Sachziele ihren Mitgliedern zugutekommen, wie in § 1 GenG durch die Formulierung *„den Erwerb oder die Wirtschaft* ***ihrer Mitglieder*** *oder* ***deren*** *soziale oder kulturelle Belange"* deutlich wird. Auch hier wird also die *gesetzliche* Typenbeschränkung deutlich. Die eingetragene Genossenschaft ist zwar ebenso wie die Gesellschaften eine Allzweckrechtsform, aber sie ist anders als diese darauf festgelegt, die auf eine bestimmte Art und Weise geschaffenen Werte an ihre Mitglieder und nur an ihre Mitglieder zu verteilen[612].

Demgegenüber sind beim eingetragenen Verein beide Verteilungsvarianten denkbar[613]. Als fremdnützige Vereine sind insbesondere die verschiedenen Formen sogenannter Hilfsvereine zu nennen, die etwa die Not und das Elend anderer Menschen lindern wollen. Neben diesen mit verbandsexternen Motiven handelnden Vereinen bestehen daneben auch solche, bei denen die Wertschöpfung den Vereinsmitgliedern zugutekommt. Allerdings muss bei Letzteren beachtet werden, dass in der Praxis die Wertverteilung oft nicht ausschließlich in eine Richtung erfolgt. So profitieren etwa bei Sportvereinen neben den aktiven – und somit auf ihre (eigene) sportliche Betätigung bedachten – Vereinsmitgliedern auch nicht selten vereinsexterne Dritte von der Wertschöpfung des Vereins. Auch in deutlich auf Gewinnerzielung ausgerichtetem Umfeld sind fremdnützige Sachziele an der Tagesordnung: So sind in Konzernstrukturen Tochtergesellschaften regelmäßig darauf ausgelegt, der Muttergesellschaft mit der Erbringung von Sachzielen (ohne eigene Gewinnerzielungsabsicht) fremdnützig zu dienen[614]. Von einer „Beimischung" anderer Ziele wird in diesem Zusammenhang auch für den Fall gesprochen, dass der Verband zugunsten bestimmter anderer Interessen bewusst auf ein Stück Gewinnmaximierung verzichtet[615]. Da es sich bei diesen anderen Interessen regelmäßig nicht um solche

---

610 *Eberth*, Die Aktiengesellschaft mit atypischer Zwecksetzung, S. 35, nimmt hinsichtlich der „atypischen Zwecksetzung" der Aktiengesellschaften eine weitere Einteilung vor, deren Kategorien sich an der Abweichung von der typischen Gewinnmaximierungsabsicht orientieren sollen. Diese weitergehende Differenzierung ist im Rahmen der hier interessierenden Fragestellung nicht erforderlich.

611 *Schulte*, in Lang/Weidmüller, Gen, § 1 Rn. 26 ff.

612 Vgl. Beuthien, GenG, § 1 Rn. 20.

613 *Leuschner*, Das Konzernrecht des Vereins, S. 33.

614 *Eberth*, Die Aktiengesellschaft mit atypischer Zwecksetzung, S. 33, mit dem Beispiel einer konzernintegrierten Bank; vgl. auch *Wiedemann*, Gesellschaftsrecht I, S. 327.

615 *Eberth*, Die Aktiengesellschaft mit atypischer Zwecksetzung, S. 28, allerdings unter Verwendung anderer Begriffe; *Leuschner*, Das Konzernrecht des Vereins, S. 33.

der Verbandsmitglieder, sondern außenstehender Dritter handele, sei eine partielle Fremdnützigkeit gegeben[616].

b) Übertragung ins Stiftungsrecht

Es kann also festgehalten werden, dass, setzt man die Teilelemente der Wertschöpfung und der Wertverteilung hinsichtlich einer Handelsgesellschaft zusammen, der normtypische Verbandszweck in einem mitgliedernützigen Gewinnziel besteht[617]. Insbesondere ist aber deutlich geworden, dass hinsichtlich des Verbandszwecks jenseits der normtypischen Ausgestaltung andere Kombinationen möglich sein können, die von dem jeweiligen Verbandsrecht gedeckt sind. So ist bei der Aktiengesellschaft die Gewinnerzielung nicht zwingend vorgeschrieben, die Aktiengesellschaft ist vielmehr „zweckneutral"[618].

Gleichwohl können die voranstehenden Überlegungen zum Verbandsrecht nicht ohne Weiteres auf das Stiftungsrecht übertragen werden[619]. Vielmehr ist in einem ersten Schritt *(aa)* zu fragen, ob eine vergleichbare Interessenlage besteht. Anschließend *(bb)* ist einzeln herauszuarbeiten, welche der vorstehenden Überlegungen auch auf den Stiftungszweck zutreffen.

(aa) Vergleichbarer Zweckbegriff?

Wie oben bereits gezeigt, spricht bei der Eingrenzung des Zweckbegriffs nichts gegen die Übernahme der im Gesellschaftsrecht üblichen Differenzierung zwischen Gesellschaftszweck und Unternehmensgegenstand sowie dem dort angenommenen Über- und Unterordnungsverhältnis beider Elemente. Auf den ersten Blick ist man geneigt zu konstatieren, dass der Begriff des Gesellschaftszwecks

---

616 *Leuschner*, Das Konzernrecht des Vereins, S. 33. Schwierigkeiten bei der Abgrenzung von Gewinnmaximierung und altruistischer Zielsetzung sieht auch *Eberth*, Die Aktiengesellschaft mit atypischer Zwecksetzung, S. 28 f. Ob diese Schlussfolgerung zutrifft, soll hier nicht näher betrachtet werden. Zweifel bestehen insofern, als das „reine" Prinzip der Gewinnmaximierung vor dem Hintergrund der von den Leitungsorganen der Kapitalgesellschaften zu berücksichtigenden anderen legitimen Interessen (jedenfalls in der juristischen Diskussion des Problems) überwiegend abgelehnt wird. *Wiedemann*, ZGR 1975, S. 385, 413, geht daher von Prinzipien der angemessenen oder begrenzten Gewinnerzielung aus. Daran anknüpfend wäre der Frage nachzugehen, ob eine – im Sinne einer Angemessenheit – reduzierte Gewinnerzielungsstrategie automatisch zu einer Fremdnützigkeitskomponente führt.

617 *Leuschner*, Das Konzernrecht des Vereins, S. 33.

618 *Nienhaus*, Kapitalschutz in der Aktiengesellschaft mit atypischer Zwecksetzung, S. 8, mit historischen Erwägungen. Vgl. auch *v. Hippel/Walz*, in: Spenden- und Gemeinnützigkeitsrecht in Europa, S. 89, 107; *H. Westermann*, in: FS Schnorr von Carolsfeld (1972), 517, 523 f. Auch nach *Pentz*, in: MünchKomm/AktG, § 23 Rn. 64 ff., 76, und *Hüffer*, AktG, § 23 Rn. 22, liegt der Zweck der Aktiengesellschaft nur in der Regel in der Gewinnerzielung.

619 Ähnlich *Burgard*, Die Stiftung 3 (2009), S. 31, 38 f.

mit dem des Stiftungszwecks darüber hinaus nur wenige Gemeinsamkeiten aufweist. Zwar beschreiben beide, sowohl Verbandszweck wie auch Stiftungszweck, das finale Element der Rechtsform. Der Gesellschaftszweck ist das Element, das bei Personengesellschaften wie bei Kapitalgesellschaften Grund für das Entstehen des Gesellschaftsverhältnisses ist[620]. Er ist Ausdruck der Gemeinsamkeit der Gesellschafter und Merkmal der Bindung, die die Gesellschafter untereinander eingehen. Der Verbandszweck hat daher eine begrenzende Funktion, indem er im Innenverhältnis der Gesellschaft die Geschäftsgrundlage des Verbandes festschreibt und sie gegen willkürliche, die *gemeinsamen* Ziele übertretende Änderungen sichert[621]. Dem Verbandszweck kommt daher die Bedeutung einer unbeweglichen Schranke der Mehrheitsherrschaft zu. Man könnte also sagen, dass dem Verbandszweck eine eher negative Funktion zukommt, wohingegen dem Stiftungszweck als dem zielgebenden Element der Stiftung eine positive Funktion zukommt. Gleichwohl wird bei dieser Feststellung auch eine gewisse Ambivalenz des Zweckbegriffs deutlich: So sehr der Verbandszweck in der Praxis – in der beim Verband naturgemäß verschiedene Personen gemeinsam agieren –Schrankenwirkung hat, so sehr resultiert diese Schrankenwirkung aus einer ursprünglich positiven Festsetzung des gemeinsamen Zwecks. Und so sehr der Stiftungszweck dem Stiftungsvorstand Zielsetzung bietet, ist er doch auch gleichsam Grenze hinsichtlich der zulässigen Stiftungstätigkeit.

Ein Weiteres kommt hinzu. Bei genauerer Betrachtung verliert die Behauptung, die Körperschaft sei Herrin ihres Zwecks, während die Stiftung Knecht desselben sei[622], jede Überzeugungskraft. Richtig ist, dass der Stifter der juristischen Person Stiftung einen Zweck gibt, den diese anschließend zu verfolgen versucht. Die Stiftung ist also – wenn man es so nennen will – Knecht ihres Zwecks. Richtig ist aber auch, dass bei der Körperschaft die Mitglieder der juristischen Person einen (ihnen gemeinsamen) Zweck geben und die Körperschaft als juristische Person anschließend diesen – ebenfalls verselbstständigten – Zweck zu verfolgen versucht. Die Körperschaft ist demzufolge als juristische Person in gleicher Weise Knecht ihres Zwecks wie die Stiftung. Daran ändert auch der Umstand nichts, dass bei der Körperschaft – anders als bei der Stiftung, bei der die Willensbildung bei ihrer Errichtung abgeschlossen ist und der Stifter anschließend keinen Einfluss mehr hat – die Verbandsmitglieder fortlaufend Willensbildung betreiben können[623]. Die juristische Person bleibt Knecht des ihr von den Mitgliedern gegebenen Willens. Im Hinblick auf den jeweiligen Zweckbegriff unterstreicht diese Erkenntnis nochmals, dass auf

620 *K. Schmidt*, Gesellschaftsrecht, S. 57.

621 *K. Schmidt*, Verbandszweck und Rechtsfähigkeit im Vereinsrecht, S. 31; ders., Gesellschaftsrecht, S. 65.

622 Wohl zurückgehend auf *Kohler*, in: Holtzendorff/Kohler, Enzyklopädie der Rechtswissenschaft, Bd. 2, S. 18: „Alle Personen sind Herren ihres Zweckes, die Stiftung aber ist Knecht ihres Zweckes"; vgl. auch oben § 2C.II, S. 31 ff.

623 Siehe dazu auch *Burgard*, Gestaltungsfreiheit im Stiftungsrecht, S. 116, der in der im Vergleich zum Verbandszweck eingeschränkten Änderbarkeit des Stiftungszwecks den einzigen Unterschied zwischen Stiftungs- und Verbandszweck sieht.

jeden Fall die im Verbandsrecht praktizierte begriffliche Unterscheidung von Zweck und Gegenstand bedenkenlos übertragen werden kann. Hinsichtlich der Differenzierung des Verbandszwecks in Teilelemente und deren Bedeutung ist demgegenüber aufgrund der Mitgliederlosigkeit der Stiftung eine detaillierte Prüfung angezeigt.

(bb) Teilkomponenten des Stiftungszwecks?

Zu Beginn der Überlegungen, ob die Differenzierung nach Wertschöpfung und Wertverteilung auf den Stiftungszweck übertragbar ist, kann zunächst festgehalten werden, dass auch das Streben einer Stiftung allgemein auf Wertschöpfung gerichtet ist. Da der Begriff der Wertschöpfung, der durch eine gewisse begriffliche Unbestimmtheit geprägt ist, den Ertrag aus einer (wirtschaftlichen) Tätigkeit als Differenz zwischen der Leistung einer (Wirtschafts-)Einheit und der zur Leistungserstellung benötigten Vorleistung meint, ist die Förderung des Stiftungszwecks durch die Stiftung (mit Hilfe des Stiftungsvermögens) auch als Wertschöpfung anzusehen.

(1) Der Sachzielcharakter des Stiftungszwecks

Zweifelhaft ist allerdings, ob hinsichtlich dieser Wertschöpfung in gleicher Weise zwischen einzelnen Zielsetzungen unterschieden werden kann. Die Differenzierung in Gewinnziel einerseits und Sachziel andererseits könnte insofern ihre Entsprechung in der Unterscheidung der Kapitalstiftungen und der Anstaltsstiftungen finden. Da die Kapital- oder Hauptgeldstiftung ihren Zweck mit Hilfe der aus ihrem Grundstockvermögen erwirtschafteten Erträge finanziert, ist ihr Zweck jedenfalls auch auf Vermögensmehrung gerichtet. Zudem sind auch bei der Anstaltsstiftung, die den Zweck unmittelbar durch den Einsatz ihres Stiftungsvermögens verfolgt und bei der so die Sachziele unmittelbar bei den Begünstigten entstehen, Parallelen erkennbar.

Im Einzelnen ist für die Unterscheidung zwischen einem Gewinnziel und einem Sachziel maßgeblich, ob der Zweck auf die Schaffung von (Geld-)Vermögen gerichtet ist. Im Hinblick auf dieses Kriterium ist zwar zutreffend, dass grundsätzlich jede Hauptgeld- oder Kapitalstiftung, die aus ihrem Grundstockvermögen Erträge generiert, auf Vermögensmehrung gerichtet ist. Allerdings erschöpft sich nur bei einem kleinen Teil dieser Stiftungen der Zweck in dem Erzielen dieser Rendite. Denn nur bei solchen Stiftungen, deren Zweck darin besteht, an bestimmte Begünstigte (z. B. Familienmitglieder) finanzielle Mittel auszukehren, über die die Begünstigten anschließend frei verfügen können, ist der Zweck tatsächlich im Sinne eines Gewinnziels zu verstehen. Dies ist etwa bei Familienstiftungen der Fall, bei denen die Destinatäre ohne spezifische Vorgaben des Stifters über die weitere Verwendung der ihnen zukommenden Gelder verfügen können. In diesem Fall ist an die Geldzahlung keine weitergehende Zwecksetzung geknüpft, sodass ein faktisches Gewinnziel vorliegt. Demgegenüber ist bei den allermeisten Stiftungen das Gewinnziel nur Zwischenziel auf dem Weg zur Erfüllung eines Sachziels. Dies gilt sowohl für den Fall, dass die Stiftung selbst die erwirtschafteten Erträge einsetzt, um in eigener Verantwortung Maßnahmen zur Erfüllung des Stiftungszwecks zu ergreifen, wie auch in dem Fall, dass sie die finanziellen Mittel zweckgebunden an Begünstigte oder andere

Einrichtungen auskehrt. Denn auch eine Förderstiftung, die an die Stipendiaten eine monatliche Unterhaltsbeihilfe zahlt, verfolgt als Zweck nicht lediglich die Verteilung der Erträge, sondern die durch die finanzielle Unterstützung bewirkte Förderung, mithin ein Sachziel. Auch wenn in diesen Fällen das Tätigwerden zunächst auf ein Gewinnziel gerichtet scheinen mag, erfolgt die Förderung des Stiftungszwecks durch Sach- oder Dienstleistungen. Dies entspricht dem Bild bei der Genossenschaft, bei der die Wertschöpfung selbst nicht auf Kapitalmehrung gerichtet ist, nachdem die Förderung der Genossenschaftsmitglieder durch Sach- oder Dienstleistungen erfolgt. Schließlich kann auch für die Anstaltsstiftungen festgehalten werden, dass sie allgemein auf Sachziele ausgerichtet sind, da sie die Verfolgung ihres Zwecks dadurch umsetzen, dass die Wertschöpfung – im Sinne eines Sachziels – unmittelbar beim Begünstigten entsteht[624]. In diesem Fall besteht kein Unterschied, ob ein Verband oder eine Stiftung mit einem als Sachziel konzipierten Zweck ausgestattet ist. Dafür spricht jedenfalls, dass auch im Verbandsrecht im Fall der Verfolgung von Sachzielen die geschaffenen Werte meist unmittelbar bei den Begünstigten entstehen und es daher keiner gesonderten Zuweisung bedarf.

Im Sinne eines Zwischenergebnisses lässt sich also festhalten, dass auch hinsichtlich des Stiftungszwecks zwischen dem Charakter eines Gewinnziels und dem eines Sachziels unterschieden werden kann. Es ist allerdings zu betonen, dass bei Stiftungen das Gewinnziel die Ausnahme, das Sachziel hingegen die Regel darstellt. Wie unter Bezugnahme auf die stiftungsrechtlichen Grundtypen deutlich wurde, verfolgen Stiftungen weit überwiegend Sachziele. Besondere Bedeutung kommt überdies der Feststellung zu, dass bei der Ermittlung des Zieltyps der Anknüpfungspunkt nicht bei der Stiftung selbst, sondern am Punkt der finalen Wirkung, meist dem Begünstigten, zu finden ist. Erst wenn das Augenmerk auf die letztlich bei den Begünstigten beabsichtigte Wirkung gerichtet wird, ist eine Bestimmung als Sachziel oder Gewinnziel möglich. Dies entspricht dem Verbandsrecht, wo bei der Verfolgung von Sachzielen die Aspekte der Wertschöpfung und der Wertverteilung auch zusammenfallen können[625].

(2) Keine Entscheidung über die Wertverteilung im Stiftungsrecht?

Bei der Frage der Wertverteilung steht im Verbandsrecht im Vordergrund, ob die geschaffenen Werte den Verbandsmitglieder oder Dritten zugutekommen sollen. Eine Übertragung dieser Differenzierung scheint schon deswegen problematisch,

---

624 *Muscheler*, WM 2003, S. 2213, 2213, leitet aus der Differenzierung von Hauptgeld- und Anstaltsstiftungen sogar eine Unterscheidung in der Destinatärstellung ab. Bei der Erstgenannten handele es sich um Fruchtdestinatäre, an welche die Früchte des Stitungsvermögens in Form von den erwirtschafteten Erträgen weitergeleitet werden. Bei den Letztgenannten lägen hingegen Gebrauchsdestinatäre vor, welche das Stiftungsvermögen (meist in Gestalt der Anstalt, z. B. Gemäldesammlung, Bibliothek oder Krankenhaus) gebrauchen dürfen, was ihnen einen ideellen Vorteil bringe.

625 *Leuschner*, Das Konzernrecht des Vereins, S. 33.

weil die Stiftung gerade keine Mitglieder, Gesellschafter oder Eigentümer vorweisen kann, an die eine Wertverteilung erfolgen könnte. Auch der im Stiftungsgeschäft bestimmte Anfallberechtigte scheidet hier als Verteilungsempfänger aus. Denn die Person des Anfallberechtigten kommt erst dann zum Tragen, wenn bei Beendigung der Stiftungstätigkeit die Verfolgung des Stiftungszwecks aufgegeben wurde, während bei der Frage der Wertverteilung die Bezugsberechtigung während der Zweckverfolgung interessiert. Auf den ersten Blick scheinen also bei der Stiftung auf der Ebene der Wertverteilung als einzige Verteilungsprätendenten die begünstigten Dritten, die Destinatäre, in Frage zu kommen. Die Annahme, die Stiftung könne nur fremdnützig sein, liegt insofern auf der Hand.

(3) Zwecksetzung ohne Wertverteilung

Gravierende Zweifel an einer zwingenden Fremdnützigkeit der Stiftung drängen sich jedoch auf, wenn an dieser Stelle erneut die Parallelen im Verbandsrecht betrachtet werden. So ist es im Gesellschaftsrecht anerkannt, dass eine GmbH oder AG die „*Verwaltung und Erhaltung des eigenen Vermögens*“ verfolgen kann[626]. Dies kommt nach dem BGH in Betracht, wenn in der Satzung die Verwaltung der ihr zugeführten Einlagen und des eigenen Vermögens als Zweck angegeben ist[627]. Zwar war die Zulässigkeit dieser rein vermögensverwaltenden Kapitalgesellschaften anfangs nicht unumstritten, in der Zwischenzeit sind sie aber weithin anerkannt. Kommt es danach aber im Gesellschaftsrecht vor, dass das Zweckelement der Wertverteilung weder im Sinne einer Mitgliedernützigkeit zugunsten der Gesellschafter noch einer Fremdnützigkeit im Sinne Dritter entschieden werden kann, ist zu konstatieren, dass jedenfalls im Kapitalgesellschaftsrecht die Möglichkeit besteht, dass ein Gesellschaftszweck weder mitglieder- noch fremdnützig ist. Der Verbandszweck kann in diesem Fall am besten damit beschrieben werden, dass er allein der juristischen Person selbst nützt. Mit anderen Worten ließe sich gar formulieren, dass dieser Zweck gar keine Wertverteilung vorsieht.

Eine Übertragung dieser Wertungen auf den Stiftungszweck hätte die Bedeutung, dass auch eine Stiftung als einzigen Zweck die „*Erhaltung und Verwaltung des eigenen Vermögens*“ verfolgen dürfte, ohne zwingend fremdnützig sein zu müssen. Zwar ist ohne Zweifel festzuhalten, dass, werden die Teilelemente der Wertschöpfung und der Wertverteilung hinsichtlich einer typischen Stiftung bürgerlichen Rechts zusammengenommen, der normtypische Stiftungszweck in einem fremdnützigen Sachziel besteht. Wie aber bereits hinsichtlich der untypischen Verbände gezeigt wurde, sagt der Regelfall nichts über die Zulässigkeit anderer Zwecke aus.

---

626 BGH, Beschluss v. 16. März 1992, Az. II ZB 17/91, BGHZ 117, 323, 330 ff.; bestätigt in BGH, Beschluss v. 9. Dezember 2002, Az. II ZB 12/02, BGHZ 153, 158 und BGH, Beschluss v. 7. Juli 2003Az. II ZB 4/02, BGHZ 155, 318.

627 Zur Frage, ob die Zulässigkeit einer solchen Gesellschaft eine Frage des Gesellschaftszwecks oder des Unternehmensgegenstands ist, siehe *K. Schmidt*, Gesellschaftsrecht, S. 67.

(4) Folgerungen für die weitere Untersuchung

Die vorstehenden Erwägungen haben gezeigt, dass die im Recht der Verbände bekannte Differenzierung nach Wertschöpfung und Wertverteilung in weiten Teilen auf den Stiftungszweck übertragbar ist. Dort, wo aufgrund der Mitgliederlosigkeit der Stiftung einer Übertragung rechtsformspezifische Grenzen gesetzt sind, ist festzuhalten, dass im Verbandsrecht eine Wertverteilung zugunsten der juristischen Person zulässig ist.

Jenseits dieser sehr konkreten Frage der einzelnen Verteilungsadressaten ist eine andere Erkenntnis wesentlich bedeutsamer: Im Recht der Verbandspersonen ist es anerkannt, dass die Beteiligten in ihrer Entscheidung über die Wertverteilung frei sind und auch eine Zwecksetzung abseits der normtypischen Wertverteilung festlegen dürfen. Diese Freiheit der Zwecksetzung gilt, solange sie nicht durch gesetzliche Vorgaben eingeschränkt wird. Der Fall des GenG, in dem der Charakter des eigennützigen Sachziels gesetzlich festgeschrieben ist, zeigt, dass letztlich allein das geltende Recht über die Zulässigkeit einzelner Zwecksetzungen Auskunft gibt. In der weiteren Untersuchung wird also zum einen zu fragen sein, ob das Stiftungsrecht konkrete Einschränkungen bezüglich einzelner Zweckvorgaben enthält. Zum anderen sollte das Augenmerk darauf gerichtet werden, inwiefern die im Verbandsrecht bekannte Freiheit der Wertverteilungsentscheidung auch im Stiftungsrecht Geltung beansprucht.

4. Beispielformulierung einer Verwaltungsstiftung (genannt Selbstzweckstiftung)

Um einen Stiftungszweck zu formulieren, der möglichst anschaulich gegen das „Verbot der Selbstzweckstiftung" verstoßen soll, wäre wohl in Anlehnung an die Vorratsgesellschaften des GmbH-Rechts[628] in der Satzung festzuschreiben: *„Zweck der Stiftung ist die Verwaltung und Vermehrung ihres Vermögens. Das Stiftungsvermögen soll dazu möglichst profitabel investiert werden."*[629] In diesem Beispiel ist Stiftungszweck im engeren Sinne, also Stiftungsziel, die Verwaltung und Mehrung des Stiftungsvermögens, während der Stifter als Maßnahme zur Zweckverfolgung die möglichst profitable Investition dieses Vermögens festgelegt hat. Zunächst ist festzuhalten, dass für die Frage der Zulässigkeit dieser Zwecksetzung die Hinweise des Stifters zu den Maßnahmen der Zweckverwirklichung ohne Bedeutung sind. Wenn – wie oben gezeigt – das gesetzliche Merkmal des Stiftungszwecks allein das Stiftungsziel meint, ist es für die hier interessierende Frage des (gesetzlich vorgesehenen) Verhältnisses von Stiftungszweck und Stiftungsvermögen zu der juristischen Person Stiftung ohne Belang.

---

628 BGH, Beschluss v. 16. März 1992, Az. II ZB 17/91, BGHZ 117, 323, 330 ff.; siehe auch *K. Schmidt*, Gesellschaftsrecht, S. 70.

629 Siehe auch die Formulierung bei *Pruns*, AnwZert ErbR 11/2012 Anm. 2.

Sodann ist zu fragen, weshalb der oben formulierte Stiftungszweck nicht mit den gesetzlichen Anforderungen bzw. Schranken in §§ 80 ff. BGB im Einklang stehen sollte. Als Stiftungszweck im engeren Sinne ist im Beispiel Vermögensverwaltung und -mehrung vorgegeben. Dies erfordert, dass die Stiftung ihr Vermögen aktiv einsetzen wird, um es wertmäßig zu mehren. Mit anderen Worten wird aus dem Anfangsvermögen durch Investition eine Rendite erzielt, die anschließend als Stiftungsmittel dem Stiftungsvermögen zugeführt wird, um so den Stiftungszweck zu verwirklichen.

5. *Auslegung der gesetzlichen Merkmale*

Nachdem es sich bei der Frage nach dem Bestehen eines bestimmten Zweckverbots um eine interpretationsbedürftige Gesetzeslage handelt, ist eine konsequente Untersuchung der Bedeutung des Gesetzes gefordert. Diese Auslegung hat methodisch anhand der verschiedenen Auslegungskanones zu erfolgen, in die sich die Interpretation methodisch untergliedern lässt[630]. Die Bedeutung des Gesetzes ist demnach zu ermitteln aus einer Kombination von Wortsinn (a), dem Willen des historischen Gesetzgebers in Bezug auf Regelungsabsicht, Normzusammenhang des Gesetzes und Zweck (b), dem Bedeutungszusammenhang bzw. der äußeren Systematik des Gesetzes (c) und dem objektiven Zweck bzw. der inneren Systematik des Gesetzes (d)[631].

a) Wortlaut: Das „Vermögen“ zur Erfüllung eines Zwecks

Wie oben dargestellt, stützen sich die jüngeren Stellungnahmen der Verfechter des Verbots einer reinen vermögensverwaltenden Stiftung insbesondere auf den Gesetzeswortlaut seit der Stiftungsrechtsreform. Zuzugeben ist, dass die Formulierung in § 81 Abs. 1 S. 2 BGB nicht lediglich lautet, der Stifter müsse die verbindliche Erklärung abgeben, der Stiftung *ein* Vermögen zu widmen und *einen* Zweck vorzugeben. Aus der Formulierung, dass er *„ein Vermögen zur Erfüllung eines von ihm vorgegebenen Zweckes“* widmen muss, ergibt sich ohne Frage eine darüber hinausgehende Bestimmung. Fraglich ist aber, ob aus dem Wortlaut des § 81 Abs. 1 S. 2 BGB der Schluss auf ein „Verbot der Selbstzweckstiftung“ gezogen werden kann.

Rechtsdogmatischer Anknüpfungspunkt soll der h. M. zufolge die Behauptung sein, der vorstehend zitierte Gesetzeswortlaut beschreibe das schon immer vom BGB vorausgesetzte Über- und Unterordnungsverhältnis von Stiftungsvermögen und Stiftungszweck[632]. Mit der Formulierung habe der Gesetzgeber klar zum Ausdruck gebracht, dass er dem Vermögen in Relation zum Zweck der Stiftung eine dienende Funktion zuweise[633]. Soweit damit das Prinzip der Zweck-Mittel-Relation

630 *Bydlinski*, Methodenlehre, S. 11.
631 *Larenz/Canaris*, Methodenlehre der Rechtswissenschaft, passim.
632 Vgl. *Hüttemann/Rawert*, in: v. Staudinger, BGB, Vor §§ 80 ff. Rn. 150.
633 Vgl. *Hüttemann/Rawert*, in: v. Staudinger, BGB, Vor §§ 80 ff. Rn. 150.

angesprochen wird, ist folgende Klarstellung angezeigt: Mit Blick auf den genauen Wortlaut des § 81 Abs. 1 S. 2 BGB ist zu konstatieren, dass dort das Über- und Unterordnungsverhältnis von *Stiftungs*vermögen und Stiftungszweck allenfalls angedeutet wird. Denn wie sich aus der Formulierung und dem Sinnzusammenhang ergibt, meint der Begriff des „Vermögens" nicht das *Stiftungs*vermögen im Sinne der Zweck-Mittel-Relation bei einer bestehenden Stiftung. Vielmehr zielt die Formulierung allein auf das Vermögen ab, das der Stifter im Stiftungsgeschäft – also vor Übergang desselben auf die Stiftung und somit bevor es *Stiftungs*vermögen im eigentlichen Sinne wird – der Stiftung verspricht. Eine Aussage über die Eigenart des Über- und Unterordnungsverhältnisses im Allgemeinen und über den genauen Anknüpfungspunkt der Zweck-Mittel-Relation im Speziellen ist in § 81 Abs. 1 S. 2 BGB hingegen nicht getroffen.

Für den hier untersuchten Zusammenhang lässt sich also zunächst lediglich festhalten, dass aus dem oben zitierten Gesetzeswortlaut jedenfalls nicht isoliert Feststellungen hinsichtlich des Verbots der Vermögensverwaltungsstiftung erarbeitet werden können. Demgegenüber ist die Frage, inwiefern sich aus dem vorstehend angesprochenen Zweck-Mittel-Verhältnis an sich Erkenntnisse gewinnen lassen, nur im Wege einer systemischen Gesamtschau der Stiftungsprinzipien zu beantworten; ihr soll daher im Rahmen der systematischen Auslegung nachgegangen werden[634].

b) Der historische Gesetzgeber

Zu erörtern ist, ob und in welcher Weise aus der Genese der stiftungsrechtlichen Vorschriften sowie aus den Beratungen und Berichten zum Gesetzgebungsverfahren Erkenntnisse über die Vorstellung des historischen Gesetzgebers hinsichtlich der hier interessierenden Stiftungszweckbeschränkungen gewonnen werden können. Einerseits ist der Frage nachzugehen, ob den Materialien hinsichtlich dieser behaupteten Einschränkungen – positive oder negative – Hinweise entnommen werden können. Andererseits stellt sich die Frage, ob sich aus dem Kontext der zu dieser Zeit neu geschaffenen Organisationsformen und der Entwicklung des Rechtsinstituts der juristischen Person Rückschlüsse ziehen lassen. Durch diese Gesichtspunkte ist die Gliederung der folgenden Darstellung bestimmt.

(aa) Geschichtlicher Überblick zur Entwicklung der Stiftungen

Die bis heute zurückhaltende Ausgestaltung des Stiftungsrechts hat ihren Grund in der historischen Entwicklung dieses Rechtsgebiets. Zum besseren Verständnis und als Grundlage zur Interpretation der heutigen Normen ist ein geschichtlicher Rückblick für die historische Auslegung erforderlich.

---

634 Siehe dazu § 6C.III.5.c), S. 171 ff.

(1) Stiftungsinstitutionen vorchristlicher Zeit

Das heutige Stiftungsrecht hat seinen Ursprung im römischen Recht[635]. Neben einer schlicht pekuniären Großzügigkeit hatten seinerzeit solche Vermögenshingaben aus privater Hand besondere Bedeutung, die zu einem bestimmten Zweck erfolgten. Sie entsprangen – wie bei einigen Stiftern heutzutage noch zu beobachten ist – dem Motiv des Stifters, über den Tod hinaus Berühmtheit und Bedeutung zu erlangen bzw. zu erhalten[636].

Für diese Zeit lässt sich die Frage der Rechtspersönlichkeit der Stiftungsgebilde nicht beantworten. Das abstrakte Gebilde der juristischen Person nach unserem heutigen Verständnis war noch nicht bekannt[637]. Zunächst erkannte das römische Recht nur Körperschaften und Anstalten des öffentlichen Rechts als „juristische Person" an. Private Körperschaften und Stiftungen konnten nicht als juristische Person errichtet werden. Wollte ein Privatmann ein Vermögen zu einem bestimmten Zweck wohltätig zur Verfügung stellen, konnte dies lediglich in der Form geschehen, dass er das Vermögen einer anderen bereits existierenden Person mit der Auflage zuwandte, das Vermögen für den bestimmten Zweck einzusetzen. Es handelte sich nach heutiger Terminologie somit um fiduziarische Stiftungen. Die Errichtung eines neuen Rechtsträgers war nicht vorgesehen. Andererseits war seinerzeit weniger die Frage der Eigentümerstellung von Bedeutung als vielmehr die Achtung der Widmung des als Sondervermögen verstandenen Stiftungsvermögens.

(2) Christliche Wohltätigkeitsanstalten

Ein wesentlicher Faktor bei der Entwicklung des Stiftungswesens war die Verbreitung des Christentums. Erst der christliche Glaube und die mit dem Erstarken der Institution Kirche entstehenden Strukturen boten die Grundlage für die ersten Stiftungen im Sinne des modernen Rechtsgedankens[638]. So sah das von *Justinian* geschaffene Recht in den Abschnitten des Codex, die dem Kirchenrecht gewidmet waren, neben den Körperschaften des öffentlichen Rechts auch für kirchliche Anstalten eine Form von rechtsfähiger Selbstständigkeit vor, die kirchlichen Stiftungen[639].

Es war anerkannt, dass die mit einer lebzeitigen oder letztwilligen Vermögenshingabe verbundene Übertragung zu einer Verselbstständigung der Vermögensmasse

---

635 *Kohler*, Ueber das Recht der Stiftungen, S. 228 ff., legt zudem dar, dass das Stiftungsrecht wie kein anderes auch im Orient von islamitischen Rechtsgelehrten zu großer Anerkennung entwickelt worden ist.

636 *Pickert*, in: Borgolte, Stiftungen in Christentum, Judentum und Islam vor der Moderne, S. 23 f.; *Pennitz*, in: Historisch-kritischer Kommentar zum BGB, §§ 80–89 Rn. 1; *Liermann*, Handbuch des Stiftungsrechts, Bd. 1, S. 1 ff.

637 *Coing*, Europäisches Privatrecht, Bd. 1, S. 261; *Schulze*, in: Deutsches Stiftungswesen 1977 bis 1988, S. 34 ff.

638 *Liermann*, Handbuch des Stiftungsrechts, Bd. 1, S. 24 f.

639 Codex Iustinianus vom 13. Februar 528 n. Chr. sowie die Novelle 120, c. 6, aus dem Jahr 544; siehe dazu *Liermann*, Handbuch des Stiftungsrechts, Bd. 1, S. 40.

und so zu einer neuen Einrichtung führte[640], es also nicht mehr der Anlehnung an eine bestehende Institution bedurfte. Für diese christlichen Wohltätigkeitsanstalten der römisch-katholischen Kirche ist seit dem 5. und 6. Jahrhundert der Begriff der „piae causae" gebräuchlich[641], der bis in die Neuzeit für Stiftungen Verwendung fand. Zurückgehend auf die Lehre der Kirchenväter vom „Sohnesteil Christi" war es seit dem 5. Jahrhundert üblich geworden, Vermögensmassen „ad pias causas" zu vermachen, das heißt mit Blick auf die Heilserwartung im Jenseits zur dauerhaften Verwirklichung eines gottgefälligen Zwecks zu widmen[642]. Die „piae causae", denen im Vergleich zu Privatpersonen gewisse Vorrechte eingeräumt wurden, fasste man als (abgetrennten) Teil des Kirchenvermögens auf, der gleichwohl unter kirchlicher Verwaltung stand[643]. Sie können daher als erste rechtlich ausgebildete Form[644] einer Stiftung und folglich als Ursprungsform unserer heutigen Stiftung angesehen werden[645], wenngleich festzuhalten ist, dass sie nach unserem heutigen rechtsdogmatischen Verständnis nicht als eigenständige Rechtssubjekte verstanden wurden[646]. In derartige Leistungseinrichtungen konnten auch Privatpersonen Vermögen einbringen, ohne allerdings auf die künftige Verwaltung durch die Kirche Einfluss nehmen zu können[647]. In Verantwortung und unter Verwaltung der Kirche wurden mittels dieses Vermögens gemeinnützige Projekte wie Häuser der Armenfürsorge, Spitäler oder „Irrenhäuser" betrieben[648].

640 *Liermann*, Handbuch des Stiftungsrechts, Bd. 1, S. 46; *Pennitz*, in: Historisch-kritischer Kommentar zum BGB, §§ 80–89 Rn. 8 f.; *Coing*, Europäisches Privatrecht, Bd. 1, S. 267 f.

641 *Coing*, Europäisches Privatrecht, Bd. 1, S. 261, 594.

642 Nach Lehre der Kirchenväter war jeder Erblasser dazu angehalten, testamentarisch Christus in Gestalt der Kirche und der Armen mit einem Kindesteil zu bedenken und damit auch für sein Seelenheil zu sorgen; siehe dazu *Liermann*, Handbuch des Stiftungsrechts, Bd. 1, S. 42 f.; *v. Campenhausen*, in: v. Campenhausen/Richter, Stiftungsrechts-Handbuch, § 5 Rn. 4 ff.

643 *Liermann*, Handbuch des Stiftungsrechts, Bd. 1, S. 47 f., 79.

644 *Lingelbach*, in: Werner/Saenger, Die Stiftung, Rn. 39; *Liermann*, Handbuch des Stiftungsrechts, Bd. 1, S. 47 ff.

645 *Coing*, Europäisches Privatrecht, Bd. 1, S. 261 ff.

646 *Coing*, Europäisches Privatrecht, Bd. 1, S. 261 f., 264, 267.

647 *Coing*, Europäisches Privatrecht, Bd. 1, S. 267, 594; *Pennitz*, in: Historisch-kritischer Kommentar zum BGB, §§ 80–89 Rn. 7; *Schubert*, Die Vorlagen der Redaktoren, AT, Bd. 1, S. 694.

648 *Lingelbach*, in: Werner/Saenger, Die Stiftung, Rn. 39; *Coing*, Europäisches Privatrecht, Bd. 1, S. 267, 594.

(3) Die „frommen" Stiftungen im Mittelalter

In Anlehnung an das römische Vorbild kannte das Stiftungsrecht im Mittelalter die Vermögenshingabe zu „frommen" oder „milden" Zwecken[649]. Nachdem der „fromme Zweck" anfänglich nur die Sorge von Armen und Gefangenen einbezogen hatte, wurde im Laufe der Zeit auch die Unterstützung von Waisen und Witwen darunter gefasst, sodass schließlich allgemein das Gemeinwohl, das „salus publica", darunter verstanden wurde. Diesem Geist folgend ging im hohen Mittelalter, etwa ab dem 13. Jahrhundert, die Trägerschaft für stiftungsartige Einrichtungen immer häufiger aus der kirchlichen Hand in die bürgerliche Hand über[650]. In solcher Trägerschaft entstanden die ersten weltlichen Stiftungen[651].

In rechtlicher Hinsicht erfuhr das Stiftungswesen im Mittelalter seine Entfaltung in erster Linie dadurch, dass es im Rahmen des Kirchenrechts weiterentwickelt wurde. Vor allem seit Beginn des 12. Jahrhunderts brachte die Kirche – aufgrund des „Sachzusammenhangs" zum ins christliche Weltbild vereinnahmten Tod – die Ausführung der letztwilligen Verfügungen unter ihre Zuständigkeit, unterwarf Testamentssachen der kirchlichen Gerichtsbarkeit und stärkte im Hinblick auf stiftungsrechtliche Verfügungen das Institut der Testamentsvollstreckung[652]. Die Frage nach der Rechtspersönlichkeit der Stiftung lässt sich für diese Zeit schwer beantworten. Die Idee einer verselbstständigten und insofern als solche personifizierten Vermögensmasse oder gar einer Rechtsperson bestand noch nicht[653]. Im Hinblick auf Anstaltsstiftungen, also etwa Zucht- oder Irrenhäuser, bestand auch keine dahingehende Dringlichkeit, denn dort konnten die Nutznießer ohne Bedenken als korporative Einheit angesehen werden[654]. Schwieriger stellte sich die rechtliche Qualifikation von Hauptgeldstiftungen – mit ihrem meist unbegrenzten Nutznießerkreis – dar[655], bei denen das Vermögen in seiner Substanz erhalten werden sollte, um mit Hilfe der Zinsen den Zweck zu verfolgen[656]. Das daraus resultierende Dilemma wurde in der rechtlichen Behandlung dadurch aufgelöst, dass sie dogmatisch dem Testamentsrecht zugeordnet und technisch als Legatentestament verstanden wurden[657]. So wurde das hingegebene Hauptgeld als legatum, die Begünstigten

---

649 *Schubert*, Die Vorlagen der Redaktoren, AT, Bd. 1, S. 694; *Schulze*, in: Deutsches Stiftungswesen 1977 bis 1988, S. 29, 31 f.

650 *Liermann*, Handbuch des Stiftungsrechts, Bd. 1, S. 169 ff.

651 Vgl. Protokolle der Kommission für die zweite Lesung, Bd. I, S. 585.

652 *Coing*, Europäisches Privatrecht, Bd. 1, S. 560 f.

653 *Reicke*, Stiftungsbegriff und Stiftungsrecht im Mittelalter, S. 273; *Coing*, Europäisches Privatrecht, Bd. 1, S. 268; *v. Gierke*, Das Deutsche Genossenschaftsrecht, Bd. III, S. 198 ff.

654 *Coing*, Europäisches Privatrecht, Bd. 1, S. 261; Liermann, Handbuch des Stiftungsrechts, Bd. 1, S. 46, 78.

655 *Pleimes*, Irrwege der Dogmatik im Stiftungsrecht, S. 48.

656 *Pleimes*, Irrwege der Dogmatik im Stiftungsrecht, S. 53.

657 *Coing*, Europäisches Privatrecht, Bd. 1, S. 561; *Pleimes*, Irrwege der Dogmatik im Stiftungsrecht, S. 51.

als legatarii, die einzelnen jährlichen Erträge als legata annua und schließlich der Verwalter der Hauptgeldstiftung als Testamentsvollstrecker (executor) angesehen[658]. Die Stiftungsverwaltung war durch die Anwendung des Testamentsrechts – ausgestattet mit testamentsvollstreckerähnlicher Befugnis – ebenfalls auf die Durchsetzung des Stifterwillens angelegt.

(4) Zeitalter der Reformation und Wirkungen der Aufklärung

Für das Wesen der Stiftung schicksalhafte Wendungen brachte die Epoche der Reformation. Die folgenschweren Veränderungen resultierten einerseits aus der anhaltenden Tendenz zur Verweltlichung der Stiftungen und andererseits aus dem folgenschweren Zugriff der weltlichen Machthaber auf das Stiftungswesen. Reformation und Aufklärung begünstigten im Zuge der allgemeinen Verweltlichung des gesellschaftlichen Verständnisses auch die Verweltlichung der Stiftung.

Besondere Wirkung zeitigten die tiefgreifenden Veränderungen im Staatsverständnis und in der Staatstheorie. Der Staat weitete seinen Machtanspruch aus und rechtfertigte dies mit den geänderten Staatsaufgaben. Armenfürsorge wurde eine öffentliche Aufgabe, sodass dem Staat eine Fürsorgepflicht für Bedürftige zukam. Als Mittel zur Erfüllung dieser Agenda konzentrierte er die Stiftungsverwaltung in weltlicher, nämlich staatlicher Hand und verwandte Stiftungsvermögen, um die moderne Armenpflege zu finanzieren. Viele Stiftungseinkünfte, die ursprünglich zu Kultuszwecken gestiftet waren, wurden durch staatliche Hand Wohltätigkeitszwecken zugewiesen. Es wiederholte sich gewissermaßen die kirchliche Vereinnahmung der Stiftung in der Form, dass sich die weltliche Gewalt in Gestalt des Fürsten und des Rates einer Stadt der Stiftungen zu ihren eigenen Zwecken bemächtigte[659]. Insbesondere auch die Reichspolizeiordnungen des 16. Jahrhunderts hatten ihren Anteil daran, dass sich der staatliche Einfluss auf das Stiftungswesen erheblich ausweitete[660]. Die Eingriffe der Staatsgewalt häuften sich besonders in Kriegszeiten[661]. So lässt sich festhalten, dass das willkürliche Umspringen mit Stiftungsvermögen während des ganzen 18. Jahrhunderts gängige Praxis war[662].

Mit der großen Säkularisierung zu Beginn des 19. Jahrhunderts schritt diese Entwicklung zu einer immer größeren Aushöhlung des Stiftungsrechts zugunsten der Staatsgewalt fort. *Liermann* ist gar der Ansicht, die Zeit der Aufklärung stelle die stiftungsfeindlichste Epoche in der gesamten Geschichte des Stiftungswesens dar[663]. Der Staat strebte extensiv danach, die schon weit gespannte obrigkeitliche

---

658 *Coing*, Europäisches Privatrecht, Bd. 1, S. 561; *Pleimes*, Irrwege der Dogmatik im Stiftungsrecht, S. 50.
659 *Liermann*, Handbuch des Stiftungsrechts, Bd. 1, S. 179.
660 *Liermann*, Handbuch des Stiftungsrechts, Bd. 1, S. 179.
661 *Liermann*, Handbuch des Stiftungsrechts, Bd. 1, S. 180.
662 *Liermann*, Handbuch des Stiftungsrechts, Bd. 1, S. 183.
663 *Liermann*, Handbuch des Stiftungsrechts, Bd. 1, S. 169; *v. Campenhausen*, in: v. Campenhausen/Richter, Stiftungsrechts-Handbuch, § 5 Rn. 29, beschreibt, dass

Gemeinwohlfürsorge fortzuführen. Zugleich misstraute der Polizeistaat des 17. und 18. Jahrhunderts aber privatem Engagement, da er für sich überlegene Einsicht und im Kollisionsfall Vorrang beanspruchte. Zudem erschien die Bindung der lebenden Generation durch den Willen längst verstorbener Stifter und die zeitlich nicht begrenzte Geltung des Stifterwillens als vernunftwidrig und schädlich[664]. Dies führte zu einer Erweiterung der Eingriffsbefugnisse, wobei die ursprünglich religiösen und karitativen Zwecke hinter staatliche Nützlichkeitserwägungen zurücktreten mussten[665].

Die Ausdehnung der Stiftungsbetätigung auf weltliche Zwecke ebnete den Weg für die Anerkennung der Stiftungsverwaltung durch weltliche Repräsentanten. Das Stiftungsrecht emanzipierte sich insgesamt vom kirchlichen Bereich und integrierte sich in das weltliche Recht, das Verwaltungsrecht des Staates. Die Rechtslehre verstand die Stiftung und auch die verweltlichte Stiftung zu dieser Zeit gleichwohl eher analog der Korporationen als eine personifizierte Mehrheit von Nutznießern[666]. Bis zur Umbruchszeit des 19. Jahrhunderts galten als juristische, das heißt nach damaliger Terminologie als „moralische“[667] Personen im Allgemeinen nur Vereinigungen von natürlichen Personen, also Korporationen. Man erkannte allein Korporationen als mögliche Form juristischer Person an[668]. Dadurch war für die Stiftung als selbstständige Rechtspersönlichkeit kein Raum. Nur aufgrund der Bewertung als Korporation konnte die Stiftung als juristische Person verstanden werden.

(bb) Das Allgemeine Landrecht für die Preußischen Staaten

Erst im 18. Jahrhundert begann die Rechtslehre neben der Frage der korporativen Verfassung auch die Frage der Rechtspersönlichkeit und der Handlungsfähigkeit als eigenes Problem zu verstehen[669]. Ein rechtliches Institut im Sinne einer Stiftung als eigenem Rechtsträger und ein dogmatisches Fundament existierten zu dieser Zeit noch nicht[670]. So sehr das naturrechtliche Verständnis des Stiftungsrechts die Gegebenheiten des tatsächlichen Lebens abzubilden versuchte und so von einem größeren Verständnis ihrer Eigenart geprägt war[671], so wenig gelang es der naturrechtlichen Wissenschaft, befriedigende Antworten auf die Fragen nach der verselbstständigten Vermögenseinheit und der Rechtsmacht der Verwalter solcher Stiftungen zu geben. Dogmatische Erklärungen etwa zu der Frage nach dem Eigentum am Stiftungsgut

---

sich aufgrund der extremen politischen und finanziellen Notlagen ein Konsens entwickelt habe, die Stiftungen zu „schlachten“.

664 *Liermann*, Handbuch des Stiftungsrechts, Bd. 1, S. 173.
665 *Liermann*, Handbuch des Stiftungsrechts, Bd. 1, S. 177 f.
666 *Pleimes*, Irrwege der Dogmatik im Stiftungsrecht, S. 10, 47.
667 *Coing*, Europäisches Privatrecht, Bd. 2, S. 336.
668 Motive zu dem Entwurf eines Bürgerlichen Gesetzbuchs für das Deutsche Reich, Bd. 1, Berlin 1888, S. 80.
669 *Liermann*, Handbuch des Stiftungsrechts, Bd. 1, S. 233.
670 *Pleimes*, Irrwege der Dogmatik im Stiftungsrecht, S. 62; *Förster/Eccius*, Preußisches Privatrecht, S. 646.
671 *Coing*, Europäisches Privatrecht, Bd. 2, 349 f.

oder der Stellung der selbstständigen Stiftung im Rechtsverkehr konnten nicht überzeugen, so dass die aufkommenden Zweifel den Zerfall des naturrechtlichen Stiftungsrechts einleiteten[672].

Neben die Zweifel an der naturrechtlichen Dogmatik trat in der zweiten Hälfte des 18. Jahrhunderts die Suche nach einem neuen System des Privatrechts. Hatte vorher die Systemlosigkeit der Rechtsordnung den Umgang mit dem an den konkreten Lebensverhältnissen ausgerichteten Stiftungsrecht gestattet, stand die Rechtslehre nun vor dem Problem, die unterschiedlichen stiftungsrechtlichen Institute in eine Kodifikation zu überführen. Es verwundert folglich nicht, dass sich im Allgemeinen Landrecht (ALR) für die Preußischen Staaten keine in sich geschlossene Kodifikation des Stiftungsrechts findet. Die Behandlung von Anstalts- und Hauptgeldstiftung[673] als zwei selbstständigen Rechtsinstituten mündete in eine jeweils eigene Regelung beider Erscheinungsformen im Preußischen Allgemeinen Landrecht, wobei dessen unmethodisches System die Einordnung erschwerte und vielmehr Probleme auseinanderriss, die zusammenhängend behandelt gehört hätten[674].

Besonders bemerkenswert ist, dass das ALR schon im ausgehenden 18. Jahrhundert bestimmten selbstständigen Anstalten (Armenhäuser, Hospitäler, Waisenhäuser, Werk- und Arbeitshäuser) die Rechte einer moralischen Person verlieh. So wird im 19. Titel des II. Teils unter dem Abschnitt „Aeußere Rechte solcher Anstalten" in § 42 bestimmt: *„Die vom Staate ausdrücklich oder stillschweigend genehmigten Armen- und andere Versorgungsanstalten, haben die Rechte moralischer Personen."* Durch diesen Verweis auf das Recht der Korporationen brachte das ALR die dogmatische Nähe von Stiftungen und Korporationen zum Ausdruck[675]. Gleichwohl war das grundlegende Prinzip des ALR noch, dass die Existenz der Stiftung von der Existenz der Korporation, die als der eigentliche Träger des Stiftungsvermögens in Erscheinung tritt, grundsätzlich völlig abhing. Eine Regelung der juristischen Person kennt das ALR nicht[676]. Die Grenzen zwischen Stiftung und Korporation waren verloren gegangen, die Korporation hatte stiftungsrechtliche Attribute und die Stiftung war zum Teil zur Korporation geworden[677].

---

672 Pleimes, Irrwege der Dogmatik im Stiftungsrecht, S. 61.

673 Dazu ausführlich *Pleimes*, Irrwege der Dogmatik im Stiftungsrecht, S. 30 f.

674 Vgl. ALR II, Neunzehnter Titel: Von Armenanstalten, und andern milden Stiftungen §§ 32, 37, 42, 44.

675 So auch *Liermann*, Handbuch des Stiftungsrechts, Bd. 1, S. 186, der mit Blick auf ALR II 11 § 171 feststellt, dass unter dem Einfluss der Aufklärung die Stiftung von der Korporation vollkommen verdrängt worden sei.

676 *Coing*, Europäisches Privatrecht, Bd. 2, S. 337.

677 *v. Savigny*, System des heutigen römischen Rechts, Bd. 2, S. 244, stellt dazu fest, dass sich zwischen Stiftungen und Korporationen nicht selten Übergänge finden, die eine scharfe Begrenzung ausschließen.

(cc) Dogmatik von der Einheitsstiftung und die Lehre von der juristischen Person[678]

(1) Die Aufgabe des 19. Jahrhunderts

Während der Wende des 18. zum 19. Jahrhundert war die Theorie des Stiftungsrechts von großer Unsicherheit geprägt. Dies ging soweit, dass die staatlichen Strukturen allein die Korporationen als mögliche Form der juristischen Person anerkannten und die Stiftung als selbstständige, sich selbst verwaltende juristische Person ablehnten. Stiftung als selbstständige Rechtspersönlichkeit war nur noch im Zusammenhang mit Korporationen als ein Vermögen denkbar, welches einer bestimmten Korporation zur Verwendung nach Maßgabe des Stiftungszwecks zugewiesen war, das somit, selbstständiger Persönlichkeit entbehrend, einen – wenn auch abgesonderten – Teil des Korporationsvermögens bildete[679]. Indem die Stiftung dem Vermögen von Korporationen zugerechnet wurde, war scheinbar kein Raum mehr für die Stiftung als Rechtspersönlichkeit. Zugleich wurde die alte kanonistische Denkweise von der „pia causa" den radikal veränderten Verhältnissen nicht mehr gerecht. Die Rechtswissenschaft des 19. Jahrhunderts musste folglich auf einer ganz anderen Grundlage aufbauen[680]. Weiterhin ungelöst war die Frage nach der dogmatischen Begründung der Stiftung. Wie gezeigt wurde, war die Frage nach der Rechtspersönlichkeit und Selbstständigkeit der Stiftung in der Geschichte stets unterschiedlich beantwortet worden. Eine abschließende Antwort stand noch aus. Sollte die Stiftung eine selbstständige, vor allem eine sich selbst verwaltende juristische Person sein? Oder sollte nur den Korporationen Rechtspersönlichkeit zukommen und den Stiftungen nicht? Wo lagen die Unterschiede zwischen Korporationen und Stiftungen?

(2) Die neue Theorie von der selbstständigen Stiftung

Es war in erster Linie die theoretische Rechtswissenschaft, die in langsamer Entwicklung das Stiftungsrecht neu durchdachte. Diesbezüglich ist rückblickend besonders bemerkenswert, dass auch in der Rechtswissenschaft zu Beginn des 19. Jahrhunderts die Überzeugung vorherrschte, dass einzig einer Vereinigung natürlicher Personen die Eigenschaft einer juristischen Person zugesprochen werden könne[681]. Allgemein ist festzuhalten, dass sich die an sich schreibfreudige Rechtswissenschaft des 19. Jahrhunderts verhältnismäßig wenig mit dem Recht der Stiftung

---

678 Der Terminus „juristische Person" scheint zuerst bei dem Rechtsgelehrten *Gustav Hugo*, Lehrbuch des Naturrechts als einer Philosophie des positiven Rechts, Berlin 1798, S. 445, vorzukommen; dazu *Coing*, Europäisches Privatrecht, Bd. 2, S. 338.

679 Motive zu dem Entwurf eines Bürgerlichen Gesetzbuchs für das Deutsche Reich, Bd. 1, Berlin 1888, S. 80.

680 *Liermann*, Handbuch des Stiftungsrechts, Bd. 1, S. 233.

681 *Liermann*, Handbuch des Stiftungsrechts, Bd. 1, S. 235 f., mit reichlich literarischen Belegen.

befasst hat, was *Liermann* gar zum Anlass nimmt, die Stiftung als das Stiefkind der Rechtslehre zu bezeichnen[682].

Zu einer umfassenden Beschäftigung und damit einhergehenden Weiterentwicklung des Wesens der Stiftung gab der sogenannte Städel'sche Erbschaftsstreit Anlass. Als der wohlhabende Kaufmann Johann Friedrich Städel mit Testament vom 15.03.1815 seine Gemälde- und sonstige Kunstsammlung als *„Grundlage eines ... hiermit von mir gestiftet werdenden Städelschen Kunstinstituts“* vorsah und dieses zu seinem Erben einsetzte[683], stieß er damit eine wissenschaftliche Kontroverse über das Wesen der Stiftung an. Problematisch bei der rechtlichen Bewältigung des Städel'schen Erbschaftsstreits war die Frage, ob eine derartige Stiftung überhaupt rechtsfähig sein konnte. Eine eingehende Begründung der Annahme ihrer Rechtsfähigkeit ohne Rückgriff auf die korporativen Denkmuster veröffentlichte *C. F. Mühlenbruch* in seiner „Rechtliche(n) Beurtheilung des Städelschen Beerbungsfalles“. Er unternahm den Versuch zu belegen, dass alle prinzipiellen Einwände gegen die Rechtsfähigkeit der Stiftung gleich wenig überzeugten wie bei den Korporationen. Dazu stellte er fest: *„So gut eine Mehrheit einzelner Personen durch die Idee als zu einer Einheit verknüpft gedacht werden muß, gerade eben so gut kann auch ein Inbegriff von Vermögensrechten in Beziehung auf einen bestimmten Zweck [...] mit Persönlichkeiten bekleidet werden.“*[684] Schon an dieser Stellungnahme wird deutlich, dass die Erkenntnisse zur Rechtsfähigkeit der Stiftung unmittelbar an die Überlegungen zur Rechtspersönlichkeit der Korporationen anknüpften.

Einen weiteren entscheidenden Anstoß, der das Pendel in Richtung der Rechtsfähigkeit der Stiftungen ausschlagen ließ, gab *Arnold Heise*[685]. Er richtete den Blick auf die – seiner Ansicht nach – konstitutiven Merkmale einer juristischen Person und ging dabei „en passant“[686] davon aus, dass diese Merkmale auch bei einer Stiftung vorlägen: *„Die verschiedenen Arten juristischer Personen werden meines Erachtens fast niemals vollständig angegeben. Juristische Person ist alles außer dem einzelnen Menschen, was im Staat als eigenes Subjekt von Rechten anerkannt ist. Jede solche muss aber irgendein Substrat haben, welches die juristische Person bildet oder vorstellt“*[687].

682 *Liermann*, Handbuch des Stiftungsrechts, Bd. 1, S. 237 mit Hinweis auf Andreas Heusler, der 1885 in seinen „Institutionen des deutschen Privatrechts“ feststellte, über die Stiftungen bedürfe es nur weniger Worte.

683 Testament des Johann Friedrich Städel vom 15.03.1815.

684 *Mühlenbruch*, Rechtsliche Beurtheilung des Städel'schen Beerbungsfalles, S. 77 f.

685 *Pleimes*, Irrwege der Dogmatik im Stiftungsrecht, S. 72; *Liermann*, Handbuch des Stiftungsrechts, Bd. 1, S. 236, der diese Bewertung allerdings an einer anderen Formulierung Heises festmacht.

686 *Heise* hatte in seinem Grundriß eines Systems des gemeinen Civilrechts, 1. Aufl., Heidelberg 1807, Kap. IV unter III, Anm. 15 zu § 98, S. 25 f., ohne weitere Begründung in dem Abschnitt „Von der juristischen Person“ einen Abschnitt über Stiftungen eingefügt.

687 *Heise*, Grundriß eines Systems des gemeinen Civilrechts, 1. Aufl., Heidelberg 1807, Kap. IV unter III, Anm. 15 zu § 98, S. 25.

Dieses Substrat kann nach *Heise* aus einem einzelnen oder aus einer gleichzeitigen Vereinigung mehrerer Menschen bestehen. Ebenso könne das Substrat auch aus Sachen, nämlich aus dem ganzen Vermögen einer Person oder auch aus irgendeiner Masse von Gütern bestehen, die einem gemeinnützigen Zweck gewidmet und unter besondere Verwaltung gestellt ist[688]. Was bedeutet die Ansicht von *Mühlenbruch* und *Heise* für die vorliegende Frage? Die vorstehenden Stellungnahmen zeigen, dass die Rechtswissenschaft des 19. Jahrhunderts die moderne Dogmatik der Rechtspersönlichkeit der Korporation einerseits und der Stiftung andererseits von Anfang an verknüpft und einheitlich gedacht hat.

Die Einteilung griff *v. Savigny* wenig später auf und ebnete der Ansicht derer, welche die Stiftung als juristische Person anerkennen wollten, den Weg: *„Künstliche [...] Personen sind alle Stiftungen und Gesellschaften, welchen diese Eigenschaft besonders beigelegt ist.“*[689]. Zugleich greift *v. Savigny* den Gedanken des Zwecks der juristischen Person auf und qualifizierte Gemeinsamkeiten und Unterschiede der jeweiligen Rechtsform wie folgt: *„Einige juristische Personen haben sichtbare Erscheinung in einer Anzahl einzelner Mitglieder, die, als ein Ganzes zusammengefaßt, die juristische Person bilden; andere dagegen haben ein solches sichtbares Substrat nicht, sondern eine mehr ideale Existenz, die auf einem allgemeinen, durch sie zu erreichenden Zweck beruht. – Die ersten nennen wir [...] Corporationen [...]. Die zweiten pflegt man mit dem Namen Stiftungen zu bezeichnen“*[690]. Mit *Heise* erarbeitet er also eine klare Unterscheidung zwischen Korporationen und Stiftungen, wobei die Gemeinsamkeit in der Verfolgung eines bestimmten Zwecks lag. Wie auch schon *Heise* entwickelt *v. Savigny* unter dem Abstraktionsbegriff der juristischen Person entgegen den Theorien des Zweckvermögens und den Personifikationstheorien die Annahme, dass den Korporationen, den Stiftungen und dem Fiskus die *„privatrechtliche Eigenschaft der Vermögensfähigkeit“* zukomme, kraft derer sie am Rechtsverkehr teilhaben könnten und teilnähmen[691]. Mit dieser Überlegung begründet *v. Savigny* gewissermaßen, dass sich allgemein die Rechtsfähigkeit aus der Vermögensfähigkeit ergibt[692]. In diesem Sinne bemerkte *Schwarz* deutlich später, dass beide Rechtsformen Träger von Zweckvermögen seien[693].

Auf Grundlage der auf *Heise* zurückgehenden und von *v. Savigny* zur allgemeinen Beachtung geführten Lehre von der juristischen Persönlichkeit der Stiftung[694]

---

688 Heise, Grundriß eines Systems des gemeinen Civilrechts, 1. Aufl., Heidelberg 1807, Kap. IV unter III, Anm. 15 zu § 98, S. 25.

689 *v. Savigny*, System des heutigen römischen Rechts, Bd. 2, S. 242.

690 *v. Savigny*, System des heutigen römischen Rechts, Bd. 2, S. 243 f.

691 *Flume*, Die juristische Person, S. 8.

692 *v. Savigny*, System des heutigen römischen Rechts, Bd. 2, S. 237.

693 *Schwarz*, Rechtssubjekt und Rechtszweck, Archiv für bürgerliches Recht, 32 (1908), S. 12 ff., 70.

694 *Neuhoff*, in: Deutsches Stiftungswesen 1977–1988, S. 62 ff., relativiert die Annahme, das Konzept der Stiftung als juristischer Person sei auf Heise und v. Savigny zurückzuführen, indem er anhand dreier „Fundstücke“ aus der Zeit vor den

hat die Wissenschaft anschließend die Dogmatik sowohl der juristischen Person wie auch der Stiftung weiter herausgearbeitet[695]. Stiftung und Korporation in der heute geltenden Form entstanden gewissermaßen unter dem „gemeinsamen Dach" des Begriffs der juristischen Person. Dabei ging es zum einen um die Entwicklung einer neuen Theorie der juristischen Person und zum anderen darum, die unterschiedlichen – schon bekannten – sozialen Gebilde anhand ihrer Merkmale in diese Theorie einzuordnen. Wie eng die Entwicklung von Stiftung und die Entwicklung von Korporation in dieser Zeit miteinander verwoben waren, lässt sich aus der zeitgenössischen Literatur ersehen. Nachdem die Neuausrichtung der Dogmatik in der ersten Hälfte des 19. Jahrhunderts Schule gemacht hatte, verwandte beispielsweise auch die stiftungsrechtliche Literatur den bis dahin nur auf Korporationen bezogenen Begriff „Statuten". Der Begriff der „Statuten" wurde fortan anstelle der bis dahin gängigen Bezeichnung „Stiftungsurkunde" oder Stiftungsbrief verwendet. So beschreibt *Pfeifer* in seiner Veröffentlichung von 1847 den Begriff der „Statuten" bei Korporationen und Stiftungen in derselben Weise[696].

(3) Funktion des Zwecks

Einhergehend mit der Entwicklung der Dogmatik der juristischen Person[697] konzentrierten sich die Autoren insbesondere darauf, die Unterschiede zwischen der Stiftung und den anderen juristischen Personen herauszuarbeiten. Es ist in erster Linie *Roth* zu nennen, der die Stiftung als juristische Person bezeichnet und einen wesentlichen Unterschied zwischen Korporationen und Stiftungen darin ausmacht, dass Letztere ohne ihr Vermögen nicht existenzfähig seien[698]. Weiterreichende Bedeutung hat allerdings eine andere Stelle des Aufsatzes von *Roth*, an der er den grundsätzlichen Unterschied in der unterschiedlichen Willensbildung von Stiftungen und von Korporationen herausarbeitet[699]. Bei der Stiftung sei im Gegensatz zur Korporation, die ihren Willen jeweils durch ihre Repräsentanten aktuell bilden, ändern und äußern könne, die Willensbildung bereits bei Errichtung abgeschlossen

---

Veröffentlichungen dieser beiden Autoren nachzuweisen versucht, dass die Etablierung des Konzepts von Rechtsfähigkeit aufgrund juristischer Persönlichkeit bereits zur Rechtswirklichkeit gehörte.

695 So *Flume*, Die juristische Person, S. 1, 131; *Liermann*, Handbuch des Stiftungsrechts, Bd. 1, S. 236.

696 *Pfeifer*, Die Lehre von der juristischen Person nach gemeinem und würtembergischem Rechte, S. 26 ff., 138, 148.

697 Dazu sogleich unten.

698 *Roth*, Über Stiftungen, S. 189 ff., 204 f., bezeichnet die Stiftung mal als juristische Person und mal als juristische Person *eigener Art*, wobei im Laufe seiner Untersuchung deutlich wird, dass er die Einschränkung „eigener Art" auf sein – unzutreffendes – Verständnis von der Nichtexistenz der vermögenslosen Stiftung stützt.

699 Siehe zur „natürlichen Handlungsunfähigkeit der juristischen Person" auch *v. Savigny*, System des heutigen römischen Rechts, Bd. 2, S. 283 f.

und in den Festsetzungen des Stifters ein für allemal fixiert[700]. *Roth* greift den Begriff des Substrats auf und konstatiert, die Vermögensfähigkeit bei der Stiftung ergebe sich daraus und sei zugleich dadurch beschränkt, dass der Zweck der Stiftung den dauernden und unveränderlichen Willen der juristischen Person fingiere[701]. In dieser Überlegung kann die konsequente Weiterentwicklung der vorangegangenen abstrakten Gegenüberstellung von Stiftung und Korporation erkannt werden. Während das Substrat der Korporationen zur fortgesetzten Willensbildung fähig ist, ist das Substrat der Stiftung, das ihr gewidmete Vermögen, dazu nicht in der Lage[702]. Folglich geht *Roth* davon aus, dass dieser Wille fingiert werden müsse.

Für unseren Zusammenhang ergibt sich Folgendes: *Roth* folgert, dass der Zweck der Stiftung und der Zweck der Korporationen einander entsprechen. Beide sind Ausdruck und Ergebnis der Willensbildung der juristischen Person. Es wird ein weiteres Mal deutlich, dass die Rechtslehre des 19. Jahrhunderts hinsichtlich des Zweckbegriffs von einer gleichlaufenden Bedeutung ausging. Zweck hatte nach der Schaffung der juristischen Person nichts mehr mit dem vor ihrer Schaffung vorhandenen und diese Schaffung veranlassenden Zweck zu tun, weil er nunmehr gänzlich neu, nämlich als Zweck der juristischen Person erschien.

(4) Zwischenergebnis und Folgerungen

Die Auswirkungen der Aufklärung und die Übernahme sozialer Aufgaben sowie der Fürsorge durch den Staat führten dazu, dass die Stiftung aus der bis dahin bestehenden Bindung an fromme Zwecke und kirchliche Institutionen gelöst wurde. Nunmehr waren nicht mehr die öffentlichen oder milden Zwecke oder die Wohlfahrt, sondern allein die Widmung eines Vermögens zu einer bestimmten Rechtsform konstitutiv. Für die hier zu erörternde Frage nach den Grenzen des stiftungsrechtlichen Zweckbegriffs lässt sich Folgendes festhalten: Die Entwicklung des Rechtsinstituts Stiftung, wie wir es heute kennen, ist untrennbar mit der Lehre von der juristischen Person verknüpft. Die Rechtsgelehrten jener Zeit entwickelten die Rechtsfigur der juristischen Person und versahen sie mit einem dogmatischen Unterbau. Damit einhergehend wandelte sich ihr Verständnis vom Wesen der Stiftung. Während bei den mitgliedschaftlich strukturierten Körperschaften der Zweck auch ohne den Einsatz vermögenswerter Mittel, nämlich insbesondere durch Arbeitsleistung der in ihnen zusammengeschlossenen Personen, erreicht werden konnte, bedurfte es bei der mitgliederlosen Stiftung notwendig[703] eines geeigneten Vermögens, das ihre dauerhafte Zweckverfolgung gewährleisten sollte[704]. In diesem Sinne versteht auch

700 *Roth*, Über Stiftungen, Jehrings Jahrbücher 1857, S. 214 f.
701 *Roth*, Über Stiftungen, Jehrings Jahrbücher 1857, S. 214.
702 *Kohler*, Archiv für bürgerliches Recht, Bd. 3 (1890), S. 228, 237, vgl. auch S. 247.
703 Vgl. *Roth*, Über Stiftungen, S. 189 ff., 204 f.
704 Diese Gegenüberstellung erläutert auch *Rawert*, in: Hopt/Reuter, Stiftungsrecht in Europa, S. 109, 125.

Kohler den Begriff des Substrats[705], wobei das der Rechtsform Zugrundeliegende und ihre Handlungsfähigkeit Garantierende bei der Stiftung das ihr gewidmete Vermögen und bei den Korporationen der Personenverband sein sollte.

Der Unterschied zwischen der Stiftung und der Körperschaft bestand gerade nicht mehr darin, dass dem Zweck der juristischen Person Stiftung eine grundsätzlich andere Bedeutung zugekommen wäre als dem der körperschaftlich verfassten juristischen Person. Die differentia specifica der Stiftung gegenüber der Körperschaft sollte vielmehr allein darin bestehen, dass die Körperschaft als Wirkungseinheit auf ihre Mitglieder zurückgreifen konnte, während die als Stiftung verfasste Wirkungseinheit keine Mitglieder hatte und nicht bloß aus ihrem Zweck bestehen konnte[706]. Waren bei den Körperschaften die Mitglieder Garant für die Zweckverfolgung, trat bei der Stiftung an ihre Stelle das (garantiert vorhandene) Vermögen.

(dd) Das „Wesen" der juristischen Person

Ist nach dem Vorstehenden anzunehmen, dass jedenfalls nach dem Verständnis der Rechtslehre des 19. Jahrhunderts dem Stiftungszweck die gleiche Bedeutung zukam wie dem Zweck der Korporationen, stellt sich anschließend die Frage, ob diese Betrachtungsweise bis heute Bestand hat oder in der weiteren rechtswissenschaftlichen Diskussion verdrängt wurde. Sollte die Dogmatik von der juristischen Person auch weiterhin den Begriff des Zwecks mit identischer Bedeutung sowohl für die Stiftung wie auch für die Korporationen verwenden, könnten die behaupteten Stiftungszweckverbote jedenfalls nicht aus dem historischen Kontext begründet werden.

(1) Entwicklungslinien der wissenschaftlichen Diskussion

Die neue Lehre von der selbstständigen Stiftung bedeutete zugleich eine neue Theorie der juristischen Person. Damit ist eine der Hauptlinien der Entwicklung der Rechtswissenschaft des 19. Jahrhunderts angesprochen, die Frage nach dem Wesen der juristischen Person. Im Ansatz fußten diesbezügliche Überlegungen von *v. Savigny*, die schnell als Fiktionstheorie[707] beschrieben wurden, auf seinem Verständnis von der Persönlichkeit in ethischer Hinsicht[708]. Danach konnte nur der einzelne

705 *Kohler*, Archiv für bürgerliches Recht, Bd. 3 (1890), S. 228, 237.

706 So auch *Flume*, Die juristische Person, S. 131.

707 Zu bemerken ist, dass dieser Begriff in der Literatur zwar für die auf *v. Savigny* zurückgehenden Überlegungen gepflegt wurde, allerdings *v. Savigny* ihn selbst nie benutzt hat. Nach *Flume*, Die juristische Person, S. 3 f., ist die Bezeichnung für die Lehre *v. Savignys* zudem mißverständlich, weil nach dem Verständnis von *v. Savigny* weder ein wirklicher Mensch fingiert werden solle noch *v. Savigny* die Realität der verfassten Körperschaft übersehen habe.

708 *v. Savigny*, System des heutigen römischen Rechts, Bd. 2, S. 2 ff., 235 ff., insbesondere S. 2: „Jeder einzelne Mensch, und nur der einzelne Mensch, ist rechtsfähig". Siehe dazu auch *Windscheid*, Lehrbuch der Pandekten, Bd. 1, § 57 ff., S. 156 ff.; *Coing*, Europäisches Privatrecht, Bd. 2, S. 339.

Mensch originäre Rechtsfähigkeit erlangen[709]. Die juristische Person sei demgegenüber als ein von der Rechtsordnung geschaffenes künstlich angenommenes Subjekt zu begreifen, für das kein reales Dasein feststellbar sei, dem aber im Sinne einer Gleichsetzung der Rechtsfolgen eines in Wahrheit nicht bestehenden Sachverhalts mit denen eines wirklich bestehenden (nämlich der natürlichen Person) Rechtsfähigkeit zugeschrieben würde[710]. *Puchta* näherte sich der Fiktion eher von der begrifflichen Seite und erläuterte seine Erwägung, dass bei der juristischen Person *„auch das Subjekt selbst kein natürliches Dasein"* habe, sondern ihre Persönlichkeit nur mit dem *„Rechtsbegriff verknüpft"* sei[711]. Ungeachtet der Annahme einer Fiktion gingen auch diese Autoren davon aus, dass die juristische Person eines Substrates[712] bedürfe, welches aus einer Personenvereinigung oder einem *„Güterinbegriff"* bestehen könne[713].

In der zweiten Hälfte des 19. Jahrhunderts stieß die Betrachtungsweise *v. Savignys* auf größer werdenden Widerstand derer, die die juristische Person nicht bloß als fingiertes Subjekt, sondern als „reale Verbandspersönlichkeit" verstehen wollten, weil sie die Wirklichkeit der Körperschaft sahen[714]. Zurückgehend insbesondere auf *Beseler* und seinen akademischen Schüler *v. Gierke* sahen die Vertreter dieser Sichtweise die menschlichen Verbände als wirklich existierende Wesen an und billigten ihnen die Rechte einer realen Person zu[715]. Sie wiesen darauf hin, dass Zusammenschlüsse von natürlichen Personen nicht nur zu einer Fiktion führen, sondern dass sie eine Realität mit lebendigem Eigenleben darstellen würden. Das Rechtssubjekt bestehe dann aus der Menschengruppe als dem sozialen „Organismus" und sei

709 *v. Savigny*, System des heutigen römischen Rechts, Bd. 2, S. 2: „Alles Recht ist vorhanden, um der sittlichen, jedem einzelnen Menschen innewohnenden Freyheit willen". Siehe auch S. 236: „Die Rechtsfähigkeit wurde oben dargestellt als zusammenfallend mit dem Begriff des einzelnen Menschen".

710 *v. Savigny*, System des heutigen römischen Rechts, Bd. 2, 1840, S. 235 ff. *Arndts von Arnesberg* schreibt, die juristische Person sei „ein Rechtssubjekt, das nur vermöge juristischer Fiction ohne natürliche Persönlichkeit besteht, also nur ein intellectuelles, kein natürliches Dasein hat", *Arndts von Arnesberg*, Pandecten, S. 38; vgl. auch *Wieacker*, Zur Theorie der Juristischen Person des Privatrechts, in: FS Huber, S. 361 f.

711 *Puchta*, Kleine civilistische Schriften, S. 497 ff., ins. 498.

712 *Unger*, System des österreichischen allgemeinen Privatrechts, S. 313 ff., 316; vgl. *Coing*, Europäisches Privatrecht, Bd. 2, S. 340.

713 *Puchta*, Kleine civilistische Schriften, S. 498; *Regelsberger*, Pandekten, Bd. 1, S. 296: „In der üblichen Darstellung der Lehre von den juristischen Personen spielt die ‚körperliche Unterlage' eine große Rolle. [...] [B]ei der einen bilde die körperliche Unterlage ein Personenverein (universitas personarum), bei der andern ein Güterinbegriff (univ. bonorum)."

714 *Liermann*, Handbuch des Stiftungsrechts, Bd. 1, S. 240.

715 *Beseler*, System des gemeinen deutschen Privatrechts, §§ 65 ff., S. 253 ff.; *v. Gierke*, Deutsches Privatrecht, Bd. 1 § 59 S. 470 ff.

folglich nicht bloß rechtsfähig, sondern auch willens- und handlungsfähig[716]. Begünstigt wurde diese Betrachtungsweise auch von der Entwicklung der heutigen Gesamthandstheorie, welche auf die vermögensrechtliche Wirksamkeit der personenrechtlichen Gemeinschaft abstellte und so die personelle Verbundenheit der Vermögensträger in den Vordergrund rückte[717]. Im Hinblick auf Korporationen war diese Sichtweise schlüssig[718]. Bei Stiftungen ließ sie aber unberücksichtigt, dass ihr personenrechtliches Leitbild mit dem Grundriß der – mitgliederlosen – Stiftung nicht kompatibel war[719]. Wie sich auf Basis der Darstellung *v. Gierkes* zur Dogmatik der Stiftungen nachvollziehen lässt, stieß sein Begründungsansatz dort an Grenzen, wo es keine Mitglieder gab: Ein Verband natürlicher Personen, aus dem ein reales Subjekt mit eigener Personenqualität hätte hergeleitet werden können, konnte im Grunde seit den richtungsgebenden Überlegungen von *Heise* und *v. Savigny* bei der Stiftung nicht mehr angenommen werden. In seinem Bestreben, die neue Theorie der juristischen Person trotzdem fortzuentwickeln[720], beschrieb *v. Gierke* die Stiftung – in seinem Sinne: konsequenterweise – als einen *„selbständigen gesellschaftlichen Organismus, dessen Seele der in ihm fortwirkende Wille des Stifters und dessen Körper der zur Verwirklichung dieses Willens hergestellte Verband von Menschen bildet“*[721], und leugnete damit die gerade errungenen Erkenntnisse vom Wesen der juristischen Person. Stieß *v. Gierke* an dieser Stelle an eine Grenze, ließ auch eine – an sich naheliegende – Übertragung seiner Gedankengänge von der Korporation auf die Stiftung (sehr) lange auf sich warten. Erst 1929 wies *Schönfeld* in einem Vergleich aller juristischen Personen und der jeweiligen Gegenüberstellung zur natürlichen Person nach, dass auch die Stiftung juristische Person *„mit voller Wirklichkeit“* ist[722].

Eine weitere Betrachtungsweise brachte *v. Jhering*, der auf die subjektiven Rechte der Nutznießer abstellte. Er ordnete die Rechte der juristischen Person nicht dieser

---

716 *v. Gierke*, Genossenschaftstheorie, S. 603.

717 *v. Gierke*, Genossenschaftstheorie, S. 339 ff., 343, 353.

718 Auch in der Kontroverse um die Rechtsnatur der Genossenschaft lieferte diese Betrachtungsweise die Grundlage, auf der sich ihre Einordnung als Körperschaft und juristische Person durchsetzen konnte. Bis *v. Gierke* sich dafür ausgesprochen hatte, die Genossenschaft nicht als Zwischenform zwischen Gesellschaft und Körperschaft, sondern als Körperschaft und juristische Person anzusehen, war ihre Einordnung in das neue System der Rechtsformen ungeklärt gewesen, dazu *v. Gierke*, Genossenschaftstheorie, S. 2, 8, 9, 306 ff.

719 Siehe in diesem Sinne auch *Regelsberger*, Pandekten, Bd. 1, S. 296 ff.

720 *Liermann*, Handbuch des Stiftungsrechts, Bd. 1, S. 235, hält (zu einer anderen, aber sinngemäßen) Textstelle *v. Gierkes* fest, es sei dadurch dogmatische Verwirrung geschaffen worden, wie sie nicht größer hätte sein können.

721 *v. Gierke*, Deutsches Privatrecht, Bd. 1, S. 647.

722 *Schönfeld*, in: Die Reichsgerichtspraxis im deutschen Rechtsleben, S. 251, 253, der dort feststellt, die Stiftung sei viel mehr als die Verbandspersönlichkeiten „Einzelperson, wie der Mensch“, wobei der Unterschied darin liege, dass allein die natürliche Person „menschlich“ sei.

selbst, sondern ihren Nutznießern zu. Im Sinne seiner Interessentheorie[723] schied die juristische Person selbst als Rechtssubjekt aus, weil nur dasjenige Rechtssubjekt sein könne, dessen Interessen das Rechtssystem zu dienen bestimmt ist: *„Subjekt des Rechts ist derjenige, dem der Nutzen desselben vom Gesetz zugedacht ist [...]“*[724]. Da aber solch rechtlich geschützte Interessen nur Menschen zugeschrieben werden könnten, so *v. Jhering* weiter, sei die juristische Person selbst gewissermaßen nicht interessenfähig. Aus diesem Grund sollte das Vermögen nicht der juristischen Person selbst, sondern nur demjenigen gehören, dem die Vorteile zukommen[725]. Konsequenterweise hätte dies für die Stiftung bedeutet, dass die subjektiven Rechte der Gesamtheit ihrer Destinatäre zuzuordnen gewesen wären.

Im Zusammenhang mit *v. Jhering* ist auch die auf *v. Brinz* und *Bekker* zurückgehende Zweckvermögenstheorie[726] zu nennen[727]. Sie stellten darauf ab, dass die Rechte bei einer juristischen Person in Wahrheit niemandem gehörten, sondern ausschließlich für einen besonderen Zweck bestimmt seien, durch den sie zusammengehalten würden. Das einem bestimmten Zweck gewidmete Vermögen sei das eigentliche Substrat der juristischen Person und daher der richtige Anknüpfungspunkt von Rechten und Pflichten[728].

(2) Streitstand seit Inkrafttreten des BGB

Die ursprünglich zwischen den Anhängern der Savigny'schen Lehre und den Verfechtern der Theorie von der Zweckpersonifikation diskutierte Frage, was im Kern Anknüpfungspunkt der Rechtsfähigkeit ist, hatte das BGB nicht entschieden[729]. Zwar enthielten noch der Vorentwurf von Gebhard wie auch der Erste Entwurf

723 *v. Jhering*, Geist des römischen Rechts, Dritter Theil, Erste Abtheilung, S. 336 ff., insb. 339, 362 ff., 366.

724 *v. Jhering*, Geist des römischen Rechts, Dritter Theil, Erste Abtheilung, S. 336.

725 Für *v. Jhring*, Geist des römischen Rechts, Dritter Theil, Erste Abtheilung, S. 366 f., ist die juristische Person „nicht selbst der Destinatär der Rechte“, sondern die „hinter ihr stehenden, und für die sie nur den technisch-notwendigen Stellvertreter (Rechtsträger) abgibt.“ Mithin soll die juristische Person nur „ein technisches Instrument“ sein, „um den Mangel der Bestimmtheit der Subjekte unschädlich zu machen“.

726 *v. Brinz*, Lehrbuch der Pandekten, Band 1, § 60, S. 196 ff.; *Bekker*, System des heutigen Pandektenrechts, § 42 S. 142 ff., § 58 S. 196 ff.

727 *Coing*, Europäisches Privatrecht, Bd. 2, S. 343.

728 *v. Brinz*, Lehrbuch der Pandekten, § 60, S. 196 ff., insb. S. 200 f., wo es heißt, dass: „[...]ein durchgreifender Unterschied darin [besteht], daß Andere es bei der Negation der Subjektsnothwendigkeit bewenden lassen, während wir das ausfallende Subject durch ein auf der entgegengesetzten Seite auftauchendes Object, den Zweck nämlich, zu ersetzen und in diesem den positiven Punkt zu behaupten suchen, in welchem ein Vermögen ebensowohl als in einer Person seinen Stütz- und Mittelpunkt, sagen wir seinen Gehörpunkt findet.“

729 *Flume*, Die juristische Person, S. 19.

eine deutliche Stellungnahme zugunsten der Fiktionstheorie[730]. Das BGB begnügt sich aber mit der Anerkennung der Rechtsfigur an sich und macht mit der Überschrift vor § 21 BGB deutlich, dass es den Verein und die Stiftung als die beiden Grundtypen der juristischen Person des Privatrechts anerkennt. Nachdem das BGB letztlich keine Begriffsbestimmung der juristischen Person enthält[731], bestand genug Freiraum, den Theorienstreit fortzuführen. Zwar setzte sich mehr und mehr die Ansicht durch, dass der Theorienstreit keine praktische Relevanz habe[732]. Gleichwohl ist die Literatur nicht auf dem Stand des ausgehenden 19. Jahrhunderts und den dort vertretenen Ansätzen stehengeblieben[733]. Im Schrifttum existiert eine Reihe von Stellungnahmen und verschiedenen Ansätzen[734], die – sei es im Sinne einer primär neuen Begründung, sei es im Sinne einer Abwandlung einer bestehenden Theorie – das Wesen der juristischen Person zu erklären versuchen. Es kann daher nicht überraschen, dass die einschlägigen Stellungnahmen auch heute noch kein

---

730 *v. Gierke*, Der Entwurf eines bürgerlichen Gesetzbuchs, S. 145 f.; vgl. *Jakobs/Schubert*, Die Beratung des BGB, S. 155: Man könne sogar noch weiter gehen und annehmen, der Ausdruck „juristische Person" sei überhaupt mit jener Vermögensfähigkeit völlig identisch.

731 Bei *Mugdan*, Die gesammelten Materialien zum BGB, Bd. I, S. 395, ist nachzulesen, dass nach Ansicht der Ersten Kommission „[d]en Begriff zu konstruieren und zu rechtfertigen, [...] Aufgabe der Wissenschaft [ist]". An anderer Stelle ist festgehalten, dass der Gesetzgeber die „Entscheidung der Konstruktionsfrage, ob die juristische Person ein handlungsfähiges Wesen sei und durch ihre Organe sich im Verkehr betätige oder ob sie handlungsunfähig sei und deshalb der Vertretung bedürfe" ausdrücklich der Wissenschaft überlassen wollte, vgl. *Mugdan*, Die gesammelten Materialien zum BGB, Bd. I, S. 609. Auch im Kontext des Vereinsrechts enthalten die Protokolle dort den Hinweis, die Kommission wolle dem Eindruck entgegenwirken, sie habe sich für eine Theorie entschieden. Die Entscheidung der zweiten Kommission, eine Stellungnahme zu dem Theorienstreit zu vermeiden, ist wohl auch damit zu erklären, dass sowohl der Vorentwurf wie auch der Erste Entwurf die juristische Persönlichkeit mit der Vermögensfähigkeit gleichsetzte und dies auf heftige Kritik gestoßen war. Die Erste Kommission hatte dazu beschlossen, „lehrbuchartige Definitionen" vermeiden zu wollen, siehe dazu *Jakobs/Schubert*, Die Beratung des BGB, S. 154.

732 *Flume*, Die juristische Person, S. 19 m. w. N.

733 Anlass zu einer weiteren Diskussion der Dogmatik der juristischen Person (im Gesellschaftsrecht) gab insbesondere die Schaffung des Umwandlungsrechts. Sowohl die Zweiteilung des Gesellschaftsrechts in juristische Personen und Gesamthandsgemeinschaften wie auch die dogmatische Einordnung einer Umwandlung (jenseits der zunächst behaupteten Theorie der Gesamtrechtsnachfolge) führten zwangsläufig zu einem Hinterfragen der dogmatischen Grundlagen. Zu erwähnen ist in diesem Zusammenhang auch, dass der Erfindungsreichtum der Gestaltungspraxis in Steuerrecht für ein dauerndes Durchdenken der Grundstrukturen sorgte.

734 Vgl. zu den herrschenden Lehren und den Ansichten der „Außenseiter": *Rittner*, Die werdende juristische Person, S. 180 ff.

geordnetes (und ein nur schwer zu systematisierendes) Bild bieten[735]. Von den modernen Theorien lassen sich zwei als führend beschreiben, auf die im Folgenden näher eingegangen werden soll, während die Aufarbeitung der weiteren Theorien für unseren Zusammenhang erlässlich erscheint[736].

Aufbauend auf die Zweckvermögenstheorie erblickt ein Teil der Literatur in dem vom Stifter gewidmeten Vermögen selbst den Träger der Stiftung[737]. Nach dieser Theorie des organisierten Sondervermögens beinhaltet die zentrale Idee des Rechtsinstituts, dass eine Vermögensmasse einen selbstständigen und abgeschlossenen Rechtskreis bilden soll. Demgegenüber wird heute ganz überwiegend die Theorie der Zweckpersonifikation als herrschende Lehre angesehen[738]. Dieser Teil der Literatur verweist auf die Möglichkeit des zeitweisen Fehlens eines Stiftungsvermögens, was unstreitig das Bestehen der juristischen Person weder temporär noch endgültig zum Erlöschen bringen könne[739]. Aus diesem Grund sieht diese Literaturmeinung

---

735 Neuerdings wird zudem hervorgehoben, dass kein Anlass dazu bestehe, sich auf die in diesem Theorienstreit aufgeworfenen Fragen einzulassen, weil sie der Denkwelt der Begriffsjurisprudenz entsprängen, von wechselseitigen Missverständnissen geprägt und daher in ihrer Zuspitzung beide nicht mehr ernsthaft vertretbar seien, so *Schürnbrand*, Organschaft im Recht der privaten Verbände, S. 20 f.

736 Im Ergebnis lassen sich insbesondere zwei weitere Betrachtungsweisen beschreiben: Die rechtsethische Sichtweise will die Realität der juristischen Person hervorheben. Nach *Rittner*, Die werdende juristische Person, S. 151 ff., 210 ff., insbesondere 229, ist die juristische Person „eine überindividuelle Wirkungseinheit der Rechtsordnung, die zur Verwirklichung einer bestimmten [...] rechtlich verfaßten Substanz objektiven Geistes [...] dienen soll." Wohl auch im Sinne seiner Untersuchung zur „werdenden" juristischen Person geht er davon aus, dass bereits im Gründungsstadium eine eigenständige Einheit entstehe, die als ein von den beteiligten natürlichen Personen unabhängiges Konstrukt zu verstehen sei, weil durch den Aufbau der (handlungsfähigen) Willensbildungs- und Organisationsstruktur bereits eine Wirkungseinheit entstehe.
Hierzu im Gegensatz steht die als rechtssoziologisch zu bezeichnende Betrachtungsweise, die die soziologische Rolle der juristischen Person in den Vordergrund stellt. Die Anerkennung eines Personenverbands als juristische Person erschöpfe sich nicht in der Verleihung der Rechtsfähigkeit. *Raiser*, in: AcP 199 (1999), S. 104, 121 ff., 130, 136, versteht die juristische Person „als im sozialen Leben als eigenständige Einheit auftretende handlungsfähige Verbände und Organisationen, welche das geltende Recht gleich natürlichen Personen als prinzipiell uneingeschränkt rechtsfähig anerkennt." Siehe dazu auch *Schönfeld*, Rechtsperson und Rechtsgut im Lichte des Reichsgerichts, S. 250 ff., der die Rechtspersönlichkeit der juristischen Person sieht, weil und solange sie an der Kultur mitwirkt.

737 *Wiedemann*, Gesellschaftsrecht I, S. 196 f.

738 So *Wieacker*, Zur Theorie der Juristischen Person des Privatrechts, in: FS Huber, S. 364.

739 *Nipperdey*, in: Enneccerus/Nipperdey, Lehrbuch des Bürgerlichen Rechts, Bd. 1, S. 716 f., siehe dort auch Fn. 2; *Flume*, Die juristische Person, S. 98 f; siehe auch *Wiedemann*, Gesellschaftsrecht I, S. 201 f.

in der Bindung des Stiftungsvermögens an den vom Stifter festgelegten Zweck den Anknüpfungspunkt der Rechtspersönlichkeit. Die juristische Person soll danach eine zur Erreichung eines bestimmten Zwecks unter Zusammenfassung von Personen oder lediglich von Vermögenswerten geschaffene Organisationseinheit sein, deren erstrebte Selbstständigkeit erst durch Verleihung der Rechtsfähigkeit vollendet wird[740]. Das Bundesverfassungsgericht stellt deutlich grundrechtsdogmatisch geprägt und weniger greifbar auf die „rechtliche Verselbstständigung" als juristische Person ab und geht für die Kapitalgesellschaft davon aus, sie arbeite losgelöst von den dahinter stehenden Personen[741]. Letztlich lässt sich festhalten, dass die Diskussion um das Wesen der juristischen Person in Deutschland im 20. Jahrhundert nicht aufgehört hat und zugleich nicht abgeschlossen worden ist[742].

(3) Zwischenergebnis und Folgerungen

Unabhängig davon, ob die verschiedenen Lehren die Existenz eines sozialen Gebildes der juristischen Person leugnen oder anerkennen, lässt sich im Ergebnis festhalten, dass diese Ansätze den Zweckbegriff unberührt ließen. Der Theorienstreit hatte hier keinen Effekt: Schauplatz des Theorienstreits um das Wesen der juristischen Person war (und ist) ihre „Realität" in Beziehung auf die „hinter ihr stehenden Personen"[743]. Kristallisationspunkt war in gewisser Weise das „Unsichtbare" des sozialen Gebildes, oder, um mit *v. Savigny* zu sprechen, das *„ideale Ganze"*[744]. Dem Theorienstreit lag der wissenschaftliche Ehrgeiz zugrunde, die Wirklichkeit der unterschiedlichen Gebilde, die juristische Person sind, in einem Begriff zu erfassen[745].

Die verschiedenen Theorien sind aber im Hinblick auf den Zweckbegriff der juristischen Person wirkungsgleich. Denn an der grundsätzlichen Struktur haben sowohl die Zweckvermögenstheorie wie auch die Theorie der Zweckpersonifikation festgehalten, ohne dass noch wesentlich Neues gesagt worden wäre. Dies zeigt sich nicht nur an der in Bezug genommenen Entscheidung des BGH[746]. Auch *Flume* konstatierte 80 Jahre nach Inkrafttreten des BGB, der einzige Unterschied zwischen der körperschaftlich verfassten Person und der Stiftung als juristische Person bestehe darin, dass die Körperschaft als Wirkungseinheit autonom durch die Mitglieder

740 *Schultze- von Lasaulx*, in: Soergel, 10. Aufl. 1967, Vor § 21 Rn. 6.

741 BVerfG, Beschluss v. 21. Juni 2006, Az. 2 BvL 2/99, BVerfGE 116, 164, 198; es ist anzumerken, dass es bei der durch das BVerfG entschiedenen Frage um grundrechtliche Fragestellungen im Kontext der Besteuerung gewerblicher Einkünfte ging. In diesem Zusammenhang stellt der dogmatische Unterschied der Rechtssubjektsqualität einer Personengesellschaft und einer Kapitalgesellschaft das entscheidende Differenzierungsmerkmal dar.

742 *Coing*, Europäisches Privatrecht, Bd. 2, S. 343.

743 *Flume*, Die juristische Person, S. 25.

744 *v. Savigny*, System des heutigen römischen Rechts, Bd. 2, 1840, S. 243; siehe auch *Regelberger*, Pandekten, S. 298 ff.

745 Vgl. auch *Palm*, Person im Ertragsteuerrecht, S. 376 ff.

746 BGH, Urteil v. 11.07.1957, Az. II ZR 318/55, BGHZ 25, 134, 144.

bestimmt würde, während die als Stiftung verfasste Wirkungseinheit keine Mitglieder habe[747]. Zusammenfassend lässt sich daher festhalten, dass auch, nachdem der Theorienstreit überwiegend abgeklungen ist[748], Verbandsperson und Stiftung auf dem gleichen Zweckbegriff basieren.

Für die vorliegende Untersuchung lässt sich bis hierher Folgendes konstatieren: In der Entstehungsgeschichte der Stiftung bürgerlichen Rechts lassen sich mit Blick auf ihre dogmatische Grundlage keine Anhaltspunkte dafür festmachen, dass das Prinzip der Allzweckstiftung durch ein Verbot der Vermögensverwaltungsstiftung oder die Unzulässigkeit der Funktionsstiftung eine Einschränkung erfahren sollte. Stiftung und Korporation wurden gewissermaßen als „Zwillingsschwestern" in der Familie der juristischen Personen entwickelt. Unterschiede wurden – soweit es das Wesen der juristischen Person betrifft – lediglich bei dem der jeweiligen Rechtsform zugrundeliegenden Substrat beschrieben. Distinktionen hinsichtlich des Zwecks sind demgegenüber nicht bekannt. *Rittner* beschreibt die Stiftung daher auch als *„Ein-Mann-Gesellschaft ohne (lebenden) Gesellschafter"*[749].

(ee) Insbesondere: Der Stiftungszweck

Die bisherige Untersuchung hat das Augenmerk auf die Dogmatik und das Wesen der Stiftung gelegt. Soweit dabei keine hinreichende Grundlage für die behaupteten Begrenzung der Zweckfreiheit aufgezeigt werden konnte, sondern vielmehr der Beweis dafür erbracht wurde, dass die Freiheit der Wertverteilung auch in der Stiftung zulässig ist, stellt sich die Frage, ob sich aus dem konkreten Zweckbegriff und seiner historischen Entwicklung Schlüsse ziehen lassen. Zwar wurde bereits betont, dass es dem Stiftungsrecht an einer – dem Genossenschaftsrecht durchaus bekannten – eindeutigen Regelung fehlt. Gleichwohl ist zu prüfen, ob die historische Entwicklung bis zur heutigen Bedeutung des Stiftungszwecks Hinweise gibt.

(1) Privatrechtliche Entwicklungen

Während sich die Rechtslehre im 19. Jahrhundert hinsichtlich des dogmatischen Unterbaus der Stiftung hinreichend einigen konnte und so teils noch heute gültige Erkenntnisse gewann, war ihr Beitrag bezüglich anderer Fragen ungleich geringer, so auch hinsichtlich des Stiftungszwecks. Hatte schon *Mühlenbruch* hinsichtlich des Städel'schen Testaments formuliert, *„dass auf die rechtliche Beurtheilung dieser Streitsache der Zweck der Stiftung von gar keinem Einfuss seyn dürfe"*[750], machte er so seine Sichtweise deutlich, nach der nicht der Zweck, sondern die Rechtsform vorrangiger Gegenstand der Diskussion um den Städel'schen Erbfall und mithin des Stiftungsrechts im 19. Jahrhundert war.

---

747 *Flume*, Die juristische Person, S. 131.

748 *Larenz*, Allgemeiner Teil des deutschen bürgerlichen Rechts, § 9 I.

749 *Rittner*, Die werdende juristische Person, S. 237. Zum Vergleich mit der Kein-Mann-GmbH siehe *Schwarz*, BB 2001, S. 2381, 2383, dort Fn. 25.

750 *Mühlenbruch*, Rechtliche Beurtheilung des Städel'schen Beerbungsfalles, S. 60.

Umso bemerkenswerter ist dies, da der Stiftungszweck in rechtstatsächlicher Hinsicht eine deutliche Wandlung erlebte. In der Frage der Breite der Stiftungszwecke über den Bereich hinaus, den herkömmlich die „piae causae" ausgefüllt hatten, und der Zweckbestimmung des Stiftungswesens boten Begrifflichkeiten und Rechtssätze der Kanonistik keinen hinreichenden Ausgangspunkt mehr[751]. Seit dem Aufkommen des Christentums hatten insbesondere die Motive der christlichen Nächstenliebe die Stiftungswirklichkeit geprägt. In Gestalt der „piae causae" hatte die christliche Idee der „caritas" dem Stiftungswesen Auftrieb verliehen und im Mittelalter gar zu einer Blütezeit mit einem entwickelten Stiftungswesen geführt. Totengedenken und das Streben nach Fortwirken des Stifters im sozialen Leben fanden in ihnen christliche Gestalt als Betätigung von Glaube und Liebe[752].

Die Wirklichkeit des Stiftungszwecks wandelte sich in der Folgezeit auf Grund der Wirkungen der Aufklärung und der einsetzenden Säkularisierung. Im Sinne des Bewusstseins der sozialen Verantwortung des Einzelnen und eines Gefühls von Dankbarkeit für ein wirtschaftlich erfolgreiches Leben blieben die Motive zwar ähnlich. Gleichwohl fand eine Verweltlichung der Stiftungsidee und des Stiftungszwecks statt. An ihre Stelle trat in der frühen Neuzeit ein weit ausgreifendes Stiftungszweckverständnis[753]. Dies war zunächst mehr auf der Entwicklung beruhende Praxis denn anerkannte Theorie. Es erfolgte die Anerkennung von Stiftungen zugunsten von Stadtbefestigungen oder zum Bau von Wegen und Brücken. Die Aufklärung hatte das stiftungsrechtliche Denken in der Lehre der „pia causa" gewissermaßen beseitigt. Die *„pia* causa" war zur *„utilis causa"* geworden[754], also von der *„frommen"* zur *„nützlichen"* oder *„brauchbaren"* Sache.

Den Rechtsbegriff der Stiftung im weltlichen Sinne versuchte die Aufklärungszeit im Anschluss mit einem umfassenden diesseitigen Zweck zu beschreiben. Zwar ging diese sich immer mehr durchsetzende Erweiterung des Stiftungszwecks nicht ohne Widerspruch vonstatten. Es entspann sich eine Kontroverse zwischen den das weltliche römische Recht behandelnden Juristen und den Theoretikern des kirchlichen Rechts[755]. Gleichwohl wurde der Zweck mit Hilfe der Begriffe des „öffentlichen Nutzens" und des „Gemeinwohls" zu dieser Zeit in abstrakt-allgemeiner Form neu gefasst. Auf diese Weise suchte der Fürstenstaat, der seinerzeit generell die Fürsorge für das Gemeinwohl und die Einsicht in das „gemeine Beste" für sich beanspruchte, die Stiftung (und die in ihr gebundenen Vermögen) für eigene Ziele nutzbar zu machen.

Nachdem sich aber auch diese Zuordnung des Stiftungswesens zur weit ausgreifenden (fürsten-)staatlichen Gemeinwohl-Verwirklichung überlebt hatte, weil das zugrundeliegende Verständnis als mittelalterlicher Fremdkörper im neuen Stiftungsverständnis zunehmender Kritik ausgesetzt war, öffnete sich die Zweckbestimmung

---

751 *Schulze*, in: Deutsches Stiftungswesen 1977 bis 1988, S. 43.
752 *Schulze*, in: Deutsches Stiftungswesen 1977 bis 1988, S. 43.
753 *Coing*, Europäisches Privatrecht, Bd. 1, S. 294 f.
754 *Liermann*, Handbuch des Stiftungsrechts, Bd. 1, S. 230.
755 *Liermann*, Handbuch des Stiftungsrechts, Bd. 1, S. 251.

der modernen Stiftung erneut. Es bildeten sich für das Privatrecht die Grundlagen einer weitreichenden Abkehr von jeder Bezugnahme des Stiftungszwecks auf das Gemeinwohl heraus[756]. Denn die Gemeinwohlformeln der utilitas publica und des bonum commune waren für den Bereich des Privatrechts weithin als *„Zauberthesis"* diskreditiert, mit der der Absolutismus sein Belieben an die Stelle bürgerlicher Freiheiten setzen konnte[757].

Damit ist eine der Hauptlinien der Entwicklung des Stiftungsrechts bis hin zum BGB angesprochen: In der ersten Hälfte des 19. Jahrhunderts war es keineswegs gesichert, dass das Stiftungsrecht dem Privatrecht zugeordnet werden sollte. Nachdem bereits *Mühlenbruch* mit der eigentumsrechtlichen Frage die prinzipielle Verankerung der Stiftung im Privatrecht angesprochen hatte, setzte sich in der Folge die Auffassung von der Einordnung der Stiftung als Privatrechts-Subjekt durch. Galt infolgedessen die Stiftung – ungeachtet einiger Gegenmeinungen und gegenläufiger Entwicklungen – überwiegend als vorrangig privatrechtliches Institut[758], bot diese Sichtweise Anlass und zugleich Freiraum zu einer Neubewertung des Zweckbegriffs.

Diese Gelegenheit nutzte *v. Savigny*, der sich in der positiven Darstellung der Stiftungszwecke auf eine nicht abschließende, deskriptive Aufzählung der *„hauptsächlichen Zwecke"* beschränkte und als solche die Religionsausübung, die Geistesbildung sowie die Wohltätigkeit nannte[759]. Für unseren Zusammenhang ist besonders bemerkenswert, dass v. *Savigny* auf jede Herleitung von Stiftungszwecken aus dem Gemeinwohl oder sonst einem übergeordneten Prinzip verzichtete[760]. *v. Savigny* griff die schon gebräuchlichen Stiftungszwecke somit lediglich exemplarisch auf und öffnete von theoretischer Seite das Tor zu einer vom Gemeinwohl oder der Fremdnützigkeit unabhängigen Zweckbestimmung.

Die Herauslösung der Stiftung aus dem Gemeinwohlbezug festigt *Roth* anschließend mit aller Deutlichkeit, indem er seiner Definition der Stiftung die Feststellung voranstellt, dass *„demnach auf die Beschaffenheit des Zwecks, sofern derselbe ein erlaubter ist, nichts ankommt"*, nachdem – so Roth – *„die Beschränkungen des früheren Rechts, welches nur Stiftungen zu kirchlichen oder in den Geschäftsbereich der Kirche fallenden Zwecken kannte, hinweggefallen"* seien[761]. Diese völlige Unbestimmtheit des Stiftungszwecks in der juristischen Literatur kennzeichnet die gesamte zweite Hälfte des 19. Jahrhunderts[762].

---

756 *Schulze*, in: Deutsches Stiftungswesen 1977 bis 1988, S. 29, 44.
757 *Schulze*, in: Deutsches Stiftungswesen 1977 bis 1988, S. 29, 44.
758 *Liermann*, Handbuch des Stiftungsrechts, Bd. 1, S. 259.
759 *v. Savigny*, System des heutigen römischen Rechts, Bd. 2, 1840, S. 244.
760 *Schulze*, in: Deutsches Stiftungswesen 1977 bis 1988, S. 29, 46.
761 *Roth*, Über Stiftungen, Jehrings Jahrbücher 1857, S. 189, 202.
762 So etwa auch *Beseler*, System des gemeinen deutschen Privatrechts, §§ 65 ff., S. 255: „[...] die Stiftung, welche durch die Hingabe eines Vermögens zur Erreichung eines bestimmten dauernden Zwecks begründet wird."

(2) Korrektiv im öffentlichen Recht?

Es darf und soll nicht unberücksichtigt bleiben, dass die bisher betrachtete Entwicklung nur die Bestimmung der Stiftungszwecke aus dem Begriff der Stiftung als privatrechtliches Institut heraus betraf. Im 19. Jahrhundert wurde aber insbesondere im Stiftungsrecht trotz der liberal inspirierten Privatrechtsanschauung[763] die (öffentlich-rechtliche) Rolle des Staates hinsichtlich dieser Privatrechtssubjekte erörtert, sowohl mit Fokus auf seine Mitwirkung bei der Stiftungserrichtung wie auch als Stiftungsaufsicht. Obwohl die prinzipielle Stellung der Stiftung im Privatrecht anerkannt war, zeigt die Diskussion über Erfordernis und Reichweite der staatlichen Mitwirkung[764], dass es über den Umweg des öffentlichen Rechts für möglich gehalten wurde, staatlichen Einfluss auf die Stiftungszwecke auszuüben. Dem nunmehr vom Privatrecht getrennten öffentlichen Recht wäre so die Wirkung als Korrektiv der privatrechtlichen Zweckfreiheit zugekommen[765]. Für die vorliegende Untersuchung könnte dies zur Folge haben, dass trotz der Abkehr von Gemeinwohlbezug und Fremdnützigkeitserfordernis im *Privatrecht* das Stiftungsrecht des 19. Jahrhunderts mit Blick auf das *öffentliche* Recht weiter an den engen Zweckgrenzen festgehalten hätte. Hierauf ist im Folgenden einzugehen.

Nachdem sich bis zu den Gesetzgebungsarbeiten zum BGB die Stimmen, die für eine Mitwirkung des Staates (in Form einer Genehmigungsbedürftigkeit) eintraten, durchgesetzt hatten, hätte sich aus heutiger Sicht den Vertretern dieser Sichtweise die Frage aufdrängen müssen, welche Kriterien bei der Genehmigung von Stiftungen zu berücksichtigen sein sollten. Tatsächlich finden sich dazu in den Quellen wenige Stellungnahmen[766]. So ist *v. Savigny* lediglich zu entnehmen, dass er zwar einerseits dem Staat ohne die nähere Bestimmung von Grenzen einen weiten Handlungsspielraum belassen, andererseits aber der älteren Tradition folgend politische, polizeiliche und staatswirtschaftliche Gründe der Gefahrenabwehr berücksichtigt wissen will[767]. *v. Savignys* Zurückhaltung gegenüber einer Festlegung näherer Kriterien der Genehmigungserteilung – und mithin öffentlich-rechtlichen Anforderungen an den Stiftungszweck – wird auch in der weiteren Entwicklung nicht überwunden[768]. Zu nennen ist hier auch *v. Gierke*, der zwar hinsichtlich der Begründung

763 Dazu bereits oben.

764 Anknüpfungspunkt der wissenschaftlichen Kontroverse war vorrangig die Frage, ob in dogmatischer Hinsicht zur Begründung einer Stiftung neben Disposition des Stifters auch ein staatlicher Akt erforderlich sei.

765 *Schulze*, in: Deutsches Stiftungswesen 1977 bis 1988, S. 29, 47.

766 *Schulze*, in: Deutsches Stiftungswesen 1977 bis 1988, S. 29, 49.

767 *v. Savigny*, System des heutigen römischen Rechts, Bd. 2, 1840, S. 278.

768 So geht etwa auch *Roth*, Über Stiftungen, Jehrings Jahrbücher 1857, S. 189 ff., nicht auf etwaige Merkmale der staatlichen Genehmigung ein. *Schulze*, in: Deutsches Stiftungswesen 1977 bis 1988, S. 29, 50 f., arbeitet als Grund dafür, dass die Literatur zwar einerseits die Regeln für die Aufhebung der Stiftung einzeln erörterte und ihr enge Grenzen setzte, während sie sich zugleich hinsichtlich allgemeiner Maßstäbe für die Genehmigung in Zurückhaltung übte, das Fortwirken polizeilicher

der juristischen Persönlichkeit der Stiftung (in Kritik an der Fiktionstheorie) einen anderen Ansatz verfolgte[769], aber gleichwohl eine Genehmigungsbedürftigkeit bei Stiftungserrichtung vorsah. Ebenso wenig wie die herrschende Sichtweise bildete er für die staatliche Genehmigungsprüfung materielle Maßstäbe, sondern befürwortete die allgemeine Entscheidungsfreiheit des Staates[770].

Auch bei den Gesetzgebungsarbeiten zum BGB wurden keine Festlegungen dazu getroffen, nach welchen Kriterien der Staat beabsichtigte Stiftungserrichtungen prüfen sollte. Dies gilt insbesondere auch hinsichtlich der Genehmigung von gemeinwohlneutralen Stiftungen, Stiftungen also, die weder das Gemeinwohl fördern noch ihm zu dienen bestimmt sind[771]. Vielmehr stellte das Stiftungsrecht des (ausgehenden) 19. Jahrhunderts an die Stelle normativer Regelungen die – von rechtlichen Maßstäben freie – Kontrollfunktion des Staates[772] und verzichtet vollständig darauf, Leitlinien oder Kriterien für die staatliche Entscheidung festzulegen.

Vor diesem Hintergrund ist festzuhalten, dass die Rechtswissenschaft des 19. Jahrhunderts auch im öffentlich-rechtlichen Kontext keine Vorstellung von der Zweckbreite oder der zulässigen Zweckbestimmung der modernen Stiftung entwickelt hat. Während sich der privatrechtliche Begriff der Stiftung als juristische Person von dem mittelalterlichen Verständnis gelöst hatte, knüpfte das Stiftungsverständnis des öffentlichen Rechts zwar weiterhin an der stiftungspolizeilichen Tradition an. Gewissermaßen um den staatlichen Einfluss im Stiftungswesen zu erhalten, wurde im öffentlichen Recht aber auf jede normative Festlegung verzichtet. Darüber hinaus ist auch jenseits normativer Festlegungen für die zweite Hälfte des 19. Jahrhunderts in der Literatur kein gefestigtes Meinungsbild zu den Prüfungsmaßstäben und der Zweckbestimmung der Stiftung feststellbar. Für den hier untersuchten Zusammenhang hat dies zur Folge, dass auch den öffentlich-rechtlichen Überlegungen dieser Zeit keine Hinweise auf eine positive oder negative Festlegung von Grenzen zulässiger Stiftungszwecke entnommen werden können. Nachdem aber im 19. Jahrhundert keine Determinanten zulässiger Stiftungszwecke festgelegt wurden, können die Entwicklungen dieser Zeit auch nicht als Grundlage für die Herleitung bestimmter Stiftungszweckverbote beansprucht werden. Vielmehr ist festzuhalten, dass sich aus dem (öffentlich-rechtlichen) Stiftungsrecht dieser Zeit gerade keine Hinweise auf grundsätzliche Stiftungszweckverbote entnehmen lassen.

Traditionen heraus. Der Aufhebung als einem Eingreifen in ein bestehendes Recht seien schon aus zeitgenössischem rechtsstaatlichem Verständnis Rechtsschranken gesetzt gewesen. Solange die Stiftung aber noch nicht genehmigt worden sei und mithin noch nicht existierte, hätte das staatliche Handeln – nach damaligem Verständnis – noch nicht in entsprechende Schranken gewiesen werden müssen. Dieses Verständnis habe erst die Entwicklung der Verwaltungsrechtswissenschaften seit dem ausgehenden 19. Jahrhundert korrigiert.

769 Vgl. *v. Gierke*, Personengemeinschaften und Vermögensbegriffe, S. 40 f.

770 *v. Gierke*, Personengemeinschaften und Vermögensbegriffe, S. 41.

771 *Schulze*, in: Deutsches Stiftungswesen 1977 bis 1988, S. 29, 51.

772 *Schulze*, in: Deutsches Stiftungswesen 1977 bis 1988, S. 29, 52.

(3) Zwischenergebnis und Folgerungen

Unter dem Eindruck der geänderten Stiftungswirklichkeit, insbesondere einer Abkehr vom kirchlichen Stiftungsrecht und einer Zunahme rein weltlicher Stiftungserrichtungen, öffnete sich auch auf rechtstheoretischer Ebene die Einordnung der Stiftung. Die Definition der Stiftung war zu Beginn der Kodifikationsarbeiten zum BGB folglich schlicht: Stiftung sei *„das durch Verfügung des Stiftenden einem gewissen Zwecke gewidmete und zu diesem Behufe selbstständig gestellte Vermögen.*“[773] Besonders bemerkenswert an dieser Definition ist, dass sie hinsichtlich der Zwecksetzung weder Gemeinnützigkeit noch Fremdnützigkeit vorsieht. Vielmehr blieb der Zweck sowohl materiell[774] wie auch nach der Form[775] unspezifiziert[776]. Es wird eine vollkommene Zweckneutralität deutlich, die auch eine Verwaltungsstiftung erlauben würde.

Aus der parallelen Entwicklung der Stiftung und der Körperschaften lässt sich zudem folgern, dass der Gesetzgeber zu Beginn der Kodifikationsarbeiten hinsichtlich des Zwecks von einem genauso wertneutralen Leitbild ausgegangen ist, wie es den Körperschaften zugrunde lag. Das Leitbild der Stiftung hatte sich der Mildtätigkeit und des Gemeinwohls entledigt. Es zeichnete sich alleine durch die zweckneutrale Bereitstellung einer Rechtsform aus. Vorbehaltlich der nachfolgenden Prüfung der Gesetzgebungsarbeiten zum BGB muss also festgehalten werden, dass die Rechtswissenschaft bezüglich Stiftung und Körperschaft im ausgehenden 19. Jahrhundert das gleiche Zweckverständnis verfolgte.

(ff) Das Fehlen einer Stellungnahme im BGB

Auch wenn die vorstehend angesprochene Kontroverse über die Verortung der Stiftung in das Privatrecht (oder in das öffentliche Recht)[777] auch die Kodifikationsberatungen bis zuletzt prägte, überwogen aus Sicht der Redaktoren doch die Vorteile einer reichsweiten Rechtsvereinheitlichung durch das BGB. Mit Veröffentlichung der ersten Entwürfe eines Deutschen Bürgerlichen Gesetzbuches verlagerte sich die Diskussion um die juristische Person auf die gesetzespolitische Entwicklung.

---

773 *Schubert*, Die Vorlagen der Redaktoren, Allgemeiner Teil, Bd. 1, S. 566, 694; siehe auch *Pennitz*, in: Historisch-kritischer Kommentar, §§ 80–89 Rn. 23.

774 *Schulze*, in: Deutsches Stiftungswesen 1977 bis 1988, S. 29, 45 f., 52 ff.

775 *Mugdan*, Die gesammelten Materialien zum BGB, Bd. I, S. 660.

776 Vgl. im Hinblick auf die zeitliche Dimension des Zwecke *Steils*, Die Stiftung auf Zeit und die Verbrauchsstiftung, S. 78.

777 Einzelne Stimmen im Schrifttum gingen zu Beginn der Kodifikationsarbeiten noch davon aus, dass auf Grundlage ihres Verständnisses von der Stiftung als einem Gebilde des öffentlichen Rechts eine Regelung der Stiftung im BGB sachlich falsch und zudem kompetenzrechtlich unzulässig gewesen wäre; siehe *Liermann*, Handbuch des Stiftungsrechts Bd. 1, S. 274.

(1) Die Entwürfe und Beratungen zum BGB

(a) Der Vorentwurf von Gebhard und die Stiftung als juristische Person

Bei genauer Betrachtung der Kodifikation des Stiftungsrechts ist man geneigt zu konstatieren, dass das Stiftungsrecht im Zuge der Kodifikationsarbeiten auch noch die letzten Spuren des ursprünglichen Stiftungsdenkens verloren hat. *Gebhard*[778] hatte in seinem Vorentwurf die juristische Person noch als *„Personenvereine, Anstalten und Vermögensinbegriffe[...]"*[779] beschrieben. An anderer Stelle der Begründung zum Vorentwurf ist zudem festgehalten, der Entwurf begreife Stiftungen als *„juristische Personen, deren Substrat in einem gewissen Zwecken gewidmeten Vermögensbegriffe besteht, oder in einer Anstalt, in welcher sich, bildlich gesprochen, der Widmungszweck verkörpert"*[780]. Mit der besonderen Erwähnung der Anstalten neben den Stiftungen hatte er aufgegriffen und in die neu zu schaffende Kodifikation zu überführen versucht, dass bei Stiftungen, sofern bei ihnen die Verfolgung des Stiftungszwecks in einer Anstalt verkörpert sei, nach altem Verständnis die Anstalt selbst und nicht die juristische Person als Rechtssubjekt gedacht werde[781]. Ferner werde das den kirchlichen Bedürfnissen gewidmete Vermögen vielfach als Anstalt verstanden[782]. *Gebhard* versuchte also, an hergebrachten Merkmalen des Stiftungsrechts festzuhalten. Dass im BGB der Unterschied zwischen Anstalts- und Hauptgeldstiftungen – im Gegensatz zu *Gebhards* Überlegungen – nicht einmal mehr angedeutet wird, zeigt mit aller Deutlichkeit, wie sehr sich die Redaktoren Ende des 19. Jahrhunderts vom Ausgangspunkt der Entwicklung entfernt hatten[783].

---

778 Bei dem Teilentwurf handelt es sich um die 1882 veröffentlichte Beratungsvorlage zum Recht der juristischen Person, die auf den badischen Ministerialrat Albert Gebhard zurückgeht, der von der Ersten Kommission zum Redaktor des Allgemeinen Teils eingesetzt worden war. In Gebhards Entwurf blieb das Stiftungsrecht fast vollständig ungeregelt. Er begnügte sich mit einem Paragraphen, der die Materien der Genehmigung und Staatsaufsicht der Landesgesetzgebung zuwies und sonst auf das Vereinsrecht Bezug nahm. Gleichwohl enthält die Vorlage von Gebhard eine umfangreiche Entwurfsbegründung inklusive einer vergleichenden Darstellung des damals geltenden Stiftungsrechts in den deutschen Ländern sowie Österreich und der Schweiz.

779 *Jakobs/Schubert*, Die Beratung des BGB, S. 154; *Gebhard*, Teilentwurf des Allgemeinen Teils, abgedruckt in: Schubert, Vorentwürfe der Redaktoren zum BGB, AT, Teil 1, S. 510.

780 *Gebhard*, Teilentwurf des Allgemeinen Teils, abgedruckt in: Schubert, Vorentwürfe der Redaktoren zum BGB, AT, Teil 1, S. 694.

781 Gebhard, Teilentwurf des Allgemeinen Teils, abgedruckt in: Schubert, Vorentwürfe der Redaktoren zum BGB, AT, Teil 1, S. 516 ff., 695 f.

782 Gebhard, Teilentwurf des Allgemeinen Teils, abgedruckt in: Schubert, Vorentwürfe der Redaktoren zum BGB, AT, Teil 1, S. 697.

783 Siehe dazu *Mugdan*, Die gesammelten Materialien zum BGB, Bd. I, S. 396.

Die Vorentwürfe zum BGB fußten auf dem neuen Verständnis von der juristischen Person und der selbstständigen Stiftung[784]. Hatte *Gebhard* anfangs noch die Absicht, Elemente des mittelalterlichen Stiftungsdenkens zu berücksichtigen und auf diese Weise die (von ihm beschriebene) Stiftungswirklichkeit in der Kodifikation abzubilden, orientierte sich die Zweite Kommission allein an der Schaffung der neuen Rechtsformen. Dabei war der Rückgriff auf die ältere historische Entwicklung und eine scheinbar in der Geschichte vorgegebene Idee der Institution versperrt, sodass sie auch nicht als Orientierungshilfe dienen konnte. Wie *Roth* richtig feststellte, war das neue Stiftungsverständnis aufgrund der historischen Entwicklung lösgelöst vom ursprünglichen Denken: *„Nachdem die die Entstehung der Stiftung normierenden Rechtssätze des römischen Rechts und des Kirchenrechts des Mittelalters durch das Hinwegfallen ihrer Voraussetzungen ihre Anwendbarkeit verloren haben, so sind die Stiftungen, wie sie jetzt erscheinen, als ein Product der neueren Rechtsentwicklung aufzufassen.*"[785]

(b) Bedeutung des Stiftungszwecks im Kommissionsentwurf

Nach Ansicht der Ersten Kommission bestand das Wesen der juristischen Persönlichkeit *„für das bürgerliche Recht darin, dass die an sich nur den natürlichen Personen zustehende Vermögensfähigkeit kraft positiver Satzung einem Personenverein oder einem Vermögensinbegriff beigelegt ist*"[786]. Die nach ihrer Ansicht gegebene dogmatische Nähe der beiden Rechtsformen bringen die Mitglieder der Ersten Kommission schließlich auch dadurch zum Ausdruck, dass sie für die weitere Redaktion in Erwägung ziehen, die für die Körperschaft und die Stiftungen wirkungsgleichen Bestimmungen gemeinschaftlich zu fassen[787]. So beantragte *Kurlbaum*, die auf Körperschaften bezogenen Vorschriften *„mit Ausnahme derjenigen, welche sich auf Mitglieder beziehen*", auch auf Stiftungen anzuwenden[788].

War bezüglich der Breite des Stiftungszwecks der Beitrag des Schrifttums in der ersten Hälfte des 19. Jahrhunderts bereits wenig aussagekräftig, so setzte sich die

---

784 Entgegen *Gebhards* Überlegungen überwog bei den Beratungen der Ersten Kommission die Ansicht, dass das Stiftungsrecht im BGB zu regeln sei. In diesem Sinne beantragte Planck die folgende Festlegung: „Die Verfassung einer mit juristischer Persönlichkeit versehenen Stiftung wird, so weit sie nicht auf Reichs- oder Landesgesetz beruht, durch das Stiftungsgeschäft bestimmt"; siehe dazu *Jakobs/Schubert*, Beratungen zum BGB, S. 375.

785 *Roth*, Über Stiftungen, Jehrings Jahrbücher 1857, S. 189 ff., 201 f.

786 *Mugdan*, Die gesammelten Materialien zum BGB, Bd. I, S. 395. Dementsprechend heißt es in § 41 des Ersten Entwurfs: „Personenvereine und Stiftungen können die Fähigkeit haben, als solche selbstständig Vermögensrechte und Vermögenspflichten zu haben (jur. Persönlichkeit)."

787 *Jakobs/Schubert*, Die Beratung des BGB, S. 376, 378.

788 *Jakobs/Schubert*, Die Beratung des BGB, S. 376.

Zurückhaltung hierzu auch bei den Gesetzgebungsarbeiten zum BGB fort[789]. So hatte der Teilentwurf von *Gebhard* weder im Gesetzesentwurf selbst noch in seiner umfangreichen Begründung Ausführungen zum Zweck der Stiftung enthalten. Auch den Beratungen zum Kommissionsentwurf ist lediglich der folgende Hinweis zu entnehmen: Dem Wesen der Stiftung liege zugrunde, dass sie nur dadurch *„zur Entstehung gelangen könne, daß ein Vermögensganzes, ein Bruchteil eines solchen oder einzelne Gegenstände selbständig gestellt und einem bestimmten Zwecke dienstbar gemacht würden"*[790]. Wie schon hinsichtlich des zeitgenössischen Schrifttums dargelegt, lässt dieses Beratungsergebnis der Ersten Kommission die Feststellung zu, dass es ihren Mitgliedern allein auf die Bestimmung *eines* Zwecks ankam.

(c) Der Zweck nach dem Verständnis der Zweiten Kommission

Konkrete Vorstellungen hat auch die Zweite Kommission hinsichtlich des Zwecks nicht entwickelt. Soweit sich dies aus den Protokollen erkennen lässt, forderte die Zweite Kommission (entsprechend der bereits erörterten Sichtweise) einen generellen Genehmigungsvorbehalt des Staates, ging aber in ihren Beratungen nicht auf konkrete Prüfungskriterien ein[791]. Zwar beziehen sich die Protokolle an einer Stelle ausdrücklich auf die wohltätige Wirkung der Stiftungen, wenn dort festgehalten wird, *„[d]as Gesetz lasse die exorbitante Wirksamkeit des Einzelwillens zu wegen der wohltätigen Wirkung der Stiftungen"*[792]. Unmittelbar relativierend hierzu wirken aber schon die (vorstehenden[793]) und anschließenden Hinweise zur Genehmigungsbedürftigkeit der Familienstiftungen, *„bei denen nur Privatinteressen in Frage kämen"*[794]. Nachdem auch diese rein privatnützigen und damit nicht wohltätigen Stiftungen nach dem Willen der Zweiten Kommission zulässig sein sollten, erhellt sich die geringe Aussagekraft der vorstehend zitierten Protokollstelle.

Gleiches gilt auch für die Feststellung, der einzelne Mensch sei nicht ohne Weiteres berechtigt ein Vermögen einem *„beliebigen Zweck dienstbar zu machen"*[795]. Zwar greifen die Materialien diese Bedenken an anderer Stelle wieder auf, wenn der Bericht der Reichstagskommission zum BGB anmerkt: *„Die, wie das praktische Leben zeige, keineswegs seltene Neigung, Stiftungen zu törichten, unnützen oder bizarren*

789 Anders hatte dies noch das ALR gehandhabt, in dem normiert war, dass Stiftungen, die auf die Beförderung „schädlicher Neigungen" abzielten, zu verhindern waren, und in diesem Zusammenhang in ALR II 19 § 7 beschrieben wurde, dass dies solche Stiftungen seien, durch die schädlicher Müßiggang, besonders unter den niederen Volksklassen, genährt und der Trieb zur Arbeitsamkeit geschwächt werde.

790 *Jakobs/Schubert*, Die Beratung des BGB, S. 386.

791 *Mugdan*, Die gesammelten Materialien zum BGB, Bd. I, S. 660; so auch *Schulze*, in: Deutsches Stiftungswesen 1977 bis 1988, S. 29, 51.

792 Protokolle der Kommission für die zweite Lesung, Bd. 1, S. 586.

793 Protokolle der Kommission für die zweite Lesung, Bd. 1, S. 585.

794 Protokolle der Kommission für die zweite Lesung, Bd. 1, S. 588; vgl. auch *Schulze*, in: Deutsches Stiftungswesen 1977 bis 1988, S. 29, 51.

795 *Mugdan*, Die gesammelten Materialien zum BGB, Bd. I, S. 660.

Zwecken zu errichten, dürfe durch das Gesetz in keiner Weise unterstützt werden.“[796] Allerdings wird im darauf folgenden Satz ausgeführt, dass die Abgrenzung zwischen zu billigenden Zwecken und nicht billigenswerten allein durch die staatliche Behörde erfolgen solle. Daran zeigt sich schon hier, dass dieser Hinweis in Ansehung der staatlichen Genehmigung erfolgte. Im Hinblick auf die Entscheidung der Behörde bestand aber unter den Mitgliedern der Kommission insoweit Einigkeit, als diese mit „*Rücksicht auf das Gemeinwohl*“ zu erfolgen habe[797]. Es muss also – um auf die vorstehenden Zitate zurückzukommen – davon ausgegangen werden, dass sie nicht als positive und generell-abstrakte Festlegung der zulässigen Zweckbreite zu verstehen sind, sondern allenfalls als negative Grenzziehung im stiftungspolizeilichen Sinne. Die Stellungnahmen der Zweiten Kommission halten also ebenfalls keine Beweise für eine Einengung des Prinzips der Allzweckstiftung bereit.

Dafür spricht auch, dass eine während der Zweiten Lesung vorgeschlagene Einengung des Ermessensspielraums der Genehmigungsbehörde von der Mehrheit der Mitglieder der Zweiten Kommission abgelehnt wurde. So hatte *Gröber* beantragt, eine Vorschrift aufzunehmen, nach der die Genehmigung einer Stiftung nicht versagt werden dürfe, wenn sie „*einen gemeinnützigen oder wohltätigen Zweck verfolgt*“[798]. Eine solche Regelung hätte im Rahmen der vorliegenden historischen Auslegung als Fingerzeig darauf gewertet werden müssen, dass der Gesetzgeber mit der Schaffung der Stiftung jedenfalls bevorzugt gemeinnützige Zwecke fördern wollte. Dass die Zweite Kommission den Antrag aber ablehnte[799], ist ein weiterer Hinweis dafür, dass sich dem BGB keine Regelung über die zulässige Zweckbreite des Stiftungszwecks entnehmen lässt. Das hat zur Folge, dass letztlich unbestimmt blieb, nach welchen Kriterien der Staat bei der Genehmigung entscheiden sollte[800].

(d) Zusammenfassung

Im Ergebnis ist also festzuhalten, dass aus dem Hinweis auf die privatnützige Familienstiftung, aber insbesondere aus der Erörterung der Gemeinwohlkonformität der Schluss zu ziehen ist, dass der Gesetzgeber keine normativen Vorgaben bezüglich der Zweckbreite machen wollte. Es ist auch nicht davon auszugehen, dass der historische Gesetzgeber die Grenzen des Rechtsinstituts Stiftung allein deswegen nicht genauer bestimmt habe, weil er keine Kenntnis von den aufkommenden unternehmerisch tätigen Stiftungen hatte[801]. Zwar zeigt die Korrelation verschiedener

---

796 *Mugdan*, Die gesammelten Materialien zum BGB, Bd. I, S. 961.

797 *Mugdan*, Die gesammelten Materialien zum BGB, Bd. I, S. 660.

798 *Jakobs/Schubert*, Die Beratung des BGB, S. 413.

799 *Jakobs/Schubert*, Die Beratung des BGB, S. 414.

800 Vgl. Protokolle der Kommission für die zweite Lesung, Bd. 1, S. 588.

801 So aber *Pavel*, Eignet sich die Stiftung für den Betrieb erwerbswirtschaftlicher Unternehmen?, S. 14 ff., der insbesondere darauf abstellt, dass der Gesetzgeber bei der Kodifikation des Vereinsrechts die Möglichkeit einer wirtschaftlichen Betätigung des Vereins gesehen habe und dem Fehlen entsprechender Regelungen

Stiftungszwecke im Hinblick auf die Zeit der jeweiligen Stiftungserrichtung, dass ein Aufkommen der betrieblichen und unternehmerischen Stiftungszwecke erst nach Inkrafttreten des BGB erkennbar ist. Bei den bis zu Beginn des 20. Jahrhunderts errichteten Stiftungen liegt der Schwerpunkt demgegenüber eindeutig bei den milden und gemeinnützigen Zwecken[802]. Gleichwohl spricht viel dafür, dass der Gesetzgeber vor dem Hintergrund prominenter Gründungen[803] unternehmensverbundener Stiftungen zu diesem Zeitpunkt genaue Kenntnis von dieser Anwendungsmöglichkeit hatte[804]. Deshalb lässt die Tatsache, dass der Gesetzgeber zur dieser Zeit unternehmensbezogene Zweckarten außer Betracht gelassen hat, keine Schlüsse über ihre Zulässigkeit zu[805].

Die Zweite Kommission stellt fest, dass *„im Gesetz keine Vorschriften über den Zweck der Stiftungen gegeben werden können“*[806]. Ein Hinweis auf die dieser Entscheidung zugrundeliegende Erwägung ist dem Bericht der Reichstagskommission zum BGB zu entnehmen, wenn es dort heißt, *„da eine Abgrenzung sittlich oder wirtschaftlich zu billigender Zwecke von den nicht billigenswerten nicht erfolgen könne, so sei es ganz unvermeidlich, die Entscheidung darüber im Einzelfalle der staatlichen Genehmigung anheimzustellen“*[807]. Waren die früheren Kodifikationen deutlich kasuistisch geprägt und auf bestimmte relativ eng umrissene Fallgruppen zugeschnitten, war das gesetzgeberische Ziel nun eine allgemeine Bestimmung des Stiftungswesens.

Von besonderer Bedeutung ist außerdem auch, dass die Redaktoren diese Entscheidungen in Kenntnis der zeitgenössischen Entwicklungen der Stiftungswirklichkeit trafen. So führte die Dogmatik von der juristischen Persönlichkeit aller selbstständigen Stiftungen letztlich zu einer fast unbegrenzten stifterischen Selbstherrlichkeit[808]. Dieser Entwicklung hätte der Gesetzgeber durch hinreichende – rechtspolitisch motivierte – Vorgaben bezüglich des Stiftungszwecks entgegentreten können. Entgegen dieser Möglichkeit ergibt sich aus den Gesetzmaterialien ein planvolles Unterlassen des Gesetzgebers.

(2) Die Fassung des BGB von 1900

Das BGB in der Fassung von 1900 nennt als Arten der juristischen Person des Privatrechts einerseits die Körperschaften und andererseits die Stiftungen. Es lässt keinen

---

im Stiftungsrecht den Schluss auf die Unkenntnis hinsichtlich unternehmerischer Stiftungstätigkeit zieht.

802 *Vinken*, Die Stiftung als Trägerin von Unternehmen und Unternehmensteilen, S. 60 f.

803 So z. B. die 1889 gegründete Carl-Zeiss-Stiftung.

804 Dagegen ist sich *Pavel*, Eignet sich die Stiftung für den Betrieb erwerbswirtschaftlicher Unternehmen?, S. 14, sicher, dass dem Gesetzgeber des BGB die unternehmensverbundene Stiftung nicht bekannt war.

805 So im Ergebnis auch *Stengel*, Stiftung und Personengesellschaften, S. 46.

806 *Mugdan*, Die gesammelten Materialien zum BGB, Bd. I, S. 660.

807 *Mugdan*, Die gesammelten Materialien zum BGB, Bd. I, S. 961.

808 *Pleimes*, Irrwege der Dogmatik im Stiftungsrecht, S. 93.

Zweifel daran, dass alle selbstständigen Stiftungen juristische Persönlichkeit besitzen. Obwohl die unter der Überschrift „Juristische Personen“ folgenden Vorschriften der §§ 21 ff. BGB auf den eingetragenen Verein zugeschnitten sind, stellen sie einen „Allgemeinen Teil“ für alle Körperschaften und darüber hinaus, wie insbesondere an § 31 BGB deutlich wird, für alle Arten der juristischen Personen dar[809].

Für das Stiftungsrecht stellt sich das 19. Jahrhundert als Ausgangspunkt und geistige Grundlage unserer heutigen Rechtslage dar. In der Zeit zwischen Reformation und Aufklärung waren die Grundlagen des älteren europäischen Stiftungsdenkens gewissermaßen vollständig verloren gegangen[810]. Die anschließende Neubegründung eines modernen Stiftungsverständnisses trat insoweit in Gegensatz zum hergebrachten Stiftungsdenken, als nunmehr auf jede allgemeine Bestimmung der Stiftungszwecke verzichtet wurde[811]. Die bedeutenden Protagonisten dieser Entwicklung hatten die Stiftung als juristische Person begründet und in diesem Kontext den Korporationen angenähert. Zugleich hatten sie mit Rücksicht auf die Erfahrungen des Umbruchs und entsprechend der liberalen Grundanschauung dieser Zeit darauf verzichtet, den „neuen“ Stiftungszweck in seiner Breite zu begrenzen. Allein *dass* ein Vermögen zu einem bestimmten Zweck gewidmet sein musste, wurde (konstitutives) Merkmal der neuen Rechtsform[812]. *Welcher* Zweck dies sein konnte, blieb außerhalb der Überlegungen. Überspitzt formuliert hatte das 19. Jahrhundert allein die Rechtsform Stiftung hervorgebracht, die in dieser formalen Gestalt Einzug in das BGB hielt. Indem die Theorie des 19. Jahrhunderts die Stiftung stets im Rahmen der Lehre der juristischen Person behandelte, hat sie die Stiftung im historischen Kontext gewissermaßen isoliert. Die Kodifikation war daran ausgerichtet, welche privatrechtlichen Bestimmungen für die Stiftung als juristische Person erforderlich waren[813]. Folglich wurde das Stiftungsrecht nur so weit geregelt, wie es für die konstitutiven Merkmale der Rechtsform von Bedeutung war[814]. Vornehmlich das

---

809 *Flume*, Die juristische Person, S. 95.

810 *Schulze*, in: Deutsches Stiftungswesen 1977 bis 1988, S. 29, 52.

811 *Schulze*, in: Deutsches Stiftungswesen 1977 bis 1988, S. 29, 53.

812 *Schulze*, in: Deutsches Stiftungswesen 1977 bis 1988, S. 29, 54.

813 Die Materialien (vgl. Mugdan, Die gesammelten Materialien zum BGB, Bd. I, S. 418) bestimmen insofern den Kodifikationsauftrag des Reichsgesetzgebers folgendermaßen: „Das auf die Begründung einer Stiftung gerichtete Rechtsgeschäft ist ein rein privatrechtlicher Vorgang [...]. Auch handelt es sich nicht bloß um die Regelung des Stiftungsgeschäfts, sondern zugleich um die nähere Bestimmung der Art und Weise, wie die einer Stiftung gewidmeten Vermögensgegenstände aus dem Vermögen des Stifters ausscheiden und auf die Stiftung übergehen.“

814 Wie bereits erwähnt, wurde auf eine Begriffsbestimmung der juristischen Person im BGB verzichtet; siehe dazu § 6C.III.5.b)(dd)(2) dort insbesondere Fn. 726. Aufschlussreich ist insofern auch der Bericht der Reichstagskommission zur Entstehung des Genossenschaftsgesetzes von 1889, in dem vermerkt ist, dass man von einer ausdrücklichen Vorschrift abgesehen habe, weil der Begriff der juristischen Person so umstritten sei; vgl. *Coing*, Europäisches Privatrecht, Bd. 2, S. 363 m. w. N.

prinzipielle Genehmigungserfordernis[815] und vor allem das als rein privatrechtlicher Vorgang verstandene Stiftungsgeschäft[816] wurden als regelungsnotwendig erachtet, wie auch ein Blick auf den Verlauf der Beratungen bestätigt, der den stetig wachsenden Umfang des Stiftungsrechts in den Entwürfen offenbart: Während in *Gebhards* Teilentwurf zur juristischen Person von 1881 nur eine Vorschrift Regelungen bezüglich der Stiftung trifft, sind im Ersten Entwurf von 1887 schon fünf Paragraphen, im Zweiten Entwurf von 1895 sechs und im Gesetz schließlich neun Paragraphen betreffs der Stiftung enthalten.

Soweit die Gesetzesmaterialien an verschiedener Stelle explizit kirchliche Zwecke ansprechen, die milden Stiftungen aufgreifen oder Ausführungen dazu enthalten, dass ab dem 16. Jahrhundert Stiftungen zu wohltätigen Zwecken errichtet worden seien[817], stehen diese Erläuterungen an keiner Stelle explizit in Bezug zu dem Zweckverständnis der Kodifikatoren. Diese Passagen beziehen sich in erster Linie auf die behördliche Genehmigung, das lebzeitige oder letztwillige Stiftungsgeschäft oder die Abgrenzung von öffentlich-rechtlichen zu privatrechtlichen Stiftungen[818]. Zudem ist der deskriptive Charakter dieser Textstellen bedeutsam. Denn aus diesen Beschreibungen des gegenwärtigen (von den Redaktoren vorgefundenen) Stiftungswesens lassen sich präskriptive Bestimmungen nicht entnehmen. Es ist also zu betonen, dass weder das BGB selbst noch die Gesetzesmaterialien die Festlegung einer Aufgabenstellung des Stiftungswesens enthalten. Die neu geschaffene Rechtsform Stiftung war bei Inkrafttreten des BGB somit nicht mit einem „Auftrag“[819] versehen, aus dem sich Grenzen des Stiftungswesens ergeben hätten. Auch eine dem US-amerikanischen Recht vergleichbare „general charitable intention“, also eine dem Stiftungsgeschäft zu entnehmende Gemeinwohlförderungsabsicht, fordert das deutsche Stiftungsrecht nicht[820]. Bei unbefangener Prüfung verwundert es daher nicht, dass die Autoren nach Inkrafttreten für die Praxis lediglich die Angabe *„eines bestimmten Lebenszwecks“* forderten[821].

Vielmehr ist dem Stiftungsrecht in der Fassung zum Zeitpunkt des Inkrafttreten des BGB lediglich zu entnehmen, dass Stiftungen in ihrer Zwecksetzung das Gemeinwohl nicht gefährden durften. Dass dementgegen der Gesetzgeber grundsätzlich von einem Verbot bestimmter Stiftungszwecke ausging, lässt sich auf Grundlage

815 Aufschlussreich hierzu sind auch die Protokolle der Vorkommission des Reichsjustizamtes, *Jakobs/Schubert*, Die Beratung des BGB, S. 395 f.
816 *Jakobs/Schubert*, Die Beratung des BGB, S. 387 ff.
817 Protokolle der Kommission für die zweite Lesung, Bd. 1, S. 585.
818 Protokolle der Kommission für die zweite Lesung, Bd. 1, S. 585: „Rechtsgeschichtlich habe sich der Stiftungsbegriff aus Widmungen entwickelt [...]“.
819 Wenn hier der Terminus Auftrag in Anführungsstriche gesetzt ist, dann soll damit prononciert darauf hingewiesen werden, dass dem BGB ein eindeutiges gesetzespolitisches Leitbild für die Stiftung nicht zu entnehmen ist.
820 Vgl. *Burgard*, Gestaltungsfreiheit im Stiftungsrecht, S. 134.
821 *Rehbein*, Das Bürgerliche Gesetzbuch mit Erläuterungen für das Studium und die Praxis, S. 67.

der Beratungen der Redaktoren nicht nachweisen. Der Gesetzgeber sah die einzelne Regelung (un)zulässiger Stiftungszwecke letztlich deshalb nicht als regelungsbedürftig an, weil er auf die nicht nachprüfbare Ermessensentscheidung der Genehmigungsbehörden vertraute[822]. Der historische Gesetzgeber sah in der behördlichen Entscheidung ausreichend Gewähr dafür, dass der Stifter nicht der absonderlichsten oder wirtschaftlich nicht zu billigenden Zweckbestimmung Vermögenswerte widmen werde[823]. Dagegen hätte ein gesetzliches Verbot bestimmter Stiftungszwecke oder -arten zu unerwünschten schematischen Lösungen geführt.

(3) Zwischenergebnis und Folgerungen

Es steht außer Frage, dass es die Rechtswissenschaft des 19. Jahrhunderts nicht vermochte, von sich aus eine abstrakte Rechtsfigur von der dogmatischen Höhe der Rechtspersönlichkeit einer verselbstständigten Vermögensmasse zu entwickeln. Die Leistung der Rechtswissenschaft im 19. Jahrhundert ist es, die rechtliche Eigenart der selbstständigen Stiftung herausgearbeitet zu haben, die praeter legem entstanden war. Dies erfolgte – wie gezeigt – durch die Aufdeckung der Wesensmerkmale von Stiftung und Korporation. Sowohl Rechtslehre wie auch Gesetzgebung fokussierten sich im Rahmen dieser Arbeiten allerdings auf die (aus ihrer Sicht) für die Rechtssetzung erheblichen Besonderheiten[824]. Es ist festzuhalten, dass die Kodifikation des Stiftungsrechts kein geschlossenes System darstellt, sondern vielmehr davon auszugehen ist, dass der Gesetzgeber lediglich die Fragen geregelt hat, die ihm und den beteiligten Rechtsgelehrten besonders vordringlich erschienen[825]. Der historische BGB-Gesetzgeber hat zu jener Zeit nicht das ganze Stiftungsrecht regeln wollen[826].

(a) Keine Hinweis auf Stiftungszweckverbote

Die entscheidende stiftungsrechtliche Frage für der vorliegende Untersuchung lautet: Kann den Gesetzesmaterialien, den Erwägungen des Gesetzgebers oder den Vorschriften selbst ein Hinweis auf ein Verbot der Vermögensverwaltungsstiftung oder der Funktionsstiftung entnommen werden? Die Antwortet lautet Nein! Auf die bisherige Funktion, die der Gesetzgeber hinsichtlich der Stiftung im Auge hatte,

---

822 *Mugdan,* Die gesammelten Materialien zum BGB, Bd. I, S. 660; *Flume,* Die juristische Person, S. 135.

823 Bericht der Reichstagskommission, in: Mugdan, Die gesammelten Materialien zum BGB, Bd. I, S. 961.

824 Protokolle der Kommission für die zweite Lesung, Bd. 1, S. 601: „Die Mehrheit [...] ging davon aus, daß es zu den Aufgaben der des BGB gehöre, durch die Aufstellung geeigneter Bestimmungen allen privatrechtlichen Stiftungen die Verkehrsfähigkeit auf dem Gebiete des Privatrechts zu sichern". Darüber hinausgehende legislatorische Ziele sind den Protokollen der Zweiten Kommission nicht zu entnehmen.

825 *Flume,* Die juristische Person, S. 134.

826 Protokolle der Kommission für die zweite Lesung, Bd. I, S. 590.

darf bei der Interpretation der Materialien nicht umstandslos und nicht abstrakt zurückgegriffen werden. Berücksichtigungsfähig sind vielmehr nur die konkreten Erwägungen im Kontext des Gesetzgebungsverfahrens. Es wäre methodisch verfehlt, aus einer nicht Gesetz gewordenen (historischen) Idee Schlüsse auf die Zulässigkeit oder Unzulässigkeit der in Frage stehenden Gestaltungsform zu ziehen. Der Wille des Gesetzgebers ist bei der Auslegung nur insoweit zu berücksichtigen, wie er im Gesetz selbst hinreichend bestimmten Ausdruck gefunden hat[827]. Hier steht außer Frage, dass der Gesetzgeber als den stiftungsrechtlichen „Normalfall" nicht die Stiftung zur „*Verwaltung und Vermehrung des eigenen Vermögens*" vor Augen hatte und seine Kodifikation an dem historisch geprägten Bild der Stiftung orientiert hat. Gleichwohl bieten die bis hierhin untersuchten Quellen keine Grundlage für einzelne Stiftungszweckverbote. Denn einen positiven Bezug zur Fremdnützigkeit hat der Gesetzgeber des BGB nicht vorgesehen. Der Versuch, in die vom BGB vorgesehene selbstständige Stiftung ein Gebot der Fremdnützigkeit – oder darauf gründende Stiftungszweckverbote – hineinzuinterpretieren, steht vielmehr auf ähnlich tönernen Füßen, als wollte man ihr nach den Brüchen des 19. Jahrhunderts eine religiöse Bestimmung unterstellen. Deswegen scheint es vor dem Hintergrund der Entwicklungen und Errungenschaften des 19. Jahrhunderts schon im Ansatz unrichtig, das moderne Verständnis der Stiftung als juristischer Person an dem älteren Stiftungsgedanken auszurichten. Es war schließlich im mittelalterlichen Stiftungsrecht nicht intendiert, einen Zweck zu einer Rechtsperson zu verselbstständigen. Als ersten Teil des Ergebnisses der historischen Auslegung lässt sich also festhalten, dass der Stiftung bürgerlichen Rechts normative Stiftungszweckverbote fremd sind.

(b) Eine Antwort auf die Frage der Wertverteilung?

Eine andere Frage ist, ob die Erwägungen zur Differenzierung nach Wertschöpfung und Wertverteilung auf die Stiftung bürgerlichen Rechts übertragen werden können. Ausgangspunkt der Überlegung war, dass bei den Korporationen hinsichtlich der Verteilung der geschaffenen Werte zwischen einer Verteilung zugunsten des Personenverbands und einer Verteilung zugunsten eines außerhalb stehenden Dritten unterschieden werden kann und die Verbandspersonen – mangels anderslautender gesetzlicher Bestimmung – grundsätzlich frei darin sind, die Wertverteilung festzulegen oder gar keine Wertverteilung vorzunehmen. Für die Übertragung spricht, dass die Entwicklung des dogmatischen Grundverständnisses der juristischen Person auf der Erkenntnis aufbaut, dass Stiftungen und Korporationen an einem identischen Zweckbegriff anknüpfen. Nachdem – wie vorstehend gezeigt wurde – auch während der Kodifikationsarbeiten und im Anschluss an das Inkrafttreten des BGB in der Rechtswissenschaft der Zweckbegriff bei der Stiftung keine abweichende Bedeutung erlangt hat, spricht nichts gegen eine Übertragung der vorgestellten

827 BVerfG, Beschluss v. 17. Mai 1960, Az. 2 BvL 11/59, 11/60, BVerfGE 11, S. 126, 130 ff.; sowie BVerfG, Urteil v. 16. Februar 1983, Az. 2 BvE 1, 2, 3, 4/83, BVerfGE 62, S. 1, 45 ff.

Prinzipien. So wie der Zweck bei der GmbH allein darin bestehen kann, ihr eigenes Vermögen zu verwalten, muss das schon aus Gesichtspunkten der Gleichbehandlung auch der Stiftung freistehen. Dies gilt umso mehr, als weder dem Gesetz selbst noch den Gesetzesmaterialien ein Hinweis zu entnehmen ist, nach dem – wie im GenG – die Wertverteilungsentscheidung für die Stiftung bereits von Seiten des Gesetzgebers getroffen worden wäre[828].

(gg) Herleitung aus dem historischen Stiftungsbegriff?

Im historischen Kontext bleibt noch der Frage nachzugehen, ob sich nicht – wie das in verschiedenen stiftungsrechtlichen Stellungnahmen bis heute anklingt – bereits aus dem Begriff „Stiftung" ein Gebot der Fremdnützigkeit oder Mildtätigkeit ergibt, das ein Verbot bestimmter Zwecksetzungen rechtfertigen könnte. Im Hinblick auf das heutige Wortverständnis ist zunächst anzumerken, dass das Substantiv „Stiftung" wie auch das dazugehörige Verb in der römischen Antike unbekannt waren[829], was für die vorliegende Frage die Feststellung zulässt, dass die ursprünglichen Erscheinungsformen der Stiftung noch losgelöst von den heute verwendeten Begriffen entstanden sind. Der Terminus „Stiftung" kann also nicht für sich beanspruchen, als Inbegriff der Rechtsform untrennbar mit dieser gewachsen zu sein. Tatsächlich fand die Verknüpfung der hier interessierenden Rechtsform mit den Begriffen der „Stiftung" und des „Stiftens" erst zu einem deutlich späteren Zeitpunkt statt. Der Begriff „stiften" stammt vom althochdeutschen Wort „gistiften" und dem mittelhoch- bzw. mittelniederdeutschen Wort „stiften" ab, die erstmals für das 8. bzw. 9. Jahrhundert belegt sind, und bedeutet „einrichten", „gründen" oder etwas „bauen", was alsdann zur Nutzung zur Verfügung gestellt wird[830]. Wie im Grimm'schen Wörterbuch nachgewiesen ist, waren vorrangig das Substantiv „Stift" (in vielerlei Verbindung) sowie das Verb „stiften" in zahlreichen und ebenso verschiedenen Bedeutungen gebräuchlich[831]. Die Begriffe bezeichneten bei Weitem nicht alle und nicht nur Einrichtungen, die im heutigen Sinne Stiftungen darstellten. Neben der Bedeutung der *„erbauung, gründung' von städten, gebäuden"* oder *„im engeren sinne* [...] *eines vermächtnisses u. dgl. zu einem bestimmten zwecke"* trat auch das Verständnis als *„eine mit grundvermögen oder kapitalien ausgestattete autonome anstalt, ursprünglich religiösen charakters, jünger auch für weltliche gründungen gemeinnütziger*

828 Vielmehr ergibt sich aus den Beratungen der Zweiten Kommission, Protokolle der Kommission für die zweite Lesung, Bd. I, S. 596 f., dass die (von Kommissionsmitgliedern beantragte) Aufnahmen von Bestimmungen über die Festlegungen zu der Gewährung von Leistungen aus dem Stiftungsvermögen an außenstehende Dritter von der Kommission abgelehnt wurden.

829 *Liermann*, Handbuch des Stiftungsrechts, Bd. 1, S. 2.

830 *Kluge*, Etymologisches Wörterbuch der deutschen Sprache, S. 884; *Nissel*, Das neue Stiftungsrecht, Rn. 72.

831 Nach *Grimm*, Deutsches Wörterbuch, Bd. 10, S. 2870, war der Gebrauch „lebendig", siehe insbesondere auch 2900 ff.

art mit den dazu gehörigen personen, gebäuden und gütern"[832]. Schon im Hinblick auf das natürliche Wortverständnis wird hier deutlich, dass lediglich im Rahmen einer facettenreichen Bedeutungsvielfalt auch das Verständnis als gemeinnützige Stiftung vorzufinden war. So versteht man noch heute unter dem Begriff „stiften" nicht nur „geben" oder „schenken", sondern vielmehr auch „beginnen" und „errichten"[833].

Von der Etymologie des Begriffs ist streng zu unterscheiden, wann und wie der Terminus Stiftung in die heute rechtstechnische Bedeutung hineinwuchs. Soweit davon auszugehen ist, dass die vorstehend beschriebene Herkunft des Begriffs als Ursprung des heute üblichen natürlichen und juristischen Wortverständnisses von „Stiftung" angesehen werden kann[834], ist hervorzuheben, dass dieses Wortverständnis einem kontinuierlichen Wandel unterlag. Es scheint, dass „Stiftung" erst ab dem 15. Jahrhundert gegenüber „Stift" stärker gebräuchlich geworden ist[835]. Damit einhergehend wurde der Begriff mit den Adjektiven „fromm" oder „mild" versehen, erst später in der Zeit der Aufklärung auch mit der Beifügung „gemeinnützig"[836]. Dabei handelte es sich allerdings vielmehr um die Suche nach einer deutschen Entsprechung zum lateinischen Begriff der „pia causa", ohne dass dadurch die bereits bekannte Rechtsform umgestaltet werden sollte[837]. Faktisch wurde der Begriff also dem bereits bekannten Bedeutungsgehalt angenähert[838]. Der Begriff des Stiftens bezeichnet also von der Worthistorie her keinen notwendig fremdnützigen Akt. Nimmt man in den Blick, dass es sich bei dem Terminus „Stiftung" lediglich um einen neuen Namen für ein schon bekanntes Gebilde handelte, wird deutlich, wie wenig Aussagekraft dieser Begriff für Fragestellungen bezüglich des Wesens der heutigen Stiftung hat. Es handelt sich lediglich um eine rechtstechnische Bezeichnung ohne eigenen Bedeutungsgehalt[839].

Hinzu kommt noch folgende Erwägung: Wie bereits im Rahmen der Erörterung zu der Entwicklung des Stiftungsrechts im 19. Jahrhundert gezeigt, formten sich die Grundzüge des heutigen Stiftungsrechts im Zusammenprall der älteren Denkweisen mit den neuen Erkenntnissen der Rechtswissenschaft und den geänderten Verhältnissen. Die Rechtslehre und die Gesetzgebung des 19. Jahrhunderts erscheinen rückblickend als ein großer Schmelztiegel, in dem das hergebrachte

832 *Grimm*, Deutsches Wörterbuch, Bd. 10, S. 2870, 2900.
833 So auch *Burgard*, Gestaltungsfreiheit im Stiftungsrecht, S. 26; *Backert*, in: Bamberger/Roth, Vor § 80 Rn. 24.
834 *Steils*, Die Stiftung aus Zeit und die Verbrauchsstiftung, S. 52.
835 *Grimm*, Deutsches Wörterbuch, Bd. 10, S. 2900; Schulze, in: Deutsches Stiftungswesen 1977 bis 1988, S. 29, 31.
836 *Schulze*, in: Deutsches Stiftungswesen 1977 bis 1988, S. 29, 31 f.
837 *Pleimes*, Irrwege der Dogmatik im Stiftungsrecht, S. 21 ff.
838 *Schulze*, in: Deutsches Stiftungswesen 1977 bis 1988, S. 29, 32.
839 *Kohler*, Ueber das Recht der Stiftungen, S. 228, 229 f., weist darauf hin, dass die Rechtsbegriffe stets nur Hilfsmittel sein können, um den geltenden Rechtsstoff zu fassen, dass sie sich aber gleichwohl den Entwicklungen und unendlich vielen Kombinationen des Rechtsstoffs fügen müssten.

Stiftungswesen mit dem neueren juristischen Denken zum modernen Stiftungsrecht ausgebildet wurde[840]. Vor diesem Hintergrund ist allerdings davon auszugehen, dass sich aus der über historische Brüche fortgesetzten (gewissermaßen: hinübergeretteten) Begriffsverwendung nicht mehr Bedeutung herleiten lässt, als ihr nach den Gesetzesmaterialien zweifelsfrei zukommen soll[841]. Anhaltspunkte dafür, dass mit der Kodifikation der Rechtsform Stiftung die zeitweise bei ihren Vorläufern vorgefundenen Gemeinnützigkeitserwägungen übernommen werden sollten, sind aber – wie gezeigt wurde – nicht gegeben[842].

(hh) Gesetzgebungsverfahren zur Modernisierung

An den Grundzügen des Stiftungsprivatrechts hat sich seit dem Inkrafttreten des BGB nichts mehr geändert. Gewissermaßen unbehelligt haben die §§ 80 ff. BGB die über 100 Jahre seit der Formung des Stiftungsrechts überdauert. Selbst die als sogenannte Stiftungsmodernisierung verstandene und ambitioniert begonnene Stiftungsrechtsreform hat im Ergebnis doch keine wesentlichen Änderungen hervorgebracht[843]. Gleichwohl rekurrieren einige Verfechter des Verbots der Selbstzweckstiftung in ihren Stellungnahmen auf das Gesetzgebungsverfahren zur Modernisierung des Stiftungsrechts. Es wird vorgetragen, dass der Gesetzesbegründung in Verbindung mit dem Bericht der Bund-Länder-Arbeitsgruppe zweifelsfrei zu entnehmen sei, dass ein Verbot der Selbstzweckstiftung existiere. Die Bund-Länder-Arbeitsgruppe ging davon aus, dass aufgrund des gemutmaßten Verbots der Selbstzweckstiftung eine gesetzliche Definition der Gemeinwohlgefährdung nicht notwendig sei. Eine solche Definition könne *„zwar das an sich denkbare Institut der ‚reinen' Selbstzweckstiftung [...], die auch von den Sachverständigen mehrheitlich abgelehnt wurde, und der reinen Kapitalstiftung [...]ausdrücklich untersagen."*[844] Dies sei aber nicht notwendig, *„da diese beiden Stiftungsformen bereits aufgrund des Wesens der Stiftung, die immer einem äußeren Zweck gewidmet [sei], ausgeschlossen"*[845] seien.

Die geringe Beweiskraft dieser Fundstelle erhellt sich bereits aus folgender Überlegung: Hinsichtlich der Bedeutung von Erwägungen im Rahmen des Gesetzgebungsverfahrens ist festzuhalten, dass solche Erwägungen der gesetzgeberischen Gremien zwar von Bedeutung sind, aber in Bezug auf eine bestimmte Auslegung

---

840 *Schulze*, in: Deutsches Stiftungswesen 1977 bis 1988, S. 30.

841 Auch das OLG Stuttgart, Urteil v. 12.02.1964, Az. 8 W 229/63, NJW 1964, S. 1231 f., weist unter Darlegung der historischen Entwicklung des Begriffs nach, dass dieser nicht eindeutig ist.

842 Der Begriff der Gemeinnützigkeit ist zwischenzeitlich vielmehr abgabenrechtlicher Natur und ausschließlich Merkmal von Steuerbefreiungs- und Steuerbegünstigungstatbeständen.

843 Vgl. *Andrick*, ZSt 2003, S. 3. ff.

844 Bund-Länder-Arbeitsgruppe Stiftungsrecht, Abschlussbericht 2001, S. 37.

845 Bund-Länder-Arbeitsgruppe Stiftungsrecht, Abschlussbericht 2001, S. 37. Zudem findet sich auf S. 47 der Hinweis, dass die Ausprägung der reinen Selbstzweckstiftung als unzulässig angesehen werde.

nicht bindend, solange sie nicht in eindeutigen gesetzlichen Anordnungen Ausdruck gefunden haben[846]. Vielmehr ist für die Auslegung einer (neuen) Gesetzesregelung der im Wortlaut der Bestimmung zum Ausdruck kommende Wille des Gesetzgebers maßgeblich, nicht hingegen die Auffassung der am Verfahren beteiligten Organe[847]. Andernfalls könnte daraus, dass sich der Bundesverband Deutscher Stiftungen e. V. im Rahmen der Anhörungen für ein Verbot der Selbstzweckstiftung ausgesprochen hatte[848], auch der Rückschluss gezogen werden, dass Selbstzweckstiftungen mangels Aufnahme eines Verbots im Rahmen der Stiftungsrechtsmodernisierung erlaubt seien. Da dem BGB – wie erwähnt – eine eindeutige gesetzliche Regelung zum Verbot der Selbstzweckstiftung auch nach der Stiftungsreform nicht entnommen werden kann, sind die Feststellungen der Bund-Länder-Arbeitsgruppe schon insoweit von geringer Bedeutung.

Noch weniger Beweiskraft kommt den Passagen des Berichts der Bund-Länder-Arbeitsgruppe zu, wenn sie vor dem Hintergrund der bislang gefundenen Ergebnisse gewürdigt werden. Wie bereits aus den Stellungnahmen in der Literatur bekannt, stützten sich die Mitglieder der Arbeitsgruppe in der Erwägung auf das „Wesen der Stiftung“. Schon hinsichtlich der Fundstellen im Schrifttum konnte aber gezeigt werden, dass dem Wesensargument an sich keine Beweiskraft zukommt[849]. Vielmehr ist allein entscheidend, ob sich bei der Auslegung des Gesetzes die These vom Verbot der Selbstzweckstiftung belegen lässt[850]. Daraus folgt: Die Bund-Länder-Arbeitsgruppe hat die Aussage getroffen, eines Verbots der Selbstzweckstiftung bedürfe es nicht, weil ein Verbot der Selbstzweckstiftung bereits im Wesen der Stiftung gesetzlich normiert sei. Es spricht also viel dafür, dass es sich bei der Feststellung der Bund-Länder-Arbeitsgruppe um einen Zirkelschluss handelt. Das Abstellen auf das Wesen der Stiftung führt dazu, dass die Behauptung durch Aussagen zu begründen versucht wird, welche die zu beweisende Behauptung schon als wahr voraussetzen. Die bisherige Untersuchung – und hier insbesondere die Zusammenstellung der Literaturmeinungen bis zur Stiftungsrechtsmodernisierung[851] – hat aber gezeigt, dass es für die Annahme eines solchen Verbots keine Beweise gibt[852]. Vielmehr hat die historische Betrachtung gezeigt, dass das Wesen der juristischen Person Stiftung

846 So auch *Reuter*, in: MünchKomm/BGB-Ergänzung 2003, §§ 80, 81 Rn. 20.

847 *Reuter*, in: MünchKomm/BGB-Ergänzung 2003, §§ 80, 81 Rn. 20; allgemein zur Auslegung von Gesetzen BVerfG, Urteil 21.05.1952, Az. 2 BvH 2/52, BVerfGE 1, S. 299, 312.

848 Protokollvermerk der Bund-Länder-Arbeitsgruppe, Anhörung der Verbände und Einrichtungen am 30.10.2000 im BMJ, S. 8.

849 Siehe dazu schon ausführlich § 6C.III.

850 Siehe bereits oben § 6C.III.

851 Siehe dazu § 6C.II.1.

852 Aus diesem Grund kommt auch dem Urteil des BFH vom 18.11.2009, Az. II R 46/07, in dem es heißt, „der Erhalt und die Weiterentwicklung des Stiftungsvermögens stellen noch keinen Stiftungszweck dar“, keine schlagende Bedeutung zu. Denn auch der BFH stützt sich allein auf die oben ausführlich zitierten Stimmen in der

weit weniger Begründungspotential bietet, als von Schrifttum und Bund-Länder-Gruppe suggeriert. Vorbehaltlich der weiteren Prüfung ist also festzuhalten, dass die Stellungnahme der Bund-Länder-Arbeitsgruppe kein Beleg für das Bestehen eines Selbstzweckverbots ist. Soweit das obenstehende Zitat in einem Halbsatz darauf Bezug nimmt, die Stiftung sei immer einem äußeren Zweck gewidmet, ist damit einer der dogmatischen Anknüpfungspunkte angesprochen, der mit ähnlichem Wortlaut auch in der Literatur anzutreffen ist[853]. Hierauf soll im Rahmen der Untersuchung der systematischen Argumente eingegangen werden.

(ii) Zusammenfassung zur historischen Auslegung

Abschließend lassen sich auf Basis der historischen Auslegung zwei Kernaussagen festhalten:

(1) Keine Einschränkung des Zwecks

Entgegen der in der Literatur gefestigten Behauptung gibt die Genese des Stiftungsrechts für die Begründung eines Verbots bestimmter Stiftungszwecke nichts her. Die Gesetzeshistorie enthält weder Hinweise auf ein Verbot bestimmter Zwecke noch auf eine Beschränkung der zulässigen Zweckbreite[854]. Das gilt auch für die Behauptung, der Stiftungszweck dürfe nicht in der Erhaltung, Pflege und Förderung des Stiftungsvermögens bestehen. Wie sich anhand der historischen Betrachtung nachvollziehen lässt, hat der historische Gesetzgeber bewusst und gewollt von jeder normativen Einengung der Zweckbreite abgesehen[855]. In Ansehung des auch das BGB kennzeichnenden Prinzips der Freiheit kann zugespitzt werden: „Alles ist erlaubt, solange es nicht verboten ist."[856] Ein sog. Verbot der Selbstzweckstiftung (respektive der Vermögensverwaltungsstiftung) ist also im Stiftungsrecht des BGB nicht festgelegt, sodass sich bei einer konsequent an der vom Gesetzesvorbehalt ausgerichteten Auslegung die Unzulässigkeit einer solchen Stiftung nicht begründen lässt[857].

---

meinungsführenden Literatur, die sich ihrerseits auf – wie sich im Rahmen dieser Untersuchung zeigt – nicht durchgreifende Argumente stützen.

853 Siehe dazu § 6C.III.1 am Ende.

854 So schon allgemein *Goerdeler/Ulmer*, AG 1963, S. 292, 295 ff.

855 *Andrick/Suerbaum*, Stiftung und Aufsicht, § 6 Rn. 27, nennen folgerichtig die Gemeinwohlgefährdung die einzige Tatbestandsvoraussetzung, die sich zur Zulässigkeit von Stiftungszwecken verhält. *Schwarz*, ZEV 2003, S. 306, 311: „abschließende bundeseinheitliche Prinzip der gemeinwohlkonformen Allzweckstiftung dar, das nur eine Negativvorgabe in Gestalt der Gemeinwohlgefährdung trifft."

856 *Burgard*, NZG 2002, S. 697, 700.

857 So im Ergebnis auch *Schewe*, Die Errichtung der rechtsfähigen Stiftung von Todes wegen, S. 107.

(2) Kein Gebot der fremdnützigen Zwecke

Zugleich konnte anhand der historischen Entwicklung der juristischen Person Stiftung gezeigt werden, dass einer Übertragung der im Verbandsrecht anerkannten Prinzipien zur Freiheit der Wertverteilung in den Grenzen der rechtsformspezifischen Möglichkeiten nichts im Wege steht. Das bedeutet, dass es ein Gebot der fremdnützigen Zwecke bei der Stiftung bürgerlichen Rechts nicht gibt[858]. Wenn bei den Verbandspersonen die Wertverteilung frei und unbeschränkt erfolgen kann, ist kein Grund ersichtlich, warum nicht auch dem Stifter diese Entscheidung zustehen soll. Dies gilt umso mehr, als bei der Stiftung eine gesetzliche Typenbeschränkung wie im Genossenschaftsrecht fehlt.

c) Systematische Auslegung

Im Rahmen der weiteren Untersuchung ist heranzuziehen, ob der explizite Inhalt anderer als der unmittelbar auszulegenden und anzuwenden Normen desselben oder auch eines anderen Gesetzes, das mit dem ersteren in systematischem Zusammenhang steht, Aufschluss über die aufgeworfene Fragestellung bringt. Dabei soll zunächst auf die im Schrifttum vorgefundenen Thesen eingegangen werden, mit denen das Verbot der Verwaltungsstiftung begründet wird. Soweit diese Ansätze dogmatisch nahe beieinander liegen, soll gleichwohl versucht werden, sie differenziert zu betrachten. Besonders bedeutsam ist die Prüfung, ob die „Vermögensbewirtschaftung und Vermögensvermehrung“ überhaupt Stiftungszweck im *gesetzlichen* Sinne sein kann (aa). Zu nennen ist außerdem die Behauptung, das BGB schreibe einen *außerhalb* der Stiftung liegenden Zweck vor (bb). Sodann wird der Frage nachzugehen sein, ob die §§ 80 ff. BGB tatsächlich einen gegenüber dem Vermögen *eigenständigen* Zweck fordern (cc). Schließlich soll auf einzelne Argumente eingegangen werden, die ebenfalls gegen die Selbstzweckstiftung sprechen könnten (dd).

(aa) Keine Zweckqualität im Sinne der §§ 80 ff. BGB?

Gegen eine rein vermögensverwaltende Stiftung wird vorgebracht, dass die Stiftung inhaltlich stets einen *über* die Vermögensverwaltung *hinausgehenden* Zweck haben muss[859]. Dies mag prima facie naheliegen, zumal an anderer Stelle der Arbeit der Stiftungszweck (im engeren Sinne) als Ziel der Stiftung herausgearbeitet wurde. Allerdings schließt sich hier gewissermaßen schon der Kreis zu den bisherigen Auslegungsbemühungen. An keiner Stelle – weder im Gesetz noch in den Materialien – kommt eine solche Anforderung an den vom Stifter vorgegebenen Stiftungszweck zum Ausdruck.

---

858 Im Ergebnis auch *Künnemann*, Die Stiftung im System des Unterordnungs-Konzerns, S. 77. A. A. *Stengel*, Stiftung und Personengesellschaft, S. 61: „[...] ist die Rechtsform der Stiftung per Definition altruistisch“.

859 Vgl. *Jakob*, Schutz der Stiftung, S. 52.

(1) Bedenken gegen die Zweckqualität

Es ist auch sonst kein Grund ersichtlich, warum dem Zweck der „Verwaltung und Vermehrung des Vermögens" die Zweckqualität abgesprochen werden sollte. Tatsächlich sehen an diesem Punkt einige Autoren den Kern der Argumentation gegen die Zulässigkeit einer solchen Stiftung[860]. Die bloße Erhaltung und Mehrung des Stiftungsvermögens sei kein Stiftungszweck im Sinne der §§ 80 ff. BGB[861], sondern nur ein diesem untergeordneter Nebenzweck[862]. Insbesondere auch die Vermögensmehrung *durch* Vermögensbewirtschaftung sei kein Stiftungszweck im Sinne des § 80 Abs. 2 BGB, weil das Bürgerliche Gesetzbuch die Vermögensbewirtschaftung als selbstverständlich voraussetze und die Verwendung der Erträge für den *eigentlichen* Stiftungszweck vorsehe[863]. Sei ein *eigentlicher* Zweck nicht bestimmt, komme wegen des Fehlens der gesetzlichen Voraussetzung des Stiftungszwecks eine Anerkennung der Stiftung nicht in Frage[864]. In diese Richtung argumentiert auch *Künnemann*, der die Unzulässigkeit der „Selbstzweckstiftung" damit begründet, dass es ihr in Wahrheit an dem die Existenz des Stiftungsinstituts rechtfertigenden Merkmal eines Stiftungszwecks fehle, da außer Stiftungsvermögen und Stiftungsorganisation kein weiteres eigenständiges Element zu erkennen sei[865].

(2) Stellungnahme

Bei dieser Argumentation handelt es sich letztlich um einen Verstoß gegen die Regeln der juristischen Definitionslogik. Sie ist der Versuch, über eine am erwünschten Ergebnis orientierte Definition der Stiftung ungewollte Stiftungsvorhaben auszugrenzen. Dabei wird auf gewöhnliche, tatsächlich existierende Erscheinungsformen abgestellt und angesichts dieser Beobachtung ein Rückschluss auf die Definition gezogen. Das kann nicht überzeugen.

---

860 *Hof*, in: v. Campenhausen/Richter, Stiftungsrechts-Handbuch, § 7 Rn. 62, unter Verweis auf BFH, Urteil v. 18.11.2009, Az. II R 46/07, in dem der BFH zwar ausführt, der Erhalt und die Weiterentwicklung des Stiftungsvermögens stelle noch keinen Stiftungszweck dar, dies aber im Hinblick auf die Frage des wesentlichen Familieninteresses des § 1 Abs. 1 Nr. 4 ErbStG feststellt. Daher kann die in steuerlichem Kontext stehende Erwägung keine Allgemeingültigkeit hinsichtlich der privatrechtlichen Fragestellung haben.

861 So auch *Burgard*, Gestaltungsfreiheit im Stiftungsrecht, S. 153 f.; *Jakob*, Schutz der Stiftung, S. 52.

862 *Hof*, in: v. Campenhausen/Richter, Stiftungsrechts-Handbuch, § 7 Rn. 62.

863 *Hof*, in: v. Campenhausen/Richter, Stiftungsrechts-Handbuch, § 7 Rn. 62.

864 *Hof*, in: v. Campenhausen/Richter, Stiftungsrechts-Handbuch, § 7 Rn. 62.

865 *Künnemann*, Die Stiftung im System des Unterordnungs-Konzerns, S. 77: „Eine Gleichsetzung von Mittel und Zweck würde auf die Kausalität als verbindendem Element verzichten und damit gleichermaßen die soeben dargestellte Beziehung beseitigen. Schon das abstrakte logische Verhältnis von Mittel und Zweck steht daher der Zulässigkeit der ‚Selbstzweck-Stiftung' entgegen."

(a) Keine „Konfusion“ des Stiftungszwecks

Soweit gesagt wird, das BGB sehe in der *Vermögensverwaltung und Vermögensmehrung* quasi einen gesetzlichen Nebenzweck, der nicht allein Hauptzweck sein könne, fehlt hierfür nicht nur jeder Anhalt im Gesetz. Die Behauptung steht zudem im Widerspruch zur Gesetzessystematik. Wie bereits an anderer Stelle der Untersuchung herausgearbeitet werden konnte, versteht das BGB unter dem gesetzlichen Merkmal des Stiftungszwecks nicht die Stiftungstätigkeit oder den Stiftungsgegenstand, sondern das Ziel der Stiftung[866]. Ist aber der gesetzliche Stiftungszweck als Stiftungsziel zu verstehen, umfasst dieses Merkmal gerade nicht die Tätigkeit zur (dauernden und nachhaltigen) Erfüllung des Zwecks. Dogmatisch ist an dieser Stelle die Abgrenzung zwischen *Zweck* und *Mittel* im Rahmen der Zweck-Mittel-Relation angesprochen[867]. Die Frage lautet: Was ist noch Mittel und was ist schon Zweck? Nachdem Stiftungszweck im Sinne des § 81 Abs. 1 S. 1 BGB allein das Ziel der Stiftung ist, handelt es sich bei der *Vermögensverwaltung* um ein *Mittel* zur (dauernden und nachhaltigen) Zweckverwirklichung, und zwar bei jeder Stiftung. Das BGB setzt also – insbesondere im Fall der Kapitalstiftung – die *Vermögensverwaltung und Vermögensmehrung* als selbstverständliche Stiftungs*tätigkeit*, nicht aber als selbstverständlichen Stiftungszweck voraus. Danach ist *Vermögensverwaltung und Vermögensmehrung* also nicht selbstverständlicher Stiftungszweck im gesetzlichen (engen) Sinne des § 81 Abs. 1 S. 1 BGB[868]. Dies zeigt sich auch bei einem Blick auf eine typische Hauptgeldstiftung: Hier handelt es sich bei der *Vermögensverwaltung* lediglich um einen Teil der (zur Verfolgung des Stiftungszwecks erforderlichen) Stiftungstätigkeit, ohne dass sie Stiftungszweck im Sinne der Zweck-Mittel-Relation wäre. Auch an anderer Stelle wird deutlich, dass das BGB die *Vermögensverwaltung und Vermögensmehrung* gerade nicht als selbstverständlichen Teil des Stiftungszwecks auffasst, sondern lediglich als Resultat des Grundsatzes der dauernden und nachhaltigen Zweckerfüllung. So erklärt das Stiftungsprivatrecht die Verbrauchsstiftung, also eine Stiftung, deren Vermögen für die Zweckverfolgung verbraucht werden soll, ausdrücklich für zulässig, § 80 Abs. 2 S. 2 BGB. Wenn aber doch das vom Stifter zur Verfügung gestellte Vermögen auch zum Verbrauch bestimmt werden kann[869], ist dies unvereinbar mit der Annahme eines dem Institut der Stiftung (quasi) immanenten Stiftungszwecks der *Vermögensverwaltung und Vermögensmehrung*.

---

866 Siehe dazu bereits oben § 6C.III.2.e).

867 Siehe Arnold, in: KölnKomm/AktG, § 23 Rn. 74 ff., zur vergleichbaren Mittel-Zweck-Relation bei den Handelsvereinen: Nach der im Aktienrecht vorherrschenden Auffassung stehen dort Gesellschaftszweck und Unternehmensgegenstand in einer Zweck-Mittel-Relation. Während der Gesellschaftszweck den finalen Sinn des Zusammenschlusses der Gesellschafter beschreibt (in der Regel Gewinnerzielung), bezeichnet das Unternehmensgegenstand das hierfür eingesetzte Mittel. Vgl. *Pentz*, in: MünchKomm/AktG, § 23, Rn. 71 ff.

868 Siehe zur Differenzierung nach Stiftungszweck im engen und im weiten Sinne bereits oben § 6C.III.2.e).

869 *Vogel*, ZStV 2014, S. 81, 83.

Einen dem Stiftungszweck im engen Sinne gewissermaßen innenwohnenden, weil elementaren Zweckbestandteil der Vermögenserhaltung gibt es also nicht.

Als Zwischenergebnis lässt sich also Folgendes festhalten: Die Grundsätze zur *Vermögensverwaltung* werden aus dem gesetzlichen Gebot zur dauernden und nachhaltige Erfüllung des Stiftungszwecks abgeleitet und beschreiben lediglich die Tätigkeit (nicht den Zweck) der Stiftung. Sie haben ihren Ursprung also gerade nicht im gesetzlichen Merkmal des Stiftungszwecks selbst. Daraus folgt, dass bei der Angabe der *Vermögensverwaltung* und *Vermögensmehrung* als einzigem Hauptzweck jedenfalls keine Art von Konfusion (mit dem angeblich ohnehin und immer gegebenem Zweck der Vermögensverwaltung und Vermögensmehrung) eintreten kann[870]. Aus systematischer Hinsicht besteht dann aber kein Hinderungsgrund gegen die Zulassung der *Vermögensverwaltung und Vermögensmehrung* als einzigen Hauptzweck.

(b) Kein Wegfall der Stiftungstätigkeit durch „Konsumption"

Aus dem Befund, dass die Stiftung bürgerlichen Rechts die Vermögensverwaltung im gesetzlichen Normalfall lediglich als Stiftungstätigkeit und Mittel (zur Erfüllung des Zwecks) auffasst, kann auch[871] nicht der Schluss gezogen werden, dass die *Vermögensverwaltung und Vermögensmehrung* im Rahmen der hier diskutierten Vorhaben nicht zum Hauptzweck erhoben werden kann[872]. Denn die Strukturmerkmale der Stiftung bleiben bei dieser Zwecksetzung genauso unverletzt wie das Gebot zur dauernden und nachhaltigen Erfüllung des Stiftungszwecks. Die juristische Person Stiftung ist Eigentümerin einzelner Vermögensgegenstände (oder Inhaberin entsprechender Ansprüche gegen Bankinstitute). Zweck der juristischen Person ist es, dieses Vermögen zu bewirtschaften, zu verwalten und zu vermehren. Dazu wird der Stifter der Stiftung eine hinreichende Organisation verleihen. Die konkrete Stiftungstätigkeit, also die einzelnen Bewirtschaftungsmaßnahmen und auf Vermögensmehrung zielenden Entscheidungen, werden dabei nicht überflüssig – vielmehr sind sie Mittel im Sinne der Zweck-Mittel-Relation[873]. Besonders bemerkenswert ist, dass in diesem Fall das Gebot zur dauernden und nachhaltigen Erfüllung des Stiftungszwecks (das seine Wirkung – wie oben gezeigt – regelmäßig in Form der Grundsätze zur Vermögenserhaltung und -verwaltung entfaltet) *nicht* im Stiftungszweck *aufgeht*. Eine – wenn man es so nennen will – „Konsumption" dieses Gebots findet schon deswegen nicht statt, weil die Stiftungsorgane bei jeder einzelnen Anlage- und Investitionsentscheidung abzuwägen haben, ob sie so einen Beitrag zur dauernden und nachhaltigen Erfüllung des Stiftungszwecks leisten.

---

870 So aber *Jakob*, Schutz der Stiftung, S. 52.

871 Bereits an anderer Stelle der Arbeit wurde gezeigt, dass gesetzliche Vorschriften, die inhaltliche Vorgaben zur Unzulässigkeit einzelner Zwecke geben könnten, dem geltenden Recht fremd sind.

872 Dies übersieht *Stengel*, Stiftung und Personengesellschaft, S. 41.

873 Vgl. zum Begriff des Mittels im Rahmen der Zweck-Mittel-Relation ausführlich § 6D.III, S. 197 ff.

Gleiches gilt für die unmittelbare Unternehmensträgerstiftung, bei der einziger Zweck die Erhaltung des Unternehmens ist. Während der Stiftungszweck in dem abstrakten Unternehmenserhaltungsauftrag besteht, liegt die Stiftungstätigkeit in jeder einzelnen unternehmerischen Entscheidung sowie in jeder Leitungsmaßnahme des Stiftungsvorstands.

(c) Vergleich mit dem Zweck im Recht der Verbände

Schließlich ist die – schon dargelegte – Parallelität von Stiftungszweck und Körperschaftszweck in den Blick zu knehmen. Wie bereits herausgearbeitet, wurden bei der Kodifikation des Stiftungsprivatrechts der Zweck der Stiftungen und der Zweck der Körperschaften bedeutungsgleich entwickelt. Unter dem Eindruck der Entwicklung der juristischen Person war eine differenzierende Begriffsbildung ausgeblieben. Das bedeutet, dass mit Blick auf die konstitutive Funktion von Stiftungs- und Verbandszweck keine Unterschiede bestehen[874]. Vor dem Hintergrund des parallel entwickelten Zweckbegriffs ist erneut in den Blick zu fassen, dass der Bundesgerichtshof die Gründung von sog. Vorratsgesellschaften, deren Zweck sich auf die Erhaltung und Verwaltung des eingelegten Vermögens beschränkt, als zulässig anerkannt hat[875]. Bei Ausblendung sämtlicher Rechtsfragen der sog. Mantel- oder Vorratsgründung, mit denen sich der BGH zu befassen hatte, und Fokussierung der hier allein maßgeblichen Fragestellung der Zulässigkeit einer juristischen Person, die allein die Verwaltung und Erhaltung des eigenen Vermögens verfolgt, ist nicht nachzuvollziehen, warum diese „Verwaltung und Erhaltung des eigenen Vermögens" bei Errichtung einer Verbandsperson als mit dem Zweckbegriff der juristischen Person vereinbar angesehen und bei der Stiftung bürgerlichen Rechts als – in Ermangelung eines „richtigen" Zwecks – unmöglich abgelehnt wird[876].

(bb) Ein außerhalb der Stiftung liegender Zweck?

Weit verbreitet ist die Argumentation, aus dem Wesen der Stiftung ergebe sich, dass der zu verfolgende Zweck zwingend *außerhalb* der Stiftung liegen müsse[877]. Mit anderen Worten: Die Erfüllung des Stiftungszwecks soll im Außenbereich der Stiftung angesiedelt sein. Und diese Erfüllung im Außenbereich sei bei rein vermögensverwaltenden Stiftungen nicht gegeben.

Zunächst scheinen bei dieser Argumentation die Grenzen zulässiger Auslegung deutlich überschritten. Denn es handelt sich – erneut – um eine Überinterpretation

874 *Burgard*, Gestaltungsfreiheit im Stiftungsrecht, S. 116, der allein in der eingeschränkteren Änderbarkeit des Stiftungszwecks einen Unterschied zwischen Stiftungs- und Verbandszweck sieht.

875 BGH, Urt. v. 16.03.1992, Az. II ZB 17/91, BGHZ 117, S. 323, 330 ff; vgl. *Burgard*, Gestaltungsfreiheit im Stiftungsrecht, S. 153.

876 Ähnlich *Beuthien*, in: Beuthien/Gummert, MünchnerHandbuch GesR, Bd. 5, § 77 Rn. 30.

877 Vgl. auch *Dutta*, Warum Erbrecht?, S. 113 f.

des Wesens der Stiftung bürgerlichen Rechts. Es ist daran zu erinnern, dass sich die Strukturmerkmale der Stiftung bürgerlichen Rechts allein aus der zugrundeliegenden Kodifikation ergeben. Weder aus dem Wortsinn noch aus der Systematik der gesetzlichen Regelung kann eine stiftungsrechtliche Vorgabe hergeleitet werden, nach der die Zwecksetzung nach außen gerichtet sein muss. Die These von der zwingend im Außenbereich der Stiftung angesiedelten Zwecksetzung findet folglich keinen Rückhalt im Gesetz. Dies untermauert ein rechtsvergleichender Blick in andere Stichungsrechtsordnugen: Art. 552 § 1 Abs. 1 S. 2 des liechtensteinischen PRG fordert explizit einen *„unmittelbar* ***nach aussen*** *gerichteten, bestimmt bezeichneten Stiftungszweck"*. Auch nach § 80 des schweizerischen ZGB bedarf *„der Widmung eines Vermögens für einen* ***besonderen*** *Zweck"*, wodurch (wohl) auch zum Ausdruck kommt, dass eine reine Vermögensakkumulation nicht als Zweck ausreicht. In Österreich wird durch § 9 Abs 1 Nr. 3 PSG klargestellt, dass in der Stiftungsurkunde ein konkreter Begünstigter anzugeben und andernfalls die Allgemeinheit als Begünstigter anzusehen ist. Die Aufnahme dieser Rechtsformkonkretisierungen in die jeweiligen dem deutschen Stiftungsrecht nahestehenden Rechtsordnungen wäre nicht erforderlich, wenn sich – gewissermaßen naturgesetzlich – aus dem Wesen der Rechtsform eine solche Typenbeschränkung ergäbe. Aus dem Fehlen einer vergleichbaren Präzisierung[878] im deutschen Stiftungsrecht kann nur der Schluss gezogen werden, dass eine nach außen gerichtete Zwecksetzung in Deutschland nicht zu fordern ist.

Die beschriebene Beweisführung kann im Hinblick auf die rein vermögensverwaltende Stiftung zudem aus einem weiteren Grund nicht überzeugen. Bei näherer Betrachtung der Stiftung zeigen sich zwei Seiten, die streng auseinanderzuhalten sind. Durch den Vorgang des Stiftens errichtet der Stifter eine juristische Person und überlässt derselben ein bestimmtes Vermögen. Der Umstand, dass diese Übergabe von Vermögen an die juristische Person (zwingend) erforderlich ist, führt allerdings nicht dazu, dass Stiftung und Vermögen zu einer Einheit werden[879]. Zwar sind sie beide auf dasselbe Ziel, den Stiftungszweck im engeren Sinne, gerichtet: Die Stiftung verfolgt den Zweck, das Vermögen ist der Stiftung zur Erfüllung eben dieses Zwecks übergeben – gleichwohl sind sie deutlich zu trennen: Die Stiftung ist Rechtssubjekt und geschaffen, um den Zweck zu verwirklichen[880]. Das Vermögen bleibt auch nach Übertragung auf die Stiftung selbstständiges Rechtsobjekt[881], die

878 Zu dem Einwand von *Schiffer/Pruns*, ZStV 2012, S. 1, 5, hinsichtlich des Regelungsgehalts von § 87 BGB siehe sogleich unten.

879 Siehe zum Theorienstreit über das Wesen der juristischen Person im Einzelnen unter § 6C.III.5.b)(dd), S. 144 ff.

880 Vgl. *Kohler*, Ueber das Recht der Stiftungen, S. 228, 235 f.

881 Zu der Frage, welche Stellung das Stiftungsvermögen in der Stiftung einnimmt (Objekt nicht Subjekt) siehe schon *Nipperdey*, in: Enneccerus/Nipperdey, Lehrbuch des Bürgerlichen Rechts, Bd. 1, § 117, S. 716, 717.

Stiftung als juristische Person[882] von ihm unabhängiges Subjekt[883]. Unabhängig davon, welcher Theorie hinsichtlich des Wesens der juristischen Person gefolgt wird, ist jedenfalls festzuhalten, dass Rechtspersönlichkeit nur die Stiftung, nicht aber dem Vermögen zukommt. *Flume* hebt diesbezüglich hervor, dass in dem Substrat nicht die *„Realität"* der Wirkungseinheit gesehen werden darf[884] und daher das Vermögen der juristischen Person Stiftung nicht *die* juristische Person sei. Die Stiftung wird Eigentümerin[885], nicht das Vermögen Rechtsperson. *Kohler* stellt dazu fest, die ungewöhnliche Gleichgerichtetheit der Zwecke des Vermögens und der Stiftung erzeuge den unrichtigen Schein, als ob kein Subjekt an der Spitze stände und der in der Sache ausgeprägte Zweck bereits genüge, um die Sache für die Funktion zu befähigen, welche sie erfüllen soll[886]. Das Vermögen der Stiftung steht also als Objekt auch weiterhin außerhalb der juristischen Person Stiftung[887].

Vergegenwärtigt man sich die Tätigkeit der Stiftung, so erhellt sich, dass das bei einem Bankinstitut verwaltete Vermögen – ob bei einer Förderstiftung oder bei einer reinen Verwaltungsstiftung – nicht gleich der juristischen Person Stiftung sein kann, sondern außerhalb der juristischen Person angesiedelt ist. Noch deutlicher wird es im Fall von Immobilienvermögen, bei dem sicherlich niemand davon ausgehen will, es befände sich *in* der juristischen Person. Das Vermögen einer Stiftung besteht also genauso außerhalb der juristischen Person wie das Vermögen einer GmbH[888]. Selbst wenn als Prämisse zugrunde gelegt wird, dass die Stiftung einen außerhalb der juristischen Person liegenden Zweck verfolgen muss, wäre diese Anforderung bei einem Zweck wie dem „Vermehren des Stiftungsvermögens" ohne Weiteres erfüllt. Denn der Zweck – am deutlichsten wird es beim oben beschriebenen Beispiel a)[889] im Hinblick auf die „Vermehrung" des Kapitals – verwirklicht sich in dem Moment, in dem Zinsen oder Dividenden gutgeschrieben werden oder bei der im Kurs gestiegenen Aktie der Gewinn realisiert wird[890]. Die Stiftungstätigkeit zeitigt ihren unmittelbaren Erfolg dann beim Objekt – also „außerhalb" der Stiftung. Wenn sich

---

882 Daher beendet der Wegfall des Stiftungsvermögens auch nicht ohne Weiteres die Existenz der Stiftung, vgl. etwa *Neuhoff*, in: Soergel, Vor § 80 Rn. 14.

883 So auch *Ebersbach*, Handbuch des Deutschen Stiftungsrechts, S. 165, zur Subjektsqualität der Stiftung im Fall der Unternehmensstiftung.

884 *Flume*, Die juristische Person, S. 29, 131.

885 *Goerdeler*, ZHR 113 (1950), S. 145, 148.

886 *Kohler*, Ueber das Recht der Stiftungen, S. 228, 236.

887 Insofern ist auch hinsichtlich der vielzitierten „Eigentümerlosigkeit" der Stiftung auf Folgendes hinzuweisen: Allein die juristische Person Stiftung zeichnet sich durch eine „Eigentümerlosigkeit" aus, weil sie keine Mitglieder hat, die vermögensrechtlich an ihr beteiligt wären. Das Stiftungsvermögen hingegen steht im Eigentum der Stiftung.

888 *Beuthien*, in: Beuthien/Gummert, MünchnerHandbuch GesR, Bd. 5, § 77 Rn. 30.

889 Siehe § 6C.I.a), S. 104.

890 Vgl. zum Anknüpfungspunkt der Qualifizierung der Wertschöpfung, nämlich unmittelbar beim finalen Erfolg, bereits oben § 6C.III.3.b)(bb), S. 127.

aber die konkrete Wertschöpfung der Stiftungstätigkeit außerhalb der juristischen Person realisiert, ist der Nachweis erbracht, dass es sich bei dem zugrundeliegenden Stiftungszweck auch um ein außerhalb der Stiftung liegendes Ziel handelt. Nicht anders ist die Situation zu beurteilen, wenn auf die „Verwaltung" des Vermögens abgestellt wird. Der Ansatz, der zu verfolgende Zweck müsse zwingend *außerhalb* der Stiftung liegen, eignet sich also nicht, ein Verbot der Verwaltungsstiftung zu begründen.

Auch der Ansatz, § 87 Abs. 2 BGB lege fest, dass der Stifter ein Vermögen zur Erfüllung eines von ihm vorgegebenen Zwecks zu übertragen habe, wobei die Erträge des Stiftungsvermögens einer oder mehreren von der Stiftung verschiedenen Personen zustatten kommen müssten, hat keine Überzeugungskraft. Diese Vorschrift gibt – jedenfalls seit der Stiftungsrechtsmodernisierung – allein Auskunft über die behördliche Zweckänderung. Aus dem Wortlaut des § 87 Abs. 2 BGB ergibt sich unschwer, dass die Erträge des Stiftungsvermögens auch nach einer behördlichen Zweckänderung *dann* einem bestimmten Personenkreis zukommen sollen, *wenn* sie vor der Zweckänderung einem vom Stifter bestimmten Personenkreis zugutekommen sollten. Wie bereits an anderer Stelle der Arbeit erläutert, stellt § 87 BGB eine Abwägung des Gesetzgebers zwischen dem Stifterwillen und der Schutzbedürftigkeit der Allgemeinheit dar. Die Regelung des § 87 Abs. 2 S. 1 a. E. BGB ist also als Konkretisierung dieser Abwägung dahingehend zu verstehen, dass bei der Zweckänderung in jedem Fall der Wille des Stifters hinsichtlich konkreter Bezugsberechtigter zu berücksichtigen ist. Voraussetzung ist aber selbstredend, dass der Stifter ursprünglich einen solchen „außenstehenden" Personenkreis bestimmt hat. Eine darüber hinausgehende Bedeutung kommt der Regelung nicht zu.

(cc) Ein gegenüber dem Vermögen eigenständiger Zweck?

Es bleibt zu untersuchen, was es mit der – vielfach bemühten – Behauptung auf sich hat, nur ein gegenüber dem Stiftungsvermögen *eigenständiger* Zweck sei zulässig. Mit dieser Argumentation ist der Kern der Mittel-Zweck-Relation angesprochen, die anerkanntermaßen das zentrale Element der Stiftung bürgerlichen Rechts darstellt.

Welche Konsequenzen ergeben sich nun aus der Mittel-Zweck-Relation für die vorliegende Frage? Um darauf eine adäquate Antwort geben zu können, ist es zunächst wichtig zu wissen, was unter dem in der stiftungsrechtlichen Mittel-Zweck-Relation genannten „Zweck" überhaupt zu verstehen ist. Mit Blick auf die vorstehenden Ausführungen[891] fordert hier die Fokussierung auf die *Eigenständigkeit* des Stiftungszwecks zu folgender Klarstellung heraus: Der Anknüpfungspunkt der Zweck-Mittel-Relation ist nicht der Zweck des Vermögens. Denn sowohl das herrschende Verständnis von der Zweck-Mittel-Relation als auch der Wortlaut des § 81 Abs. 1 S. 2 BGB gehen davon aus, dass das Stiftungsvermögen im Rahmen des Mittel-Zweck-Verhältnisses zur Verfolgung des *Stiftungszwecks* gebunden sein soll. Diese Situation nötigt zu einer scharfen Differenzierung nach dem Zweck

891 Siehe § 6C.III.5.c)(bb) zu der Frage eines außerhalb der Stiftung liegenden Zwecks.

des Vermögens und dem Zweck der Stiftung[892]: Allein der Zweck der Stiftung und nicht der Zweck des Vermögens ist Ansatzpunkt für die Frage der Eigenständigkeit. Nicht das Vermögen soll den vom Stifter vorgegebenen Zweck erfüllen, sondern die Stiftung als juristische Person. Die undifferenzierte Betrachtung durch die meinungsführenden Autoren beschreibt im Kern einen ganz anderen Sachverhalt. Wenn gesagt wird, das Stiftungsvermögen dürfe nicht bloß sich selbst gewidmet sein, beschreiben diese Autoren nicht eine „Selbstzweckstiftung", sondern ein „Selbstzweckvermögen". Dabei wird übersehen, dass – jedenfalls seit der Schaffung der juristischen Person Stiftung – Stiftung[893] nicht gleich Stiftungsvermögen ist. Das heißt aber weiter, dass bei formaler Betrachtung immer von einer Eigenständigkeit des Stiftungszwecks gegenüber dem Vermögen auszugehen ist – auch dann, wenn der Stiftungszweck in der Verwaltung und Vermehrung des Stiftungsvermögens besteht. Denn auch in diesem Fall steht das Element des Stiftungszwecks eigenständig neben dem Stiftungsvermögen.

(dd) Weitere systematische Bedenken

(1) Unmöglichkeit wegen „Verbots" der Ein-Euro-Stiftung

Abschließend ist ein Argument zu prüfen, das die angebliche Systemwidrigkeit der Selbstzweckstiftung belegen soll. *Hüttemann* und *Rawert* argumentieren, wenn der Zweck einer Stiftung lediglich in der Verwaltung und Erhaltung des Vermögens bestehen könnte, würde zur „dauernden und nachhaltigen Erfüllung des Stiftungszwecks" auch ein einziger Euro ausreichen[894]. Überzeugungskraft mag dieser Argumentation nur dann zugestanden werden, wenn – was *Hüttemann* und *Rawert* wohl unterstellen – in der „Ein-Euro-Stiftung" ein rechtliches Problem gesehen wird. Nachdem aber – eine geeignete Zwecksetzung und Binnenorganisation vorausgesetzt – davon

892 Das übersieht *Jakob*, Schutz der Stiftung, S. 52, wenn er allein auf den Zweck des Vermögens abstellt: „Ein Vermögen, das ausschließlich sich selbst und seiner eigenen Verwaltung gewidmet ist, erfüllt schon das Grundmerkmal der Zweckwidmung nicht, da der Zweck begriffsnotwendig ein anderer sein muss als das Vermögen selbst."

893 In diesem Sinne weist *Assmann*, in: Kübler/Assmann, Gesellschaftsrecht, S. 140, gegen die Bezeichnung als rechtlich verselbstständigtes Sondervermögen darauf hin, dass die Stiftung nicht automatisch untergeht, wenn ihr Vermögen aufgebraucht ist.

894 *Hüttemann/Rawert*, in: v. Staudinger, BGB, Vor §§ 80 ff. Rn. 150, gehen davon aus, dass der Hinweis in den Gesetzesmaterialien, nach dem für die Stiftung eine jedenfalls im Verhältnis zum verfolgten Zweck angemessene Vermögensausstattung verlangt wird, bei Zulässigkeit der Selbstzweckstiftung überflüssig wäre. Dem ist entgegenzuhalten, dass die Forderung nach einer angemessenen Vermögensausstattung für die Errichtung jeder Hauptgeld-, Anstalts- oder Verwaltungsstiftung von Belang ist.

ausgegangen werden kann, dass die „Ein-Euro-Stiftung" grundsätzlich zulässig ist[895], kann diese Argumentation nicht überzeugen.

(2) Kein Wertungswiderspruch zu § 137 BGB

Gelegentlich wird an der (Unternehmens-)Selbstzweckstiftung sowie allgemein an der Unternehmensträgerstiftung Anstoß genommen, weil diese Stiftungen im Widerspruch zu den Wertungen des § 137 BGB stünden[896]. Die verhältnismäßig lange Bindung (unternehmerischen) Vermögens in einer Stiftung verstoße gegen den Rechtsgedanken des § 137 BGB, da eine mit dieser Vorschrift nicht zu vereinbarende Einschränkung der Kapitalmobilität tendenziell auf eine Refeudalisierung der wirtschaftlichen Verhältnisse hinauslaufe. Dieser Argumentation kann schon entgegengehalten werden, dass so auch ein Widerspruch des gesamten Stiftungsrechts zu § 137 BGB konturiert werden kann[897]. Zudem kann aus dem Grundgedanken des § 137 BGB nicht gefolgert werden, dass das geltende Recht eine weitestgehende Kapitalmobilität bezwecke[898]. Allein darin, dass die Stiftung mit einem Vermögen ausgestattet wird, das sie theoretisch ewig nutzen kann, ist kein Verstoß gegen § 137 BGB zu erblicken[899].

d) Teleologische Auslegung

Besondere Bedeutung kann neben den bereits angewandten Auslegungsmethoden dem objektiv in der Norm zum Ausdruck kommenden Zweck zukommen. Dies gilt vorliegend umso mehr, als es sich bei den in Rede stehenden Vorschriften im Kern um ältere Normen handelt, deren objektiver Grundgedanke sich im Laufe der Zeit geändert haben kann[900]. Nachdem sich der Gesetzgeber selbst in jüngerer Vergangenheit zweimal mit dem Stiftungszivilrecht befasst hat, liegt es nahe, an entsprechender Stelle nach Hinweisen „aus erster Hand" zu suchen:

---

895 *Burgard*, Die Stiftung 3 (2009), S. 31, 49, siehe dazu ausführlich unter § 7B.IV, S. 229 ff.

896 *Reuter*, Privatrechtliche Schranken der Perpetuierung von Unternehmen, S. 129 ff.; ders., GmbHR 1973, S. 241, 247.

897 So auch *Großfeld/Mark*, WuR 37, 1985, S. 64, 86.

898 So im Ergebnis auch *Fasselt*, Die Beteiligungsstiftung, S. 50 ff.; ähnlich auch *Kronke*, Stiftungstypus und Unternehmensträgerstiftung, S. 199.

899 *Künnemann*, Die Stiftung im System des Unterordnungs-Konzerns, S. 69 f., der erst für den Fall einer satzungsmäßigen Verfügungsbeschränkung einen Konflikt mit § 137 S. 1 BGB ausmacht.

900 In BGH, Urteil v. 29.01.1957, Az. 1 StR 333/56, BGHSt 10, S. 157, 159 f., geht der Bundesgerichtshof davon aus, dass ein Gesetz „nicht toter Buchstabe [ist], sondern lebendig sich entwickelnder Geist, der mit den Lebensverhältnissen fortschreiten und ihnen sinnvoll angepasst weitergelten will, solange dies nicht die Form sprengt, in die er gegossen ist".

Maßgebliches Ziel der Modernisierung des Stiftungsrechts durch das Gesetz vom 15.07.2002 war die Förderung des Stiftungswesens[901]. Der seinerzeit bereits beobachtete Aufschwung des Stiftungswesens sollte durch die Schaffung einheitlicher und eindeutiger Regelungen begünstigt werden[902]. Aus diesem Grund wurde das (nach Ansicht der damals h. M. bereits geltende) Prinzip der gemeinwohlkonformen Allzweckstiftung festgeschrieben[903]. Mit dieser Intention des Reformgesetzgebers ist eine Nichtzulassung eines bestimmten Stiftungszwecks nicht vereinbar. Zum einen würde dadurch das mögliche Anwendungsfeld der Stiftung bürgerlichen Rechts ohne (hinreichenden[904]) Grund beschnitten. Zum anderen würde, nimmt man die herausgearbeiteten Parallelen zum Recht der Körperschaften in den Blick, ein dogmatischer Widerspruch entstehen, für den es keine Rechtfertigung gibt. Auch könnte von einer Förderung des Stiftungswesens nicht mehr gesprochen werden. Folglich ergibt sich bereits unter Berücksichtigung der Stiftungsrechtmodernisierung von 2002 kein Ausschlag des Auslegungsergebnisses hin zu einem Verbot der Verwaltungsstiftung.

Noch bedeutsamer – insbesondere mit Blick auf die historische Auslegung und den dort untersuchten Bruch mit dem historischen Leit- und Vorbild der Stiftung bürgerlichen Rechts – ist das Gesetz zur Stärkung des Ehrenamtes vom 21. März 2013, durch das § 81 Abs. 2 Satz 2 BGB um den Zusatz ergänzt wurde, dass das Stiftungsvermögen auch zum Verbrauch bestimmt werden kann. Mit diesen Änderungen wurde zivilrechtlich *klargestellt*, dass die Gründung einer rechtsfähigen Verbrauchsstiftung rechtlich möglich ist. Während ein großer Teil der stiftungsrechtlichen Literatur aufgrund der Auslegung der §§ 80 ff. BGB davon ausging, dass aus der historischen Idee der Stiftung die Unzulässigkeit der Verbrauchsstiftung herzuleiten sei[905], machte der Gesetzgeber demgegenüber deutlich, dass das Vorhaben einer Verbrauchsstiftung mit der bekannten Ausgestaltung der Rechtsform Stiftung vereinbar ist. Indem der Gesetzgeber selbst den der Stiftung immer noch anhaftenden Gedanken der Ewigkeit und Unsterblichkeit zurückdrängt, manifestiert er damit zugleich, dass sich nach seinem Verständnis die Stiftung bürgerlichen Rechts von dem historischen Ursprung der Stiftung gelöst hat. Daraus kann für die vorliegende Untersuchung der Schluss gezogen werden, dass es unbeachtlich ist, wenn eine Vermögensverwaltungsstiftung mit dem ursprünglichen Gedanken der mittelalterlichen Stiftung unvereinbar sein sollte.

901 BT-Drucks. 14/8765, S. 7.

902 BT-Drucks. 14/8765, S. 7.

903 BT-Drucks. 14/8765, S. 7.

904 Zu rechtspolitischen Erwägungen hinsichtlich der Gefahren für das gemeine Wohl sogleich § 6C.III.6.

905 *Steils*, Die Stiftung auf Zeit und die Verbrauchsstiftung, passim, m. w. N.

e) *Verfassungskonforme Auslegung*

(aa) Gewährleistung und Reichweite des Grundrechts auf Stiftung

Nach der herrschenden Meinung ist die Errichtung von rechtsfähigen Stiftungen Ausdruck der Privatautonomie[906]. Die durch Art. 2 Abs. 1 GG geschützte Allgemeine Handlungsfreiheit gewährleistet die Bereitstellung geeigneter Formen, mittels derer der Einzelne seine Rechtsverhältnisse gegenüber gleichgeordneten Rechtssubjekten eigenverantwortlich und nach eigenem Willen privatautonom gestalten kann[907]. Nachdem die Zivilrechtsordnung die Rechtsform der Stiftung zur Verfügung stellt, die dem Willen des Einzelnen die Macht gibt, rechtsverbindliche Folgen (hier: die Schaffung einer juristischen Person) zu setzen, fällt der Gebrauch dieser Form in den Schutzbereich des Art. 2 Abs. 1 GG[908].

Während dies von der überwiegenden Stiftungsliteratur umfassend und ungeachtet des konkreten Stiftungszwecks vertreten wird, wenden einige Autoren ein, hinsichtlich der Reichweite des grundrechtlichen Schutzes aus Art. 2 Abs. 1 GG müsse zwischen ideellen und privatnützigen Zwecken unterschieden werden[909]. Die Forderung der Verfolgung eines öffentlichen Interesses stelle daher eine verfassungsrechtlich zulässige Spezifizierung der Stifterfreiheit dar[910]. Die Frage, inwiefern der grundrechtliche Schutz der Allgemeinen Handlungsfreiheit durch eine Beschränkung des Schutzbereichs auf ideelle Zwecke einer besonderen Rechtfertigung bedarf, könnte für unseren Zusammenhang von erheblicher Bedeutung sein. Eine verfassungsrechtliche Spezifizierung der Stifterfreiheit müsste im Rahmen der verfassungskonformen Auslegung der gesetzlichen Merkmale der Stiftung dahingehend berücksichtigt werden, dass die hier untersuchten Zwecksetzungen[911] nicht vom Schutzbereich des „Grundrechts auf Stiftung“ gedeckt wären.

---

906 *Burgard*, Gestaltungsfreiheit im Stiftungsrecht, S. 44, 72; *Hof*, in: v. Campenhausen/Richter, Stiftungsrechts-Handbuch, § 4 Rn. 9 ff.; *Reuter*, in: MünchKomm/BGB, Vor § 80 Rn. 33; *Volkholz*, Geltung und Reichweite der Privatautonomie bei der Errichtung von Stiftungen, S. 171; *Goerdeler/Ulmer*, AG 1963, S. 292, 298.

907 *Hüttemann/Rawert*, in: v. Staudinger, BGB, Vor §§ 80 ff. Rn. 34 unter Verweis auf *Maunz/Dürig*, Grundgesetz, Art. 2 Abs. 1 Rn. 101.

908 *Hüttemann/Rawert*, in: v. Staudinger, BGB, Vor §§ 80 ff. Rn. 34, die allerdings zuvor klarstellen, dass nach ihrer Ansicht zwischen dem bei der Stiftungserrichtung regelmäßigen Vermögenstransfer und der Schaffung der juristischen Person zu differenzieren sei. Stiften als Vermögensverwendung zu privatautonom gesetzten Zwecken sei also primär durch Art. 14 Abs. 1 GG grundrechtlich geschützt. Lediglich hinsichtlich des Organisationsakts der Errichtung der juristischen Person käme für den Stifter die Berufung auf die Allgemeine Handlungsfreiheit in Betracht.

909 *Reuter*, in: MünchKomm/BGB, Vor § 80 Rn. 31 ff.; *Reuter*, Non Profit Law Yearbook 2001, S. 27, 29; *Jakob*, Schutz der Stiftung, S. 110.

910 *Reuter*, in: MünchKomm, Vor § 80 Rn. 34 f.

911 Siehe dazu oben die Beispiele § 6C.I.

(bb) Inhaltliche Neutralität

Wird das in Art. 2 Abs. 1 GG festgeschriebene Grundrecht der Allgemeinen Handlungsfreiheit genauer in den Blick genommen, so ist festzuhalten, dass der sehr weit angelegte Schutzbereich grundsätzlich wertneutral gewährleistet wird. Das durch die Allgemeine Handlungsfreiheit garantierte Selbstbestimmungsrecht zeichnet sich gerade durch eine inhaltliche Neutralität aus, sodass eine Differenzierung beabsichtigter Stiftungszwecke nach ihrer gesellschaftlichen Bedeutung im Widerspruch zu den Wertungen des Art. 2 Abs. 1 GG stehen würde[912]. Für eine Beschränkung des Schutzbereichs auf die Errichtung von Stiftungen mit ideellen Zwecken besteht daher kein Raum[913], sodass Art. 2 Abs. 1 GG auch den Stifter darin schützt, den Stiftungszweck frei zu bestimmen[914]. Folglich kann sich ein Stifter auch bei der Errichtung einer Verwaltungsstiftung auf sein „Grundrecht auf Stifterfreiheit" berufen.

Ein Weiteres kommt hinzu: Wegen des im Rahmen von Art. 2 Abs. 1 GG geltenden Ausgestaltungsvorbehalts ist allein durch den Gesetzgeber festzulegen, ob eine Einschränkung der zulässigen Stiftungszwecke normiert werden soll und welcher Art diese Einschränkung sein soll[915]. Nur er kann die hierzu erforderlichen (einschränkenden) Bestimmungen treffen, indem er unter Beachtung des Übermaßverbots die Allgemeine Handlungsfreiheit des Stifters beschränkt[916]. Solange solche einschränkende Festlegungen, etwa durch ein rein technisches Normativsystem, (noch) nicht bestehen und den hier diskutierten Stiftungsvorhaben nicht entgegenstehen, bedeutet dies, dass eine Zwecksetzung im Sinne einer rein vermögensverwaltenden Stiftung den Schutz des Art. 2 Abs. 1 GG erfährt.

---

912 Vgl. *Volkholz*, Geltung und Reichweite der Privatautonomie bei der Errichtung von Stiftungen, S. 178; *Hof*, in: v. Campenhausen/Richter, Stiftungsrechts-Handbuch, § 4 Rn. 19 ff., 50.

913 *Hof*, in: v. Campenhausen/Richter, Stiftungsrechts-Handbuch, § 4 Rn. 50 f.

914 *Hof*, in: v. Campenhausen/Richter, Stiftungsrechts-Handbuch, § 4 Rn. 47.

915 *Volkholz*, Geltung und Reichweite der Privatautonomie bei der Errichtung von Stiftungen, S. 178; *Hof*, in: v. Campenhausen/Richter, Stiftungsrechts-Handbuch, § 4 Rn. 11.

916 *Volkholz*, Geltung und Reichweite der Privatautonomie bei der Errichtung von Stiftungen, S. 178. Deutlich weiter geht hier *Hof*, in: v. Campenhausen/Richter, Stiftungsrechts-Handbuch, § 4 Rn. 35, 56, wenn er davon ausgeht, die Versagung der Anerkennung stelle einen Eingriff in die Stifterfreiheit dar, der nur nach Maßgabe der verfassungsmäßigen Ordnung, des Sittengesetzes und zum Schutz anderer zulässig sei. Daraus lässt sich schlussfolgern, dass nach *Hof* Regelungen, die die Möglichkeit zur Errichtung bestimmter Stiftungsformen beschränken sollen, verfassungsrechtlich nicht begründbar seien; vgl. *Hüttemann/Rawert*, in: v. Staudinger, BGB, Vor §§ 80 ff. Rn. 34.

6. *Verbot der Verwaltungsstiftung als Ausdruck des Gemeinwohlvorbehalts?*

Zum Abschluss der Untersuchung der Zulässigkeit der Vermögensverwaltungsstiftung (genannt Selbstzweckstiftung) ist der Frage nachzugehen, ob aus dem in § 80 Abs. 2 S. 1 BGB beschriebenen Tatbestandsmerkmal der Nichtgefährdung des Gemeinwohls ein Verbot der Selbstzweckstiftung hergeleitet werden kann.

a) Begründungsversuche

Die unter dem Begriff der Selbstzweckstiftung zusammengefassten Stiftungskonstruktionen werden teilweise mit Bezug auf den Gemeinwohlvorbehalt für unzulässig erklärt. Dabei lautet die – eher allgemein gehaltene – Argumentation, dass die Selbstzweckstiftung mit dem Gemeinwohlvorbehalt unvereinbar sei, weil die mit ihr einhergehende Vermögensperpetuierung im Widerspruch zu den gesetzlichen Wertungen stehe und eine solche Verwendung grundsätzlich nicht gewollt sei[917]. Sofern sich die Rechtswissenschaft mit dieser Frage eingehender beschäftigt hat[918], steht im Mittelpunkt der Überlegungen die Annahme, dass mit dem Gemeinwohlvorbehalt ein Grundsatz der Fremdnützigkeit verankert worden sei[919]. Nach *Mirbach* begründet die Andersartigkeit der rechtsfähigen Stiftung spezielle rechtsformspezifische Gefahren, denen der Gesetzgeber im Rahmen der Gemeinwohlklausel mit einem Fremdnützigkeitsgebot begegnet sei[920]. Die dauerhafte Mitgliederlosigkeit und der (grundsätzlich auf ewig) manifestierte Stifterwille führten zu einer Vermögensperpetuierung, die nicht unbeschränkt hingekommen werden dürfe. Andernfalls berge das Rechtsinstitut eine sowohl ordnungs- wie auch gesellschaftspolitische Gefahr, wie sie bei keiner anderen Rechtsform bestehe[921]. So sei zwangsläufige Folge der Vermögensperpetuierung die Konzentration von Vermögen, das dadurch dem Wettbewerb und der optimalen Nutzung entzogen sei[922]. Würden große Vermögen zusammengehalten und nicht nach Leistungsfähigkeit verteilt, erwachse aus dieser Vermögenskonzentration eine Machtfülle, die mit dem freiheitlichen und demokratischen Gemeinwesen nicht zu vereinbaren sei[923]. Aus diesem Grund habe der Gesetzgeber bei der normativen Festlegung des Gemeinwohlvorbehalts seine Gemeinwohlförderungsabsicht zum Ausdruck gebracht. Im Unterschied zu einer schlichten Legalitätsgrenze beinhalte die vom Gesetzgeber

---

917 Siehe dazu bereits § 6C.II.

918 *Mirbach*, Stiftungszweck und Gemeinwohlgefährdung, passim; *Schewe*, Die Errichtung der rechtsfähigen Stiftung von Todes wegen, S. 108.

919 *Mirbach*, Stiftungszweck und Gemeinwohlgefährdung, S. 218 f.

920 *Mirbach*, Stiftungszweck und Gemeinwohlgefährdung, S. 221 ff.

921 *Mirbach*, Stiftungszweck und Gemeinwohlgefährdung, S. 223 ff.

922 *Mirbach*, Stiftungszweck und Gemeinwohlgefährdung, S. 224, unter Hinweis auf die Bill & Melinda Gates Foundation, die ein Stiftungsvermögen von 60 Milliarden Dollar habe.

923 *Mirbach*, Stiftungszweck und Gemeinwohlgefährdung, S. 225 f.

vorgesehene Orientierung am Gemeinwohl einen ethischen Appell zur Fremdnützigkeit[924]. Der Gesetzgeber greife damit die traditionelle Idee der Stiftung auf, dass der Stifter in der Gesellschaft einen Missstand für sich erkenne und diesen durch die von ihm errichtete Stiftung zu beheben versuche[925].

b) Stellungnahme

(aa) Verfassungsrechtliche Implikationen – Meinungsstand

Mirbach kann zu seinem Ergebnis nur über die Annahme gelangen, eine verfassungskonforme Auslegung des Gemeinwohlvorbehalts sei nicht zu fordern[926]. Diese These nötigt zu einer präziseren Auseinandersetzung mit dem sogenannten Gemeinwohlvorbehalt.

In der Tat ist im Hinblick auf die verfassungsrechtliche Bewertung der Anerkennungsvoraussetzungen im Allgemeinen und der Nichtgefährdung des Gemeinwohls im Speziellen vieles ungeklärt. In erster Linie ist hierbei die Diskussion um die Existenz, die Herleitung und den Schutzbereich eines „Grundrechts auf Stiftung" zu nennen[927]. Im Ausgangpunkt kann allerdings als unstreitig bezeichnet werden, dass sich ein Stifter, solange er sich im Gründungs- und Aufsichtsstadium einem staatlichen Exekutivorgan gegenübersieht, auf einen justitiablen und grundrechtlich verbrieften Anspruch auf Errichtung einer Stiftung berufen können muss[928]. Sowohl die Bund-Länder-Arbeitsgruppe wie auch der Gesetzgeber in seiner amtlichen Begründung gingen übereinstimmend davon aus, dass es ein „Grundrecht auf Stiftung" gebe, also die vom Grundgesetz geschützte Möglichkeit eines Stifters, die Rechtsfähigkeit für eine nach seinen Vorstellungen zu errichtende Stiftung zu erwirken, und dass dieses Grundrecht nur der näheren Ausgestaltung auf einfachgesetzlicher Ebene

---

924 *Mirbach*, Stiftungszweck und Gemeinwohlgefährdung, S. 227 f.

925 *Mirbach*, Stiftungszweck und Gemeinwohlgefährdung, S. 229.

926 *Mirbach*, Stiftungszweck und Gemeinwohlgefährdung, S. 218, wobei er davon ausgeht, dass es keine grundrechtlich geschützte Stifterfreiheit gebe.

927 Dazu Überblick bei *Hüttemann/Rawert*, in: v. Staudinger, Vor §§ 80 ff. Rn. 20 ff.

928 In der ersten umfassenderen Untersuchung zum Grundrechtsschutz bei Errichtung einer rechtsfähigen Stiftung hatte Salzwedel (*Ballerstest/Salzwedel*, Gutachten für den 44. Deutschen Juristentag, Bd. I, 5. Teil der Verhandlungen, S. 52, 67) einen solchen Schutz noch mit dem Hinweis verneint, die Allgemeine Handlungsfreiheit gewährleiste keinen über das Lebensende des Stifters hinausgehenden Schutz. Ausgangspunkt der Entwicklung eines Grundrechts auf Stiftungserrichtung war ein obiter dictum des Bundesverfassungsgerichts (BVerfGE 46, S. 73, 85), in dem das Gericht den Stifterwillen als konstitutives Merkmal der Stiftung in den grundrechtlichen Schutz der Stiftung einbezogen hatte. Siehe aber zur Ablehnung eines Grundrechts auf Errichtung einer fiduziarischen Stiftung BVerwG, Urteil v. 9. April 2014, Az. 8 C 23.12.

bedürfe[929]. Lediglich über die Verortung dieser Stifterfreiheit in den Grundrechten bestehen noch dogmatische Differenzen[930].

Wer also ein „Grundrecht auf Stiftung“ mit der wohl h. M.[931] und gestützt auf den Gesetzgeber anerkennt, für den stellt sich in Ansehung des § 80 Abs. 2 S. 1 BGB zwangsläufig die Frage nach den Auswirkungen dieses Grundrechtsschutzes auf den Gehalt und die Auslegung des Gemeinwohlvorbehalts. Da der Gesetzgeber ausdrücklich auf eine Definition des Gemeinwohls verzichtet und stattdessen in der Gesetzesbegründung auf die Entscheidung des BVerwG vom 12.02.1998 in Sachen[932] Republikaner-Stiftung Bezug genommen hat[933], besteht hinsichtlich des Begriffs der Gemeinwohlgefährdung erhebliche Unklarheit[934]. Das Kriterium der Gemeinwohlgefährdung ist als unbestimmter Rechtsbegriff[935] selbst in höchstem Maße konkretisierungsbedürftig[936]. Die Einzelheiten sind indes umstritten. Einige Autoren gehen davon aus, mit § 80 Abs. 2 sei lediglich der schon das bisherige Stiftungsrecht kennzeichenende stiftungszweckbezogene Versagungsgrund gesetzlich

---

929 Vgl. *Volkholz*, Geltung und Reichweite der Privatautonomie bei der Errichtung von Stiftungen, S. 156; *Schröder*, DVBl 2007, S. 2007; siehe auch Bund-Länder-Arbeitsgruppe Stiftungsrecht, Abschlussbericht 2001, S. 26; BT-Drucks. 14/8765 (RegE), S. 8; BT-Drucks. 13/9320, S. 7.

930 Siehe dazu bereits § 6C.III.5.e)(aa), dort auch die Fn. 901 und 903. *Frowein*, Grundrecht auf Stiftung, S. 12 ff., stützt seinen Begründungsansatz auf ein Bündel von verschiedenen Freiheitsgrundrechten und dabei vor allem auf die in Art. 4, 5, und 6 GG niedergelegten Glaubens-, Presse-, Kunst- und Wissenschaftsfreiheiten sowie den Schutz von Ehe und Familie. Gegen diesen Ansatz wurde vor allem eingewandt, die Freiheitsgrundrechte dienten primär der Abwehr staatlicher Eingriffe und könnten daher nicht unmittelbar zu einer Begründung eines Anspruchs des Bürgers gegen den Staat herangezogen werden; vgl. *Sachs*, in: FS Leisner 1999, S. 955, 957.
Der Versuch, den Grundrechtsschutz der Stiftung aus der Vereinigungsfreiheit herzuleiten, gründete auf der Annahme, Art. 9 Abs. 1 BGB enthalte ein speziell auf Schaffung eines Rechtssubjekts zielendes Grundrecht, das neben der Gründung von Korporationen gleichfalls für die Schaffung jeder Form privatrechtlicher Vereinigungen und damit auch für Stiftungen gelte (*Larenz/Wolf*, BGB AT, S. 154). Nachdem sich bei der Errichtung einer rechtsfähigen Stiftung aber gerade nicht mehrere Personen zusammenschließen, konnte sich diese Sichtweise nicht durchsetzen.

931 *Hüttemann/Rawert*, in: v. Staudinger, Vor §§ 80 ff. Rn. 20 ff.; *Backert*, in: Bamberger/Roth, BGB, § 80 Rn. 41.

932 BVerwG, Urt. v. 12.02.1998, Az. 3 C 55/96, BVerwGE 106, S. 177 ff.

933 BT-Drucks. 14/8765, S. 9.

934 Vgl. *Volkholz*, Geltung und Reichweite der Privatautonomie bei der Errichtung von Stiftungen, S. 156 ff.

935 *O. Werner*, in: Erman, BGB, Vor § 80 Rn. 12.

936 *Hüttemann/Rawert*, in: v. Staudinger, BGB, § 80 Rn. 30.

festgeschrieben worden[937]. Inhaltich sei – wie dies die Bezugnahme der Gesetzesbegründung deutlich mache – der vom BVerwG festgestellte Wahrscheinlichkeitsmaßstab anzuwenden, nach dem eine Gemeinwohlgefährdung dann anzunehmen ist, *„wenn es hinreichend wahrscheinlich, also eine nicht bloß entfernt liegende Möglichkeit ist, dass die Erlangung der Rechtsfähigkeit und die damit verbundene Verfolgung des Stiftungszwecks durch die dann rechtsfähige Stiftung zu einer Beeinträchtigung von Verfassungsgütern führen würde"*[938].

Demgegenüber beurteilen zahlreiche Autoren den Gemeinwohlvorbehalt schon in rechtspolitischer Hinsicht als verfehlt. Es bestehe die Gefahr, dass sich die Gemeinwohlformel zum Einfallstor für die Berücksichtigung irgendwelcher öffentlicher Interessen entwickle und dadurch die Stiftungsrechtmodernisierung, die eigentlich zu einer Förderung des Stiftungswesens beitragen sollte, ins Gegenteil verkehre[939]. Aufgrund der sehr vage gehaltenen Regelung des Gemeinwohlkriteriums in § 80 Abs. 2 BGB halten zudem immer mehr Stimmen das Gemeinwohlkriterium für verfassungswidrig[940]. Der Gesetzgeber verstehe den Gemeinwohlvorbehalt als eine bundespolizeiliche Gefahrenabwehrklausel[941]. Mangels hinreichender Konkretisierung der Generalklausel verstoße dieser Eingriff aber gegen die verfassungsrechtlichen Anforderungen an eine die Grundrechtsausübung einschränkende Norm[942]. Das

---

937 *Andrick/Suerbaum*, NJW 2002, S. 2905, 2907 f.; *Andrick*, DVBl 2003, S. 1246, 1250; *Backert*, in: Bamberger/Roth, § 80 Rn. 48, der es für konsequent hält, wenn das Kriterium der Gemeinwohlgefährdung, das bei zahlreichen anderen juristischen Personen (siehe § 43 Abs. 1 BGB, § 396 Abs. 1 AktG, § 62 GmbHG, § 81 Abs. 1 GenG) als einheitliches Kriterium für die Auflösung oder Aufhebung der juristischen Person vorgesehen ist, auch für den Zeitpunkt ihrer Errichtung maßgeblich ist; dazu kritisch *Muscheler*, Stiftungsrecht, S. 119; ders., in: NJW 2003, S. 3161, 3161 ff.

938 BVerwG, Urt. v. 12.02.1998, Az. 3 C 55/96, BVerwGE 106, S. 177 ff.

939 *Reuter*, Non Profit Law Yearbook 2001, S. 27, 30 f.; rechtspolitische Kritik auch bei *Muscheler*, Stiftungsrecht, S. 119 ff., und Hüttemann ZHR 167 (2003), S. 35 ff.; vgl *Reuter*, in: MünchKomm/BGB, §§ 80, 81 Rn. 61 ff., 63.

940 *Muscheler*, Stiftungsrecht, S. 125 ff.; im Ergebnis auch *Hüttemann/Rawert*, in: v. Staudinger, BGB, § 80 Rn. 35; *Volkholz*, Geltung und Reichweite der Privatautonomie bei der Errichtung von Stiftungen, S. 190 ff.; *Burgard*, Gestaltungsfreiheit im Stiftungsrecht, S. 127.

941 *Volkholz*, Geltung und Reichweite der Privatautonomie bei der Errichtung von Stiftungen, S. 197 ff.; ihm folgend *Hüttemann/Rawert*, in: v. Staudinger, BGB, § 80 Rn. 33 f.

942 Nach *Muscheler*, Stiftungsrecht, S. 127 ff., verstößt die Norm gegen den Vorbehalt des Gesetzes, den Verhältnismäßigkeitsgrundsatz sowie den Gleichheitsgrundsatz. *Volkholz*, Geltung und Reichweite der Privatautonomie bei der Errichtung von Stiftungen, S. 207 f., und *Hüttemann/Rawert*, in: v. Staudinger, BGB, § 80 Rn. 33 f., gehen davon aus, der Gemeinwohlvorbehalt verstoße allein gegen das Übermaßverbot, weil sich aus der Vorschrift nicht hinreichend konkret ergebe, aus welchen Gründen die Anerkennung versagt werden kann. *Backert*, in: Bamberger/Roth,

Stiftungsvorhaben soll danach allein daran zu messen sein, ob es gegen das Gesetz oder die guten Sitten (§§ 134, 138 BGB) verstößt.

(bb) Fremdnützigkeitsgebot?

Einer ausführlichen Darstellung des Meinungsstands im Schrifttum[943] (und einer Stellungnahme) bedarf es an dieser Stelle nicht. Wie anhand der vorstehend skizzierten Argumentationsstränge deutlich wurde, kreist die rechtswissenschaftliche Debatte um die Frage, ob ein Stiftungsvorhaben nur dann zurückzuweisen sein soll, wenn das Stiftungsvorhaben wegen eines Gesetzesverstoßes unwirksam ist[944], oder ob dem Begriff der „Gefährdung des Gemeinwohls" ein darüber hinausgehender Anwendungsbereich zugeschrieben werden muss[945]. Eine andere – und hier im Vordergrund stehende – Frage ist aber die, ob eine Herleitung eines Fremdnützigkeitsgebots oder eines Verbots der Verwaltungsstiftung aus dem Gemeinwohlvorbehalt überzeugen kann.

Zunächst ist zu der Behauptung eines positiven Fremdnützigkeitsgebots Folgendes festzuhalten: Gemeinsam haben alle oben vorgestellten Betrachtungsweisen, dass sie den Vorbehalt der Nichtgefährdung des Gemeinwohls nicht als Gebot, sondern allenfalls als einzelfallbezogene Schranke verstehen. Somit besteht zumindest Einigkeit darüber, dass eine Förderung des gemeinen Wohls durch den Stiftungszweck nicht erforderlich ist. Der Gesetzgeber macht dies zudem in § 81 Abs. 2 BGB durch die negative Formulierung *„das Gemeinwohl* ***nicht*** *gefährden"*[946] mehr als deutlich[947]. Aus einer negativen Grenze lässt sich aber – und dabei ist unerheblich,

---

BGB, § 80 Rn. 2a ff, hält schon wegen eines kompetenzrechtlichen Konflikts des Bundesgesetzgebers mit den Landesgesetzgebern § 80 Abs. 2 BGB an sich für verfassungswidrig. *Hof*, in: v. Campenhausen/Richter, Stiftungsrechts-Handbuch, § 6 Rn. 332, geht davon aus, dass der Gemeinwohlvorbehalt lediglich in Kongruenz mit dem Schrankentrias des Art. 2 Abs. 1 GG verfassungskonform dahingehend auszulegen sei, dass eine Gemeinwohlgefährdung lediglich dann anzunehmen sei, wenn der Stiftungszweck gegen Rechte anderer, die verfassungsmäßige Ordnung oder das Sittengesetz verstoße.

943 Eingehend bei *Volkholz*, Geltung und Reichweite der Privatautonomie bei der Errichtung von Stiftungen, S. 179 ff.

944 *Hüttemann/Rawert*, in: v. Staudinger, BGB, § 80 Rn. 35; im Ergebnis ebenso *Burgard*, Gestaltungsfreiheit im Stiftungsrecht, S. 127; *Volkholz*, Geltung und Reichweite der Privatautonomie bei der Errichtung von Stiftungen, S. 190 ff.; für eine restriktive Interpretation des Begriffs der Gemeinwohlgefährdung auch *Muscheler*, Stiftungsrecht, S. 127 ff.; ders., in NJW 2003, S. 3161, 3165 f.

945 *Andrick*, DVBl 2003, S. 1246, 1250 f.; wohl auch *Andrick/Suerbaum* NJW 2002, S. 2905, 2907 f.; *Backert*, in: Bamberger/Roth, BGB, § 80 Rn. 48; *Hof*, in: v. Campenhausen/Richter, Stiftungsrechts-Handbuch, § 6 Rn. 332.

946 Hervorhebung durch den Verfasser.

947 Verfehlt ist daher der Hinweis in der Gesetzbegründung zudem aus einem anderen Grund. Denn wie an anderer Stelle der Arbeit (§ 6C.III.5.b)(ee)(1)) gezeigt werden

ob das „Grundrecht auf Stiftung" negiert wird oder nicht – kein positives Gebot zur Fremdnützigkeit herleiten. Dem Gemeinwohlvorbehalt kommt vielmehr Ausnahmecharakter zu, weshalb er an sich restriktiv auszulegen ist. Selbst wenn in den Begriff der „Gefährdung des Gemeinwohls" mehr hineininterpretiert würde als eine Legalitätsgrenze und in ihr eine einfachgesetzliche Ausprägung der durch die Grundrechte aufgerichteten Werteordnung erblickt werden sollte, bliebe der Gemeinwohlvorbehalt eine negative Abgrenzung, ohne dass ihm eine Leistungsdimension immanent wäre.

Etwas anderes ergibt sich auch nicht aus der Gesetzesbegründung. Zwar greift der Gesetzgeber dort den Begriff des Gemeinwohls auf und konstatiert, dieser sei *„traditionell mit der Rechtsfigur Stiftung verknüpft"*[948]. Mitnichten hat der Gesetzgeber aber damit die traditionelle Idee der Vorgänger der heutigen Stiftung festgeschrieben, nach der der Stifter durch die von ihm errichtete Stiftung gesellschaftliche Missstände zu beheben versuchen soll[949]. Denn durch die Klarstellung, eine Beschränkung auf steuerbegünstigte – also gemein*nützige* oder mild*tätige* – Zwecke sei damit nicht intendiert, erhellt sich, dass dem zivilrechtlichen Zweckbegriff eine Förderungs-[950] oder Unterstützungsdimension[951] (weiterhin) fremd ist.

Als Zwischenergebnis ist also festzuhalten, dass aus dem Vorbehalt der Nichtgefährdung des Gemeinwohls kein Gebot zur Fremdnützigkeit und somit mittelbar kein Verbot der Selbstzweckstiftung hergeleitet werden kann. Es ist also jedenfalls insofern kein grundsätzlicher Hinderungsgrund gegeben, als ein Fremdnützigkeitsgebot, das gegen die Errichtung der oben vorgestellten Stiftungsvorhaben sprechen würde, nicht existiert.

(cc) Aspekte des Gemeinwohls

Schließlich bedarf es der Diskussion, ob mit Blick auf die von *Mirbach* und anderen Autoren vorgebrachten Argumente unmittelbar eine Gefährdung des Gemeinwohls zu befürchten ist. Dies wäre jedenfalls dann der Fall, wenn die in Rede stehenden Stiftungszwecke gegen die Rechte anderer, die verfassungsmäßige Ordnung oder das Sittengesetz verstoßen. Es ist also zu untersuchen, ob die oben vorgestellten

---

konnte, war es im Rahmen der Kodifikationsarbeiten Ende des 19. Jahrhunderts zur vollkommenen Ablösung der Stiftung vom Begriff des Gemeinwohls gekommen. Die vom Gesetzgeber in Bezug genommene Tradition war also gewissermaßen unterbrochen, als er 2002 auf sie rekurrierte. Wenn der Reformgesetzgeber bei der Stiftungsrechtsmodernisierung nunmehr an dieser Tradition anknüpft, ist dies mehr als nur ein rechtspolitischer Rückschritt. Er knüpft an eine verloren gegangene Tradition an.

948 BT-Drucks. 14/8765, S. 9.

949 So aber *Mirbach*, Stiftungszweck und Gemeinwohlgefährdung, S. 229.

950 Nach § 52 AO ist Voraussetzung für die Annahme von Gemeinnützigkeit, die Allgemeinheit auf materiellem, geistigem oder sittlichem Gebiet selbstlos zu *fördern.*

951 In § 53 AO ist Mildtätigkeit als das selbstlose Unterstützen anderer Personen definiert.

Stiftungszwecke im Widerspruch zu Grundentscheidungen der Rechts- oder Verfassungsordnung stehen[952]. Anders gewendet ist hier die Frage angesprochen, ob und mit welchen Grenzen dem Einzelnen die Bindung von Vermögen in einer unnatürlichen, weil juristischen Person gestattet werden soll, ohne dass ein darüber hinaus gehender Zweck verfolgt wird[953]. Da es sich dabei mehr um eine rechtspolitische, wenn nicht gesamtgesellschaftliche Fragestellung handelt, kann ihr im Rahmen unserer Zwecke nicht vertieft nachgegangen werden. Gleichwohl soll nachfolgend versucht werden, die in der Literatur spezifisch im Hinblick auch die Stiftung vorgebrachten Ansichten (ein wenig) zu objektivieren.

(1) Die Gefährlichkeit der „toten Hand“

Das wohl am häufigsten in diesem Zusammenhang vorgetragene Argument ist, die Errichtung einer Selbstzweckstiftung laufe auf eine zeitlich und mengenmäßig unbegrenzte Anhäufung von Vermögen hinaus, das weder einem personalen Eigentümer noch anderen Dritten diene. Die daraus resultierende rechtsformspezifische Gefahr rechtfertige es, entsprechende Stiftungskonstruktion an sich zu verhindern. Diese Kritik ist im Kern alles andere als neu[954]. Die Vorbehalte gegen die Bindung von Vermögen an die „tote Hand“ waren insbesondere im 19. Jahrhundert im Kreis der engagierten politischen Verfechter des Liberalismus weit verbreitet[955]. Auf der anderen Seite geht *Liermann* von einer *„maßlosen Überschätzung“* der Gefahren der „toten Hand“ aus[956]. Und in der Tat verlieren die behaupteten Befürchtungen schnell ihren Schrecken, wenn die Argumentation dieser Autoren unbefangen betrachtet wird.

Erhellend ist zunächst ein Blick auf vergleichbare Diskussionen bezüglich anderer Rechtsformen[957]. Im Rahmen der Debatte zur Reform des Aktienrechts in den 1960er Jahren wurden der Aktiengesellschaft im Prinzip dieselben Befürchtungen entgegengehalten, wie sie heute in der stiftungsrechtlichen Diskussion formuliert werden[958]. Auch die Aktiengesellschaft wurde als Ausgangspunkt einer unverhältnismäßigen

---

952 Vgl. *Ellenberger*, in: Palandt, BGB, §§ 80 Rn. 6, 81, Rn. 1.

953 Dazu ausführlich *Dutta*, Warum Erbrecht?, S. 151 ff.

954 Vgl. *Mugdan*, Die gesammelten Materialien zum BGB, Bd. I, S. 961 f.

955 Zum Begriff der „toten Hand“ und seiner Entstehung auf Grundlage der Vorstellung einer metaphysischen Fortexistenz des Stifters nach seinem Tode im sozialen Leben durch die mit der Stiftung Betrauten und die so gesehene Vermögensbindung an seine „tote Hand“ eingehend *Schulze*, in: Deutsches Stiftungswesen 1977 bis 1988, S. 37 ff., 39, 41. Selbst *v. Savigny* stellte als Grund für die Erfordernis einer staatlichen Genehmigung der Stiftungserrichtung auf „die Rücksicht auf die vielleicht übertriebene Vermehrung des Vermögens in todter Hand“ ab (*v. Savigny*, System des heutigen römischen Rechts, Bd. 2, 1840, S. 279.), wobei allerdings das Wort „vielleicht“ eine gewisse Zurückhaltung gegenüber seinen Zeitgenossen andeuten mag.

956 *Liermann*, Handbuch des Stiftungsrechts, Bd. 1, S. 259.

957 So auch *Künnemann*, Die Stiftung im System des Unterordnungs-Konzerns, S. 69 f.

958 Ähnlich schon *Höfner-Byok*, Die Stiftung & Co. KG, S. 79 ff.

Machtzusammenballung beschrieben[959]. Die Gefahr wurde einerseits darin gesehen, dass die Aktiengesellschaft zu einem Mittel der Beherrschung großer Vermögen durch einzelne Gruppen geworden war[960]. Dies habe negative Auswirkungen auf die Marktstruktur und den Wettbewerb sowie auf die Einkommen- und Vermögensverteilung in der Bundesrepublik Deutschland[961]. Besonders bemerkenswert ist zudem, dass auch in der damaligen Debatte mit der ursprünglichen Idee der ersten Aktiengesellschaften argumentiert wurde. So hatte sich das Aktienrecht nach damaligem Verständnis von seinem ursprünglichen (vom Gesetzgeber beabsichtigen) Zweck, die Kapitalbeschaffung zur Finanzierung großer wirtschaftlicher Vorhaben durch das Neugründen von Aktiengesellschaften zu ermöglichen, weitgehend entfernt[962]. Eine weitere Parallele zur hier behandelten Frage kann darin gesehen werden, dass unter dem Schlagwort der „Trennung von Besitz (Eigentum) und Herrschaft“ die rechtssoziologische Beobachtung beschrieben wurde, wonach Aktionäre faktisch keine Kontrolle mehr über das von ihnen ursprünglich beigesteuerte Vermögen hatten[963]. *Holzschuh* bemerkte 1970, dass die großen Publikumsaktiengesellschaften sich von ihren Eigentümern lösgelöst und verselbstständigt hatten[964]. Im Hinblick auf die obenstehenden (in der Stiftungsliteratur bemühten) Befürchtungen spricht es für sich, dass die Aktiengesellschaft trotz dieser volkswirtschaftlichen und rechtssoziologischen Befürchtungen nicht mit dem Hinweis auf die Gefährdung der demokratischen Grundordnung in ihrer Gestalt beschränkt oder gar umgestaltet wurde[965]. Wenn bei der Aktiengesellschaft die Befürchtungen hinsichtlich der demokratischen Grund- und Wirtschaftordnung nicht so schlagend waren, dass sie zu der Annahme der Gefährdung des gemeinen Wohls geführt hätten, warum sollten sie dann bei der Stiftung ebendiese Annahme begründen?[966]

---

959 *Großfeld*, Aktiengesellschaft, Unternehmenskonzentration und Kleinaktionär, S. 5 m. w. N.

960 *Lenel*, Ursachen der Konzentration, S. 160 f.

961 *Großfeld*, Aktiengesellschaft, Unternehmenskonzentration und Kleinaktionär, S. 11.

962 *Kutzenberger*, Mitbestimmung der Aktionäre, S. 14 ff., 21; *Würdinger*, Aktienrecht, S. 2.

963 *Großfeld*, Aktiengesellschaft, Unternehmenskonzentration und Kleinaktionär, S. 15 ff., unter Verweis auf die Untersuchung von *Berle* und *Means* zu den 200 damals größten Aktiengesellschaften der Vereinigten Staaten von Amerika; vgl. auch *Goerdeler/Ulmer*, AG 1963, S. 328, 330.

964 *Holzschuh*, Die Stiftung als Rechtsform für erwerbswirtschaftliche Unternehmen, S. 35.

965 Auch *Stengel*, Stiftung und Personengesellschaft, S. 33, nimmt an, dass sich bereits durch einen Blick auf große Publikumsaktiengesellschaften das Gefahrenpotential der „Eigentümerlosigkeit“ von Stiftungen relativiere; *Plagemann*, Stiftung als Unternehmensform, S. 127, geht im Jahr 1950 davon aus, dass viele Unternehmen „in einem der Stiftung nahegekommenen Zustand seien“; siehe weitere Nachweise bei *Höfner-Byok*, Die Stiftung & Co. KG, S. 79 f.

966 Vgl. auch *Goerdeler/Ulmer*, AG 1963, S. 328, 330.

(2) Die Befürchtung volkswirtschaftlicher Verwerfungen

Die Perpetuierungsbefürchtungen, also die Ängste vor volkwirtschaftlichen Schäden durch zu große Stiftungsvermögen, lassen sich zudem durch einen Blick auf die volkswirtschaftliche Bedeutung der Stiftungsvermögen in Deutschland weiter relativieren[967]. Schon *Burgard* hielt der behaupteten Gefahr einer Vermögenskonzentration entgegen, dass allein die Marktkapitalisierung der Deutschen Telekom AG im Jahr 2004 höher war als das Vermögen sämtlicher Stiftungen zusammen, unselbstständige Stiftungen und Stiftungskörperschaften eingeschlossen[968]. Nun mag eingewendet werden, die Marktkapitalisierung gebe keine Auskunft über das in der juristischen Person zusammengefasste Vermögen[969]. Um diesem Einwand zu begegnen und die volkswirtschaftlichen Relationen zu illustrieren, soll hier stattdessen eine andere Wirtschaftseinheit in den Blick genommen werden, die bei ökonomischer Betrachtung eine vergleichbare Interessenlage aufweist. Investmentgesellschaften, auch Fondsgesellschaften oder Kapitalanlagegesellschaften genannt, sind Unternehmen, die liquide Mittel von Anlegern einsammeln, um diese nach vorgegebenen Grundsätzen zu investieren[970]. Einziger Zweck dieser Gesellschaften ist – wie bei den hier untersuchten Stiftungen – die Verwaltung und Vermehrung des ihnen überlassenen Vermögens. Allein das Fondsvolumen, also das von der Investmentgesellschaft verwaltete Vermögen, *einer* in Deutschland ansässigen Investmentgesellschaft beträgt rund 200 Mrd. EUR[971]. Gegen diese Vermögenskonzentration, aus der zweifelsohne auch eine Machtposition erwächst, wird nicht geltend gemacht, sie sei mit dem freiheitlichen und demokratischen Gemeinwesen nicht zu vereinbaren. Vor diesem Hintergrund drängt sich die Frage geradezu auf, warum Vermögenskonzentration (zur Vermehrung und Verwaltung) im Rahmen der Stiftung gemeinwohlgefährdend sein soll, während es in anderer Rechtsform immer bedeutenderer Teil der Wirtschaftsordnung ist. Im Ergebnis ist also festzuhalten, dass marktkonträre Systemverwerfungen aufgrund zu großer Stiftungsvermögen nicht zu befürchten sind[972].

---

967 Vgl. dazu schon *Burgard*, Gestaltungsfreiheit im Stiftungsrecht, S. 18 ff.

968 *Burgard*, Gestaltungsfreiheit im Stiftungsrecht, S. 18 ff., stellt ein Vermögen aller Stiftungen in Höhe von geschätzt 60 Mrd. Euro einer Marktkapitalisierung von rund 70 Mrd. Euro gegenüber.

969 Zudem kann gegen die Aussagekraft dieses Vergleichs angeführt werden, ein Unternehmen wie die Deutsche Telekom sei aufgrund ihres konkreten Unternehmensgegenstandes nicht mit einer Verwaltungsstiftung vergleichbar.

970 Vgl. FAZ Börsenlexikon.

971 Pressemitteilung von Union Investment, 27. Februar 2014, abgerufen am 2. Juni 2014.

972 So auch *Muscheler*, Stiftungsrecht, S. 60; vgl. auch *Schwintek*, ZPR 1999, S. 25, 26.

(3) Keine rechtsformspezifische „überlange Bindung“

Anders als *Reuter* dies behauptet, geht es auch nicht um die Bevormundung anderer oder die überlange Bindung der Umwelt[973], sondern lediglich um die bereits bei Stiftungserrichtung abgeschlossene Willensbildung, also um die Festlegung, was mit der vom Stifter geschaffenen juristischen Person beabsichtigt ist.

Richtig ist, dass jedem Menschen aufgrund seiner Sterblichkeit nur eine begrenzte Zeit für die Ansammlung von (Macht und) Vermögen zur Verfügung steht. Richtig ist auch, dass die Stiftung als juristische Person theoretisch „unsterblich“ ist[974] und ihr demnach theoretisch unbegrenzte Zeit zur Verfügung steht, Vermögen und Macht anzusammeln. Dieser Status der „Unsterblichkeit“ ist allerdings keineswegs ein Alleinstellungsmerkmal der Stiftung bürgerlichen Rechts[975]. Vielmehr zeichnet sich jede juristische Person dadurch aus, dass sie an sich auf unbegrenzte Zeit errichtet wird[976]. Der These von der Unsterblichkeit der Körperschaft mag entgegengehalten werden, dass eine Aktiengesellschaft, eine GmbH oder auch ein Verein durch Beschluss der Mitglieder jederzeit beendet werden kann. Dies wäre aber nur die halbe Wahrheit. Denn entsprechend dem Konzept der juristischen Person Stiftung, bei der die Willensbildung bereits bei Errichtung erfolgt, steht es dem Stifter frei, statuarisch Auflösungsgründe zu bestimmen. Es ist grundsätzlich anerkannt, dass der Stifter für den Bestand der Stiftung eine Frist[977] bestimmen oder eine auflösende Bedingung[978] vorsehen kann, bei deren Ablauf bzw. Eintritt die Stiftung aufgelöst wird. Zudem ist es weitgehend unstrittig, dass der Stifter Auflösungsgründe im materiellen Sinne angeben kann, bei deren Vorliegen die Stiftung auflösungsreif ist und aufgelöst wird, wenn die zuständigen Stiftungsorgane einen dahingehenden Beschluss fassen[979].

---

973 *Reuter*, in: MünchKomm/BGB, 4. Aufl. (2001), Vor § 80 Rn 31 f.

974 Vgl. *Rawert*, in: Hopt/Reuter, Stiftungsrecht in Europa, S. 109, 110.

975 *Großfeld*, Aktiengesellschaft, Unternehmenskonzentration und Kleinaktionär, S. 86 ff., der darauf hinweist, dass der Status der Unsterblichkeit in der Frühzeit der Aktiengesellschaft als ihr wichtigstes Merkmal und größter Vorzug galt.

976 So hat *Wiedemann*, Gesellschaftsrecht I, S. 191 ff., aus der Genese der Kapitalgesellschaften als einen ihrer Zwecke abgeleitet, sie seien zur Schaffung eines unsterblichen, vom Schicksal ihrer Mitglieder unabhängigen Sondervermögens bestimmt.

977 *Hof*, in: v. Campenhausen/Richter, Stiftungsrechts-Handbuch, § 11 Rn. 33 f.; *Burgard*, Gestaltungsfreiheit im Stiftungsrecht, S. 631 ff.; *Backert*, in: Bamberger/Roth, BGB, § 8 Rn. 6; *Neuhoff*, in: Soergel, BGB, § 87 Rn. 12.

978 *Hof*, in: v. Campenhausen/Richter, Stiftungsrechts-Handbuch, § 11 Rn. 35; *Burgard*, Gestaltungsfreiheit im Stiftungsrecht, S. 632; *O. Werner*, in: Erman, BGB, § 87 Rn. 6, § 88 Rn. 2; *Ellenberger*, in: Palandt, BGB, § 87 Rn. 3.

979 Vgl. *Burgard*, Gestaltungsfreiheit im Stiftungsrecht, S. 633 ff. Während die grundsätzliche Zulässigkeit solcher statutarischen Ermächtigungen überwiegend anerkannt wird, sind Inhalt und Grenzen dieser Beschlusskompetenz umstritten, siehe dazu *Hüttemann/Rawert*, in: v. Staudinger, BGB, § 87 Rn. 17 f.; einschränkend *Hof*, in: v. Campenhausen/Richter, Stiftungsrechts-Handbuch, § 11 Rn. 37 ff.; *Backert*, in: Bamberger/Roth, BGB, § 87 Rn. 6.

Das Regel-Ausnahme-Verhältnis von grundsätzlich zeitlich unbegrenztem Bestehen zu einer autonom gefassten Auflösungsentscheidung ist also bei den juristischen Personen des Privatrechts im Kern vergleichbar. Mit Blick auf die oben dargestellten Befürchtungen ist vor diesem Hintergrund nicht zu rechtfertigen, warum die grundsätzliche „Unsterblichkeit" der Stiftung eine größere Gefährdung der Wirtschaftsordnung mit sich bringen sollte als die analoge Situation bei den übrigen juristischen Personen des Privatrechts.

(4) Spezifisch Rechtsformspezifisches

Auch das Argument, zwangsläufige Folge der Vermögensvermehrung innerhalb der Stiftung sei, dass dadurch immer mehr Vermögen dem Wettbewerb und der optimalen Nutzung und Allokation innerhalb der Volkswirtschaft entzogen werde, kann nicht überzeugen[980]. Es soll keinesfalls bestritten werden, dass eine hohe Kapitalmobilität volkswirtschaftlich wünschenswert ist. Aber bereits anhand der oben dargestellten Beispiele[981] lässt sich die Behauptung, Vermögen würde dem volkswirtschaftlichen Wettbewerb entzogen, widerlegen. Bei genauer Betrachtung der Kapitalselbstzweckstiftung ist der Zweck dieser Stiftung gerade, das vorhandene Vermögen zu investieren. Ergo bringt die Kapitalselbstzweckstiftung ihr Vermögen in den Wirtschaftskreislauf ein wie jede andere juristische oder natürliche Person auch[982]. Dies gilt für Bankvermögen, das der Wirtschaft jedenfalls mittelbar durch die Bank- oder Investmentgesellschaft zur Verfügung gelangt, wie auch für Immobilienvermögen, das dem Mieter oder Pächter übergeben, instandgesetzt und verwaltet werden muss. Ohne Zweifel sollte dies auch bei der Unternehmensselbstzweckstiftung der Fall sein, deren Vermögen, das Unternehmen, unmittelbarer Teil der Wirtschaft ist.

Eine andere Frage ist die der Mitgliederlosigkeit. Ein oft bemühtes Argument geht dahin, das Vermögen einer Verwaltungsstiftung sei der Befriedigung der Erwerbsinteressen eines personalen Eigentümers entzogen. Auch diese Beweisführung ist bei genauer Prüfung unscharf. Personaler Eigentümer des Stiftungsvermögens ist die juristische Person Stiftung wie personaler Eigentümer des Gesellschaftsvermögens die Aktiengesellschaft oder die GmbH ist. Allenfalls bei wirtschaftlicher Betrachtung kann das Eigentum der Körperschaft den dahinter

980 *Künnemann*, Die Stiftung im System des Unterordnungs-Konzerns, S. 72. f. A. A. *Kronke*, Stiftungstypus und Unternehmensträgerstiftung, S. 74, der davon ausgeht, dass die dauerhafte Herausnahme von Vermögen aus dem volkswirtschaftlichen Güterkreislauf in den meisten Ländern Europas ein seit jeher gesehenes Problem darstelle.

981 Siehe § 6C.I, S. 104.

982 So wohl auch *Dutta*, RabelsZ 77 (2013), S. 828, 837, der zudem darauf hinweist, dass auch bei der Verwaltung des eigenen Vermögens durch die (vom Gesetzgeber und/oder Stifter) vorgesehene Aufsicht über die Stiftungsorgane ein Kontrolldefizit verhindert werden könne.

stehenden Mitgliedern zugerechnet werden[983]. Der Unterschied ist letztlich vielmehr, dass bei der Stiftung nicht wie bei den Handelsvereinen hinter der juristischen Person – gewissermaßen in zweiter Reihe – natürliche Personen stehen, deren mittelbare Erwerbsinteressen das Handeln der juristischen Person bestimmen. Der Grund dafür ist allein darin zu sehen, dass es sich bei der Stiftung gewissermaßen um die Idealform der juristischen Person handelt[984], die sich dadurch auszeichnet, nicht von natürlichen Personen abhängig zu sein. Im Kern geht es also um die Frage, ob die Rechtsordnung bei der Stiftung die Eigenheiten der Idealform der juristischen Person in Kauf nehmen will. Wer sich unvoreingenommen der Mitgliederlosigkeit der Stiftung zuwendet, wird darin also nicht rechtsformspezifisches Gefährdungspotential sehen.

IV. Ergebnis

Im Ergebnis lässt sich der Ansatz, das Stiftungsrecht des BGB verbiete reine Vermögensverwaltungsstiftungen (oder nach hergebrachter Begrifflichkeit: Selbstzweckstiftungen), nicht aufrechterhalten. Weder der Stiftungsbegriff noch der Gemeinwohlbegriff lassen hiernach de lege lata Einschränkungen oder ein Verbot der Verwaltungsstiftung zu. Dies verwundert nicht, da schon der BGH die Stiftung – in seinen Worten – als *„reine Verwaltungsorganisation"* beschrieben hat[985]. Die Annahme der Stiftungszweckverbote, namentlich des „Verbots der der Selbstzweckstiftung" und der Funktionsstiftung, erscheint vielmehr – in der Diktion von *Pleimes* – als „Irrweg der Dogmatik". Umso mehr muss jedem der rechtspolitische Wille auffallen, im heutigen Stiftungsrecht eine unerwünschte Konstruktion durch möglichst gewichtige Ansätze zu verhindern. Bei unbefangener Herangehensweise drängt sich geradezu die Frage auf, inwiefern hier eine Rechtsform idealistisch überhöht wird. Festzuhalten ist daher, dass die von der herrschenden Meinung behaupteten Grenzen allenfalls Vorschläge de lege ferenda, aber nicht bereits geltendes Recht darstellen.

D. Unzulässigkeit als Funktionsstiftung

Wie oben bereits ausgeführt, soll die Stiftung & Co. KG zudem unter dem Gesichtspunkt des Verbots der Funktionsstiftung unzulässig sein. Der Stiftungsbegriff des BGB setze voraus, dass der Stiftung ein Vermögen gehöre, mit dessen Hilfe sie ihren

983 Im Hinblick auf die Erwerbsinteressen der Gesellschafter sind in rechtlicher Hinsicht zudem das Interesse des Verbandsmitglieds an der Verteilung des Verbandsgewinns von der (gerade bei börsengehandelten Aktien) im Vordergrund stehenden Wertsteigerung des Anteils zu unterscheiden.

984 *Hof*, in: v. Campenhausen/Richter, Stiftungsrechts-Handbuch, § 10 Rn. 4: „konzeptionell der Prototyp der juristischen Person".

985 BGH, Urt. v. 22.01.1987, Az.: III ZR 26/85, BGHZ 99, S. 344 ff.; so auch *Nietzer/Stadie*, NJW 2000, S. 3457, 3457.

Zweck verfolge. Eine Stiftung, die sich lediglich geringfügig am Vermögen der unternehmenstragenden Kommanditgesellschaft beteiligt und als Gesellschafterin mit Mehrheitsstimmrechten die *Funktion* ausübt, das Unternehmen zu leiten oder vom Stifter abgelehnte Entwicklungen zu verhindern, sei daher eine die Rechtsform verfehlende – und daher unzulässige – Funktionsstiftung[986].

I. Die These von der Unzulässigkeit reiner Funktionsstiftungen

Die These von der Unzulässigkeit der reinen Funktionsstiftung stützt *Reuter* auf den Wortlaut des § 81 Abs. 1 S. 2 BGB[987]. Aus der Formulierung folge, dass die Stiftung nicht nur mit einem Vermögen ausgestattet werden, sondern auch, dass sie einen Zweck haben müsse, dessen Erfüllung ein Vermögen voraussetzt[988]. Andere gehen angesichts der Funktion der Stiftung in der Personengesellschaft gleich von einer Rechtsformverfehlung aus[989]. *Hüttemann* und *Rawert* präzisieren diese Ansicht zu dem Kerngedanken, dass das geltende Recht eine Verselbstständigung von Zwecken in einer rechtsfähigen Stiftung nur dort erlaube, wo es zu ihrer Verwirklichung eines Vermögens bedarf[990]. Es fehle bei der reinen Funktionsstiftung an der Erforderlichkeit eines Vermögens[991].

II. Widerstand in der Literatur

Burgard nennt diese Argumentation *„juristische Rabulistik“*, wobei sich seine Ausführungen auf die Fragestellung konzentrieren, ob eine Komplementärstiftung tatsächlich über kein Stiftungsvermögen verfüge bzw. ein solches nicht benötige[992]. *Burgard* verweist darauf, dass es sich auch bei der rein verwaltenden Komplementärstiftung allein schon im Hinblick auf die Verwaltungsrechte des Komplementärs um

---

986 Siehe dazu bereits oben § 6A.II, S. 102.

987 Reuter, AcP 2007 (2007), S. 1, 18 f.

988 *Reuter*, in: MünchKomm/BGB, 5. Aufl., §§ 80, 81 Rn. 88; ders., in: MünchKomm/BGB, 6. Aufl., Vor § 80 Rn. 12, 105; ders., AcP 207 (2007), S. 1, 18 f.; so auch *Backert*, in: Bamberger/Roth, BGB, § 80 Rn. 19: „Da die Verwirklichung dieses Zwecks abstrakt betrachtet kein Vermögen erfordert – rein rechtlich können auch vermögenslose Personen eine Komplementärstellung übernehmen –, fehlt es an dem aus § 81 Abs. 1 S. 2 folgenden zwingenden Erfordernis, dass mögliche Zwecke rechtsfähiger Stiftungen nur solche sein können, deren Erfüllung ein Vermögen voraussetzt.“

989 *Schwintek*, Vorstandskontrolle in rechtsfähigen Stiftungen bürgerlichen Rechts, S. 81 f.

990 *Hüttemann/Rawert*, in: v. Staudinger, BGB, Vor §§ 80 ff. Rn. 140.

991 *Hüttemann/Rawert*, in: v. Staudinger, BGB, Vor §§ 80 ff. Rn. 140, wobei sie an anderer Stelle (*Hüttemann/Rawert*, in: v. Staudinger, § 80 Rn. 18) das Erfordernis der Vermögensausstattung selbst lediglich als „Lebensfähigkeitsvorbehalt“ bezeichnen.

992 *Burgard*, Gestaltungsfreiheit im Stiftungsrecht, S. 146 f.; ders., Die Stiftung 3 (2009), S. 31, 46 f.; kritisch bis ablehnend auch *Gummert*, in: Beuthien/Gummert, MünchnerHandbuch GesR, Bd. 5, § 82 Rn. 6 ff.

Vermögenswerte handele[993]. Daraus folge, dass die Erfüllung des Stiftungszwecks unzweifelhaft mittels Vermögen oder jedenfalls vermögenswerten Mitverwaltungsrechten erfolge[994]. Denn derartige Stiftungen verfügten – so *Burgard* weiter – notwendigerweise über entsprechend ausgestaltete Verwaltungsrechte. *Gummert* führt zudem an, dass selbst bei einer am Kapital der KG nicht beteiligten Komplementärstiftung diese eine Haftungsvergütung verdiene, und zwar durch den Einsatz ihres Vermögens[995]. *Steils* sieht die Grenze der Zulässigkeit bei der Funktionsstiftung primär beim Gemeinwohlvorbehalt[996]. Solange der Stiftungszweck einer Funktionsstiftung das Gemeinwohl nicht gefährde, sei auch eine Funktionsstiftung mit dem Stiftungsbegriff der §§ 80 ff. BGB vereinbar[997].

III. Stellungnahme

1. Einführung

Angesichts der bisherigen Ergebnisse der Untersuchung verwundert es nicht, dass auch hinsichtlich der Unzulässigkeit der Funktionsstiftung weder das Gesetz selbst noch die historischen Materialien eindeutige Hinweise geben. Es ist ein weiteres Mal das Merkmal der Zweck-Mittel-Relation angesprochen. Während es bei den unter dem sogenannten Verbot der Selbstzweckstiftung gefassten Fragestellungen primär um den Anknüpfungspunkt des Stiftungszwecks ging, stehen bei der These von der Funktionsstiftung die *Mittel* der Zweckverfolgung im Fokus. Die Behauptung, die Stiftung müsse einen Zweck haben, dessen Erfüllung ein Vermögen voraussetzt, nötigt zu einer genauen Prüfung, welche Aufgabe dem Stiftungsvermögen zukommen soll und was konkret *Mittel* im System der §§ 80 ff. BGB ist.

Bemerkenswert ist, dass der Stiftungsliteratur (auch jenseits des Spezialfalls der Komplementärstiftung) bereits Stiftungskonstellationen bekannt sind, bei denen die Vermögenskomponente weitgehend zurücktritt und im Vordergrund die Erfüllung spezieller Aufgaben steht[998]. Diese Aufgaben lassen sich weder als finanzielle Leistung an Dritte noch als Anstaltsstiftung klassifizieren[999]. Solchen Stiftungen kommen Lenkungs-, Urteils- oder Schlichterfunktionen zu, bei denen es durchweg nicht auf die Vermögensausstattung, sondern auf den besonderen Sachverstand und die persönliche Wertschätzung der Stiftungsrepräsentanten ankommt[1000].

---

993 *Burgard*, Gestaltungsfreiheit im Stiftungsrecht, S. 146 f.
994 *Burgard*, Gestaltungsfreiheit im Stiftungsrecht, S. 146 f.
995 *Gummert*, in: Beuthien/Gummert, MünchnerHandbuch GesR Bd. 5, § 82 Rn. 8.
996 *Steils*, Die Stiftung auf Zeit und die Verbrauchsstiftung, S. 31 ff.; kritisch auch *Schuck*, Die Doppelstiftung, S. 84 f.
997 *Steils*, Die Stiftung auf Zeit und die Verbrauchsstiftung, S. 31 ff.
998 *Hof*, in: v. Campenhausen/Richter, Stiftungsrechts-Handbuch, § 7 Rn. 39.
999 *Strickrodt*, Stiftungsrecht, S. 371 ff., insb. 784, 793 f.
1000 *Strickrodt*, Stiftungsrecht, S. 371 f; *Hof*, in: v. Campenhausen/Richter, Stiftungsrechts-Handbuch, § 7 Rn. 39.

Vor diesem Hintergrund ist zu untersuchen, welche Funktion das Stiftungsvermögen in der gesetzlichen Systematik konkret einnimmt und wie *unmittelbar* es (im Rahmen der Zweck-Mittel-Relation) der Zweckverwirklichung dienen muss.

2. Wortlaut

Wenn § 81 Abs. 1 S. 1 BGB lautet, der Stifter habe ein Vermögen zur Erfüllung eines von ihm vorgegebenen Zwecks zu widmen, lässt sich bereits daraus eine bedeutsame Erkenntnis hinsichtlich der Zweck-Mittel-Relation gewinnen. Dadurch, dass in § 81 Abs. 1 S. 1 BGB mit dem Begriff der *Erfüllung* das (in § 80 Abs. 2 S. 2 BGB festgeschriebene) stiftungsrechtliche Strukturmerkmal der *„**dauernden und nachhaltigen Erfüllung** des Stiftungszwecks“* aufgegriffen wird, kommt zum Ausdruck, dass der Begriff der *Erfüllung* die Gesamtheit der Stiftungstätigkeit zusammenfasst und diese als Mittel im Sinne der Zweck-Mittel-Relation beschreibt. In diesem Sinne wurde bereits an anderer Stelle der Arbeit dargelegt, dass die Bewirtschaftung des Stiftungsvermögens lediglich *Gegenstand* der Stiftung, also *Mittel* ist. Nicht das Vermögen allein (wie es vielleicht der Wortlaut des § 81 Abs. 1 S. 1 BGB durch die Formulierung *„ein Vermögen zur Erfüllung eines von ihm vorgegebenen Zweckes“* nahelegt) ist unmittelbares Mittel, sondern die gesamte Tätigkeit der juristischen Person ist Mittel. Der Begriff des Mittels ist daher nicht lediglich im Sinne des Geld- oder Hilfsmittels zu verstehen. Vielmehr meint er das Instrumentarium, also die Gesamtheit der für die Erreichung des Zwecks zur Verfügung stehenden Mittel, Möglichkeiten und Methoden[1001]. Dies wird auch angesichts der Regelung des § 87 Abs. 1 BGB deutlich, der auch schon vor der Stiftungsrechtsmodernisierung auf die *Erfüllung* des Stiftungszwecks abstellte. Im Hinblick auf die dort angesprochene Unmöglichkeit der Zweckerfüllung wird aber der dauerhafte Wegfall des Stiftungsvermögens nur als ein Grund unter vielen betrachtet[1002], was zu dem Rückschluss berechtigt, dass auch § 87 Abs. 1 BGB mit dem Begriff der *Erfüllung* die Gesamtheit aller Maßnahmen der Stiftung zusammenfasst.

Das vom Stifter übergebene Vermögen sowie die Bewirtschaftung desselben dienen neben sämtlichen anderen Maßnahmen der Verfolgung des Zwecks. Dafür sprechen auch die Gesetzesmaterialien, wenn es dort heißt, dass *„das Erfordernis der Gewährleistung der dauernden und nachhaltigen Erfüllung des Stiftungszwecks [...] **besonders** durch die Vermögensausstattung der Stiftung tangiert“*[1003] wird. Wenn dort gesagt wird, die Vermögensausstattung habe lediglich *besondere* Bedeutung, ist damit angesprochen, dass die Vermögensausstattung neben anderen Merkmalen der

1001 Siehe dazu Duden-Online Wörterbuch, abgerufen am 08.08.2014, wonach „Instrumentarium“ bildungssprachlich „Gesamtheit der für eine bestimmte Aufgabe, Tätigkeit, für die Erreichung eines bestimmten Ziels zur Verfügung stehenden Mittel, Möglichkeiten, Einrichtungen“ bedeutet.

1002 *Hüttemann/Rawert*, in: v. Staudinger, BGB, § 87 Rn. 5 f.

1003 BT-Drucks. 14/8277, S. 6, Hervorhebung nicht im Original.

Stiftungstätigkeit steht[1004]. Demgegenüber macht das Gesetz keine Vorgaben dazu, wie der Prozess der Wertschöpfung ausgestaltet sein soll[1005] oder ob er in Teilakte gegliedert sein darf. Lässt sich ein Handlungsablauf aber in Teilakte aufteilen, kann ein Mittel zugleich Zweck sein. Allein der Endzweck, nämlich das satzungsmäßige Stiftungsziel, darf also nicht mehr Mittel sein. Daraus folgt, dass nicht das Vermögen *unmittelbar* auf den Zweck gerichtet sein muss[1006]. Solange aber das Gesetz keine Unmittelbarkeit zwischen Zweck und Vermögen fordert, besteht kein Grund, nur solche Zwecke zuzulassen, die unmittelbar ein Vermögen erfordern.

Gestützt wird diese Auslegung zudem durch einen Blick auf die Terminologie des *Widmens* in § 81 Abs. 1 S. 1 BGB. Nachdem „widmen" im rechtlichen Sprachgebrauch dahingehend zu verstehen ist, etwas einer bestimmten (öffentlichen) Benutzung zu übergeben[1007], wird gerade nicht das Vermögen an sich auf die Zwecksetzung ausgerichtet. Vielmehr wird es der juristischen Person Stiftung übergeben, damit diese die Erfüllung des ihr gegebenen Zwecks aufnehmen kann. So spricht das BGB an keiner Stelle davon, dass die dauernde und nachhaltige Erfüllung des Stiftungszwecks aus den Erträgen des Stiftungsvermögens bestritten werden müsste. Das Stiftungsvermögen ist schon aus diesem Gesichtspunkt nicht als „Ertragsmasse" konzipiert.

3. *Historische Systematik*

Auch ein Blick auf die historische Entwicklung der juristischen Person Stiftung untermauert diese Erkenntnis. Das Stiftungsvermögen wurde von Anfang an als das Substrat der juristischen Person Stiftung verstanden, also als deren materielle Grundlage[1008]. Denn anders als bei den Verbänden, bei denen die Mitglieder durch laufende finanzielle oder persönliche Leistung die Handlungsfähigkeit der juristischen Person sicherstellen, muss diese Handlungsfähigkeit bei der Stiftung durch eine anfängliche Vermögensausstattung gewährleistet werden[1009]. Beim eingetragenen Verein als Grundtyp aller Verbandspersonen ging der historische Gesetzgeber davon aus, dass seine Leistungsfähigkeit auf laufenden Beiträgen der Mitglieder

1004 *Steils*, Die Stiftung auf Zeit und die Verbrauchsstiftung, S. 42.

1005 Vgl. auch *Schlüter*, Stiftungsrecht zwischen Privatautonomie und Gemeinwohlbindung, S. 210 f., der davon ausgeht, dass die selbstständige Stiftung wie ein Stiftungsträger in der Rechtsform einer Stiftungskörperschaft (siehe zu Stiftungsträgern in der Rechtsform der GmbH oder des Vereins bereits oben unter § 2A.III) ein Vermögen *haben* muss, das sie lediglich zweckgebunden zu verwenden hat.

1006 So im Ergebnis auch *Schuck*, Die Doppelstiftung, S. 85.

1007 Duden-Online Wörterbuch, abgerufen am 12.07.2014: Herkunft von „widmen" ist „mittelhochdeutsch widemen, althochdeutsch widimen, zu mittelhochdeutsch wideme, althochdeutsch widimo (↑Wittum), eigentlich = mit einer Schenkung ausstatten".

1008 Duden-Online Wörterbuch, abgerufen am 29.07.2014.

1009 Vgl. *Steils*, Die Stiftung auf Zeit und die Verbrauchsstiftung, S. 35, der die Funktion des Vermögens anschaulich dahingehend beschreibt, dass die Aufnahme des operativen Geschäfts ermöglicht werde.

gründet, wie in § 58 Nr. 2 BGB deutlich wird. Dagegen kennt die Stiftung eine laufende Beitragspflicht nicht. Das zur Erfüllung des Stiftungszwecks geforderte Stiftungsvermögen soll also der gesetzlichen Systematik zufolge in erster Linie dazu dienen, die juristische Person Stiftung handlungsfähig[1010] zu machen und eine dauerhafte Handlungsfähigkeit sicherzustellen[1011].

Diese Prämisse wird auch dadurch gestützt, dass der Gesetzgeber nur bei den Kapitalgesellschaften die Aufbringung eines Stammkapitals vorsieht, wovon er bei der Stiftung abgesehen hat. Denn der entscheidende Unterschied zwischen dem Mindestkapital und der Vermögensausstattung ist, dass die stiftungsrechtliche Erstdotation Betriebsmittelausstattung für die dauerhafte Stiftungstätigkeit sein soll – also nicht bloß anfängliche Ausstattung. Das Mindestkapital der Kapitalhandelsgesellschaften erfüllt eine andere Funktion: Denn bei den auf den Betrieb eines Handelsgewerbes ausgerichteten Kodifikationen der GmbH und der AG liegt der Zweck des Mindeststammkapitals weniger in der Handlungsfähigkeit der juristischen Person an sich, als vielmehr darin, einer neu gegründeten juristischen Person die für den wirtschaftlichen Erfolg erforderliche Seriosität beizugeben[1012].

Im Hinblick auf den Begründungsansatz von *Hüttemann* und *Rawert* ist also festzuhalten, dass aus dem generellen Vermögenserfordernis für Stiftungen nicht das Bestehen eines Unmittelbarkeitsgrundsatzes zwischen Vermögen und Zweckverwirklichung gefolgert werden kann. Das Stiftungsvermögen *kann* – wie etwa bei einer Anstaltsstiftung – der Erfüllung des Stiftungszwecks *unmittelbar dienen*. Nicht weniger mit der Rechtsform vereinbar – und daher ebenfalls zulässig – ist aber, wenn das Stiftungsvermögen lediglich *mittelbar dienende* Funktion hat, indem es die Handlungsfähigkeit der Stiftung an sich sicherstellt und so die Erfüllung des Stiftungszwecks sichert.

4. Systematik

Gegen die Annahme, eine Verselbstständigung von Zwecken in einer juristischen Person sei nur zulässig, wo es zu ihrer Verwirklichung eines Vermögens bedarf, spricht zudem ein Blick auf die Gesellschaften und die Genossenschaft. Die GmbH ist nichts anderes als ein verselbstständigter Zweck und in der Gestalt der Unternehmergesellschaft bereits mit einem Vermögen in Höhe von einem Euro zulässig. Auch Genossenschaften sind als juristische Personen verselbstständigte Zwecke, die darauf gerichtet sind, den Erwerb oder die Wirtschaft ihrer Mitglieder oder

1010 *Andrick*, DVBl 2003, 1246, 1249: „Funktionsfähigkeit der Stiftung".

1011 Vgl. *Muscheler*, Stiftungsrecht, S. 353: Die Stiftung muss ein Vermögen „haben". Noch weiter geht *Steils*, Die Stiftung auf Zeit und die Verbrauchsstiftung, S. 35, der davon ausgeht, dass aus dem generellen Vermögenserfordernis nicht gefolgert werden könne, dass auch hinsichtlich der Zweckerfüllung ein unmittelbares Vermögenserfordernis bestehen muss.

1012 BT-Drucks. 16/6140, S. 29 f.; siehe zum Zweck des Mindestkapitals als Seriositätsschwelle ausführlich unten § 7B.IV.1, S. 229 f.

deren soziale oder kulturelle Belange durch gemeinschaftlichen Geschäftsbetrieb zu fördern. Gleichwohl sieht § 8a GenG vor, dass es den Genossenschaftsmitgliedern freisteht, ein Mindestkapital festzulegen. Das geltende Recht lässt also sehr wohl die Verselbstständigung von Zwecken in juristischen Personen zu, ohne dass diese mit einem (nennenswerten) Vermögen ausgestattet sein müssen.

IV. Ergebnis

Nach alledem ist festzuhalten, dass auch die These von der Unzulässigkeit der Funktionsstiftung rechtsdogmatisch nicht belastbar ist. Das stiftungsrechtliche Vermögenserfordernis hat seinen Grund allein darin, die Handlungsfähigkeit sicherzustellen und *dadurch* die dauerhafte und nachhaltige Erfüllung des Stiftungszwecks zu gewährleisten. Es ist folglich auch eine Stiftung zulässig, deren Zweck nicht unmittelbar ein Vermögen voraussetzt.

Das – von Teilen der Literatur behauptete – Verbot der Funktionsstiftung steht also der Zulässigkeit der Stiftung & Co. KG nicht entgegen, und zwar deswegen, weil es dieses Verbot nicht gibt. Auf die von *Burgard* und *Gummert* vorgebrachten Argumente kommt es daher nicht mehr an. Gleichwohl soll an geeigneter Stelle auf die Vermögensausstattung der Komplementärstiftung eingegangen werden.

E. Verbot der Stiftung für den Stifter

Als ein Zulässigkeitshindernis der Stiftung & Co. KG könnte sich das sogenannte Verbot der Stiftung für den Stifter erweisen[1013]. Vereinzelt wird angenommen, dass, wenn Stifter und Mitgesellschafter identisch seien oder die Errichtung jedenfalls wirtschaftlich auf dem Einsatz der Mitgesellschafter beruhe, eine Stiftung für den Stifter vorläge, die mit dem stiftungsrechtlichen Merkmal der Widmung nicht in Einklang zu bringen sei[1014]. Begrifflich wird eine Stiftung für den Stifter als eine primär oder ausschließlich dem Wohle und dem Interesse des Stifters dienende Stiftung beschrieben[1015]. Es soll dabei unerheblich sein, ob die Stiftung den Stifter als (möglicherweise, aber nicht zwangsläufig einzigen) Destinatär vorsieht, oder ob die Stiftung lediglich so ausgestaltet ist, dass sie dem Stifter gewissermaßen Sondervorteile verschafft[1016].

1013 *Dewald*, Die privatrechtliche Stiftung als Instrument zur Wahrnehmung öffentlicher Zwecke, S. 184.

1014 *Schwintek*, Vorstandskontrolle in rechtsfähigen Stiftungen bürgerlichen Rechts, S. 81; vgl. *Kronke*, Stiftungstypus und Unternehmensträgerstiftung, S. 224.

1015 *Neuhoff*, in: Soergel, BGB, Vor § 80 Rn. 8; *Hüttemann/Rawert*, in: v. Staudinger, BGB, Vor §§ 80 ff. Rn. 8; *Hüttemann*, ZHR 167 (2003), S. 35, 58; *Reuter*, in: MünchKomm/BGB, Vor § 80 Rn. 59; *Backert*, in: Bamberger/Roth, BGB, § 80 Rn. 3; *Rawert*, Die Genehmigungsfähigkeit unternehmensverbundener Stiftungen, S. 15; kritisch und im Ergebnis wohl ablehnend *Hof*, in: v. Campenhausen/Richter, Stiftungsrechts-Handbuch, § 7 Rn. 60.

1016 *Mirbach*, Stiftungszweck und Gemeinwohlgefährdung, S. 81.

Beim Blick auf die üblichen Einsatzzwecke einer Stiftung & Co. KG zeigt sich, dass häufig die an der Stiftungserrichtung beteiligten Personen identisch mit denjenigen sind, die später – etwa unmittelbar als Kommanditist oder als „beherrschende" Muttergesellschaft – von der Tätigkeit der Stiftung profitieren. Besonderes Augenmerk ist hierbei auf Konzernstrukturen zu lenken, bei denen die Stiftung & Co. KG mit Holding-Funktion zwischengeschaltet wird[1017]. In diesen Konstellationen wird die Stiftung & Co. KG regelmäßig von den Personen(kreisen) errichtet, in deren Interesse und zu deren Nutzen die Stiftung anschließend tätig wird.

I. Zur Zulässigkeit der Stiftung für den Stifter

Die Stiftung für den Stifter wurde in der stiftungsrechtlichen Literatur lange Zeit fast einhellig als unzulässig abgelehnt[1018]. Nachdem die Errichtung einer Stiftung für den Stifter in der jüngeren Vergangenheit insbesondere mit Blick auf die Schaffung eines vollstreckungsimmunen Sondervermögens besprochen wurde[1019], ist ein Wiederaufleben der allgemeinen Zulässigkeitsdiskussion zu beobachten. Vor diesem Hintergrund soll zunächst in den Streitstand eingeführt werden, ehe im Rahmen einer Stellungnahme die in der Literatur vorgefundenen Argumente gewürdigt und im Lichte der bislang gefundenen Ergebnisse diskutiert werden.

1. *Ablehnung der Stiftung für den Stifter*

Nach Ansicht der herrschenden Meinung ist die Stiftung für den Stifter mit dem Wesen des deutschen Stiftungsrechts nicht vereinbar[1020]. Die Errichtung einer Stiftung für den Stifter stehe im Widerspruch zum Stiftungsbegriff[1021] und dem Wesen[1022] der Stiftung bürgerlichen Rechts. Die Stellungnahmen rekurrieren hierbei auf den Grundsatz der Fremdnützigkeit und gehen davon aus, dass der Stiftungszweck

---

1017 Vgl. LG Dortmund, Beschluss v. 25.03.2010, Az. 18 O 95/09 AktE, ZIP 2010, S. 2152 ff.; auch die Lidl Stiftung & Co. KG in Neckarsulm bündelt nach eigenen Angaben mehrere hundert Service- und Landesgesellschaften unter sich.

1018 *Neuhoff*, in: Soergel, BGB, Vor § 80 Rn. 8; *Hüttemann/Rawert*, in: v. Staudinger, BGB, Vor §§ 80 ff. Rn. 8; *Hüttemann*, ZHR 167 (2003), S. 35, 58; *Reuter*, in: MünchKomm/BGB, Vor § 80 Rn. 59; *Backert*, in: Bamberger/Roth, BGB, § 80 Rn. 3; *Rawert*, Die Genehmigungsfähigkeit unternehmensverbundener Stiftungen, S. 15; *Jakob*, Schutz der Stiftung, S. 51; *Nissel*, Das neue Stiftungsrecht, S. 59; wohl auch *Andrick*, ZSt 2003, S. 3, 10.

1019 Dazu instruktiv mit zahlreichen Beispielgestaltungen und weiteren Nachweisen: *Mirbach*, Stiftungszweck und Gemeinwohlgefährdung, S. 78 ff.

1020 Vgl. auch die Berichte von *Nietzer/Stadie*, NJW 2000, S. 3457, 3460, nach denen Genehmigungsverweigerungen durch die Stiftungsbehörde mit der Begründung, dass es „an einem tatsächlichen Stifterwillen fehle", zu beobachten seien.

1021 *Hüttemann*, ZHR 167 (2003), S. 35, 38; *Neuhoff*, in: Soergel, BGB, Vor § 80 Rn. 7.

1022 *Nissel*, Das neue Stiftungsrecht, S. 59; *Rawert*, in: Hopt/Reuter, Stiftungsrecht in Europa, S. 109, 116.

zumindest aus der Sicht des Stifters fremdnützig sein, jedenfalls uneigennützigen Charakter haben müsse[1023]. Zudem schade eine solche eigennützige Stiftung der guten Reputation der Stiftung[1024].

Neben dieser originär stiftungsrechtlichen Argumentation verfolgen die Autoren einen weiteren Begründungsansatz, der auf der Befürchtung basiert, mithilfe einer rechtsfähigen Stiftung für den Stifter könne sich dieser ein zugriffssicheres Sondervermögen schaffen[1025]. Es müsse daher verhindert werden, dass durch die Errichtung einer rechtsfähigen Stiftung und nach Ablauf der Anfechtungsfristen des Insolvenzrechts[1026] bzw. des Anfechtungsgesetzes[1027] ein unpfändbares, vor dem Zugriff der Gläubiger geschütztes Vermögen gebildet werden könne.

2. *Bedenken gegen die Unzulässigkeit*

In jüngerer Vergangenheit äußern sich demgegenüber vermehrt Stimmen, die gegen das Verbot der Stiftung für den Stifter Bedenken formulieren[1028]. Dabei wird davon ausgegangen, dass das besondere Gewicht der Privatautonomie auch die Zulässigkeit eigennütziger Stiftungen begründe[1029]. Denn aus dem Wesen oder Begriff der Stiftung könne ein Gebot der Fremdnützigkeit solange nicht hergeleitet werden, wie nicht eine Einschränkung im Gesetz zu finden sei[1030]. Zudem spreche für die Zulässigkeit, dass die Stiftung anerkanntermaßen jeden erlaubten Zweck verfolgen dürfe[1031]. Dies

1023 *Backert*, in: Bamberger/Roth, BGB, § 80 Rn. 5; *Hüttemann/Rawert*, in: v. Staudinger, BGB, Vor §§ 80 ff. Rn. 8; *Reuter*, in: MünchKomm/BGB, Vor § 80 Rn. 59. Siehe auch *Andrick/Suerbaum*, Stiftungsrecht und Staatsaufsicht, § 2 Rn. 4, die eine eigennützige Zwecksetzung „allenfalls am Rande“ zulassen wollen.

1024 *Rawert*, in: Hopt/Reuter, Stiftungsrecht in Europa, S. 109, 117.

1025 *Hüttemann/Rawert*, in: v. Staudinger, BGB, Vor §§ 80 ff. Rn. 8; *Rawert*, in: Hopt/Reuter, Stiftungsrecht in Europa, S. 109, 117; *Reuter*, in: MünchKomm/BGB, Vor § 80 Rn. 59.

1026 §§ 129 ff InsO.

1027 § 12 AnfG.

1028 *Beuthien*, in: Beuthien/Gummert, MünchnerHandbuch GesR, Bd. 5, § 77 Rn. 27; *Burgard*, Gestaltungsfreiheit im Stiftungsrecht, S. 133, 330; *Hof*, in: v. Campenhausen/Richter, Stiftungsrechts-Handbuch, § 7 Rn. 60; *Schlüter*, Stiftungsrecht zwischen Privatautonomie und Gemeinwohlbindung, S. 330; siehe auch schon 1988 *Kronke*, Stiftungstypus und Unternehmensträgerstiftung, S. 57 ff., der die Entscheidung aber wohl von dem gesellschaftlichen Nutzen abhängig machen will, siehe S. 73.

1029 *Hof*, in: v. Campenhausen/Richter, Stiftungsrechts-Handbuch, § 7 Rn. 60.

1030 *Beuthien*, in: Beuthien/Gummert, MünchnerHandbuch GesR Bd. 5, § 77 Rn. 27; *Burgard*, Gestaltungsfreiheit im Stiftungsrecht, S. 133.

1031 Vgl. *Mirbach*, Stiftungszweck und Gemeinwohlgefährdung, S. 85, der allerdings aus dem „Verbot der Gemeinwohlgefährdung ein Gebot der Fremdnützigkeit herleitet, siehe dazu S. 220 ff.

lasse sich auch aus einem Umkehrschluss aus § 58 Nr. 6 AO[1032] entnehmen, der festlegt, dass eine Stiftung einen Teil, höchstens jedoch ein Drittel des Einkommens dazu verwenden darf, um in angemessener Weise den Stifter und seine nächsten Angehörigen zu unterhalten. Demnach sei sogar positiv gesetzlich anerkannt, dass der Stifter eine Stiftung für sich selbst errichten dürfe[1033].

Es seien auch keinerlei öffentliche Ordnungsinteressen ersichtlich, die einer solchen Stiftungskonstruktion entgegenstehen könnten[1034]. Dies gelte ausdrücklich auch hinsichtlich der befürchteten Gläubigerbenachteiligung. Soweit der Stifter einen nicht unerheblichen Teil seines Vermögens dem etwaigen Zugriff seiner Gläubiger entziehe, sei dies jeder Stiftungserrichtung immanent[1035]. Dadurch, dass die Stiftung eine eigene Rechtspersönlichkeit habe, verliere auch der Stifter das Vermögen endgültig[1036]. Es sei außerdem kein Grund ersichtlich, warum über die sonst auch geltenden Vorschriften (§§ 138 Abs. 1, 826 BGB, 129 ff. InsO, 12 AnfG) hinaus weiterer Schutz erforderlich sei[1037].

3. Stellungnahme

a) Allgemein: Eine Frage des Stiftungsrechts

Es fällt auf, dass den Stellungnahmen, die eine Unzulässigkeit der Stiftung für den Stifter für nicht begründbar halten, ein anderes Stiftungsrechtsverständnis zugrunde liegt als den zuerst genannten, die Zulässigkeit ablehnenden Fundstellen. *Hof* beschreibt dies treffend mit der Feststellung, die herrschende Meinung versuche, ohne methodologische Bedenken „*die grundrechtlich geschützte Stifterfreiheit partiell wegzudefinieren*“[1038]. Der genaue Blick auf die Argumente, die für das Bestehen eines Verbots der Stiftung für den Stifter angeführt werden, lässt erkennen, dass diese auch inhaltlich nicht überzeugen können.

Es ist nicht nachzuvollziehen, warum die Stiftung für den Stifter im Widerspruch zu den gesetzlichen Wertungen des Haftungs- und Vollstreckungsrechts stehen oder deren gesetzliche Wertungen vereiteln soll[1039]. Für die Vermögensübertragung auf die Stiftung gelten zum Schutz der Gläubiger (des Stifters) die Vorschriften der Insolvenz- und Gläubigeranfechtung, wie sie auch bei jeder anderen Vermögensübertragung

1032 Vgl. zu § 58 AO im Hinblick auf die Stiftung & Co. KG auch *Jahn*, steueranwaltsmagazin 2010, S. 128, 129.

1033 *Burgard*, Gestaltungsfreiheit im Stiftungsrecht, S. 134.

1034 *Beuthien*, in: Beuthien/Gummert, MünchnerHandbuch GesR Bd. 5, § 77 Rn. 27.

1035 *Burgard*, Gestaltungsfreiheit im Stiftungsrecht, S. 135; vgl. auch *Beuthien*, in: Beuthien/Gummert, MünchnerHandbuch GesR Bd. 5, § 77 Rn. 27.

1036 *Beuthien*, in: Beuthien/Gummert, MünchnerHandbuch GesR Bd. 5, § 77 Rn. 27.

1037 *Beuthien*, in: Beuthien/Gummert, MünchnerHandbuch GesR Bd. 5, § 77 Rn. 27; *Burgard*, Gestaltungsfreiheit im Stiftungsrecht, S. 135.

1038 *Hof*, in: v. Campenhausen/Richter, Stiftungsrechts-Handbuch, § 7 Rn. 60.

1039 So aber *Reuter*, AcP 207 (2007), S. 1, 21 f.

eines Schuldners zur Anwendung kommen[1040]. Vor diesem Hintergrund ist es schon fraglich, ob die Konstruktion einer Stiftung für den Stifter überhaupt ein größeres Gefährdungspotential für die Gläubigerinteressen mit sich bringt. Denn mit Blick auf die stiftungsrechtlichen Vermögenserhaltungsgrundsätze und die Anfechtungsfrist von immerhin 10 Jahren[1041] ist fast zu vermuten, dass ein Gläubiger im Fall einer Stiftungserrichtung größere Erfolgsaussichten hat, die Vermögensverschiebungen auch in wirtschaftlicher Hinsicht rückgängig zu machen, als bei einer Schenkung an eine natürliche Person. Außerdem darf der Stifter sich selbst in der Satzung als Anfallberechtigten einsetzen[1042]. Dies hat zur Folge, dass das Stiftungsvermögen nach Zeitablauf oder Erfüllung des Stiftungszwecks wieder an den Stifter zurückfällt[1043].

Insbesondere ist aber festzuhalten, dass die Argumentation hinsichtlich der Gläubigerbenachteiligung nicht geeignet ist, das Bestehen eines Verbots der Stiftung für den Stifter nachzuweisen. Hierbei ist zu differenzieren, ob das Verbot der Stiftung für den Stifter – als Ausnahme vom Prinzip der Allzweckstiftung – aus den gesetzlich festgelegten Stiftungsmerkmalen oder aus dem Gemeinwohlvorbehalt hergeleitet werden soll. Soweit das Verbot davon abhängt, wie der Gesetzgeber es bewertet, wenn sich ein Stifter als vermögenslos darzustellen versucht, indem er sein Vermögen einer Stiftung überträgt und diese anschließend ausschließlich seinen Interessen dienen soll, ist allein auf die Normen des Stiftungsrechts abzustellen. Ob, wie dies die herrschende Meinung behauptet[1044], der Schutz durch die sonst geltenden Vorschriften (§§ 138 Abs. 1, 826 BGB, 129 ff. InsO, 12 AnfG) im Fall einer solchen Stiftungserrichtung als nicht ausreichend erachtet werden muss, kann an dieser Stelle keine Bedeutung erlangen. Denn Vorschriften und Wertungen des AnfG bzw. der InsO können ein stiftungsrechtliches Verbot der Stiftung für den Stifter nicht begründen. Wollte man demgegenüber das Verbot der Stiftung für den Stifter bei der Frage der Gemeinwohlkonformität ausmachen, ist der Anwendungsbereich sehr überschaubar. Denn im Rahmen der behördlichen Einzelfallentscheidung wird allenfalls im Fall offensichtlicher Gläubigerbenachteiligungsabsicht die Anerkennung zu versagen sein.

Einen (positiven) Fingerzeig auf die Zulässigkeit der Stiftung für den Stifter gibt in der Tat die Regelung des § 58 Nr. 6 AO. Denn wenn dort für das Steuerrecht für unschädlich erklärt wird, dass eine Stiftung einen Teil ihres Einkommens an den Stifter auskehrt, setzt das Steuerrecht die zivilrechtliche Zulässigkeit dieses Vorgangs

---

1040 *Beuthien*, in: Beuthien/Gummert, MünchnerHandbuch GesR Bd. 5, § 77 Rn. 27.

1041 Bei einer Übertragung des Schuldnervermögens auf eine neu errichtete Stiftung für den Stifter wird es sich im Regelfall um eine vorsätzliche Benachteiligung im Sinne der §§ 133 InsO bzw. 3 AnfG handeln, da sich die Gläubigerbenachteiligungsabsicht regelmäßig aus der Satzungsgestaltung ergeben wird.

1042 *Burgard*, Gestaltungsfreiheit im Stiftungsrecht, S. 134.

1043 *Burgard*, Gestaltungsfreiheit im Stiftungsrecht, S. 134.

1044 *Hüttemann/Rawert*, in: v. Staudinger, BGB, Vor §§ 80 ff. Rn. 8; *Rawert*, in: Hopt/Reuter, Stiftungsrecht in Europa, S. 109, 117; *Reuter*, in: MünchKomm/BGB, Vor § 80 Rn. 59.

voraus[1045]. Durch die Grenzziehung – nicht mehr als ein Drittel – wird zudem deutlich, dass das Steuerrecht grundsätzlich davon ausgeht, dass zivilrechtlich auch mehr als ein Drittel des Stiftungseinkommens für den Stifter aufgewendet werden darf. Der hiergegen neuerdings vorgebrachte Einwand, bei § 58 Nr. 6 AO handele es sich um eine Norm mit Ausnahmecharakter, kann diesen Rückschluss nicht entkräften[1046]. Denn tatsächlich handelt es sich nicht um eine Ausnahmevorschrift, sondern lediglich um eine Klarstellung[1047].

b) *Grundsatz der Fremdnützigkeit im Speziellen*

(aa) Aus der Rechtsnatur der Stiftung

Im Ergebnis spitzt sich die Zulässigkeitsfrage auf die These zu, dem Begriff der Stiftung sei ein Fremdnützigkeitsgebot immanent und dieses sei mit einer Stiftung für den Stifter nicht vereinbar. Mit Blick auf die bisherige Untersuchung ist zunächst darauf hinzuweisen, dass mit Fremdnützigkeit im hier angesprochenen Kontext auf die Fremdnützigkeit aus der Sicht des Stifters abgestellt wird[1048]. Ungeachtet dieses begrifflichen Unterschiedes ist – auch und insbesondere mit Blick auf die bereits gefundenen Ergebnisse – festzuhalten, dass sich ein Erfordernis, der Stiftungszweck müsse aus der Sicht des Stifters fremdnützigen, jedenfalls uneigennützigen Charakter haben, nicht nachweisen lässt. Aus den gesetzlichen Merkmalen der Stiftung kann ein solches Gebot zur Fremdnützigkeit nicht abgeleitet werden.

Unter Berücksichtigung der als Grundrecht verstandenen Stifterfreiheit und des Umstands, dass das Gesetz keinerlei Anhalt für ein Fremdnützigkeitsgebot bietet[1049], können die Verweise der herrschenden Meinung auf Wesen und Begriff der privatrechtlichen Stiftung nicht überzeugen. Wie bereits an anderer Stelle dieser Arbeit hinsichtlich des Verbots der Verwaltungsstiftung gezeigt werden konnte, kann aus der Vorgabe, der Stifter müsse einem Zweck ein Vermögen widmen, nicht mehr als das der Stiftung innewohnende Merkmal der Zweck-Mittel-Relation entnommen werden. Ein weiteres Strukturmerkmal in Gestalt eines Gebots zur Fremdnützigkeit

1045 Vgl. *Burgard*, Gestaltungsfreiheit im Stiftungsrecht, S. 134 f.

1046 So aber *Mirbach*, Stiftungszweck und Gemeinwohlgefährdung, S. 86 f.

1047 Der Katalog in § 56 AO geht insoweit zurück auf die Gesangverein-Entscheidung des RFH v. 09.07.1923 (Az. V A 117/23, RFHE 12, 308 f.), in der das Gericht hinsichtlich der Frage, ob die Durchführung von geselligen Veranstaltungen die ausschließliche Gemeinnützigkeit des Gesangsvereins verhindere, festgestellt hat, dass die Geselligkeit lediglich ein regelmäßig nicht zu entbehrendes Mittel zur Erreichung des gemeinnützigen Zweckes sei. Der Katalog in § 56 AO stellt sich also lediglich als klarstellende Aufzählung von regelmäßig nicht zu entbehrenden Mitteln zur Erreichung des gemeinnützigen Zwecks dar, die für das Ausschließlichkeitsgebot unschädlich sind. Das hat keinen Ausnahmecharakter.

1048 Siehe dazu bereits Fn. 552.

1049 *Beuthien*, in: Beuthien/Gummert, MünchnerHandbuch GesR Bd. 5, § 77 Rn. 27.

kennt das BGB demgegenüber nicht[1050]. Bemerkenswert ist dabei, dass der Gesetzgeber im Rahmen der Stiftungsrechtsreform von 2002[1051] in Ansehung der Diskussion um die Stiftung für den Stifter keine normative Vorgabe aufgenommen hat. Es spricht daher vieles dafür, dass der Gesetzgeber ein bewusstes Zeichen gegen die Behauptung des Fremdnützigkeitsgebots gesetzt hat.

(bb) Aus dem Gemeinwohlvorbehalt

Bezüglich der Herleitung eines Verbots der Stiftung für den Stifter aus dem Gemeinwohlvorbehalt des § 80 Abs. 2 S. 1 BGB kann auf eine vorstehende Stelle dieser Arbeit verwiesen werden[1052]. Dort konnte die Behauptung, aus dem Vorbehalt der Gemeinwohlkonformität leite sich ein grundsätzliches Fremdnützigkeitsgebot ab, widerlegt werden. Gleich, ob der Bezugspunkt der Fremdnützigkeit beim Stifter oder bei der Stiftung sein soll, eignet sich die Voraussetzung der Nichtgefährdung des Gemeinwohls nicht dazu, ein grundsätzliches Gebot der Uneigennützigkeit zu begründen.

II. Zusammenfassung und Folgerungen

Im Ergebnis ist festzuhalten, dass die Versuche, im deutschen Stiftungsprivatrecht ein Verbot der Stiftung für den Stifter herzuleiten, nicht überzeugen können. Ausgehend von den gesetzlichen Merkmalen der Stiftung bürgerlichen Rechts ist in Ansehung der verfassungsrechtlich geschützten Stifterfreiheit die Annahme, dass der Stiftungszweck aus Sicht des Stifters (oder der Stiftung) fremdnützig sein muss, nicht begründbar. Eine Stiftung für den Stifter ist wie im österreichischen Stiftungsrecht oder in Lichtenstein auch in Deutschland zulässig. Der Einwand des Verbots der Stiftung für den Stifter steht folglich der Zulässigkeit der Stiftung & Co. KG nicht entgegen.

F. Folgerungen für die Komplementärstiftung: Eine Einordnung

Aufbauend auf der vorstehenden Untersuchung ist jetzt der Frage nach den Konsequenzen für die Zulässigkeit der Komplementärstiftung nachzugehen. Angesichts der gefundenen, von den meinungsführenden Stimmen teils deutlich abweichenden Ergebnisse soll nicht der Versuch unternommen werden, die hier herausgearbeitete – differenzierende – Betrachtungsweise in das bestehende Meinungsbild einzuordnen. Es scheint wenig zielführend, die schon in den grundlegenden Ansätzen divergierenden

1050 *Burgard*, Gestaltungsfreiheit im Stiftungsrecht, S. 134 f.; *Hof*, in: v. Campenhausen/Richter, Stiftungsrechts-Handbuch, § 7 Rn. 60.

1051 Eine weitere Möglichkeit hätte im Rahmen des Gesetzes zur Stärkung des Ehrenamts vom 28. März 2013 bestanden.

1052 Siehe dazu § 6C.III.6.

Ansichten gegenüberzustellen[1053]. Vielmehr soll im Anschluss an grundlegende Erläuterungen zur Rechtsnatur des Gesellschaftsanteils (I.) geprüft werden, welche Gestaltungsvarianten einer Komplementärstiftung auf Basis der hier vertretenen Betrachtungsweise zulässig sind (II.) und welche eher problematisch erscheinen (III.).

I. Grundlegend: Gesellschaftsanteil, Kapitalanteil, Vermögensanteil

In der Frage der Zulässigkeit der Zwecksetzung bei einer Stiftung & Co. KG kommt der vermögensrechtlichen Beteiligung der Komplementärin an der Kommanditgesellschaft zentrale Bedeutung zu. Dabei kann die handelsrechtliche Streitfrage[1054], ob der im HGB an zahlreichen Stellen genannte, aber nicht begrifflich bestimmte Kapitalanteil lediglich eine Rechnungsziffer oder ein Beteiligungsrecht des Gesellschafters ist, für die hier interessierende Frage auf sich beruhen[1055]. Nachdem das Gesetz den Begriff selbst nicht definiert, ist zwar die Rechtsnatur des Kapitalanteils letztlich nicht geklärt. Einigkeit besteht aber in Folgendem: Der *Gesellschaftsanteil* bezeichnet den Inbegriff der einem Gesellschafter aus seiner Mitgliedschaft erwachsenden Rechte, also die vermögensrechtliche Beteiligung ebenso wie die

---

1053 *Muscheler*, ErbR 2008, S. 174, 174 ff., sortiert die unterschiedlichen Gestaltungsalternativen anhand der konkreten Zwecksetzung in sechs Fallgruppen, wobei die Konstellation in der die Stiftung als beliebiger homo oeconomicus wie ein durchschnittlicher Unternehmener die Geschicke der KG lenken soll, unzulässig sein soll, vgl. auch *Muscheler* Stiftungsrecht, S. 354 ff.; *Hüttemann*/*Rawert* schlagen ein Modell vor, nach dem ausgehend vom Verbot der offenen Unternehmensselbstzweckstiftung anhand widerleglicher Indizien das Vorliegen der ebenfalls unzulässigen verdeckten Unternehmensselbstzweckstiftung zu prüfen sein soll (*Hüttemann/Rawert*, in: v. Staudinger, BGB, Vor §§ 80 ff. Rn. 151 ff.). Sowohl im Hinblick auf die unterschiedliche Begrifflichkeit der „Selbstzweckstiftung" als auch hinsichtlich der Annahme, eine „Verwaltungsstiftung" nach hiesigem Verständnis sei unzulässig, ist eine Gegenüberstellung angezeigt.

1054 Der Kapitalanteil ist selbst weder ein dingliches Recht noch ein Forderungsrecht. Nach der Vorstellung des Gesetzgebers gibt er aber Auskunft über den Anteil des Gesellschafters am Gesellschaftsvermögen im Sinne des § 719 BGB (vgl. statt vieler *Assmann*, in: Kübler/Assmann, Gesellschaftsrecht, S. 77 ff.). Der Kapitalanteil des Gesellschafters ist an verschiedenen Stellen im Gesetz erwähnt (vgl. §§ 120 Abs. 2, 121 Abs. 1 S. 1 und Abs. 2, 1222 Abs. 1 und 2, 155 Abs. 1 167 Abs. 2 und 3, 168 Abs. 1, 169 Abs. 1 HGB). In erster Linie hat der Kapitalanteil die Funktion, die Fortschreibung seiner Einlage in der Bilanz widerzuspiegeln. Er ist mit anderen Worten ein gedachter (unterstellter) rechnerischer Anteil des Gesellschafters am Gesamthandsvermögen, der allerdings den wahren, dem einzelnen Gesellschafter zustehenden Wertanteil an diesem Reinvermögen anzeigen soll.

1055 Eingehend *Huber*, Vermögensanteil, Kapitalanteil und Gesellschaftsanteil an Personengesellschaften des Handelsrechts, S. 173 ff., mit weiteren Nachweisen zu Rechtsprechung und Literatur.

Pflichten und Befugnisse zur Mitwirkung und Mitentscheidung. Der *Vermögensanteil* ist demgegenüber der Anteil am Gesellschaftsvermögen und bezeichnet den Wert der Beteiligung eines Gesellschafters am Gesamthandsvermögen der Gesellschaft. Der *Kapitalanteil* schließlich ist eine Rechnungs- oder Bilanzziffer, durch die das Beteiligungsverhältnis für einen bestimmten Gesellschafter angegeben wird[1056]. Wesentlich ist für unsere Fragestellung der vermögensrechtliche Anteil am Gesellschaftsvermögen im Sinne des § 719 Abs. 1 BGB, § 105 Abs. 2 HGB. Untergeordnete Bedeutung kommt an sich auch dem eigentlichen Kapitalanteil zu, der – in den Worten des Bundesfinanzhofs[1057] – nicht die summenmäßige, sondern verhältnismäßige Beteiligung an dem Reinvermögen der Gesellschaft darstellt[1058]. Gleichwohl gibt der Kapitalanteil letztlich Aufschluss darüber, ob ein Gesellschafter überhaupt an dem gesamthänderisch gebundenen Vermögen, an dem Anspruch auf Verteilung des Gewinns und insbesondere auch auf Vermögensverteilung im Zuge der Liquidation teilhat, und ist insofern Indikator hinsichtlich der Beteiligung im Sinne des § 719 Abs. 1 BGB[1059].

Instruktiv erklärt die Definition von *Huber* den Zusammenhang von Kapitalanteil, Vermögensanteil und Anteil am Gesamthandsvermögen: *„Der Kapitalanteil ist die Bilanzziffer, die den gegenwärtigen Stand der Einlage des Gesellschafters angibt, so wie er sich nach den Methoden der kaufmännischen Buchführung und Bilanzierung errechnet. Der Stand der Einlage, der auf diese Weise ausgewiesen ist, gibt zugleich die Höhe der Wertbeteiligung des Gesellschafters am Gesellschaftsvermögen (des ‚Anteils am Gesellschaftsvermögen' im Sinne des § 719 BGB) an"*[1060].

Aufbauend auf diesem Verständnis ist festzuhalten, dass im Hinblick auf die konkrete Ausgestaltung der Stiftung & Co. KG, und zwar genauer hinsichtlich der vermögensrechtlichen Beteiligung der Stiftung an der Kommanditgesellschaft, die verschiedenen – fast zahllosen – Gestaltungsmöglichkeiten einer Komplementärbeteiligung in zwei Kategorien eingeteilt werden können[1061]: Einerseits ist die Komplementärstiftung zu nennen, die entsprechend der oben wiedergegebenen Musterformulierung keine Einlage erbringt und keinen Kapitalanteil hält. In diesem Fall ist sie zwar formell persönlich haftende Gesellschafterin, aber materiell nicht an der Gesellschaft beteiligt, sodass ihr regelmäßig beim Ausscheiden auch kein Anspruch auf Zahlung einer Abfindung zusteht[1062]. Zum anderen sind solche

1056 *Huber*, Vermögensanteil, Kapitalanteil und Gesellschaftsanteil an Personengesellschaften des Handelsrechts, S. 141 ff.

1057 BFH, Urteil v. 31.05.1972, Az.: II R 9/66, DB 1972, S. 2191 ff.

1058 BFH, Urteil v. 31.05.1972, Az.: II R 9/66, DB 1972, S. 2191 ff.

1059 vgl. *Assmann*, in: Kübler/Assmann, Gesellschaftsrecht, S. 77 ff.

1060 *Huber*, Vermögensanteil, Kapitalanteil und Gesellschaftsanteil an Personalgesellschaften des Handelsrechts, S. 228.

1061 So auch *App*, BuW 1992, S. 557, 560.

1062 *Huber*, Vermögensanteil, Kapitalanteil und Gesellschaftsanteil an Personalgesellschaften des Handelsrechts, passim, insbesondere S. 293 ff.

Komplementärstiftungen zu nennen, die einen Kapitalanteil halten, wodurch das Stiftungsvermögen in dem Gesellschaftsanteil der Kommanditgesellschaft besteht.

II. Die Komplementärstiftung mit Unternehmensleitungsauftrag

Zunächst soll der Blick auf die vermögensmäßig beteiligten Komplementärstiftungen gerichtet werden: Zuzugestehen ist, dass in einem solchen Fall die Tätigkeit der Komplementärstiftung auch dann, wenn der Stiftungszweck ausdrücklich in der Unternehmensleitung auf der Ebene der Kommanditgesellschaft besteht, faktisch als eine Verwaltung und Vermehrung des eigenen Vermögens der Stiftung erscheint. Die Argumentationsansätze, nach denen darin eine verdeckte – und unzulässige – Selbstzweckstiftung (oder nach hier vertretenem Verständnis: Verwaltungsstiftung) zu erblicken sein soll, kann allerdings auf sich beruhen[1063]. Denn wie in der bisherigen Untersuchung zur Zulässigkeit der vermögensverwaltenden Stiftung (respektive des Verbots der Selbstzweckstiftung) nachgewiesen werden konnte, steht es im Einklang mit dem geltenden Stiftungsrecht, wenn der Stiftung – faktisch oder ausdrücklich – der Zweck zukommt, das eigene Vermögen zu verwalten und zu vermehren. Eine solche Komplementärstiftung ist weder als Verwaltungsstiftung (sogenannte Selbstzweckstiftung) noch als Funktionsstiftung unzulässig.

Dagegen besteht bei einer Komplementärstiftung, die keinen Kapitalanteil hält, also nicht am Gesamthandsvermögen der Kommanditgesellschaft beteiligt ist und somit keine Einlage und keinen Gewinnanteil hat, der Stiftungszweck nicht einmal im Verwalten des eigenen Vermögens. Somit besteht der Zweck allein in der Unternehmensleitung, Vertretung und Haftung. Ausgehend von der oben vorgestellten Musterformulierung des Stiftungszwecks ist auch eine solche Komplementärstiftung – unter alleiniger Betrachtung des Stiftungszwecks – zulässig. Nach dem Prinzip der gemeinwohlkonformen Allzweckstiftung, das entgegen der meinungsführenden Literaturstimmen nicht durch bestimmte Zweckverbote eingeschränkt ist, liegt auch im alleinigen Unternehmensführungsauftrag ein anerkennungsfähiger Zweck vor. Dies untermauert auch ein Blick auf die Differenzierung nach Wertschöpfung und Wertverteilung. Eine Komplementärstiftung, deren einziger Stiftungszweck die Gesellschafterposition des Komplementärs ist, verzichtet mithin vollständig auf ihre Vermögensziele. Die Wertschöpfung beschränkt sich dann auf die im Rahmen der Gesellschafterstellung zu erbringenden Leistungen. Da diese nicht der Stiftung selbst oder ihrem Vermögen, sondern ausschließlich der Kommanditgesellschaft zugutekommen, ist somit eine Entscheidung über die Wertverteilung getroffen. Die Frage der Wertverteilung ist vollständig zugunsten eines außenstehenden Dritten und

1063 Vgl. zur Argumentation bezüglich der sogenannten „verdeckten" Selbstzweckstiftung bereits oben § 6A.I, S. 101 ff.

nicht zugunsten der Stiftung entschieden[1064]. Auch wenn man die Wertschöpfung bei den Arbeitnehmern, die qua Reflexwirkung von dem Wirken der Stiftung profitieren, nicht ausreichen lassen will, muss doch anerkannt werden, dass die übrigen Kommanditisten in einer primären Destinatärstellung zu der Stiftung stehen[1065].

Für die Zulässigkeit der Übernahme der Komplementärstellung durch eine Stiftung spricht zudem die Übereinstimmung mit dem mutmaßlichen Willen des Reformgesetzgebers, da sich anders lautende Gesetzentwürfe[1066] im Rahmen der Kodifikationsarbeiten zur Reform des Stiftungsrechts nicht haben durchsetzen können[1067].

III. Zur-Verfügung-Stellen einer juristischen Person als Sonderfall

Kommt der Stiftung demgegenüber nach ihrem satzungsmäßigen Zweck allein und ausdrücklich die Aufgabe zu, als persönlich haftende Gesellschafterin zur Verfügung zu stehen, ist den kritischen Stimmen zuzustimmen, die dagegen Bedenken äußern[1068]. In diesem Fall fehlt nicht nur der Unternehmensführungsauftrag. Auch die Verwaltung und Vermehrung des Stiftungsvermögens kann dann nicht als Zweck herangezogen werden. Der Zweck einer solchen Stiftung erschöpft sich letztlich im Zur-Verfügung-Stellen einer ansonsten funktionslosen juristischen Person. Damit wird die Stiftung selbst zu ihrem eigenen Zweck. Hier – und nur hier – liegt eine Selbstzweckstiftung vor, die wohl in der Tat mit der Rechtsordnung unvereinbar ist. Denn die weitgehende Gleichstellung der juristischen mit der natürlichen Person hat dort ihre Grenzen, wo die Verselbstständigung einer (künstlich) geschaffenen Rechtsperson lediglich Selbstzweck ist. Während dem Menschen Rechtsfähigkeit

---

1064 Ähnlich *Fasselt*, Die Beteiligungsstiftung, S. 38, der gegen die Annahme, es liege eine Beteiligungsselbstzweckstiftung vor, entgegnet, dass die Stiftung kraft ihrer Beteiligung eine bestimmte Funktion im Unternehmen ausübt, sodass sich das Halten der Beteiligung als Mittel zur Erfüllung eines weiterreichenderen Zwecks darstelle.

1065 Siehe zu den Begriffen des „Pimärdestinatärs“ und des „Reflexdestinatärs“ *Muscheler*, WM 2003, S. 2213, 2213.

1066 Vgl. die Gesetzentwürfe der Bundestagsfraktion der FDP (BT-Drucks. 14/336, S. 3), der in § 81 StiftRReformG vorsah: „Eine Stiftung darf jeden erlaubten Zweck verfolgen. Sie hat das Recht, Unternehmen zu betreiben oder an solchen beteiligt zu sein, sofern sich ihre Tätigkeit nicht im Betrieb eines Handelsgewerbes erschöpft und soweit sie nicht persönlich haftende Gesellschafterin einer Personenhandelsgesellschaft ist.“, sowie der Bundestagsfraktion Bündnis 90/Die Grünen (BT-Drucks. 13/9320, S. 3), der in § 81 Abs. 1 StiftFördGE vorsah: „Eine Stiftung darf jeden erlaubten Zweck verfolgen, der nicht auf einen wirtschaftlichen Geschäftsbetrieb (§ 22) gerichtet ist.“

1067 *Schwake*, Kapital und Zweckerfüllung bei Unternehmensstiftungen, S. 159.

1068 *Stengel*, Stiftung und Personengesellschaft, S. 61; A. A. wohl *Schwake*, Kapital und Zweckerfüllung bei Unternehmensstiftungen, S. 173, der hierin lediglich ein Problem der Fremdbestimmung der Stiftung sehen will.

zukommt, weil seine Selbstbestimmung zu den Grundwerten einer freiheitlichen Verfassung gehört, ist die Verleihung einer Rechtsfähigkeit an eine Rechtsperson bloße Hilfsform in der Wirtschaftstätigkeit der natürlichen Personen[1069]. Wo sich der Zweck dieser von der Rechtsordnung zur Verfügung gestellten Rechtsperson im Bestehen der Rechtsperson erschöpft, geht wohl in der Tat die Rechtfertigung für die Rechtsausübung verloren. Dies ist aber – um es abschließend nochmals hervorzuheben – von dem Fall der Vermögensverwaltungsstiftung zu unterscheiden, in dem einem Rechtssubjekt ein Objekt übereignet wird, damit es dieses anschließend bewirtschafte.

IV. Zusammenfassung

Im Hinblick auf die Zwecksetzung einer Komplementärstiftung ist danach einzige Einschränkung, dass es nicht alleiniger Zweck sein darf, die Rechtsperson Stiftung als Komplementärin zur Verfügung zu stellen. Solange der Zweck der Stiftung die Übernahme der Komplementärstellung verbunden mit der Aufgabe der Unternehmensleitung ist, lässt das geltende Recht eine Komplementärstiftung ohne Weiteres zu. Nicht unerwähnt soll der Gedanke bleiben, dass es bereits aus anderen Erwägungen realitätsfremd erscheint, bei der Stiftung & Co. KG den Stiftungszweck darauf zu beschränken, der Gesellschaft als Komplementär zur Verfügung zu stehen. Denn dann wäre bereits fraglich, ob die Stiftung nach ihrem Innenrecht überhaupt die Geschäftsführung der KG ausführen dürfte oder dies bereits die Grenzen des Stiftungszwecks übersteigen würde, weil sich der Stiftungszweck ja im Existieren und Zur-Verfügung-Stehen erschöpft und nicht im Ausüben der gesellschaftsvertraglich zugeschriebenen Verwaltungsrechte. Nachdem ein Überschreiten des Stiftungszwecks aber allgemein unzulässig ist, bestünde eine Komplementärstiftung, die gar nicht Komplementärin sein dürfte[1070].

1069 Vgl. *Wiedemann*, Gesellschaftsrecht I, S. 200.

1070 Diese Frage betrifft die handelsgesellschaftsrechtliche Zulässigkeit; siehe dazu § 9, S. 249 ff.

§ 7 Die dauernde und nachhaltige Erfüllung des Stiftungszwecks

Ist nach den bisherigen Ergebnissen jedenfalls hinsichtlich des Stiftungszwecks von der Zulässigkeit der Stiftung & Co. KG auszugehen, schließen sich im stiftungsrechtlichen Kontext weitere Fragestellungen an, die im Folgenden untersucht werden sollen. So werden im Schrifttum Bedenken hinsichtlich der Zulässigkeit der Stiftungsbeteiligung an einer KG (oder auch OHG) unter dem Gesichtspunkt der Gefährdung der Stiftung und der Durchsetzung des Stifterwillens erhoben[1071]. Insbesondere die Verwirklichung des Stiftungszwecks sei hier gefährdet[1072].

Bei einem Überblick über die verschiedenen Stellungnahmen fallen schnell die untereinander abweichenden Begründungsansätze auf. Teilweise wird der Versuch unternommen, das Erfordernis einer herrschenden Stellung der Komplementärstiftung aus dem Gebot der Vermögenserhaltung herzuleiten. Andere rekurrieren auf das Prinzip der gemeinwohlkonformen Allzweckstiftung[1073], wieder andere sehen eine „*Vermögensfehlausstattung*"[1074]. Richtigerweise ist sowohl hinsichtlich der Durchsetzung des Stiftungszwecks als auch bezüglich der Gefährdung der Stiftung allein auf die Frage abzustellen, ob bei der Komplementärstiftung die dauernde und nachhaltige Erfüllung des Stiftungszwecks gesichert erscheint (§ 80 Abs. 2 BGB)[1075].

A. Gefährdung der Durchsetzung des Stiftungszwecks

Im einschlägigen Schrifttum steht die Frage im Vordergrund, ob es der Stiftung bei ihrer Verwendung als Komplementärin überhaupt möglich ist, ihrem Stiftungszweck in den gesetzlichen Anforderungen entsprechendem Maße nachzukommen. Dies scheint bei der Beteiligung einer Stiftung an einer dem gesetzlichen Normtyp entsprechenden Kommanditgesellschaft auf den ersten Blick unproblematisch. Die Stiftung nimmt dann eine dominierende Stellung ein, die es ihr ermöglicht, die im Rahmen der Kommanditgesellschaft und des Unternehmens zu verwirklichenden Unternehmensleitungsaufgaben anzugehen. Anders ist die Situation aber schon dann zu beurteilen, wenn im Gesellschaftsvertrag die Rechte der Stiftung zugunsten

---

1071 Vgl. nur *Pavel*, Eignet sich die Stiftung für den Betrieb erwerbswirtschaftlicher Unternehmen?, S. 52 ff.; *Henkel-Hoffmann*, Die Stiftung im Umfeld wirtschaftlicher Tätigkeit, S. 72 f.

1072 *Kronke*, in: Stiftungsrecht in Europa, S. 159, 169: „[...] ist die Preisgabe der Stiftungsherrschaft über die Gesellschaft von Stiftungsrechts wegen verboten."

1073 *Schwake*, Kapital und Zweckerfüllung bei Unternehmensstiftungen, S. 181.

1074 *Schwintek*, Vorstandskontrolle in rechtsfähigen Stiftungen bürgerlichen Rechts, S. 82.

1075 Vgl. *Burgard*, Die Stiftung 3 (2009), S. 31, 47 f.

derjenigen der Kommanditisten (oder gar anderer Komplementäre[1076]) eingeschränkt werden[1077]: Nicht nur können den Kommanditisten neben dem Komplementär Geschäftsführungsbefugnisse eingeräumt werden[1078], diese können der Komplementärstiftung sogar ganz entzogen werden[1079].

Ein weiteres Problem kann dann auftreten, wenn der Stiftungszweck nicht nur (relativ pauschal) die Unternehmensleitung, also Fortführung, Weiterentwicklung und Ausbau des Unternehmens, vorsieht, sondern konkrete Vorgaben hinsichtlich der Geschäftsleitung macht. Wirklichkeitsnah scheinen hier einerseits Vorgaben bei einer Familienstiftung dergestalt zu sein, dass die Stiftung die konkreten Interessen von Angehörigen einer bestimmten Familie besonders zu berücksichtigen hat, andererseits an der Kommanditgesellschaft aber auch familienfremde Personen beteiligt sind. Es lassen sich aber auch Gestaltungen denken, in denen der Stiftungszweck besondere Vorgaben zur Geschäftspolitik und der Corporate Policy enthält, so etwa zur Beachtung ökologischer Standards.

I. Forderung nach einer dominierenden Stellung der Stiftung

Weit verbreitet ist daher die Forderung, der unternehmerisch tätigen Stiftung müsse in Fällen, in denen sie als Gesellschafterin einer Personengesellschaft auftritt, stets eine dominierende Stellung eingeräumt werden[1080]. Die Stiftung sei zur Verwirklichung ihres Zwecks auf das Recht zur alleinigen Geschäftsführung[1081], jedenfalls aber auf eine speziell auf die Stiftung zugeschnittene Ausgestaltung des Gesellschaftsvertrages angewiesen, die ihr eine beherrschende Gesellschafterstellung vermittle und ein Verzögern oder In-Frage-Stellen ihrer Entscheidung durch andere Gesellschafter

1076 Vgl. nur *Kronke*, Stiftungstypus und Unternehmensträgerstiftung, S. 201: „Stellen weitere persönlich haftende Gesellschafter den Stiftungszweck und die Vermögensbindung in Frage, so ist dies nach deutschem Recht bei der Errichtungsgenehmigung oder – bei späterem Eintritt der Stiftung in die KG – im Rahmen der Aufsicht zu unterbinden."

1077 Siehe dazu bereits die grundlegenden Erläuterungen unter § 3A.III, S. 54 f. Vgl. zu den stiftungsrechtlichen Einwänden auch *Stengel*, Stiftung und Personengesellschaft, S. 59 f.; *Kalteis*, Der Stiftungsgedanke und seine Verwirklichung bei wirtschaftlichen Unternehmungen, S. 105; *Hof*, DStR 1992, S. 1587, 1589.

1078 BGH, Urteil v. 27.06.1955, Az. II ZR 232/54, BGHZ 17, S. 392, 394.

1079 § 164 HGB ist gemäß § 163 HGB dispositiv; vgl. BGH, Urteil v. 09.12.1968, Az. II ZR 33/67, BGHZ 51, S. 198, 201.

1080 Vgl. *Pavel*, Eignet sich die Stiftung für den Betrieb erwerbswirtschaftlicher Unternehmen?, S. 52, 60; *Henkel-Hoffmann*, Die Stiftung im Umfeld wirtschaftlicher Tätigkeit, S. 72 f.; *Kersten*, in: FS 45. Deutscher Juristentag, S. 123, 140 ff.; *Kalteis*, Der Stiftungsgedanke und seine Verwirklichung bei wirtschaftlichen Unternehmungen, S. 102, 105; *Hof*, in: v. Campenhausen/Richter, Stiftungsrechts-Handbuch, § 11a Rn. 43.

1081 *Höfner-Byok*, Die Stiftung & Co. KG, S. 26 f., ähnlich *Kalteis*, Der Stiftungsgedanke und seine Verwirklichung bei wirtschaftlichen Unternehmungen, S. 105.

ausschließe[1082]. *Pavel* vertritt die Ansicht, dass die Bindung der Stiftung an den Stifterwillen ihre Alleinzuständigkeit für alle gewöhnlichen und ungewöhnlichen Geschäfte der Kommanditgesellschaft erfordere[1083]. Andere weisen auf den Fall hin, dass die Stiftung zwar alleinige Komplementärin ist, die Kommanditisten jedoch den Gesellschaftsvertrag über den Kopf der Stiftung hinweg beliebig ändern könnten[1084]. Es bedürfe daher einer gesellschaftsrechtlich abgesicherten Stellung der Stiftung, die ausschließe, dass weitere persönlich haftende Gesellschafter ihre Unternehmensleitung durchkreuzen, was regelmäßig nur eine herrschende Stellung garantiere[1085]. Fehle es daran, stelle die Gesellschaftsbeteiligung grundsätzlich keinen zur dauerhaften Zweckerfüllung ausreichenden Rechtsrahmen dar, sodass die Anerkennung einer solchen Stiftung zu versagen sei[1086].

Anknüpfungspunkt dieser Argumentation ist die Gewährleistung der dauernden und nachhaltigen Erfüllung des Stiftungszwecks. Komme der Komplementärstiftung keine derart dominierende Position innerhalb der Personengesellschaft zu, erscheine die dauernde und nachhaltige Erfüllung des Unternehmensführungsauftrags nicht gesichert[1087]. Aus diesem Grund sei einer Komplementärstiftung, deren Stiftungsvermögen zu großen Teilen aus Anteilen an einer KG bestünde, dann die Anerkennung zu versagen, wenn der Stiftungszweck auf das Unternehmen selbst Bezug nehme und seine Verwirklichung mangels herrschender Stellung der Stiftung innerhalb der Gesellschaft nicht auf Dauer gesichert sei[1088]. Es sei daher – gesellschaftsrechtlich – ein herrschender Einfluss erforderlich, weil nur so garantiert werden könne, dass die Zweckerfüllung nicht durch andere Gesellschafter behindert würde[1089]. Auch die Auffassung dazu, was unter einer herrschenden Stellung zu verstehen ist, variieren erheblich[1090]. Einerseits wird diese schon für eine solche Gesellschafterstellung angenommen, die es der Stiftung ermöglicht, die im Rahmen der Kommanditgesellschaft

---

1082 *Pavel*, Eignet sich die Stiftung für den Betrieb erwerbswirtschaftlicher Unternehmen?, S. 52.

1083 *Pavel*, Eignet sich die Stiftung für den Betrieb erwerbswirtschaftlicher Unternehmen?, S. 53.

1084 *Hennerkes*, StbJb 1984/85, S. 107, 119.

1085 *Hof*, DStR 1992, S. 1587, 1590; vgl. auch *Schwintek*, Vorstandskontrolle in rechtsfähigen Stiftungen bürgerlichen Rechts, S. 82, der eine „Vermögensfehlausstattung mangels herrschender Stellung“ ausmachen will.

1086 *Kronke*, Stiftungstypus und Unternehmensträgerstiftung, S. 201; *Hof*, DStR 1992, S. 1587, 1590.

1087 *Schwake*, Kapital und Zweckerfüllung bei Unternehmensstiftungen, S. 177.

1088 *Schwintek*, Vorstandskontrolle in rechtsfähigen Stiftungen bürgerlichen Rechts, S. 82; ihm folgend *Schwake*, Kapital und Zweckerfüllung bei Unternehmensstiftungen, S. 177.

1089 So im Ergebnis auch *Henkel-Hoffmann*, Die Stiftung im Umfeld wirtschaftlicher Tätigkeit, S. 78 f.; *Rawert*, Die Genehmigungsfähigkeit der unternehmensverbundenen Stiftung, S. 29 f.; *Kronke*, in: Stiftungsrecht in Europa, S. 159, 169.

1090 *Schwake*, Kapital und Zweckerfüllung bei Unternehmensstiftungen, S. 178.

zu verwirklichenden Zwecke relativ unangefochten anzugehen[1091]. Andererseits wird auf die konzernrechtlichen Regeln zur Abhängigkeit aufgrund beherrschenden Einflusses (§ 17 AktG) verwiesen[1092]. *Reuter* fordert (allerdings im Hinblick auf die Unternehmensnachfolge) eine alleinige Anteilsinhaberschaft der Stiftung, da nur so der *„Bestand und die Weiterentwicklung eines Unternehmens unter Wahrung seiner Identität"* gesichert sei[1093].

II. Stellungnahme

1. Einführung

Zunächst ist bemerkenswert, dass in diesem Zusammenhang von beiden Seiten aus argumentiert wird. Einerseits wird das Augenmerk auf den Schutz der Stiftung gelegt. Andererseits – aber damit eng verknüpft – wird auf die Gefährdung der übrigen Gesellschafter hingewiesen. Der Stiftungszweck fordere die konstitutionelle Einräumung eines Übergewichts der Stiftung innerhalb der Gesellschaft, was auf Kosten der übrigen Gesellschafter geschehe und schon von der Gesellschaftsverfassung her über kurz oder lang die Gemeinschaft sprengen werde, soweit nicht durch geschickte organisatorische Maßnahmen eine gewisse Abschwächung erreicht werde[1094]. Obwohl die vorstehende Erwägung von *Pavel* zeigt, wie sehr die Untersuchungsgegenstände ineinandergreifen, soll versucht werden, die vorgebrachten Einwände getrennt – im jeweiligen spezifischen Zusammenhang – zu erörtern[1095].

Dies vorausgeschickt, stellt sich in stiftungsrechtlicher Hinsicht die Frage, ob die dauernde und nachhaltige Erfüllung des Stiftungszwecks durch die Stellung der Stiftung als Komplementärin der KG mit einem hinreichenden Grad an Sicherheit wahrscheinlich ist oder ob die Erfüllung des Unternehmensführungsauftrags nur dann gewährleistet ist, wenn besondere gesellschaftsvertragliche Vorkehrungen getroffen werden[1096]. Den Wahrscheinlichkeitsmaßstab legt der Gesetzgeber dahingehend fest, dass er von einer *„gewissen"*[1097] Sicherheit spricht und es ausreichen lässt, wenn die dauernde und nachhaltige Erfüllung des Stiftungszwecks gesichert *„erscheint"*[1098].

1091 So *Stengel*, Stiftung und Personengesellschaft, S. 59, für den dem gesetzlichen Typ der Kommanditgesellschaft entsprechenden Fall, in dem die Stiftung alleinige Komplementärin ist.

1092 *Berndt*, in: Berndt/Götz, Stiftung und Unternehmen, Teil F, Rn. 1682.

1093 *Reuter*, GmbHR 1973, S. 241, 242.

1094 *Pavel*, Eignet sich die Stiftung für den Betrieb erwerbswirtschaftlicher Unternehmen?, S. 60 f.; ähnlich *Kersten*, in: FS 45. DJT, S. 123, 140 f, der „fast unüberbrückbare Schwierigkeiten" bei der Verbindung einer Stiftung mit einem auf unternehmerische Belange ausgerichteten Gesellschaftsvertrag sieht.

1095 Siehe zur Vereinbarkeit mit den handelsgesellschaftsrechtlichen Strukturmerkmalen unten § 9, S. 249 ff.

1096 Siehe zum Prüfungsmaßstab auch schon oben § 2C.III.4.b), S. 44 f.

1097 BT-Drucks. 14/8765, S. 8.

1098 BT-Drucks. 14/8894, S. 10.

2. *Differenzierung nach eingliedrigem oder mehrgliedrigem Stiftungszweck?*

Wohl zurückgehend auf *Pavel* versuchen auch andere Autoren die unternehmerisch tätigen Stiftungen in zwei Kategorien einzuteilen und dadurch die Anforderungen an die gesellschaftsrechtliche Gestaltung zu systematisieren[1099]. Danach sollen die oben dargestellten Erwägungen nur für solche Komplementärstiftungen gelten, deren Zweck sich auf die Führung des Unternehmens beschränkt. Diene demgegenüber das Unternehmen allein der Erzielung von Erträgen zur Verwirklichung eines unternehmensexternen Stiftungszwecks (also als Dotationsquelle), sei die Zweckerfüllung nicht gefährdet, wenn die Stiftung die Führung des Unternehmens nicht beeinflussen könne[1100]. In diesem Fall sei der Stiftungszweck lediglich im Rahmen der ihr eingeräumten Gesellschafterstellung zu verwirklichen, solange nicht von einem entgegenstehenden Stifterwillen ausgegangen werden müsse[1101].

Zuzustimmen ist noch der Feststellung, die Frage der Erforderlichkeit einer herrschenden Stellung der Stiftung müsse notwendigerweise anders beantwortet werden, wenn das von der Personengesellschaft betriebene Unternehmen als Dotationsquelle für einen unternehmensfremden Zweck dient. Allerdings kann die weiterführende Unterscheidung nicht überzeugen. In beiden Fällen geht es darum, ob die dauerhafte und nachhaltige Erfüllung des Stiftungszwecks gesichert erscheint: Im Fall der Stiftung, die mit im Unternehmen der Kommanditgesellschaft erwirtschafteten Mitteln einen unternehmensfremden Zweck fördern soll, gelingt dies nur, wenn das Unternehmen wirtschaftlich erfolgreich ist und die Erträge auch tatsächlich an die Stiftung weitergeleitet werden. Verhindern andere Gesellschafter den wirtschaftlichen Erfolg des Unternehmens oder beschließen sie aufgrund ihrer gesellschaftsvertraglichen Befugnisse eine andere Mittelverwendung, ist die Zweckerfüllung alles andere als gesichert.

Die entscheidende Nuance ist also allein die Unmittelbarkeit der Zweckerfüllung bei der (allein) unternehmensführenden Stiftung gegenüber der mittelbaren, gestuften Zweckverfolgung bei der letztgenannten Stiftung. Beide Stiftungen sind aber gleichermaßen darauf angewiesen, dass die Kommanditgesellschaft wie von ihnen vorgesehen „funktioniert“. Bei der Stiftung mit unternehmensfremdem Zweckbezug wird freilich im Vordergrund stehen, dass die dauerhafte Bereitstellung ausreichender Erträge durch die Kommanditgesellschaft gesichert ist und nicht durch andere Gesellschafter unterminiert wird. Dies ist – abgesehen vom notwendigen wirtschaftlichen Erfolg – ebenfalls vorrangig eine Frage des Gesellschaftsvertrags[1102].

1099 *Pavel*, Eignet sich die Stiftung für den Betrieb erwerbswirtschaftlicher Unternehmen?, S. 30 ff.; *Schwake*, Kapital und Zweckerfüllung, S. 176. Kritisch dazu schon *Stengel*, Stiftung und Personengesellschaft, S. 59 f.

1100 *Schwake*, Kapital und Zweckerfüllung bei Unternehmensstiftungen, S. 176.

1101 *Schwintek*, Vorstandskontrolle in rechtsfähigen Stiftungen bürgerlichen Rechts, S. 83.

1102 Vgl. *Schauhoff*, in: Handbuch der Gemeinnützigkeit, § 3 Rn 132.

Im Kern besteht also kein Unterschied. In beiden Fällen scheint die Gewährleistung der dauernden und nachhaltigen Erfüllung des Stiftungszwecks besondere Sorgfalt bei der gesellschaftsrechtlichen Gestaltung zu erfordern. Ist danach geklärt, dass das Stiftungsrecht in beiden Konstellationen die gleiche Anforderung – nämlich die Gewährleistung der dauernden und nachhaltigen Erfüllung des Stiftungszwecks – stellt, ist Kristallisationspunkt der Prüfung, welche Konsequenzen daraus konkret zu folgern sind. Ist eine Komplementärstiftung schon dann anerkennungsfähig, wenn ihre Zweckverfolgung unter dem Vorbehalt ihrer gesellschaftsrechtlichen Durchsetzbarkeit steht? Oder ist sie erst dann anerkennungsfähig, wenn die Zweckverfolgung in besonderem Maße gesellschaftsrechtlich vorbereitet ist?

3. *Keine Zweckgefährdung durch Entmachtung des Komplementärs*

a) *Anforderungen an die Durchsetzung des Zwecks*

Der Sichtweise, die eine herrschende Stellung fordert, wird zu Recht entgegengehalten, sie strapaziere die Anforderungen an die Verwirklichung des Stifterwillens. Denn zur Verfolgung des Stiftungszwecks ist die Stiftung lediglich im Rahmen der bestehenden Möglichkeiten verpflichtet[1103]. Wenn diese Möglichkeiten eben im Hinblick auf die Gesellschafterstellung eingeschränkt seien, bezeichnen *Zartmann* und *Litfin* dies als einen mit der Stiftungserrichtung verbundenen Schönheitsfehler[1104]. Will man auch dieser Begrifflichkeit nicht folgen, so ist der Bewertung doch im Ergebnis zuzustimmen: Da der Stiftungszweck seine Verwirklichung nur im Rahmen der der Stiftung eingeräumten Gesellschafterposition[1105], nicht aber notwendig die Beherrschung der Gesamtwillensbildung der Personengesellschaft fordert, ist eine auf die Komplementärstiftung ausgelegte Ausgestaltung der Gesellschafterstellung im Fall des eingangs dargestellten Stiftungszwecks nicht erforderlich. Denn es ist zu bedenken, dass es bei der Stiftung im Übrigen auch um die Umsetzung des Stiftungszwecks im Rahmen des faktisch Möglichen geht.

Dabei wird nicht verkannt, dass auch eine vollkommene Beschneidung der Rechte der Komplementärstiftung und die Aufwertung der Kommanditistenrolle denkbar sind. Es steht außer Frage, dass solchen Stiftungsvorhaben, die ihren Zweck unmöglich erreichen können, die Anerkennung zu verweigern ist. Dies gilt selbstverständlich auch für jede Stiftung, deren Aufgabe in der Leitung und Lenkung eines Unternehmens als Gesellschafterin einer KG besteht. Daraus kann aber nicht der Schluss gezogen werden, dass Stiftungsrecht verlange eine Ausgestaltung des Gesellschaftsvertrags dergestalt, dass der Stiftung eine dominierende Stellung

1103 *Zartmann/Litfin*, Unternehmensform nach Maß, S. 276.

1104 *Zartmann/Litfin*, Unternehmensform nach Maß, S. 276.

1105 So auch *Fasselt*, Die Beteiligungsstiftung, S. 126; *Zartmann/Litfin*, Unternehmensform nach Maß, S. 276.

zukommt[1106]. Die unternehmerische Tätigkeit einer Komplementärstiftung besteht im Regelfall in der Willensbildung, der Geschäftsführung sowie der Vertretung im Rahmen der ihr durch Gesellschaftsvertrag eingeräumten Befugnisse[1107]. Diese leitenden und lenkenden Funktionen kann die Komplementärstiftung auch dann wahrnehmen, wenn der Gesellschaftsvertrag auch anderen Gesellschaftern – ob anderen Komplementären oder den Kommanditisten – Mitwirkungsrechte einräumt. Denn die Verwirklichung des Stiftungszwecks wird nicht dadurch behindert, dass andere Beteiligte ebenfalls der Aufgabe nachzukommen versuchen, die im Stiftungszweck festgeschrieben ist. Allein der Stifter bestimmt die Mittel und Wege zur Erreichung des Zwecks und er ist dabei keineswegs darauf festgelegt, die effizienteste Gestaltung zu wählen[1108]. Vielmehr kann der Stifter die Verwirklichung seiner Vorstellungen unter den Vorbehalt ihrer gesellschaftsrechtlichen Durchsetzbarkeit stellen[1109]. Eine Stiftung, deren Zweck die Leitung eines im Eigentum einer Kommanditgesellschaft stehenden Unternehmens ist, muss also lediglich mit geeigneten Leitungsinstrumentarien ausgestattet werden.

Bei der Beurteilung der Anerkennungsfähigkeit der Stiftung ist sehr sorgfältig auf die konkreten Zielsetzungen des Stiftungszwecks einzugehen. Solange der Satzung kein Alleinführungsanspruch der Stiftung in der Kommanditgesellschaft zu entnehmen ist, muss es als ausreichend gelten, wenn die Stiftung an der Führung der Gesellschaft *mitwirken* kann. Daher bedeutet die Übernahme der unternehmensleitenden Geschäftsführung nicht notwendig alleinverantwortliche Leitung und Lenkung des Unternehmens[1110]. Vielmehr ist diejenige Person (und damit auch Stiftung) unternehmensleitend tätig, die nur zusammen mit anderen die Geschicke

1106 A. A. *Schwake*, Kapital und Zweckerfüllung bei Unternehmensstiftungen, S. 181, dessen Argumentation, die hier vertretene Ansicht verkenne, „dass die Anerkennungsvoraussetzungen der Gemeinwohlkonformität und der Gewährleistung der dauernden und nachhaltigen Zweckerfüllung (80 Abs. 2 BGB) kumulativ vorliegen müssen", kann allerdings nicht überzeugen.

1107 Siehe zur dispositiven Wirkung des § 164 HGB und der daraus resultieren Möglichkeit, bei der Ausgestaltung der Willensbildung innerhalb der Kommanditgesellschaft vom gesetzlichen „Normalfall" abzuweichen, bereits oben unter § 3A.III.1, S.54.

1108 Ähnlich zur Stiftung als Gesellschafterin einer OHG: *Stengel*, Stiftung und Personengesellschaft, S. 71, siehe auch *Kronke*, ZGR 1996, S. 18, 34.

1109 *Schwintek*, Vorstandskontrolle in rechtsfähigen Stiftungen bürgerlichen Rechts, S. 83.

1110 A. A. *Höfner-Byok*, Die Stiftung & Co. KG, S. 26, geht davon aus, dass die Bindung der Stiftung an ihren Zweck und damit an die Unternehmensleitung es nicht zulasse, wenn sich die Stiftung die Unternehmensführung mit anderen Gesellschaftern teile. Es müsse sichergestellt werden, dass alle Mitgesellschafter den Stiftungszweck verfolgen, indem die Mitgesellschafter zugleich den Stiftungsvorstand bilden. Vgl. auch *Rawert*, Die Genehmigungsfähigkeit der unternehmensverbundenen Stiftung, S. 29.

des Unternehmens bestimmt[1111]. Dies reicht für die Anerkennungsfähigkeit der Stiftung aus. Nichts anderes gilt bei Stiftungen, die mehr dem gesetzgeberischen Leitbild entsprechen: Einer Stiftung, deren Zweck die Wiedererrichtung eines historischen Bauensembl ist, wird nicht deswegen die Anerkennung versagt, weil sich neben ihr auch ein eingetragener Verein für den Wiederaufbau engagiert und die Kommunalpolitik das Projekt für sich entdeckt hat.

Zuzugeben ist, dass in diesem Fall der Rahmen des faktisch Möglichen enger als bei einer deutlich ausgestalteten Machtposition ist. Das macht die Stiftung aber nicht weniger anerkennungsfähig. Damit die Stiftung im Stande ist, ihrem Zweck der Unternehmensführung dauernd und nachhaltig nachzukommen, ist also lediglich zu fordern, dass die Stiftungssatzung nichts verlangt, was die Komplementärin nach dem Gesellschaftsvertrag nicht zu leisten in der Lage ist[1112]. Sind aber gesellschaftsrechtlich entsprechende Instrumentarien vorgesehen, also insbesondere *Mit*wirkungsbefugnisse eingeräumt, spricht nichts dagegen, der Stiftung & Co. KG im Übrigen ein hohes Maß an wirtschaftlicher Elastizität und Flexibilität beizugeben.

b) Besonderer satzungsmäßiger Auftrag

Anders können die Dinge dann liegen, wenn die Verwirklichung und Sicherstellung eines bestimmten satzungsmäßigen Auftrags, etwa die Umsetzung und Befolgung einer näher bestimmten Geschäftspolitik, gewährleistet werden sollen[1113]. Dies können ökologische oder soziale Standards sein. Zu denken ist aber auch an die Verfolgung konkreter Geschäftsziele, etwa die Expansion in bestimmte Märkte oder der Aufbau neuer Geschäftsfelder.

Die stiftungsrechtlichen Anforderungen an die Erfüllung des Stiftungszwecks machen jedoch auch in diesem Fall keine Einräumung einer gesellschaftsrechtlich dominierenden Stellung notwendig. Um zu erreichen, dass die nachhaltige Zweckerfüllung gesichert erscheint, bietet sich vielmehr an, in den Statuten der Kommanditgesellschaft eine Aufteilung der Geschäftsführung nach bestimmten Sachgebieten vorzusehen und so der Stiftung die ausschließliche Wahrnehmung derjenigen Geschäfte zuzuschreiben, für die sie nach ihrer Satzung eine besondere Verantwortung übernehmen soll. Eine Aufteilung der Geschäftsführung nach örtlichen oder sachlichen Gesichtspunkten (Ressortprinzip) ist nicht nur allgemein zulässig. Die Vereinbarung einer echten Aufteilung[1114] führt dann nach der Auslegungsregel des § 114 Abs. 2 HGB zum Ausschluss der anderen Gesellschafter von dem betreffenden Bereich[1115]. Den anderen Gesellschaftern steht dann auch kein Widerspruchsrecht

---

1111 Ähnlich *Stengel*, Stiftung und Personengesellschaft, S. 60.

1112 Zur Stiftung als Gesellschafterin einer OHG: *Stengel*, Stiftung und Personengesellschaft, S. 71.

1113 *Muscheler*, ErbR 2008, S. 174, 174 f.

1114 In Abgrenzung zur rein faktischen Schwerpunktbildung.

1115 *Haas*, in: Röhricht/v. Westphalen/Hass, HGB, § 114 Rn. 6; *Scheel*, in: Gummert/Weipert, MünchnerHandbuch GesR Bd. 2, § 7 Rn. 69.

mehr gegen die Maßnahmen der Komplementärstiftung in ihrem Geschäftsbereich zu, weil das Widerspruchsrecht als Teil der Geschäftsführungsbefugnis nicht weiter reichen kann, als die Geschäftsführungsbefugnis selbst reicht[1116]. Diese auf den bestimmten satzungsmäßigen Auftrag zugeschnittene Ressortaufteilung ermöglicht es der Stiftung dann, den ihr gegebenen unternehmerischen Auftrag zu erfüllen[1117].

4. *Spezielle Anforderungen nur bei besonderer Motivlage*

Neben der Forderung nach einer dominierenden Stellung der Stiftung innerhalb der Personengesellschaft werden im Schrifttum zahlreiche weitere Hindernisse angeführt, die bei einer unternehmensführenden Beteiligung einer Komplementärstiftung an einer Kommanditgesellschaft besondere Schwierigkeiten bereiten sollen. Genannt werden insbesondere der Entzug der Geschäftsführungsbefugnis auf Antrag anderer Mitgesellschafter gemäß § 117 HGB, die Ausschließungsklage gemäß § 140 HGB sowie die Auflösungsklage nach § 133 HGB[1118]. Im Hinblick auf die Sicherung des Einflusses der Stiftung auf die Gesellschaft ergäben sich bedeutende Gefahren[1119]. So könne etwa die dauerhafte Verwirklichung des Stiftungsinteresses in der Gesellschaft durch eine Klage auf Entziehung der Geschäftsführungsbefugnis in Frage gestellt werden. Wegen der zwingend gegebenen Möglichkeit der Auflösungsklage durch einen Privatgläubiger eines Gesellschafters gemäß § 135 HGB sei zudem der auf Dauer angelegte Stiftungszweck im Rahmen einer solchen Beteiligung von vornherein erheblich gefährdet.

Bei Betrachtung der im Rahmen dieser Wortmeldungen geäußerten Beweggründe und insbesondere der zahlreichen Lösungsvorschläge fällt allerdings schnell auf, dass die jeweiligen Erwägungen alle einer ganz bestimmten Motivlage Rechnung tragen. Notwendig werden diese Überlegungen, weil sie im Kontext der Untersuchung von Familienstiftungen oder jedenfalls von Stiftungen zur Unternehmensnachfolge angestellt werden[1120]. So nennt *Schwake* es eine akzeptable Lösung, die Kompetenz zur Entziehung der Geschäftsführung auf einen ausschließlich mit gesellschaftsfremden Familienmitgliedern besetzten Beirat zu übertragen und so die Bewahrung des Willens der Stifterfamilie sicherzustellen[1121]. Im Hinblick auf das Ziel der Perpetuierung des Familienunternehmens sei zudem das Ausscheiden einzelner

1116 *Scheel*, in: Gummert/Weipert, MünchnerHandbuch GesR, Bd. 2, § 7 Rn. 69; vgl. auch *Haas*, in: Röhricht/v. Westphalen/Hass, HGB, § 114 Rn. 6.

1117 Vgl. *Schwake*, Kapital und Zweckerfüllung bei Unternehmensstiftungen, S. 187, bei dem aber unklar bleibt, warum diese Gestaltung noch erforderlich sein soll, wenn er an anderer Stelle (S. 179) für das Erfordernis einer herrschenden Gesellschafterstellung eintritt.

1118 *Hof*, in: v. Campenhausen/Richter, Stiftungsrechts-Handbuch, § 11a Rn. 43.

1119 Vgl. nur *Schwake*, Kapital und Zweckerfüllung bei Unternehmensstiftungen, S. 190 ff. m. w. N.

1120 So ausdrücklich *Höfner-Byok*, Die Stiftung & Co.KG, S. 137 ff.

1121 *Schwake*, Kapital und Zweckerfüllung bei Unternehmensstiftungen, S. 191 f.

Gesellschafter zu vermeiden, was durch den Ausschluss der Kündigungsmöglichkeiten erzielt werden könne[1122].

Mit diesen Stellungnahmen wird also eine ganz besondere Gestaltungsabsicht berücksichtigt. Stehen demgegenüber bei der Errichtung der Stiftung & Co. KG vorwiegend die Vermeidung der Mitbestimmung oder andere rein unternehmerische Gründe im Vordergrund, ist die Frage aufgeworfen, ob in diesem Fall die vorstehend angesprochenen Problemstellungen bei der Prüfung der Gewährleistung der dauernden und nachhaltigen Erfüllung des Stiftungszwecks zu berücksichtigen sind. An dieser Stelle ist von besonderer Bedeutung, dass die Stiftung auch in ihrer Rolle als Komplementärin als in sich abgeschlossene Rechtspersönlichkeit und nicht in ihrer wirtschaftlichen Einheit mit der Stiftung & Co. KG betrachtet werden muss. Angesichts dieser Trennung stellen sich die Möglichkeiten einer Auflösung der Gesellschaft oder eines Ausschlusses der Komplementärstiftung als keine zulässigkeitshindernden Risiken dar. Vielmehr sind sie vergleichbar mit anderen Ungewissheiten der Stiftungstätigkeit, mit der (fast) jede Stiftung sich arrangieren muss. Werden die Stiftungserrichtungen, bei denen die Stiftung oftmals als probates Mittel zur Beherrschung von familiären Konflikten innerhalb der Unternehmerfamilie angesehen wird, außer Acht gelassen, so scheint vielmehr entscheidend zu sein, dass es bei wirtschaftlich tätigen Stiftungen regelmäßig nicht um die Durchsetzung des Willens des einen Komplementärs in allen wichtigen Angelegenheiten der Gesellschaft geht. In diesem unternehmerischen Bereich ziehen erfahrungsgemäß letztlich alle an einem Strang, und mögliche Divergenzen über bestimmte Vorhaben – auch in dem Fall, dass die Stiftung im Einzelfall einer konkreten Geschäftsführungsmaßnahme überstimmt wird – berühren doch nicht den Stiftungszweck der Fortführung und Entwicklung des Unternehmens[1123].

B. Stiftungsvermögen und Haftungsübernahme

Durch die Übernahme der Komplementärstellung in der Kommanditgesellschaft ist die Stiftung unweigerlich[1124] der persönlichen Haftung des § 128 HGB ausgesetzt. Soweit in diesem Kontext Bedenken mit stiftungsrechtlichem Bezug geäußert werden, knüpft diese Argumentation an der Gefährdung des Stiftungsvermögens an[1125].

1122 *Schwake*, Kapital und Zweckerfüllung bei Unternehmensstiftungen, S. 196 f.

1123 Ähnlich *Zartmann/Litfin*, Unternehmensform nach Maß, S. 276.

1124 Eine abweichende (gesellschaftsvertragliche) Vereinbarung, nach der die unbeschränkte persönliche Außenhaftung des Komplementärs abbedungen werden soll, ist nicht möglich, weil es sich bei der Haftung gemäß § 128 HGB um eine zwingende gesetzliche Haftungsregelung handelt (statt vieler *Haas*, in: Röhricht/Graf von Westphalen/Haas, HGB, § 128 Rn. 1).

1125 Zur Frage des handelsgesellschaftsrechtlichen Gläubigerschutzes sogleich unter § 9B, S. 249.

I. Gefährdung des Stiftungsvermögens als Zulässigkeitshürde

Gegen die Stellung einer Stiftung als persönlich haftende Gesellschafterin einer KG wird vorgebracht, bereits im Hinblick auf das Stiftungsvermögen sei die Errichtung nicht zuzulassen[1126]. Das Vermögen der Stiftung sei in diesem Fall dem unbeschränkten Haftungsrisiko der Gesellschaft ausgesetzt, was mit dem Wesen der Stiftung nicht vereinbar sei, weil das geltende Recht die Erfüllung des Stiftungszwecks auf Dauer voraussetze. Dem widerspreche eine persönliche unbeschränkte Haftung des Stiftungsvermögens[1127]. Eine Gefährdung liege nicht nur dann vor, wenn das Beteiligungsunternehmen schon im Zeitpunkt der Stiftungserrichtung selbst stark gefährdet ist[1128], sondern auch dann, wenn das Stiftungsvermögen unternehmerischem Risiko derart ausgesetzt ist, dass es unmittelbar für Unternehmensschulden haftet[1129]. Eine Stiftung, der die Stellung eines persönlich haftenden Gesellschafters einer Personengesellschaft zukomme, sei wegen der unbeschränkten persönlichen Haftung mit dem Gebot der Vermögenserhaltung nicht vereinbar[1130]. Vielmehr sei dem Vermögenserhaltungsgebot, nach dem das Stiftungsvermögen ungeschmälert zu erhalten sei, die Unzulässigkeit der Übernahme einer unbeschränkt haftenden Gesellschafterstellung zu entnehmen[1131]. Zudem werden Bedenken dahingehend formuliert, die Haftungsübernahme sei wegen fehlender Zweck-Mittel-Relation mit dem Stiftungszweck unvereinbar[1132].

1126 *Andrick/Suerbaum*, Stiftung und Aufsicht, § 6 Rn. 57, zu Unternehmensstiftungen allgemein; *Fasselt*, Die Beteiligungsstiftung, S. 38; *Wochner*, MittRhNotK 1994, S. 89, 94, 100; ders., BB 1999, S. 1441, 1142; *Zimmermann*, ZRP 1976, S. 300; *Hennerkes/Schiffer/Fuchs*, BB 1995, S. 209, 211. A. A. *Muscheler* ErbR 2008, S. 174, 180 f.

1127 *Fasselt*, Die Beteiligungsstiftung, S. 38 f.

1128 So *Burgard*, Gestaltungsfreiheit, S. 699: „Nicht anerkennungsfähig ist [...] bei der zwar nicht die Stiftung, wohl aber die Kommanditgesellschaft materiell unterkapitalisiert ist".

1129 *Fasselt*, Die Beteiligungsstiftung, S. 38 f., 138, der feststellt, dass dem auch nicht entgegengehalten werden könne, dass bei Untergang des Unternehmens auch der Stiftungszweck und damit die Rechtfertigung der dauerhaften Sicherung des Stiftungsvermögens entfalle.

1130 Vgl. insbesondere *Wiederhold*, Stiftung und Unternehmen im Spannungsverhältnis, S. 62 ff.; *Stengel*, Stiftung und Personengesellschaft, S. 61 ff.; *Wochner*, MittRhNotK 1994, S. 89, 94; *Rawert*, ZEV 1999, S. 294, 296; vgl. *Hennerkes/Binz/Sorg*, DB 1986, 2269, 2269 ff.; *Saenger/Arndt*, ZRP 2000, S. 13, 15; siehe zu den Einwänden der Genehmigungsbehörden: *Hennerkes/Binz/Sorg*, DB 1986, S. 2269, 2269.

1131 *K. Schmidt*, Stiftungswesen, S. 26.

1132 *Stengel*, Stiftung und Personengesellschaft, S. 57.

II. Relativierende Ansichten im Schrifttum

In der Diskussion um die Gefährdung des Stiftungsvermögens durch die Übernahme der Haftung sind verschiedene relativierende Stellungnahmen zu finden[1133]. Gegen eine generelle Unzulässigkeit spreche bereits, dass die persönliche und unbeschränkte Inanspruchnahme des Komplementärs die Ausnahme und nicht die Regel darstelle, weshalb jedenfalls eine kritische Würdigung des Einzelfalls zu fordern sei[1134]. Im Hinblick auf das Gebot zur Vermögenserhaltung wird darauf hingewiesen, dass dieser Grundsatz dort Ausnahmen zulasse, wo die Stiftungssatzung dies vorsehe[1135] oder der Stifterwille auf andere Weise nicht zu erfüllen sei. *Stengel* rekurriert deutlich auf den Stifterwillen und hält fest, dass einer als Komplementärin tätigen Stiftung die Anerkennung zu versagen sei, solange in ihrer Satzung die Übernahme der persönlichen Haftung nicht vorgesehen ist[1136]. Es sei davon auszugehen, dass die weitreichenden Risiken der persönlichen Haftung grundsätzlich nicht dem Willen des Stifters entsprechen[1137]. Könne allerdings aus der angeordneten Zwecksetzung geschlossen werden, dass der Stifter die Haftungsübernahme billige, nehme er die Gefährdung in Kauf[1138]. Im Fall einer klaren satzungsrechtlichen Ermächtigung sei die Haftungsübernahme dann aber zuzulassen[1139].

III. Stellungnahme

1. Einführende Klarstellung

Wie gesehen, wird gegen die Haftungsübernahme durch die Stiftung insbesondere mit einer (erheblichen) Gefährdung des Stiftungsvermögens und mit Bedenken hinsichtlich der Zweck-Mittel-Relation argumentiert. Vor diesem Hintergrund soll klarstellend auf zweierlei hingewiesen werden.

a) Haftungsübernahme nicht Stiftungszweck

Es ist festzuhalten, dass die Übernahme der Haftung gemäß § 128 HGB nicht Zweck, sondern allenfalls Mittel im Sinne der stiftungsrechtlichen Zweck-Mittel-Relation ist. Ungeachtet der Motivlage der dahinter stehenden (natürlichen) Personen, deren

1133 *Weimar/Geitzhaus/Delp*, BB 1986, 1999, 2006, fordern eine ausreichende Kapitaldecke, die eine anfängliche Unterkapitalisierung verhindere.

1134 *Hennerkes/Binz/Sorg*, DB 1986, S. 2269, die sich allerdings zugleich dafür stark machen, die Stiftung finanziell mit einer soliden Grundausstattung, die das Mindeststammkapital der GmbH (von damals 50.000 DM) deutlich übersteigen sollte, zu versehen.

1135 *Weimar/Geitzhaus/Delp*, BB 1986, 1999, 2005: Voraussetzung sei, dass die Satzung der Stiftung die Einbringung erlaube.

1136 *Stengel*, Stiftung und Personengesellschaft, S. 61 f.

1137 *Stengel*, Stiftung und Personengesellschaft, S. 61 f.

1138 *Stengel*, Stiftung und Personengesellschaft, S. 58.

1139 *Ihle*, RNotZ 2009, S. 557, 564.

Haftungsrisiko sich durch das Einsetzen einer juristischen Person in die Stellung des persönlich haftenden Gesellschafters verringern kann, ist bei der mit Unternehmensführungsauftrag ausgestatten Komplementärstiftung die Haftungsübernahme weder Haupt- noch Nebenzweck[1140] und auch nicht „versteckter" Zweck. Denn die Übernahme der Geschäftsführung sowie der persönlichen Haftung sind (nicht nur) nach dem hier vertretenen Mittel-Verständnis[1141], nach dem die Tätigkeit der Stiftung an sich Mittel im Sinne des Zweck-Mittel-Verhältnisses ist, Gegenstand der Stiftung, also ihre Tätigkeit zur Erfüllung des Stiftungszwecks[1142]. Zwar ist im Sinne der geforderten (dauernden und nachhaltigen) Erfüllung des Stiftungszwecks primär ein aktives und nach außen wahrnehmbares Handeln zu erwarten, welches bei der Geschäftsführung deutlicher zu Tage treten wird als bei der Haftung. Im Bezug auf die Übernahme der Haftung ist im Hinblick auf die Tätigkeit der Stiftung nicht auf die fortwährende Haftung aus § 128 HGB abzustellen, sondern auf die Übernahme dieser Verpflichtung bei Abschluss des Gesellschaftsvertrages durch den Stiftungsvorstand als aktives Tun.

b) Haftungsübernahme als Gefährdung der Erfüllung des Stiftungszwecks?

Wenn die kritischen Stimmen ihre Einwände teilweise dahingehend formulieren, das Stiftungsvermögen sei dem Haftungsrisiko der Gesellschaft ausgesetzt, muss zudem – wie schon an anderer Stelle der Untersuchung – auf die Notwendigkeit einer differenzierenden Betrachtung hingewiesen werden: Nicht das Stiftungsvermögen haftet nach § 128 HGB den Gläubigern der Komplementärgesellschaft[1143] unbeschränkt und persönlich, sondern allein die Stiftung als juristische Person, die lediglich ihrerseits auf ihr Vermögen zurückgreifen kann und wohl auch wird. Im Kern geht es also um die Frage, ob die Übernahme dieses latenten Haftungsrisikos durch die juristische Person mit den Merkmalen der Stiftung bürgerlichen Rechts vereinbar ist. Dogmatischer Anknüpfungspunkt der dargestellten Bedenken ist somit allein das Gebot der dauernden und nachhaltigen Erfüllung des Stiftungszwecks gemäß § 80 Abs. 2 BGB. Im Rahmen dieser Überlegungen ist sodann besonderes Augenmerk auf das mit der Haftungsübernahme möglicherweise verbundene erhöhte Risiko für das Stiftungsvermögen zu richten.

1140 *Stengel*, Stiftung und Personengesellschaft, S. 58 mit anderer Begründung.

1141 Siehe dazu bereits § 6D.III, S. 197 ff.

1142 Ähnlich wohl *Stengel*, Stiftung und Personengesellschaft, S. 58: „zulässige Form der Stiftungstätigkeit". Dies entspricht auch den Gestaltungsempfehlungen bezüglich des Gesellschaftsvertrages einer Komplementär-GmbH, wonach „Gegenstand der Gesellschaft [...] der Erwerb und die Verwaltung von Beteiligungen sowie die Übernahme der persönlichen Haftung und der Geschäftsführung bei Handelsgesellschaften und/oder bei Gesellschaften bürgerlichen Rechts (ist), insbesondere die Beteiligung als persönlich haftende geschäftsführende Gesellschafterin an der [...] KG, die [...] zum Gegenstand hat".

1143 So formuliert aber etwa *Fasselt*, Die Beteiligungsstiftung, S. 38.

2. *Bei rechtlicher Betrachtung kein erhöhtes Risiko*

Es stellt sich also auch hier die Frage, ob die dauernde und nachhaltige Erfüllung des Stiftungszwecks durch die Stellung der Stiftung als Komplementärin der KG wahrscheinlich ist oder ob die (mittelbare) Haftung des Stiftungsvermögens für Verbindlichkeiten der KG die Zweckerreichung zu sehr gefährdet. Hinsichtlich des Wahrscheinlichkeitsmaßstabs gilt auch hier, dass der Gesetzgeber es ausreichen lässt, wenn die dauernde und nachhaltige Erfüllung des Stiftungszwecks gesichert *„erscheint"*[1144].

Ausgangspunkt der Überlegungen soll dabei zunächst sein, ob die Erfüllung des Stiftungszwecks durch die Komplementärstiftung bei rechtlicher Betrachtung einem anderen Risiko ausgesetzt ist als bei einer normtypischen Stiftung. Im Vordergrund steht also das rechtsgeschäftliche Handeln der Stiftung zur Erreichung des Stiftungszwecks. Wie bereits an anderer Stelle erwähnt, stehen auch bei der Stiftung & Co. KG die Vertretung sowie die Geschäftsführung gemäß §§ 125 Abs. 1, 161 Abs. 2, 170 HGB der Komplementärstiftung zu[1145]. Die Stiftung wird ihrerseits normtypisch gemäß §§ 86 S. 1, 26 BGB durch den Stiftungsvorstand vertreten. Soll die Kommanditgesellschaft im Rahmen ihrer unternehmerischen Tätigkeit verpflichtet werden, wirkt daher anspruchsbegründend das rechtsgeschäftliche Handeln des Stiftungsvorstands. Auch sämtliche Leitungsentscheidungen, die Auswirkungen auf die schuldrechtlichen Verpflichtungen der Kommanditgesellschaft und damit mittelbar (im Haftungsfall) auf die Stiftung haben können, stehen dem Stiftungsvorstand zu. Der Stiftungsvorstand ist allerdings auch im Rahmen dieser gestuften Organschaft an den Stiftungszweck und die Stiftungssatzung gebunden, und zwar auch beim Handeln für die Kommanditgesellschaft. Er hat also bei seinem rechtsgeschäftlichen Handeln die Folgen und insbesondere die Wirkungen auf die dauernde und nachhaltige Zweckerreichung zu berücksichtigen und abzuwägen. Nachdem es hierbei vorrangig auf die Frage ankommt, ob die dauernde und nachhaltige Erfüllung des Stiftungszwecks – im Fall der Komplementärstiftung also der Unternehmensführungsauftrag – gefördert wird, macht es keinen Unterschied, ob der Stiftungsvorstand als Organ einer unabhängigen Stiftung oder als Organ einer in einer Kommanditgesellschaft gebundenen Stiftung tätig wird[1146]. In beiden Fällen steht sein Handeln unter dem Postulat einer dauernden und nachhaltigen Erfüllung des Stiftungszwecks. Wird also abstrakt die dauernde und nachhaltige Erfüllung des Stiftungszwecks in den Blick genommen, ist hier kein größeres Gefährdungspotential für die Komplementärstiftung auszumachen.

Auch wenn konkret das Stiftungsvermögen in den Fokus genommen wird, ergibt sich keine andere Bewertung. Vor dem Hintergrund, dass jede Entscheidung und jede rechtsgeschäftliche Maßnahme unter Berücksichtigung der Satzungsvorgaben

---

1144 BT-Drucks 14/8894, S. 10.

1145 Im Fall der GmbH & Co. KG die Komplementärin selbst und ihre Geschäftsführer regelmäßig für Rechtsgeschäfte zwischen der Komplementärin und der Kommanditgesellschaft von den Beschränkungen des § 181 BGB befreit.

1146 *Schwarz*, ZEV 2003, S. 306, 313.

abzuwägen ist, macht es keinen Unterschied, ob das Stiftungsvermögen aufgrund eines unmittelbar die Stiftung verpflichtenden Rechtsgeschäfts unmittelbar oder mittelbar als Vermögen des haftenden Gesellschafters nach §§ 128, 161 Abs. 2 HGB als Haftungsmasse fungiert[1147], zumal der Stiftungsvorstand die Stiftung ohnehin – sei es bei der Anstalts-, der Unternehmens- oder der Beteiligungsträgerstiftung – in Höhe ihres ganzen Vermögens verpflichten kann[1148]. Denn im Rahmen eines Umkehrschlusses aus § 26 Abs. 2 S. 2 BGB, auf den § 86 BGB ebenfalls verweist, ergibt sich, dass die Vertretungsmacht des Stiftungsvorstands – wenn sich aus der Satzung nichts anderes ergibt – grundsätzlich unbeschränkt ist[1149]. Wenn die Vertretungsmacht daher weder gegenständlich noch inhaltlich oder der Höhe nach beschränkt ist, kann der Vorstand daher auch ungewöhnliche oder riskante Rechtsgeschäfte vornehmen[1150]. Als Zwischenergebnis ist also festzuhalten, dass durch die Stellung der Stiftung als persönlich haftende Gesellschafterin der Kommanditgesellschaft das Stiftungsvermögen als Existenzgrundlage der juristischen Person bei rechtlicher Betrachtung nicht stärker gefährdet ist.

Als nicht durchgreifend erweist sich ferner der Hinweis auf die Möglichkeit der Mitgesellschafter[1151], für die Handelsgesellschaft und damit akzessorisch für die Stiftung Verbindlichkeiten einzugehen[1152]. Zuzugestehen ist, dass die Mitgesellschafter der Komplementärstiftung dazu in der Lage sein können, auch gegen den Willen der Stiftung Verbindlichkeiten einzugehen, für die diese – wenn solches vorhanden ist, sogar mit ihrem über die Beteiligung hinausgehenden Vermögen – haften muss. Hierbei handelt es sich aber nicht um einen (unzulässigen) Zugriff außenstehender Dritter auf das Stiftungsvermögen – die Integrität der Stiftung wird nicht berührt. Der die Stiftung verpflichtende Mitgesellschafter wird in diesem Fall vielmehr in ähnlicher Weise tätig wie ein satzungsmäßig oder rechtsgeschäftlich bestellter Vertreter der

---

1147 *Schwake*, Kapital und Zweckerfüllung bei Unternehmensstiftungen, S. 164.

1148 Ähnlich *Delp*, Die Stiftung & Co. KG, S. 23. Zwar sind in machen Landesstiftungsgesetzen bestimmte, für die Stiftung besonders gewichtige oder riskante Rechtsgeschäfte vom Stiftungsvorstand bei der Aufsichtsbehörde anzuzeigen (§ 13 StiftGBaWü; § 7 Abs. 2 StiftGNRW; § 9 StiftGSchlH) oder von deren Genehmigung abhängig (Art 19 BayStiftG). Siehe zu den handelsgesellschaftsrechtlichen Aspekten dieser Anzeigepflichten und Genehmigungsvorbehalte sogleich unter § 9C, S. 255 ff.

1149 *Burgard*, Gestaltungsfreiheit im Stiftungsrecht, S. 238.

1150 Die Konsequenzen, die sich daraus ergeben, dass bei der Stiftung nach §§ 86, 26 Abs. 2 BGB die Vertretungsmacht (anders als nach § 126 Abs. 2 HGB, § 82 Abs. 1 AktG oder § 37 Abs. 2 GmbHG) sachlich, der Art oder der Höhe der Geschäfte nach beschränkt werden kann, sind umstritten. Hierauf soll im Rahmen der handelsgesellschaftsrechtlichen Zulässigkeit eingegangen werden, siehe § 9D, S. 268.

1151 Siehe zur Möglichkeit der Erteilung rechtsgeschäftlicher Vollmachten – auch – an Kommanditisten bereits oben § 3A.III.2, S. 55.

1152 *Duden*, JZ 1968, S. 1, 6.

Stiftung[1153]. Wenn aber die Erteilung einer Generalvollmacht oder einer Prokura (bis an die Grenzen der Übertragung der Organbefugnisse) zulässig ist, kann die rechtliche Möglichkeit der Begründung einer (die Stiftung akzessorisch treffenden) Verpflichtung durch einen Mitgesellschafter nicht unzulässig sein. Eine derart erhöhte Gefährdung der Stiftung, dass sich hierauf ein Unzulässigkeitseinwand stützen ließe, ist nicht auszumachen. Vielmehr ist das Risiko für die Stiftung, gegen ihren Willen aufgrund des rechtlichen „Könnens" des Dritten verpflichtet zu werden, dasselbe.

3. *Keine Unzulässigkeit wegen (zu) hohem wirtschaftlichem Risiko*

Im Kern beinhaltet jede Betätigung einer Stiftung ein der Intensität nach unterschiedliches wirtschaftliches Risiko. Sollte ganz verhindert werden, dass ein nennenswerter Teil des Stiftungsvermögens mit wirtschaftlichem Risiko behaftet ist, würde dies – projiziert auf das gesamte Stiftungswesen – zu einer erheblichen Einschränkung der Leistungsfähigkeit der Stiftungen und des Stiftungswesens führen. Diejenigen, die aufgrund der unternehmerischen Betätigung Bedenken gegen die Zulässigkeit der Komplementärstiftung äußern, versuchen allerdings, in der (potentiellen) Haftung für Unternehmensschulden eine besondere Gefahrenlage zu erblicken.

Im Hinblick auf diesen Einwand ist bedeutsam, dass es gemeinhin anerkannt ist, wenn der Stifter einen mit einem besonderen wirtschaftlichen Risiko verbundenen Zweck bestimmt. Es ist dem geltenden Stiftungsrecht nicht zu entnehmen[1154], dass das Vermögen der Stiftung gegen erhöhte Risiken oder Gefahren, denen es bei der Verfolgung des Stiftungszwecks nach den Vorgaben des Stifters ausgesetzt ist, durch eine Nichtanerkennung bestimmter Zwecke und damit um den Preis der Verhinderung der Stiftungsbetätigung geschützt werden müsse[1155]. Die Entscheidung über die (noch) zulässige Gefährdung des Stiftungsvermögens und die Umsetzung des Gebots der Vermögenserhaltung ist vielmehr dem Willen jedes Stifters individuell und seinen Festsetzungen in der Stiftungssatzung zu überlassen[1156]. Entspricht also

---

1153 Vgl. zur zulässigen Bestellung weiterer Vertreter neben dem Vorstand: *Hof*, in: v. Campenhausen/Richter, Stiftungsrechts-Handbuch, § 8 Rn. 76 ff.; *Burgard*, Gestaltungsfreiheit im Stiftungsrecht, insbesondere S. 257 ff., siehe auch 261 ff., 265 ff. Gemäß §§ 86 S. 1 i. V. m. 30 S. 1 BGB kann die Satzung zudem bestimmen, dass für gewisse Geschäfte besondere Vertreter zu bestellen sind.

1154 *Höfner-Byok*, Die Stiftung & Co. KG, S. 29 ff.

1155 So wird man einer Stiftung, die nach dem Willen des Stifters ihr Vermögen im Sinne einer Anstaltsstiftung einsetzt, um in Kriegsgebieten Kinderheime zu errichten, nicht mit der Begründung untersagen, dass die Kinderheime im Kriegsgebiet aber besonderen Gefahren bis hin zur Zerstörung ausgesetzt sind, auch wenn durch eine Zerstörung das Stiftungsvermögen auf einmal vernichtet würde.

1156 *Muscheler*, ErbR 2008, S. 174, 178 mit Verweis auf *Hüttemann*, in: FG Flume (1998), S. 59 ff.

die Haftungsübernahme – ob konkludent oder ausdrücklich[1157] – dem Willen des Stifters, ist davon auszugehen, dass die Übernahme der persönlichen Haftung seitens der Stiftung nicht deshalb unzulässig ist, weil damit die dauernde und nachhaltige Erreichung des Stiftungszwecks *gefährdeter* sein *kann.* Hinzu kommt, dass allein risikobehaftete Zwecke weder gemeinwohlgefährdend sind noch aus anderem Grund mit dem Prinzip der gemeinwohlkonformen Allzweckstiftung in Konflikt stehen. Seit dem Ehrenamtsstärkungsgesetz ist sogar in § 81 Abs. 1 S. 2 letzter Halbsatz BGB ausdrücklich bestimmt, dass das gewidmete Vermögen auch zum Verbrauch bestimmt werden kann[1158].

IV. Konsequenzen für die Vermögensausstattung der Komplementärstiftung

1. Zum Erfordernis eines Mindestkapitals aus Gründen des Gläubigerschutzes

Die Stiftung hat kein bestimmtes gesetzliches Mindestkapital[1159]. Der historische Gesetzgeber des Bürgerlichen Gesetzbuches hat während der Kodifikationsarbeiten zum Stiftungsrecht ein betragsmäßig bestimmtes Mindestvermögen nie in Betracht gezogen[1160]. Wohl vornehmlich dieses Fehlen einer Stellungnahme des Gesetzgebers[1161] bietet Raum dafür, dass vor allem im Hinblick auf die Erscheinungsform der Unternehmensstiftung über das Erfordernis eines Mindestkapitals diskutiert wird. Ein (gesetzliches) Mindestkapital wird unter dem Gesichtspunkt des Gläubigerschutzes für erforderlich gehalten, wobei sich die unterschiedlichen Vorschläge zur konkreten Höhe der Mindestkapitalausstattung vorwiegend an den Vorgaben des Kapitalgesellschaftsrechts orientieren[1162]. *Rawert* fordert unter Hinweis auf eine

---

1157 *Stengel*, Stiftung und Personengesellschaft, S. 57 f., fordert, dass sich aus Stiftungsgeschäft und Stiftungssatzung der Wille des Stifters durch eine ausdrückliche Erwähnung der Haftungsübernahme ergeben muss.

1158 Siehe Ehrenamtsstärkungsgesetz vom 21.03.2013 (BGBl. I S. 556) m. W. v. 29.03.2013.

1159 Besonders *K. Schmidt* bemängelt, dass Unternehmensstiftungen im Gegensatz zu den Kapitalgesellschaften nicht dem Prinzip des Mindestkapitals und den Regeln zur Kapitalaufbringung und -erhaltung unterliegen; vgl. *K. Schmidt*, Stiftungswesen, S. 26.

1160 Vgl. *Mugdan*, Die gesammelten Materialien zum BGB, S. 417 ff., 657 ff., 831 ff., 961 f.

1161 Auch im Rahmen Stiftungsrechtsmodernisierung hat sich der Gesetzgeber nur allgemein gegen Sonderreglungen für Unternehmensstiftungen ausgesprochen, nicht aber konkret gegen ein Mindestkapitalmodell, vgl. Bund-Länder-Arbeitsgruppe Stiftungsrecht, Abschlussbericht 2001, S. 48 f., 51.

1162 Vgl. *Schwarz*, BB 2001, S. 2381, 2388; *Brandmüller*, Gewerbliche Stiftungen, S. 109, sieht 50.000 DM als in der Regel nicht ausreichend an; *Hennerkes/Binz/Sorg*, DB 1986, S. 2269, befürworten mehr als 50.000 DM; *Weimar/Delp*, BB 1987, S. 1707, halten weniger als 10.000 DM grundsätzlich für ungenügend; vgl. auch *Weimar/*

vergleichbare Regelung in Norwegen die Einführung eines Mindestkapitals, das er in Höhe des Vierfachen des für die Aktiengesellschaft erforderlichen Kapitals ansetzt[1163]. Andere fordern zwar kein konkretes Mindestkapital, wollen die Aspekte des Gläubigerschutzes aber bei der Bemessung der erforderlichen Vermögensausstattung im Einzelfall berücksichtigen[1164] und der Stiftungsbehörde für den Fall der zu erwartenden Gläubigergefährdung die Verweigerung der Anerkennung zugestehen[1165]. *Burgard* fordert als Richtwert, dass die Stiftung – ungeachtet ihrer Beteiligung an der Kommanditgesellschaft – zumindest Vermögen in Höhe 5 % der Verbindlichkeiten der KG aufweisen müsse[1166].

Oft wird versucht, die sorgfältige Untersuchung der Erforderlichkeit eines gläubigerschützenden Mindestkapitals mit einem Hinweis auf die (ohnehin) erforderliche Ausstattung mit einem adäquaten Stiftungsvermögen abzukürzen[1167]. *Höfner-Byok* weist auf die Bedeutsamkeit der Einzelumstände, der Größe und Aufgabe des Unternehmens hin und nimmt an, dass eine Ausstattung von weniger als 10.000 DM nicht genügt[1168]. Wird aber – nach der hier vertretenen Ansicht – davon ausgegangen, dass die Stiftungserrichtung bei entsprechender Zwecksetzung auch mit einer äußerst geringen Erstdotation anerkennungsfähig ist, kommt den Aspekten des Gläubigerschutzes ganz andere Bedeutung zu.

Bemerkenswert ist, dass die einschlägigen Stellungnahmen sich meist in einem generellen Vergleich mit den Kapitalgesellschaften sowie einem Hinweis auf die Anerkennungsfähigkeit und den drohenden Missbrauch erschöpfen. Bei einem unvoreingenommenen Blick auf diese Diskussion und die meinungsführenden Stellungnahmen kann der Eindruck entstehen, das deutsche Recht der juristischen

---

Geitzhaus/Delp, BB 1986, 1999, 2004; *Fasselt*, Die Beteiligungsstiftung, S. 128, fordert eine Einzelfallprüfung, zweifelt aber bei weniger als 50.000 DW an der Genehmigungsfähigkeit.

1163 *Rawert*, in: Hopt/Reuter, Stiftungsrecht in Europa, S. 109, 126: Zudem bedürfe es – so Rawert weiter – eines ausgereiften Kapitalaufbringungs- und -erhaltungsregimes, für das das geltende deutsche Gesellschaftsrecht Anhaltspunkt sein könne.

1164 *Schwake*, Kapital und Zweckerfüllung bei der Unternehmensstiftung, S. 168, 172, geht sogar soweit, dass sich die Berücksichtigung von Gläubigerinteressen aus dem Erfordernis der Gewährleistung der dauernden und nachhaltigen Zweckerfüllung ergebe; siehe auch ders. NZG 2008, S. 248, 251 ff.

1165 *Henkel-Hoffmann*, Die Stiftung im Umfeld wirtschaftlicher Tätigkeit, S. 78 f.; *Kronke*, Stiftungstypus und Unternehmensträgerstiftung, S. 87, der aber einige Seiten weiter (S. 209) daran zweifelt, ob „die Stiftungsbehörde bei Verdacht auf Umgehungsabsichten tatsächlich in der Lage ist, den Gläubigerschutz wahrzunehmen".

1166 *Burgard*, Die Stiftung 3 (2009), S. 31, 38 f.

1167 Vgl. nur *Schwake*, Kapital und Zweckerfüllung bei der Unternehmensstiftung, S. 173; *Richter*, in: v. Campenhausen/Richter, Stiftungsrechts-Handbuch, § 12 Rn. 150; *Stengel*, Stiftung und Personengesellschaft, S. 108 f.

1168 *Höfner-Boyk*, Die Stiftung & Co.KG, S. 40, 94 f., die in der dort, Anhang 2, abgedruckten Muster-Satzung zwar keinen Kapitalanteil vorsieht, aber gleichwohl die Stiftung mit 50.000 DM ausstatten will.

Personen beinhalte hinsichtlich der Kapitalausstattungspflicht ein Regel-Ausnahme-Verhältnis: *Grundsätzlich* seien die juristischen Personen des Privatrechts nur systemkonform, wenn sie über ein Mindestkapital verfügen. *Ausnahmsweise* seien auch juristische Personen zulässig, die ein solches Mindestkapital nicht aufweisen. Es scheint nachvollziehbar, dass sich diese Sichtweise dann aufdrängt, wenn man aus Sicht eines Verbandsmitglieds die „Haftungsbeschränkung" als Anknüpfungspunkt der Überlegungen auffasst[1169]. Diese Herangehensweise kann allerdings nicht überzeugen.

a) Allgemein: Trennungsprinzip als Ausgangspunkt besonderer Gläubigerschutzregeln

Wie bereits im Rahmen der Einführung dargestellt, gilt im Fall der Personengesellschaften der Grundsatz der persönlichen Haftung. Personengesellschaften sind als schuldrechtlicher Zusammenschluss von (natürlichen oder juristischen) Personen lediglich verselbstständigte Rechtsträger, nicht aber juristische Personen. Die Gesellschafter stehen dem Unternehmensrisiko genauso nahe wie die Gesellschaftsgläubiger[1170].

Anders liegen die Dinge bei den Verbandspersönlichkeiten. Da es sich bei ihnen um selbstständige juristische Personen handelt, können sich die Gesellschaftsgläubiger im Ernstfall grundsätzlich nur an das Vermögen der Gesellschaft, nicht aber an das der Gesellschafter halten. Für Verbindlichkeiten der Gesellschaft haftet die Gesellschaft grundsätzlich ausschließlich selbst[1171]. Dieses Trennungsprinzip hat seinen Grund darin, dass bei den Verbandspersönlichkeiten nicht lediglich eine schuldrechtliche Verbindung der Gesellschafter, sondern eine selbstständige (juristische) Person entsteht. Die Rechtsperson steht gewissermaßen zwischen den Gläubigern auf der einen und den Gesellschaftern auf der anderen Seite[1172]. Ein „Durchgriff"

1169 So etwa *Stengel*, Stiftung und Personengesellschaft, S. 68 m.w.N.

1170 *Sawada*, Der Gläubigerschutz in der UG (haftungsbeschränkt) & Co. KG, S. 66.

1171 *Grunewald*, Gesellschaftsrecht, S. 395.

1172 Unweigerlich schließt sich an die Feststellung, dass eine selbstständige, künstliche Rechtsperson errichtet wird, die Grundsatzfrage an, ob sich die Haftungsbeschränkung bereits von selbst aus dem Institut der juristischen Person ergibt oder ob sie einer zusätzlichen Wertentscheidung bedarf. Dabei lässt sich einerseits annehmen, dass die Haftungsbeschränkung denklogisch mit der selbstständigen Rechtspersönlichkeit einhergeht. Insbesondere, wenn man v. Savigny's Fiktionslehre zugrunde legt, erscheint die alleinige Haftung der juristischen Person als logische (und einzige) Konsequenz. Begreift man demgegenüber mit v. Gierke die juristische Person als Verkörperung des dahinterstehenden realen Sozialverbandes (Theorie von der „realen Verbandspersönlichkeit"), begründet man damit noch nicht automatisch, warum anders als bei den Personengesellschaften die Haftung der Verbandsmitglieder beschränkt sein soll. In diesem Fall wird die Haftungsbeschränkung zur Ausnahme von der Regel und damit legitimierungsbedürftig; vgl. dazu ausführlich *Schall*, Kapitalgesellschaftsrechtlicher Gläubigerschutz, S. 286 ff.

findet grundsätzlich nicht statt[1173]. Die Haftungsbegrenzung auf die Gesellschaft ist also Folge der fehlenden Identität von Gesellschafter und Gesellschaft.

Das Trennungsprinzip hätte ohne gesetzliches Korrelat zur Folge, dass sich das unternehmerische Risiko nicht (wie bei den Personengesellschaften) zwischen Gesellschaftern und Gläubigern verteilt, sondern vielmehr von den Gesellschaftern auf die Gläubiger der Gesellschafter verlagert würde – und dies obwohl der Einfluss auf die Geschicke der unternehmenstragenden juristischen Person allein bei den Gesellschaftern verbleibt und sie auch im Hinblick auf die wirtschaftliche Lage einen erheblichen Informationsvorteil haben. Vor diesem Hintergrund sollen die gesetzlichen Gläubigerschutzvorschriften einen Ausgleich zum Trennungsprinzip sicherstellen, ohne dabei vor jeglichem Forderungsausfall schützen oder eine Solvenzgarantie bieten zu können. Es soll speziell der Gefahr entgegengetreten werden, dass die Mitglieder das bei Errichtung der Gesellschaft zur Verfügung gestellte oder im Rahmen ihrer anschließenden Tätigkeit erwirtschaftete Vermögen der Gesellschaft zum Nachteil der Gläubiger (und zu ihrem eigenen Vorteil) gering halten[1174].

b) Das Mindestkapital in der (neuen) Teleologie des Gläubigerschutzes

Wie bereits die vorstehend zitierten Stellungnahmen[1175] zum Erfordernis einer gläubigerschützenden Mindestkapitalausstattung der Stiftung andeuten, herrscht in Deutschland seither das Verständnis vom Mindestkapital als dem Preis für die Haftungsbeschränkung vor[1176]. Das Mindestkapital wurde als der Solidarbeitrag der Gründer betrachtet, der als Haftungsreserve für die Gläubiger dienen und in der Gründungsphase die notwendigen Betriebsmittel des Unternehmens sicherstellen sollte[1177]. Dem Regelungsregime wurde letztlich die Bedeutung eines Versprechens von „Leistung" in Gestalt des Mindestkapitals und „Gegenleistung" in Form der Haftungsbefreiung zugeschrieben[1178]. Höhe und Sinnhaftigkeit des bisherigen Mindeststammkapitals waren allerdings nicht unumstritten. Aufgrund zunehmender Kritik von Praxis und Wissenschaft etablierte sich vielmehr ein Diskurs, in dem die

---

Zu der Frage, warum die Schaffung einer solchen Rechtspersönlichkeit erforderlich ist und welche Rückschlüsse sich daraus auf die theoretische Legitimation der Haftungsbeschränkung ziehen lassen, siehe sogleich unter § 7B.IV.1.c)(bb), S. 235 f.

1173 Ausnahmsweise wird das Trennungsprinzip durchbrochen, wenn sich die Gesellschafter in bestimmten Missbrauchsfällen (insbesondere bei Vermögensvermischung und Unterkapitalisierung) nicht hinter der Gesellschaft „verstecken" können sollen.

1174 *Grunewald*, Gesellschaftrecht, S. 433.

1175 Siehe oben § 7B.IV.1, S. 229.

1176 Vgl. BGH, Urteil vom BGH, 16.03.1992, Az. II ZB 17/91, BGHZ 117, 323 ff.

1177 *Schall*, Kapitalgesellschaftsrechtlicher Gläubigerschutz, S. 101 f.

1178 *K. Schmidt*, Gesellschaftsrecht, § 18 IV 1 und 2, sah schon zu dieser Zeit den eigentlichen Zweck des Mindestkapitals in der Seriositätsschwelle.

Kritik immer deutlicher hervortrat, was schließlich mit der Kodifikation des MoMiG den Gesetzgeber auf den Plan rief[1179].

Mit der Schaffung der Unternehmergesellschaft gestattet es der Gesetzgeber, eine Kapitalgesellschaftsvariante ohne nennenswertes Stammkapital zu gründen. Gleichwohl ist auch bei ihr eine persönliche Haftung der Gesellschafter für Gesellschaftsverbindlichkeiten, wie bei einer Aktiengesellschaft, ausgeschlossen. Die wesentliche Neuerung der Unternehmergesellschaft, die als eine GmbH mit Sondervorschriften qualifiziert werden kann[1180], ist dabei die Möglichkeit der Errichtung einer Kapitalgesellschaft ohne (nennenswertes) Grundkapital. So sieht der neu geschaffene § 5a GmbHG die Gründung (dieser Sonderform) einer GmbH mit einem Stammkapital von lediglich einem Euro vor[1181]. Das Fehlen des Mindestkapitals soll – nach dem Willen des Gesetzgebers – durch einen Mechanismus ausgeglichen werden, demzufolge ein bestimmter Anteil des Jahresüberschusses in eine zu bildende gesetzliche Rücklage eingestellt werden muss (§ 5a Abs. 3 S. 1 GmbHG[1182]) und diese Rücklage grundsätzlich zur Umwandlung in Stammkapital bestimmt ist (§5a Abs. 3 S. 2 GmbHG[1183]). Ohne an dieser Stelle auf die einzelnen durch das MoMiG eingeführten Änderungen eingehen zu können, lässt sich festhalten, dass es die Teleologie des Gläubigerschutzes grundlegend umgestaltet hat[1184]. Denn das MoMiG lief auf einen grundlegenden Bedeutungswechsel des Mindestkapitals hinaus[1185]. So stellte der Gesetzgeber ausdrücklich fest, sogar eine generelle Aufgabe des Mindeststammkapitals bei der GmbH

1179 Ausführlich zur „Kapitaldebatte“ mit zahlreichen weiteren Nachweisen: *Schall*, Kapitalgesellschaftsrechtlicher Gläubigerschutz, S. 37 ff., 101.

1180 *Sawada*, Der Gläubigerschutz in der UG (haftungsbeschränkt) & Co. KG, S. 22.

1181 Vgl. *Sawada*, Der Gläubigerschutz in der UG (haftungsbeschränkt) & Co. KG, S. 31 f, 120. Diese Untergrenze des Mindestkapitals ergibt sich daraus, dass auch die UG (haftungsbeschränkt) von lediglich einem Gesellschafter gegründet werden kann und dieser eine Gesellschafter eine Einlage von lediglich einem Euro erbringen muss.

1182 Nach § 5a Abs. 3 S. 1 GmbHG muss ein Viertel des um einen Verlustvortrag aus dem Vorjahr geminderten Jahresüberschusses der Unternehmergesellschaft in der Jahresabschlussbilanz nach §§ 242, 264 HGB in diese gesetzliche Rücklage eingestellt werden.

1183 Neben dem Ausgleich eines Jahresfehlbetrages, soweit dieser nicht durch einen Gewinnvortrag aus dem Vorjahr gedeckt ist, und dem Ausgleich eines Verlustvortrages aus dem Vorjahr, soweit er nicht durch einen Jahresüberschuss gedeckt ist, darf die Rücklage nur für eine Umwandlung in Stammkapital verwendet werden.

1184 So auch *Schall*, Kapitalgesellschaftsrechtlicher Gläubigerschutz, S. 103.

1185 Zwar wurde durch das MoMiG unmittelbar nur das Mindestkapitalsystem der GmbH geändert, während die Vorschriften zur AG weitgehend unverändert blieben. Das bedeutet aber nicht, dass die Kapitalteleologie in der Aktiengesellschaft unverändert fortbesteht. Vielmehr ist der Ansatz, das Mindestkapital stelle die Gegenleistung für die Haftungsbeschränkung dar, auch hier nicht aufrechtzuerhalten. Denn die Freigabe durch die UG bringt die Gesamtsystematik insgesamt zum Einsturz, sodass das Mindestkapital (in Höhe von 50.000 EUR) auch bei der

sei theoretisch möglich, weil das Mindeststammkapital kein zwingender Bestandteil des Haftkapitalsystems sei[1186], gleichwohl solle es als eine Seriositätsschwelle erhalten bleiben[1187]. Der Gesetzgeber rückte also sowohl von der Ratio eines notwendigen Anlagevermögens[1188] als auch von der (überholten) Vorstellung eines Garantiefonds ab. Folgt man dem Gesetzgeber, ist dem Mindestkapital seither lediglich die Funktion einer Seriositätsschwelle oder vielmehr eines freiwilligen Seriositätssignals beizumessen[1189]. Aus den Gesetzesmaterialien wird deutlich, dass das Gesetz das Mindestkapital selbst dort, wo es noch vorhanden ist, nicht mehr als hinreichendes Gläubigerschutzmittel ansieht[1190].

c) Folgerungen und Ergebnis

(aa) Keine Seriositätsschwelle für die Stiftung

Welche Schlüsse lassen sich nun daraus für die Frage nach der Mindestkapitalausstattung einer Stiftung ziehen? Die Antwort auf diese Frage führt über die Überlegung, welche Funktion der Seriositätsschwelle rechtspolitisch zukommt. Der Gesetzgeber geht davon aus, er habe mit der Beibehaltung der Seriositätsschwelle bei der ordentlichen GmbH etwas für ihr *„Prestige“* getan[1191]. Als tragende Erwägung für die Beibehaltung eines Seriositätssignals wurde angeführt, dass dieses eine gewisse Ausstrahlungswirkung habe, insbesondere Verlässlichkeit und Ernsthaftigkeit nahelege. Da das Seriositätssignal ausschließlich bei den Kapitalhandelsgesellschaften vorgesehen ist, lässt sich daraus der Schluss ziehen, dass der Gesetzgeber letztlich nicht mehr bewirken wollte, als den für das Handelsgewerbe vorgesehenen Gesellschaftsformen zusätzliche Attraktivität zu verleihen. Der Betrieb eines kaufmännischen Unternehmens soll im Wettbewerb[1192] gefördert werden. Der Beibehaltung des Seriositätssignals liegt also die Ratio zugrunde, den unternehmerischen Erfolg der Kapitalhandelsgesellschaften durch einen spezifischen Anreiz zu erhöhen. Die Rechtsformen, die in besonderem Maße[1193] zur Teilnahme am Rechtsverkehr

---

Aktiengesellschaft künftig nur noch als Seriositätsschwelle zu verstehen sein kann; vgl. *Schall*, Kapitalgesellschaftsrechtlicher Gläubigerschutz, S. 243 f.

1186 Ähnlich schon *Stengel*, Stiftung und Personengesellschaft, S. 69: Die Haftungsbeschränkung sei keine Frage eines Prinzips, sondern des Gesetzes.

1187 Gesetzentwurf der Bundesregierung zum MoMiG, Stand 23.05.2007, S. 66, 70 f.

1188 Der Gesetzentwurf der Bundesregierung zum MoMiG, Stand 23.05.2007, S. 66, stellt beim Aspekt der Betriebsmittelausstattung auf den geringeren Kapitalbedarf von heute vermehrt gegründeten Dienstleistungsunternehmen ab.

1189 *Schall*, Kapitalgesellschaftsrechtlicher Gläubigerschutz, S. 104.

1190 *Schall*, Kapitalgesellschaftsrechtlicher Gläubigerschutz, S. 107.

1191 Gesetzentwurf der Bundesregierung zum MoMiG, Stand 23.05.2007, S. 70 f.

1192 Gemeint ist nicht der „Wettbewerb der Rechtsformen“.

1193 Während sich bei den Personenhandelsgesellschaften lediglich natürliche Personen zu einer gemeinsamen Unternehmung zusammenschließen, wird bei den Kapitalhandelsgesellschaften eigens eine künstliche Rechtsperson geschaffen.

bereitgestellt werden, sollen durch das (fakultative) Seriositätssignal ein speziell auf ihren Einsatzzweck zugeschnittenes Instrument erhalten.

Es entspricht daher der geltenden Teleologie des Gläubigerschutzes, dass die Stiftung bürgerlichen Rechts kein Mindestkapital aufzubringen hat. Denn die mit der Seriositätsschwelle beabsichtigte ökonomische Lenkungswirkung ist mit dem Leitbild der Allzweckstiftung nicht vereinbar. Die Logik des Mindestkapitals – als Seriositätssignal der speziell auf den Betrieb eines Handelsgewerbes zugeschnittenen Rechtsformen – unterstreicht, dass andere von der Rechtsordnung vorgesehene Rechtsformen dieses Instrument nicht vorsehen. Nachdem die Stiftung als „Allzweck-Rechtsform" konzipiert ist und eben nicht spezifisch auf den Betrieb eines Handelsgewerbes respektive als Unternehmensträger zugeschnitten wurde, ist es nur konsequent, bei ihr kein Mindestkapital festzulegen[1194].

(bb) Vergleichbare Legitimation der Haftungsbeschränkung

Mit Deutlichkeit und im Hinblick auf die oben dargelegten Überlegungen zum vermeintlichen Regel-Ausnahme-Verhältnis (der Haftungsbeschränkung bei juristischen Personen) ist darauf hinzuweisen, dass seit dem MoMiG dem Zugang zur haftungsbeschränkten juristischen Person auch bei den Kapitalgesellschaften ein Mindestkapital nicht mehr im Wege steht. Kann also das Aufbringen eines Mindestkapitals nicht (mehr) als Rechtfertigung der Haftungsbeschränkung herangezogen werden, ist nach der rechtspolitischen Legitimation der juristischen Personen und darauf aufbauend der Haftungsbeschränkung zu fragen[1195]. Dies verspricht auch Erkenntnisse im Hinblick auf die Stiftung. Schließlich wäre es – so zeigt der oben dargestellte historische Überblick – auch vorstellbar, die Stiftung ohne juristische Persönlichkeit zu denken.

Antwort hierauf ist nicht die (jedenfalls bei den Publikumsgesellschaften) historisch entwickelte strikte Trennung von Eigentum und Herrschaft vor dem Hintergrund ihrer Funktion als Kapitalsammelbecken. Die Haftungsbeschränkung bezweckt vielmehr die Sozialisierung des finanziellen Risikos einer unternehmerischen Betätigung. Sie dient so der Förderung privaten Wirtschaftens sowie der Begrenzung des im Privatrecht geltenden, aber im Bereich wirtschaftlicher Unternehmung unangemessenen Grundsatzes der finanziell unbeschränkten Haftung.

1194 So im Ergebnis auch *Burgard*, in: Die Stiftung 3 (2009), S. 31, 49, der auch auf die Regelung des § 5a GmbHG n. F. und die Schaffung der Unternehmergesellschaft hinweist.

1195 Dies führt gewissermaßen wieder zurück zum Anfang (Fn. 1167), also zur bereits oben angesprochenen Überlegung, inwiefern eine der Theorien zur dogmatischen Begründung der juristischen Person bereits Antwort genug auf die Frage ist, wie die Haftungsbeschränkung legitimiert werden kann. Wird die Haftungsbeschränkung als denklogische Konsequenz der juristischen Person aufgefasst, ist dann aber anschließend nach der Legitimation des Instituts der juristischen Person an sich zu fragen.

Bei einer unternehmerischen Tätigkeit hängt die Bedienbarkeit der Schulden vom geschäftlichen Erfolg ab. Das Zusammenwirken von makro- und mikroökonomischen Risiken macht den unternehmerischen Erfolg aber schwer berechenbar, sogar zufallsabhängig. Um in diesem Umfeld unternehmerische Betätigung zu fördern (und vielleicht überhaupt zu ermöglichen), stellt die Rechtsordnung Instrumente zur Verfügung, die das persönliche Haftungsrisiko des dahinterstehenden Akteurs von den unwägbaren unternehmerischen Risiken abgrenzen. Dies rechtfertigt, diese Instrumente als eigenständige, vollwertige Rechtspersonen mit eigenem Vermögen zu behandeln[1196].

Auch bei der Stiftung bürgerlichen Rechts treffen diese Zwecke vollkommen zu. Dort dient die Haftungsbeschränkung der Förderung privaten Engagements im Dritten Sektor. Der Stifter soll verlässlich festlegen können, wie viel Vermögen er zur Förderung des von ihm ausgesuchten Zwecks zur Verfügung stellen will. Er soll im Anschluss nicht mit Haftung oder Nachforderungen konfrontiert werden können. Ist das einmal gegebene Vermögen erschöpft, trifft den Stifter keine Haftung. Mehr noch als bei den Gesellschaften hat bei der Stiftung der Aspekt der Begrenzung des finanziellen Einsatzes eine große Bedeutung: Denn anders als bei den Gesellschaftern wird der Stifter nach dem Leitbild der Stiftung nicht von der Eingehung des Engagements profitieren. Zudem lässt sich auch bei der Stiftung die (strikte) Trennung von Herrschaft und Haftung erkennen. Zwar ist dieses – dem Kapitalgesellschaftsrecht entstammende – Prinzip nicht ohne Weiteres auf die mitgliederlose Stiftung übertragbar. Nachdem der Stifter aber nach Errichtung der Rechtsperson die Herrschaft über diese verliert, wäre es mit allgemeinen Gerechtigkeitserwägungen des Privatrechts nicht vereinbar, wollte man ihm eine Haftung auferlegen.

2. *Gesellschaftsvertraglich zugesicherte Gewinnanteile*

Ob die dauernde und nachhaltige Erfüllung des Stiftungszwecks (im Hinblick auf die Vermögensausstattung) gewährleistet erscheint, hängt also in erster Linie davon ab, welche Vorkehrungen getroffen werden, um der Komplementärstiftung die

---

1196 Zu diesem Begründungsansatz ausführlich *Schall*, Kapitalgesellschaftsrechtlicher Gläubigerschutz, S. 281 ff., insbesondere S. 303., der den inneren Grund des Haftungsprivilegs in folgender Erwägung ausmacht: Ausgangspunkt sei der Grundsatz, dem Schuldner eine unbegrenzte Garantiehaftung für die finanzielle Leistungsfähigkeit im Rahmen seiner *persönlichen* Lebensführung aufzuerlegen („Geld hat man zu haben"). Dieser Grundsatz sei angesichts des unternehmerischen Risikos eine unzumutbare und ungerechte Härte, weil im Bereich wirtschaftlichen Handelns der Einsatz von Fremdkapital zwingend notwendig sei. Aus diesem Grund rechtfertige sich das Privileg der Haftungsbeschränkung als Korrektiv der unbeschränkten Vermögenshaftung bei *Verwirklichung unternehmerischen* Risikos. Es erlaube dem Unternehmer die Rückführung der Geldschuld von einer „unbegrenzten Beschaffungsschuld" zu einer auf den Geldstrom und die Vermögenswerte des Unternehmens „beschränkten Vorratsschuld".

dauerhafte und nachhaltige Unternehmensführung zu ermöglichen. Hat die Komplementärstiftung dabei den alleinigen Zweck der Unternehmensleitung[1197] – und konzentriert sich ihre Aufgabe folglich auf die Kommanditgesellschaft –, kommt bei der Prüfung der Angemessenheit der Vermögensausstattung den der Komplementärstiftung nach §§ 105 Abs. 3 HGB, § 722 BGB zustehenden Gewinnanteilen besondere Bedeutung zu. In diesem Fall ist für die Komplementärstiftung entscheidend, ob die Kommanditgesellschaft respektive das durch sie betriebene Unternehmen voraussichtlich hinreichend Erträge erwirtschaften wird, um die dauerhafte Zweckerfüllung gewährleisten zu können.

Im Kern handelt es sich dann bei der Komplementärstiftung um eine Form der Einkommensstiftung, die durch die laufenden Zuwendungen der Kommanditgesellschaft ihre Leistungsfähigkeit erhält[1198]. Hinsichtlich der durch die Anerkennungsbehörde zu treffenden Prognoseentscheidung will eine (restriktivere) Ansicht ihre Anerkennungsfähigkeit zwar nur dann bejahen, wenn der Stiftung ein durchsetzbarer Rechtsanspruch auf Erwerb der für eine dauernde und nachhaltige Zweckverfolgung erforderlichen Mittel zusteht[1199]. Nachdem der Komplementärstiftung im vorliegenden Fall aber ein im Gesellschaftsvertrag zugesicherter Anspruch (nach §§ 105 Abs. 3 HGB, § 722 BGB) zukommt, ist von der grundsätzlichen Zulässigkeit einer Stiftung auszugehen, die auf die laufend zugewandten Gewinnanteile der Kommanditgesellschaft angewiesen ist.

Bei differenzierter Betrachtung drängt sich in diesem Kontext allerdings die Folgefrage auf, inwiefern die Stiftungsbehörde bei der Anerkennungsentscheidung die wirtschaftliche Wahrscheinlichkeit ausreichender Zuwendung von Gewinnanteilen berücksichtigen darf[1200]. Allgemein lässt es die h. M. genügen, wenn sich aus dem Stiftungsgeschäft ergibt, dass der Stiftung zur rechten Zeit die zur Erfüllung ihrer

1197 Insbesondere in Nachfolgesituationen, in denen mit Errichtung der Stiftung & Co. KG neben der Sicherung der Unternehmenskontinuität die Absicherung der Angehörigen der Unternehmerfamilie beabsichtigt wird, werden wegen der Verpflichtung zur finanziellen Leistung an die Destinatäre andere Anforderungen an die Vermögensausstattung der Stiftung zu stellen sein, siehe dazu Schwake, Kapital und Zweckerfüllung bei Unternehmensstiftungen, S. 168 ff.

1198 Vgl. zur grundsätzlichen Anerkennungsfähigkeit von Einkommensstiftung *Hüttemann/Rawert*, in: v. Staudinger, BGB, Vor §§ 80 ff. Rn. 127; *Hof*, in: v. Campenhausen/Richter, Stiftungsrechts-Handbuch, § 9 Rn. 39; *Rawert*, in: Hopt/Reuter, Stiftungsrecht in Europa, S. 109, 111.

1199 *Hüttemann/Rawert*, in: v. Staudinger, BGB, § 80 Rn. 27; *Burgard*, Gestaltungsfreiheit im Stiftungsrecht, S. 167 f., siehe dort auch zu der verbreiteten Auffassung, die es bereits genügen lassen will, wenn bei Stiftungserrichtung der Erwerb der für eine dauernde und nachhaltige Zweckverfolgung erforderlichen Mittel hinreichend wahrscheinlich ist.

1200 Hier ist nicht – wie etwa bei Einkommensstiftungen der öffentlichen Hand, deren Finanzierung unter dem Haushaltsvorbehalt steht – die Unsicherheit künftiger Leistungs*willigkeit*, sondern die Unsicherheit der *wirtschaftlichen* Leistungs*möglichkeit* angesprochen.

Aufgaben erforderlichen Mittel zur Verfügung stehen[1201], sodass der Nachweis der realen Möglichkeit der Vermögensbeschaffung ausreicht[1202]. Zudem darf die Stiftungsaufsicht keine strengeren Maßstäbe anlegen als bei einer nicht unternehmensverbundenen Stiftung[1203]. Wird der vorstehende Maßstab auf die Komplementärstiftung angewandt, ist davon auszugehen, dass die Anerkennungsbehörde nur einer solchen Komplementärstiftung die Anerkennung versagen darf, die bei jeder wirtschaftlich vernünftigen Betrachtungsweise keine Aussicht auf Unternehmenserfolg haben kann. Die zukünftigen Entwicklungen des Unternehmens sowie dessen Marktaussichten sind also nur sehr eingeschränkt zu berücksichtigen[1204]. Denn weniger als die Vermögensausstattung des vorgesehenen Unternehmens[1205] wird über dessen wirtschaftlichen Erfolg die Unternehmensidee und deren Umsetzung entscheiden. So weit reicht allerdings das Tatbestandsermessen der Anerkennungsbehörde nicht. Davon abgesehen ist den dazu bisher veröffentlichten Stellungnahmen gleichwohl dahingehend zuzustimmen, dass eine Grenze jedenfalls dort zu ziehen ist, wo die mangelnde Gewährleistung der nachhaltigen und dauerhaften Zweckerfüllung offenkundig ist, etwa bei unterkapitalisierten oder insolvenzbedrohten Unternehmen[1206].

3. Vermögen in Form von Haftungsvergütung und Mitverwaltungsrecht

Praktische Bedeutung kommt – wie sich aus dem oben zitierten Auszug aus einem Gesellschaftsvertragsmuster ergibt – der kautelarjuristischen Variante zu, nach der die Komplementärin keine Einlage erbringt und keinen Kapitalanteil hält, sodass sie von der Gewinnverteilung nicht profitiert. Motiv für diese Gestaltungsempfehlung ist, dass aus steuerrechtlichen Gründen die Komplementärin regelmäßig nicht am Gewinn der Kommanditgesellschaft beteiligt werden und selbst keine weiteren Einkünfte erzielen soll[1207]. Zu beachten ist allerdings, dass in diesen Fällen die Zahlung einer sogenannten Geschäftsführungs- und Haftungsvergütung an die Komplementärin notwendig wird. So hat der Bundesfinanzhof für die Komplementär-GmbH entschieden, dass es als verdeckte Gewinnausschüttung im Sinne von § 8 Abs. 3 KStG zu beurteilen sein kann, wenn die körperschaftsteuerpflichtige GmbH ihre

---

1201 *Hof*, in: v. Campenhausen/Richter, Stiftungsrechts-Handbuch, § 6 Rn. 180.

1202 *Bruns*, StiftGBaWü, § 5 Anm. 3.1.2.4.

1203 *Ihle*, RNotZ 2009, S. 621, 623; ähnlich *Burgard*, Die Stiftung 3 (2009), S. 31, 47 f.; vgl. auch *Schwarz*, ZEV 2003, S. 306, 313.

1204 *Schwake*, Kapital und Zweckerfüllung bei Unternehmensstiftungen, S. 169 m. w. N.

1205 So aber *Kersten*, in: FS 45. Deutscher Juristentag, S. 130, der unspezifiziert fordert, dass „das in dem für die Stiftung vorgesehenen Unternehmen liegende Vermögen eine ausreichende Gewähr für eine beständige Fortentwicklung bieten muss", sowie *Schulze zur Wiesche*, in: WPg 1988, S. 128, 133.

1206 *Fasselt*, Die Beteiligungsstiftung, S. 39, dort Fn.1; *Schwake*, Kapital und Zweckerfüllung bei Unternehmensstiftungen, S. 170; vgl. auch *Berndt*, in: Berndt/Götz, Stiftung und Unternehmen, Rn. 1821.

1207 Siehe dazu auch unten § 9B, S. 249 f.

Zustimmung zu der Übernahme der Geschäftsführung und Haftung gibt, ohne dass diese Bereitschaft „gebührend“ entschädigt wird. Hintergrund ist die Überlegung, dass der Geschäftsführer einer GmbH, der bei seiner Geschäftsführung die Sorgfalt eines ordentlichen und gewissenhaften Geschäftsleiters anwendet, einer Gewinnverteilungsabrede des oben beschriebenen Inhalts nicht zustimmen würde[1208]. Nachdem auch eine Stiftung bürgerlichen Rechts laufend der Körperschaftssteuer unterliegt[1209], wenn nicht eine Steuerbefreiung wegen Verfolgung steuerbegünstigter Zwecke eingreift[1210], und sie auch die Regeln zur verdeckten Gewinnausschüttung zu beachten hat[1211], so ist also für eine vergleichbare Gestaltung einer Stiftung & Co. KG anzunehmen, dass auch hier die Zahlung einer Geschäftsführungs- und Haftungsvergütung erforderlich ist[1212].

Dabei gilt Folgendes: Rein aus dem stiftungsrechtlichen Blickwinkel ist auch eine solche Komplementärstiftung anerkennungsfähig, die (ganz) ohne finanzielle Erstdotation errichtet werden soll. Denn im Sinne eines konkreten Mittelbeschaffungskonzepts reicht es aus, wenn der Stifter in Ansehung der Lebensfähigkeitsprognose im Stiftungsgeschäft darlegt, woher die Stiftung die Mittel zur Verwirklichung ihrer Aufgabe erhalten soll[1213]. Zudem darf das Stiftungsvermögen zeitweise auch ganz fehlen, sodass es ausreicht, wenn der Stiftung finanzielle Mittel erst zu einem absehbar späteren Zeitpunkt zufließen[1214]. Voraussetzung dafür ist, dass die gesellschaftsvertraglichen Regelungen der Kommanditgesellschaft ausreichend Gewähr dafür bieten, dass auf Grundlage der dort vertraglich zugsicherten Rechte und Ansprüche eine dauernde und nachhaltige Zweckerfüllung gesichert erscheint. Wenn also die von der Kommanditgesellschaft gezahlte Geschäftsführungs- und Haftungsvergütung hinsichtlich ihrer Höhe und Fälligkeit so ausgestaltet ist, dass die Stiftung dauerhaft ihre laufenden Verbindlichkeiten, die sie als geschäftsführende Gesellschafterin zu erfüllen hat, bedienen kann, muss auch diese Vermögensausstattung ausreichend

1208 So das Grundsatzurteil des BFH v. 15. November 1967, Az. IV R 139/67, BStBl II 1968, S. 152 ff.; siehe zur angemessenen Höhe der Vergütung BFH, Urteil v. 4. Senat 03.02.1977, Az. IV R 122/73, BStBl II 1977, 346 ff.

1209 Die Übernahme der Geschäftsführung einer Personengesellschaft stellt regelmäßig den Tatbestand eines wirtschaftlichen Geschäftsbetriebes dar, für den Steuervergünstigungen ausgeschlossen sind, vgl. *Wehrheim/Gehrke*, StuW 2005, S. 234, 237. Siehe für das bloße Halten eines Kommanditanteils auch BFH, Urteil v. 27.03.2001, Az. I R 78/99, DB 2001, S. 1231 ff.

1210 *Richter*, in: v. Campenhausen/Richter, Stiftungsrechts-Handbuch, § 39 Rn. 4 f.

1211 Schleswig-Holsteinisches Finanzgericht, Urteil v. 01.10.2010, Az. 1 K 29/08, DStRE 2011, S. 620 ff.

1212 Vgl. *Jahn*, steueranwaltsmagazin 2010, S. 128, 130.

1213 Hüttemann, in: FS Werner 2009, S. 85, 89.

1214 *Hof*, in: v. Campenhausen/Richter, Stiftungsrechts-Handbuch, § 6 Rn. 180. Soweit mit Blick auf den Wortlaut des § 81 Abs. 1 S. 2 BGB eine gewisse Erstdotation als zwingend angesehen wird (vgl. dazu Hüttemann, in: FS Werner 2009, S. 85, 86 ff.), wird aber jedenfalls nur ein sehr geringer Betrag gefordert werden können, solange die Lebensfähigkeit der Stiftung durch andere Zuwendungen gesichert ist.

sein[1215]. Bei dieser Prüfung ist zu berücksichtigen, dass Kommanditgesellschaftsverträge regelmäßig Freistellungsvereinbarungen hinsichtlich des Gehalts des Geschäftsführers (respektive Stiftungsvorstands) und des Verwaltungsaufwands enthalten, sodass die Stiftung lediglich auf eine gewisse finanzielle Reserve angewiesen ist. Andere gehen sogar davon aus, dass auch die Übernahme der Geschäftsführung und der Kontrolle einen wirtschaftlichen Wert darstellt[1216]. In diesem Sinne stellt *Burgard* fest, dass die Mitverwaltungsrechte, über die eine Komplementärstiftung notwendigerweise verfügt, selbstverständlich (ausreichend) vermögenswert sind[1217].

Anders als bei einer GmbH stellt sich also bei der Stiftung & Co. KG für die Gründungsgesellschafter respektive den Stifter nicht die Frage, wie das Mindeststammkapital wirtschaftlich für die KG nutzbar gemacht werden kann. Zweifelsohne erscheint die Stiftung & Co. KG daher als die noch günstigere Variante einer haftungsbeschränkten Personengesellschaft, und führt zudem den Vorteil mit sich, dass die Firma der Stiftung & Co. KG wohlklingender erscheint als der einer UG (haftungsbeschränkt) & Co. KG. Eine andere Fragestellung ist, ob die Errichtung einer praktisch vermögenslosen Komplementärstiftung aus (personengesellschaftsrechtlichen) Gläubigerschutzgründen ausgeschlossen ist, um eine einseitige Gefährdung der Interessen der Gesellschaftsgläubiger zu verhindern[1218]. Diese – vorrangig das Recht der Kommanditgesellschaft betreffende – Problemstellung soll daher im geeigneten Zusammenhang untersucht werden[1219].

1215 A. A. *Schulze zur Wiesche*, WPg 1988, S. 128, 131: *„lediglich die Anlaufkosten in der Hoffnung künftiger Gewinnanteile"* reiche nicht aus.

1216 *Pöllath/Richter*, in: Seifart/v. Campenhausen, Stiftungsrechts-Handbuch, 3. Auflage, § 13 Rn. 90: „wirtschaftlich einen Zusatzwert".

1217 *Burgard*, Gestaltungsfreiheit im Stiftungsrecht, S. 146; so auch *Gummert*, in: Beuthien/Gummert, MünchnerHandbuchGesR, Bd. 5, § 82 Rn. 7. A.A. *Reuter*, AcP 207 (2007), S. 1, 18.

1218 Im Hinblick auf die Forderung nach einem gläubigerschützenden „Mindestkapital" der Komplementärstiftung wird als „Orientierungshilfe" auf die entsprechenden Vorschriften des GmbH- und Aktienrechts verwiesen; vgl. *Schwake*, Kapital und Zweckerfüllung bei Unternehmensstiftungen, S. 85, 168 m. w. N.

1219 Siehe unten § 9B, S. 249 ff.

3. Teil: Gesellschaftsrechtliche Zulässigkeit

Nach vorherrschender Auffassung kann eine Stiftung bürgerlichen Rechts Gesellschafterin einer Personengesellschaft, insbesondere einer OHG oder auch Komplementärin einer KG sein. Die diese Auffassung vertretenden Stimmen rekurrieren in ihren Stellungnahmen zuvorderst auf die Entscheidung des Reichsgerichts vom 04.07.1922 zur GmbH & Co. KG[1220]. Wie bereits erwähnt, wird seit dieser Entscheidung prinzipiell jede Art der Beteiligung einer juristischen Person an einer Personengesellschaft für zulässig erachtet[1221]. Dementsprechend zeichnet *Delp* die Prüfung des Reichsgerichts zur GmbH & Co. KG nach und erklärt sie unkritisch als für auf die Stiftung & Co. KG übertragbar, ohne die besonderen Merkmale der juristischen Person Stiftung zu untersuchen[1222].

Kritische Stimmen, die sich mit der herrschenden Auffassung differenziert auseinandersetzen, sind vereinzelt geblieben. So ist *Pavel* zu dem Ergebnis gekommen, die Stellung einer unternehmerisch tätigen Stiftung als Gesellschafterin einer OHG oder KG mit mehreren Komplementären sei aus handelsgesellschaftsrechtlichen Gründen unzulässig[1223]. Seiner Meinung nach kann die Entscheidung des Reichsgerichts nicht zur Begründung der Zulässigkeit einer Beteiligung einer Stiftung an einer Personengesellschaft herangezogen werden. Die Stiftung als alleinige Komplementärin einer KG soll demgegenüber bedenkenlos zulässig sein. In diesem Fall entspreche die dominante Stellung der Stiftung dem Wesen der Kommanditgesellschaft[1224]. Andere sprechen sich gegen eine Übertragung der angeführten Reichsgerichtsentscheidung aus, weil die Stiftung wegen ihrer Starrheit, Eigentümerlosigkeit und fehlenden

1220 RG, Beschluss v. 04.07.1922, Az. II B 2/22, RGZ 105, 101 ff.

1221 *Flämig*, DB 1978, S. 6, Fn. 68, weist in diesem Sinne darauf hin, dass keine gerichtlichen Entscheidungen bekannt geworden seien, in denen unter gesellschaftsrechtlichen Aspekten die Beteiligung einer Stiftung an einer Personenhandelsgesellschaft abgelehnt worden wäre.

1222 *Delp*, Die Stiftung & Co. KG, S. 17 ff.; unkritisch auch *Henkel-Hoffmann*, Die Stiftung im Umfeld wirtschaftlicher Tätigkeit, S. 70 ff.

1223 *Pavel*, Eignet sich die Stiftung für den Betrieb erwerbswirtschaftlicher Unternehmen?, S. 60 ff.; *Kersten*, in: FS 45. Deutscher Juristentag, S. 141 ff.

1224 *Pavel*, Eignet sich die Stiftung für den Betrieb erwerbswirtschaftlicher Unternehmen?, S. 64; *Kersten*, in: FS 45. Deutscher Juristentag, S. 142.

Kapitalerhaltungsvorschriften aus Gründen des Gläubigerschutzes als persönlich haftende Gesellschafterin ungeeignet sei[1225]. Demgegenüber sehen heutzutage viele lediglich Einschränkungen aufgrund der mangelnden Geeignetheit der Stiftung als Komplementärin.

Im Hinblick auf die Entscheidung des Reichsgerichts zur Zulässigkeit der GmbH & Co. KG ist festzuhalten, dass die reichsgerichtliche Prüfung nicht als Untersuchung der Komplementärfähigkeit aller juristischen Personen verstanden werden kann. Soweit in den Entscheidungsgründen zwar (teilweise unscharf) von Kapitalgesellschaften, GmbHs oder Aktiengesellschaften die Rede ist, kann daraus nicht geschlossen werden, das Reichsgericht habe zu sämtlichen – damals bekannten – juristischen Personen die Komplementärfähigkeit bejahen wollen[1226]. Vor diesem Hintergrund kann es im Rahmen dieser Untersuchung nicht darum gehen, alle hinsichtlich der Zulässigkeit der GmbH & Co. KG vorgebrachten Argumente auf ihre Übertragbarkeit auf die Stiftung & Co. KG zu untersuchen[1227]. Vielmehr soll im Folgenden die Zulässigkeit der Beteiligung einer Stiftung an der Personengesellschaft des Handelsrechts und dort insbesondere die Übernahme der Komplementärstellung im Fokus stehen. Angelehnt an die Grundentscheidungen des Reichsgerichts[1228] sowie des Bayerischen Oberlandesgerichts[1229] ist also zu fragen, ob die Beteiligung der Stiftung als persönlich haftende Gesellschafterin durch positive Vorschriften ausgeschlossen ist oder gegen Recht und Gesetz verstößt. Hierbei wird ein besonderes Augenmerk auf die Struktur der KG mit ihrem persönlichen Moment und der persönlichen Haftung zu richten sein.

1225 *Grossfeld/Mack*, Die Stiftung als Träger von Unternehmen im deutschen Recht, S. 65, 92.

1226 So auch *Stengel*, Stiftung und Personengesellschaft, S. 45; *Höfner-Boyk*, Die Stiftung & Co. KG, S. 36 f.

1227 Exemplarisch sei auf das Prinzip der Selbstorganschaft hingewiesen: Genauso wenig, wie dies bei der GmbH & Co. KG der Fall ist, wird das Prinzip der Selbstorganschaft bei der Kommanditgesellschaft dadurch verletzt, dass Nichtgesellschafter als Vorstände der Stiftung die Kommanditgesellschaft vertreten; vgl. nur *Stengel*, Stiftung und Personengesellschaft, S. 63. Siehe zu der Diskussion hinsichtlich der GmbH & Co. KG schon oben § 3B.IV.1, S. 65 ff.

1228 RG, Beschluss v. 04.07.1922, Az. II B 2/22, RGZ 105, 101.

1229 BayObLG, Beschluss v. 16.02.1912, OLGZ 27, 331.

§ 8 Die Komplementärstiftung – der Prüfungsmaßstab

A. Erste Indizien

Aus dem gesellschaftsrechtlichen Blickwinkel betrachtet, wird heute in Literatur und Rechtsprechung weit überwiegend die Beteiligung einer juristischen Person als persönlich haftender Gesellschafter einer Offenen Handelsgesellschaft oder einer Kommanditgesellschaft für zulässig erachtet, und zwar nicht nur für die GmbH und die AG, sondern auch für die KGaA und die eG[1230], sogar für den e. V.[1231] und die juristische Person des öffentlichen Rechts[1232]. Dazu hat insbesondere beigetragen, dass der Gesetzgeber die juristische Person & Co. KG durch das Einfügen zahlreicher Sondervorschriften – jedenfalls grundsätzlich – akzeptiert zu haben scheint[1233]. Diese Regelungen sehen auf Tatbestandsseite teilweise explizit den Fall einer Handelsgesellschaft vor, bei der kein Gesellschafter eine natürliche Person ist[1234]. Insbesondere im

1230 Vgl. *K. Schmidt*, in: MünchKomm/HGB, § 105 Rn. 85. Diese Gestaltungsform wird in jüngerer Zeit vermehrt gewählt, wenn bei – insbesondere regionalen – Projekten zur Gewinnung erneuerbarer Energien die Bürgerbeteiligung durch eine Genossenschaft mit den Vorzügen einer Kommanditgesellschaft kombiniert werden soll.

1231 LSG Nordrhein-Westfalen, Urteil v. 21.11.2003, Az. L 4 (2) U 55/01 zur Umwandlung in einen e. V. & Co. KG nach § 226 UmwG. Vgl. auch *K. Schmidt*, in: MünchKomm/HGB, § 105 Rn. 87; *Haas*, in: Röhricht/v. Westphalen/Haas, HGB, § 105 Rn. 57.

1232 *K. Schmidt*, in: MünchKomm/HGB, § 105 Rn. 90; *Haas*, in: Röhricht/v. Westphalen/Haas, HGB, § 105 Rn. 58; *Wertenbruch*, in: Ebenroth/Boujong/Joost/Strohn, HGB, § 105 Rn. 93.

1233 Von der Zulässigkeit der Typenverbindung geht der Gesetzgeber auch in anderen Vorschriften aus: Als eine dieser Regelungen kann § 5 Abs. 2 Nr. 3 KVStG 1972 genannt werden, nach dem als Kapitalgesellschaften im Sinne dieses Gesetzes auch solche Kommanditgesellschaften galten, zu deren persönlich haftenden Gesellschaftern eine der in Abs. 1 aufgeführten juristischen Personen gehörte. Zwar sagen steuerrechtlichen Vorschriften grundsätzlich nichts über die zivilrechtliche Zulässigkeit aus; allerdings kann die Schaffung des § 5 Abs. 2 Nr. 3 KVStG 1972 nur so verstanden werden, dass der Gesetzgeber von der zivilrechtlichen Zulässigkeit ausging, weil er sonst eine steuerrechtliche Norm erlassen hätte, die mangels zulässigem zivilrechtlichem Sachverhalt ins Leere gelaufen wäre; dazu näher *Höhne*, Die Ltd. & Co. KG, S. 137 f.

1234 Schon im Jahr 1976 wurde durch die (zwischenzeitlich teils wieder aufgehobenen) §§ 130a, 130b und 177a HGB strafbewehrte Pflichten zur Stellung eines Konkurs- bzw. Insolvenzantrags und ein Zahlungsverbot im Insolvenzstadium vergleichbar dem der GmbH und AG eingeführt.

Rahmen der GmbH-Novelle von 1980[1235] wurden durch die (teilweise zwischenzeitlich wieder aufgehobenen) §§ 19 Abs. 5, 125a, 129a, 172 Abs. 6 und 172a HGB Regelungen zur Firma, bezüglich der sog. Einheitsgesellschaft, zur Geschäftsbriefpublizität und zu eigenkapitalersetzenden Darlehen in das HGB aufgenommen, die den Fall einer OHG oder KG mit juristischer Person als persönlich haftendem Gesellschafter betrafen. Ausweislich der Gesetzesmaterialien war es Ziel des Gesetzgebers, zusätzliche Gläubigersicherungen für solche gesellschaftsrechtliche Gestaltungsformen zu schaffen, die – wie die GmbH – zu einer beschränkten Haftung führen[1236].

Zwar hatte der Gesetzgeber (auch im Hinblick auf die rechtstatsächliche Notwendigkeit) vorrangig die GmbH & Co. KG vor Augen[1237]. Gleichwohl wurde schon durch die negative Formulierung der Tatbestände verdeutlicht, dass sämtliche Fälle der juristischen Person & Co. KG von ihrem Anwendungsbereich erfasst sein sollten[1238]. Zudem wird in den Gesetzesmaterialien ausdrücklich erwähnt, dass an die Stelle der GmbH als Komplementärin auch eine Aktiengesellschaft oder – so die Entwurfsbegründung weiter – eine Stiftung treten kann: *„In der Praxis am häufigsten ist insoweit die GmbH & Co. KG, wobei an die Stelle der GmbH als Komplementärin aber z. B. auch eine Aktiengesellschaft, eine Stiftung oder eine ausländische juristische Person treten kann“*[1239]. Darauf aufbauend spricht viel dafür, dass mit der Schaffung dieser Vorschriften eine grundsätzliche Anerkennung der Stiftung & Co. KG verbunden war.

B. Gestaltungsfreiheit und Typengesetzlichkeit

I. Bestrebungen zur Typus- und Institutionenbildung

Bereits an anderer Stelle der Untersuchung wurde erläutert, dass auch im Verlauf des 20. Jahrhunderts die Diskussion um die Zulässigkeit der Typenverbindung ihre Fortsetzung fand[1240]. Die Zulässigkeitsbedenken fußten auf der Annahme, dass von der höchstgerichtlichen Anerkennung der GmbH & Co. KG nicht unweigerlich auf die Zulässigkeit sämtlicher – theoretisch möglicher – Typenkombinationen geschlossen werden dürfe[1241]. Die Herangehensweise der Rechtsprechung, die nur danach frage, welche gesetzlichen Bestimmungen der gewollten Kombination entgegenstehen, sei

1235 Gesetz zur Änderung des GmbHG und anderer handelsrechtlicher Vorschriften (GmbH-Novelle) vom 04.07.1980 (BGBl. I S. 836).

1236 Gesetzentwurf der Bundesregierung Entwurf eines Gesetzes zur Änderung des GmbHG und anderer handelsrechtlicher Vorschriften, BT-Drucks. 8/1347, S. 28.

1237 BT-Drucks. 8/1347, S. 56; siehe dazu auch Beschlussempfehlung und Bericht des Rechtsausschusses zu dem von der Bundesregierung eingebrachten Entwurf, in: BT- Druck 8/3908, S. 66 ff.

1238 So auch *Höhne*, Die Ltd. & Co. KG, S. 99.

1239 BT-Drucks. 8/1347, S. 56 f., vgl. auch BT- Drucks. 8/3908, S. 78 ff.

1240 Vgl. § 3B.VI, S. 75 ff.

1241 *K. Schmidt*, Gesellschaftrechts, S. 1651 f.

zu positivistisch[1242]. Aus dieser Kritik entwickelten sich insbesondere in den 60er und 70er Jahren Ansätze, nach denen aus den dispositiven gesetzlichen Vorschriften ein zwingender allgemeiner Rechtsgedanken herzuleiten sein sollte, der als „Wesen" oder als „Typus" der Rechtsform verstanden wurde. Das so herausgebildete Gesamtbild der Rechtsform sollte dazu dienen, der privatautonomen Gestaltungsfreiheit der Beteiligten bei der Gestaltung ihrer Vereinigung Schranken zu setzen.

Nach der Lehre von der Typengesetzlichkeit sollten die typologischen Strukturmerkmale einer Gesellschaftsform gleichzeitig als Grenzen einer vom Typus abweichenden Ausgestaltung dienen[1243]. Um die Typenvorstellung des Gesetzgebers zu ermitteln, seien alle Einzelnormen, auch die dispositiven Bestimmungen, auszulegen, um das Sinnganze des Rechtsinstituts zu ermitteln[1244]. Aufgrund der Ordnungs- und Leitfunktion der Gesamtheit der einzelnen Normen sollte für jede Rechtsform ein bestimmter Typus festzustellen sein, der insoweit als „zwingend" zu betrachten sei, als allzu große Abweichungen davon unzulässig sein sollten.[1245] Im Ansatz ähnlich (und lediglich in der Anknüpfung an die Wertevorstellungen unterschiedlich) stellte die Institutionenlehre darauf ab, ob ein Rechtsinstitut zu dem Zweck eingesetzt werde, zu dem die Rechtsordnung es erdacht habe, und versuchte auf diesem Weg, die Gestaltungsfreiheit eingrenzen[1246]. Die Gemeinsamkeit beider Denkweisen bestand darin, dass sie nicht nur einen Normenkomplex unter einem gesetzlichen Ausdruck zusammenfassen, sondern ihn der *„Herrschaft einer Leitidee unterordnen und die Einzelvorschriften danach ausrichten"* wollten[1247].

II. Stellungnahme des Bundesgerichtshofs zum Prüfungsmaßstab

Diesem Typus- und Institutionsgedanken ist der Bundesgerichtshof in seiner Grundsatzentscheidung zur Zulässigkeit der GmbH & Co. KGaA[1248] in aller Deutlichkeit entgegengetreten. Das AktG enthalte weder eine Vorschrift, die eine solche Gestaltung unmittelbar verbiete, noch ergebe sich deren Unzulässigkeit mittelbar als zwingende Konsequenz aus den im Aktiengesetz getroffenen gesetzlichen Regeln

---

1242 *Wiedemann*, Gesellschaftsrecht II, S. 839 f.; vgl. auch *K. Schmidt*, Gesellschaftsrecht, S. 109 ff.; ders. ZHR 160 (1960), S. 265, 269 f.

1243 Vgl. *Westermann*, Vertragsfreiheit und Typengesetzlichkeit, S. 107; *Wiedemann*, Gesellschaftsrecht I, S. 72 ff.

1244 Vgl. *K. Schmidt*, Gesellschaftsrecht, S. 111 f.; *Assmann*, in: Kübler/Assmann, Gesellschaftsrecht, S. 332 ff.; diese Wirkung der dispositiven Vorschriften ablehnend bereits BGH, Urteil v. 17.03.1966, Az. II ZR 282/63, BGHZ 45, 204, 205 ff.

1245 Vgl. *K. Schmidt*, Gesellschaftsrecht, S. 111 f.; *Assmann*, in: Kübler/Assmann, Gesellschaftsrecht, S. 332 ff.

1246 *Wiedemann*, Gesellschaftsrecht I, S. 72 ff.; *Westermann*, Vertragsfreiheit und Typengesetzlichkeit, S. 62 ff.

1247 *Westermann*, Vertragsfreiheit und Typengesetzlichkeit, S. 62.

1248 BGH, Beschluss v. 24.02.1997, Az. II ZB 11/96, BGHZ 134, S. 392, 393.

einzeln oder in ihrer Gesamtheit[1249]. Zwar gehe das AktG entsprechend den Vorstellungen des historischen Gesetzgebers davon aus, dass der persönlich haftende Komplementär eine natürliche Person sei. Dieses Leitbild rechtfertige jedoch nicht die Annahme, dass eine KGaA mit einer Kapitalgesellschaft in der Funktion des Komplementärs unzulässig sei[1250]. Vielmehr müsse innerhalb der durch die zwingenden gesetzlichen Regelungen und die unabweisbaren Bedürfnisse des Rechtsverkehrs, insbesondere des Gläubigerschutzes, gezogenen Grenzen Freiheit zu privatautonomer Gestaltung bestehen, die auch vom Gesetz nicht vorgesehene Mischformen und atypische Lösungen zulasse[1251]. So sei innerhalb der durch das zwingende Recht gezogenen Grenzen insbesondere das Postulat privatautonomer Gestaltungsfreiheit zu berücksichtigen[1252]. Kautelarjuristische Gestaltungen seien daher nicht schon deshalb unzulässig, weil sie vom gesetzlichen Regeltypus abweichen[1253]. Andernfalls würden die privatautonome Gestaltungsfreiheit und die Vielfalt rechtlich möglicher Assoziationsformen unnötig eingeschränkt. Dem atypischen Charakter und ihren vom Regeltypus abweichenden Verhältnissen sei durch Publizität Rechnung zu tragen, wobei neben der Eintragung ins Handelsregister eine deutliche Firmierung unabdingbar geboten sei[1254]. Der Bundesgerichtshof weigerte sich also, das Leitbild der Kommanditgesellschaft mit außerhalb des Gesetzes liegenden Gründen zur materiellen Tatbestandsvoraussetzung zu erheben.

Für die hier zu behandelnde Frage lassen sich zwei Folgerungen festhalten: Einerseits hat der Bundesgerichtshof in dieser Entscheidung den hohen Stellenwert der Vertrags- und Gestaltungsfreiheit im Gesellschaftsrecht hervorgehoben[1255]. Als Konkretisierung der Privatautonomie dient sie als grundlegendes und verfassungsrechtlich geschütztes Prinzip der Zivilrechtsordnung der Freiheit und Selbstbestimmung des Einzelnen, indem sie es ihm ermöglicht, die Regelung seiner Lebensverhältnisse selbst zu treffen[1256]. Beschränkungen dieser gesellschaftsrechtlichen Gestaltungsfreiheit ergeben sich nur aus den zwingenden gesetzlichen Bestimmungen und Grundsätzen sowie den allgemein im Zivilrecht verankerten Grenzen, namentlich den gesetzlichen Verboten (§ 134 BGB) und den guten Sitten (§ 138)[1257]. Zwar ist

---

1249 BGH, Beschluss v. 24.02.1997, Az. II ZB 11/96, BGHZ 134, S. 392, 393.

1250 BGH, Beschluss vom 24.02.1997, Az. II ZB 11/96, BGHZ 134, S. 392, 393.

1251 BGH, Beschluss vom 24.02.1997, Az. II ZB 11/96, BGHZ 134, S. 392, 393 unter Bezugnahme auf *Priester*, ZHR 160 (1996), S. 250, 254 ff., sowie *„insbesondere" Mertens*, FS Ritter 1997, S. 731 ff.

1252 BGH, Beschluss vom 24.02.1997, Az. II ZB 11/96, BGHZ 134, S. 392, 394.

1253 BGH, Beschluss vom 24.02.1997, Az. II ZB 11/96, BGHZ 134, S. 392, 401.

1254 BGH, Beschluss vom 24.02.1997, Az. II ZB 11/96, BGHZ 134, S. 392, 401.

1255 *K. Schmidt*, Gesellschaftsrecht, S. 111 f.

1256 Vgl. BVerfG, Beschluss vom 12.11.1958, Az. 2 BvL 4/56, BVerfGE 8, S. 274, 328; BVerfG, Beschluss vom 25.05.1993, Az. 1 BvR 1509, 1648/91, BVerfGE 88, S. 384, 403.

1257 *K. Schmidt*, Gesellschaftsrecht, S. 109 f.; *Flume*, Die Personengesellschaft, S. 189 f.; vgl. auch *Grunewald*, in: MünchKomm/HGB, § 161 Rn. 26; *Westermann*, Vertragsfreiheit und Typengesetzlichkeit, S. 32 ff.

die Gestaltungsfreiheit im Gesellschaftsrecht durch die – mit Blick auf den Verkehrsschutz und die Rechtssicherheit – begrenzte Anzahl von bestimmten, vom Gesetz zur Verfügung gestellten Gesellschaftstypen besonders eingeschränkt (sog. Numerus Clausus der Gesellschaftsformen[1258]). Die gesetzliche Typenregelung der Gesellschaftsformen lässt aber der Parteidisposition in weitem Umfang freie Hand und gibt den Vertragschließenden auch die Möglichkeit, den dispositiv vorgegebenen Typus bis an die Grenzen der zwingenden gesetzlichen Regelungen abzuwandeln[1259]. *Burgard* formuliert daher, dass es etwas wie einen Rechtsformenmissbrauch nicht gibt[1260].

Zugleich ist mit der Entscheidung der Maßstab vorgegeben, anhand dessen auch die Zulässigkeit anderer atypischer Kombinationen zu beurteilen ist. Nachdem auch von der gesetzlichen Grundkonzeption abweichende, atypische Gestaltungsformen von der Gestaltungsfreiheit geschützt sind, ist solange von ihrer Zulässigkeit auszugehen, wie sich ihre Unzulässigkeit nicht direkt oder indirekt aus zwingenden gesetzlichen Vorschriften oder sonstigen zwingenden Grundsätzen und Prinzipien des Handelsgesellschaftsrechts ergibt[1261].

C. Folgerungen für die Untersuchung

Im Bezug auf die Zulässigkeit der Stiftung & Co. KG muss die Frage lauten, ob das geltende Handelsgesellschaftsrecht eine Verbindung einer Kommanditgesellschaft mit einer Stiftung verbietet. Dabei ist allein von den zwingenden Vorschriften des Gesellschafts- und des Stiftungsrechts auszugehen. Denn nur das zwingende Recht fördert die Strukturen der Rechtsformen zutage[1262]. Ist also im Folgenden zu überprüfen, ob die zwingenden Strukturen beider Rechtsformen miteinander in Einklang stehen, steht die Frage im Vordergrund, ob das Handelsrecht besondere Anforderungen an die Person des Komplementärs stellt und welche zwingenden Strukturmerkmale der Stiftung in Konflikt zu den Grundsätzen des Personengesellschaftsrechts stehen könnten.

1258 Da die Stiftung & Co. KG ebenso wenig wie die GmbH & Co. KG (trotz teils anderslautender Stimmen) eine „neue" Gesellschaftsform sui generis ist, sondern lediglich eine besondere Ausgestaltung der gesetzlich vorgesehenen Kommanditgesellschaft, steht sie nicht in Konflikt mit dem numerus clausus der Gesellschaftsformen; so schon *Höfner-Boyk*, Die Stiftung & Co. KG, S. 38.

1259 BGH, Urteil v. 17.03.1966, Az. II ZR 282/63, BGHZ 45, S. 204, 205 ff.: Hätte der Gesetzgeber etwas anderes gewollt, hätte er den entsprechenden Vorschriften zwingenden Charakter beigelegt.

1260 *Burgard*, Gestaltungsfreiheit im Stiftungsrecht, S. 136.

1261 Ähnlich *Höhne*, Die Ltd. & Co. KG, S. 102, zur ausländischen Kapitalgesellschaft & Co. KG.

1262 So auch *Stengel*, Stiftung und Personengesellschaft, S. 49 ff.

§ 9 Vereinbarkeit mit den Grundprinzipien des Handelsgesellschaftsrechts

A. Anforderungen des Handelsrechts an die Person(en) des Komplementärs

Besondere Anforderungen hinsichtlich der Person des Komplementärs stellt das HGB nicht. Jenseits der – schon entschiedenen – Frage, ob trotz der auf menschliche Merkmale abzielenden Tatbestandsformulierungen auch juristische Personen Gesellschafter einer Personengesellschaft sein können, gibt der Wortlaut der §§ 105 ff. HGB keinen Aufschluss über besondere Kriterien hinsichtlich Eignung und Fähigkeit zur Übernahme der Gesellschafterposition. Komplementär kann daher grundsätzlich jeder sein, der Träger von Rechten und Pflichten sein kann. Besonderheiten können sich allenfalls hinsichtlich der Wahrnehmung einzelner Rechte oder Pflichten in der Gesellschaft ergeben. Als solche kommen neben natürlichen Personen auch juristische Personen wegen ihrer Fähigkeit, im Rechtsverkehr selbstständig als Einheit aufzutreten und eine entsprechende Haftung zu übernehmen, in Betracht. Die Mindestanforderungen an die Komplementärfähigkeit liegen sogar niedriger: Seit der Entscheidung des BGH vom 09.03.1981 ist für die Komplementärfähigkeit lediglich gefordert, dass ein angelegtes Rechtsgebilde bereits körperschaftlich strukturiert und daher imstande ist, durch Geschäftsführer als Vertretungsorgan nach außen geschlossen aufzutreten[1263]. Ist danach festzuhalten, dass die Fähigkeit, persönlich haftender Gesellschafter zu sein, nicht an spezielle Voraussetzungen geknüpft ist, kann gegen die Beteiligung der Stiftung bürgerlichen Rechts nur noch der Konflikt mit zwingenden Strukturmerkmalen der Komplementärgesellschaft sprechen.

B. Gläubigerschutz in der Stiftung & Co. KG

Als eine Zulässigkeitshürde bzw. -voraussetzung wurde für die Komplementärbeteiligung einer Stiftung insbesondere verlangt, sie solle einer Pflicht zur Aufbringen eines Haftungskapitals (respektive eines Stiftungsvermögens) in Höhe von mindestens 25.000 EUR unterliegen, wie sie – wird von der neu geschaffenen UG (haftungsbeschränkt) einmal abgesehen – für die GmbH gilt. Begründet wurde dies mit der Erforderlichkeit eines hinreichenden Gläubigerschutzes[1264]. In dogmatischer Hinsicht lassen diese Stellungnahmen überwiegend die wünschenswerte Sorgfalt

1263 BGH, Urteil v. 09.03.1981, Az.: II ZR 54/80, BGHZ 80, S. 129 ff., zur Komplementärfähigkeit der Vor-GmbH.

1264 Vgl. auch *Wochner*, BB 1999, S. 1441, 1142 f.; *Schwintek*, ZRP 1999, S. 25, 30 äußert die Besorgnis, dass durch die Stiftung & Co. KG „gesellschaftsrechtliche Mindesterfordernisse rechtsmissbräuchlich umgangen werden".

vermissen. So erfolgt nach der Forderung einer solchen Haftsumme vielfach der Gedankenschritt, dass eine Komplementärstiftung ohnehin – nämlich aus originär stiftungsrechtlichen Gründen – immer eine entsprechende Vermögensausstattung verlange[1265]. Die bisherige Untersuchung hat gezeigt, dass bei der Komplementärstiftung hinsichtlich der Gestalt und Funktionsweise des Stiftungsvermögens markante Abweichungen zum stiftungsrechtlichen Normalfall festzustellen sind. Nachdem nachgewiesen werden konnte, dass aus stiftungsrechtlicher Sicht kein Erfordernis eines Mindestkapitals besteht[1266], stellt sich die Frage nach den Anforderungen des Kommanditgesellschaftsrechts deutlicher als bisher. Es ist also danach zu fragen, ob das Handelsgesellschaftsrecht spezielle Anforderungen an die Vermögensausstattung der Komplementärstiftung stellt.

I. Einführung

Zunächst ist festzuhalten, dass sich dem Handelsgesetzbuch besondere finanzielle Anforderungen für die Beteiligung einer Person als Komplementär der Kommanditgesellschaft nicht entnehmen lassen. Insbesondere ist es nicht erforderlich, dass der Komplementär tatsächlich über Vermögen verfügt[1267]. Das Gegenteil ist der Fall: Deutlicher als das Reichsgericht dies schon klargestellt hatte, hat der Bundesgerichtshof hervorgehoben, dass auch eine völlig vermögenslose (natürliche) Person einziger Komplementär einer Kommanditgesellschaft sein kann – und zwar selbst dann, wenn die vermögenslose Person lediglich vorgeschoben wird[1268], um demjenigen, der tatsächlich die Geschäfte betreibt, zu ermöglichen, als Kommanditist tätig zu werden[1269]. Aus dem Blickwinkel des Handelsgesellschaftsrechts setzt die Komplementäreigenschaft also keine finanzielle Leistungsfähigkeit voraus[1270].

Auf der anderen Seite gerät die Konzeption des Gläubigerschutzsystems in der Kommanditgesellschaft scheinbar ins Wanken, wenn dort nicht (nur) eine vermögenslose natürliche Person, sondern eine vermögenslose juristische Person persönlich

1265 Vgl. statt anderer *Weimar/Kohl*, MDR 1989, S. 396, 399; *Fasselt*, Die Beteiligungsstiftung, S. 128, meint, die Stiftungsaufsicht würde für ein ausreichendes Stiftungsvermögen sorgen und die fehlenden Kapitalerhaltungsvorschriften ersetzen.

1266 Siehe dazu bereits § 7B.IV, S. 229 ff.

1267 *Schwake*, Kapital und Zweckerfüllung bei Unternehmensstiftungen, S. 172; so auch *Höhne*, Die Ltd. & Co. KG, S. 104, zur Komplementärfähigkeit einer englischen Ltd.

1268 Im sog. Rektorfall schob der vermögende Kommanditist eine vermögenslose ungelernte Schneiderin als Komplementärin vor. Faktisch hatten die Gläubiger der KG daher keine Möglichkeit, in das Vermögen der – nach dem Leitbild des Gesetzes – eigentlich zur Verantwortung zu ziehenden Person zu vollstrecken.

1269 BGH, Urteil v. 17.03.1966, Az. II ZR 282/63, BGHZ 45, S. 204, 207.

1270 *Stengel*, Stiftung und Personengesellschaft, S. 66, der darauf hinweist, dass auch die eingetragene Genossenschaft unbestritten als komplementärfähig angesehen wird, obwohl das Genossenschaftsrecht kein summenmäßig bestimmtes Mindestkapital vorsieht.

haftende Gesellschafterin wird[1271]. Besondere Bedeutung kommt bei der Konstellation der Komplementärstiftung dem Umstand zu, dass aus steuerrechtlichen Gründen die Komplementärin regelmäßig nicht am Gewinn der Kommanditgesellschaft beteiligt werden soll und selbst keine weiteren Einkünfte erzielen kann[1272]. Demnach fallen in der Komplementärstiftung keine Jahresüberschüsse an, die – jedenfalls nach dem klassischen Bild der Funktionsweise einer Stiftung – zum Erhalt des Stiftungsvermögens beitragen könnten. Gläubiger der Kommanditgesellschaft haben also weder eine gegenwärtige noch – und hier verschärft sich die Situation gegenüber einer natürlichen Person – eine zukünftige Aussicht darauf, dass der Komplementär zu Geld kommt. Nachdem die (unbeschränkte) Haftung der Komplementärin ein zentrales Element des Gläubigerschutzes in der KG darstellt, ergibt sich demzufolge die Frage, ob nicht das Kommanditgesellschaftsrecht für den Fall der juristischen Person & Co. KG ein allgemein verbindliches[1273], autonomes Gläubigerschutzsystem aufstellt[1274].

II. Begründungsansatz für ein besonderes Kapitalaufbringungssystem

Basierend auf der Überlegung, für die Stiftung & Co. KG seien ähnliche Kapitalverhältnisse zu fordern, wie sie bei der GmbH & Co. KG vorzufinden sind, gilt es, einen geeigneten Begründungsansatz für eine solche Pflicht zur Aufbringung eines Mindestkapitals[1275] zu ermitteln. Es ist daher zu erwägen, ob sich das Erfordernis eines Mindestkapitals entsprechend demjenigen der GmbH aus einer analogen Anwendung des § 5 GmbHG herleiten lässt. Im Hinblick auf andere Kombinationen der juristischen Person & Co. KG wird diesbezüglich teilweise angenommen, die von Seiten des Gesetzgebers und der Rechtsprechung geschaffenen speziellen Regelungen für Kommanditgesellschaften ohne natürlichen Komplementär bildeten ein eigenes kapitalgesellschaftsrechtlich orientiertes Gläubigerschutzsystem[1276]. Die für eine Analogie erforderliche Regelungslücke sieht *Duys* darin, dass die Ersetzung eines natürlichen Komplementärs durch eine juristische Person einen Bruch mit

1271 *Zimmermann*, ZRP 1976, S. 300, 301: Von 31 Stiftungen, die persönlich haftende Gesellschafter einer Kommanditgesellschaft waren, hatten 1976 in NRW 24 lediglich ein Vermögen zwischen 10.000 und 5.000 DM.

1272 Vgl. *Priester*, in: FS Roth 2011, S. 573 ff. für die vergleichbare Situation bei der UG (haftungsbeschränkt) & Co. KG.

1273 *K. Schmidt*, GmbHR 1989, S. 141, 142 ff.

1274 *Duys*, Auslands-Kapitalgesellschaft & Co KG, S. 41 ff.; siehe auch *K. Schmidt*, GmbHR 1989, S. 141, 142 ff.

1275 Wenn im Folgenden die kapitalgesellschaftsrechtliche Terminologie des Mindest- oder Stammkapitals verwendet wird, ist damit – auf die Stiftung bürgerlichen Rechts abzielend – eine Mindestvermögensausstattung gemeint.

1276 *Duys*, Auslands-Kapitalgesellschaft & Co KG, S. 67 ff.

der Systematik der §§ 161 ff. HGB darstelle[1277]. Demgemäß wird auch mit Sinn und Zweck des Mindestkapitals als Korrelat für die Haftungsbeschränkung argumentiert[1278]. Für diesen Begründungsansatz ließe sich zudem anbringen, dass auch die Rechtsprechung bei einer solchen Kombination nur noch formell vom Vorliegen einer Personengesellschaft ausgeht, sie aber sachlich als eine *„Gesellschaft mit beschränkter Haftung, die insoweit der GmbH oder Aktiengesellschaft näher steht als einer normalen offenen Handels- oder Kommanditgesellschaft“* verstehen will[1279]. Wie bei den Kapitalgesellschaften sei die Haftung für die Verbindlichkeiten des Unternehmens auf eine bestimmte Vermögensmasse – nämlich das Gesellschaftsvermögen der Komplementär-GmbH und die Kommanditeinlagen – beschränkt, und es fehle, ebenso wie bei GmbH oder Aktiengesellschaft, die persönliche Haftung natürlicher Personen als wesentliches gläubigerschützendes Element. Der Bundesgerichtshof geht sogar davon aus, dass die Gefährdung der Gläubiger noch größer als bei der GmbH oder Aktiengesellschaft sei, weil die besonderen Gläubigerschutzbestimmungen des GmbH- bzw. Aktienrechts bei der GmbH & Co. in erster Linie nur für die Komplementär-GmbH, deren Vermögen vielfach nur einen geringen Bruchteil des Firmenkapitals ausmacht, gelten[1280]. Sie sei – so das Bundesverfassungsgericht – daher *„rechtlich und wirtschaftlich in die Nähe einer Kapitalgesellschaft“* gerückt[1281].

III. Stellungnahme

1. *Keine planwidrige Regelungslücke (spätestens) seit der Kodifikation des MoMiG*

Der Ansatz, aus Gläubigerschutzgesichtspunkten sei für die Komplementärstiftung ein der GmbH entsprechendes Mindestvermögen zu fordern, scheint wenig tragfähig. Für eine Analogie, also eine Ausdehnung des Anwendungsbereichs der Vorschrift auf einen davon planwidrig nicht erfassten Sachverhalt, liegen die Voraussetzungen nicht vor. Schon im Hinblick auf die – für eine analoge Anwendung des § 5 GmbHG erforderliche – planwidrige Regelungslücke bestehen erhebliche Bedenken. Zuzugeben ist, dass der historische Gesetzgeber bei der Kodifikation des HGB sicherlich nicht die Übernahme der Stellung als (einziger) persönlich haftender Gesellschafter durch eine juristische Person vorhergesehen hatte. Allerdings hat schon der Gesetzgeber der GmbH-Novelle von 1980 ausweislich der

1277 *Duys*, Auslands-Kapitalgesellschaft & Co KG, S. 56, 77; vgl. *Höhne*, Die Ltd. & Co. KG, S. 106.

1278 *Duys*, Auslands-Kapitalgesellschaft & Co KG, S. 88.

1279 BGH, Urteil v. 18.03.1974, Az. II ZR 167/72, BGHZ 62, S. 216, 227, für die GmbH & Co. KG.

1280 BGH, Urteil v. 18.03.1974, Az. II ZR 167/72, BGHZ 62, S. 216, 227, für die GmbH & Co. KG.

1281 BVerfG, Beschluss v. 02.10.1968, Az. 1 BvF 3/65, BVerfGE 24, S. 174, 181 f, für die GmbH & Co. KG.

Entwurfsbegründung ausdrücklich[1282] die Kombinationsmöglichkeit der Stiftung & Co. KG gesehen. Nachdem die sogenannte GmbH-Novelle insbesondere auch dem Gläubigerschutz in den Fällen der gesellschaftsrechtlichen Grundtypenvermischung dienen sollte und, wie der Titel des Gesetzes belegt, auch zur Änderung handelsrechtlicher Vorschriften diente, hätte der Gesetzgeber eine spezielle Kapitalaufbringungsvorschrift in das HGB einfügen können[1283]. Der Gesetzgeber hat indessen trotz und in Ansehung der Kombinationsmöglichkeiten von einer Regelung abgesehen, sodass eine planwidrige Regelungslücke schon aus diesem Grund kaum begründet werden kann. Nach den Formulierungen im Gesetzentwurf zu urteilen, spricht sogar viel dafür, dass der Gesetzgeber die Wahrscheinlichkeit eines nur unwesentlichen Haftkapitals in diesen Fällen gesehen hat: *„Bei diesen Gesellschaften haftet den Gesellschaftsgläubigern letztlich nur das Gesellschaftsvermögen der OHG bzw. KG und die Gesellschaftsvermögen ihrer Gesellschafter, seien es Aktiengesellschaften, GmbHs, Stiftungen, bergrechtliche Gewerkschaften oder ausländische juristische Personen"*[1284].

Spätestens, seitdem der Gesetzgeber durch das MoMiG[1285] grundlegende Änderungen im Recht der Kapitalaufbringung und -erhaltung vorgenommen hat, ist die Forderung nach einer der GmbH entsprechenden Kapitalaufbringung nicht aufrechtzuerhalten. Denn die mit dem MoMiG vollzogene Einführung der Regeln zur sogenannten Unternehmergesellschaft hat das Kapitalaufbringungsregime der GmbH grundlegend reformiert und gleichzeitig zu einer Neubewertung des gesamten kapitalgesellschaftsrechtlichen Gläubigerschutzsystems geführt[1286]. Wird vor diesem Hintergrund in den Blick genommen, dass zumindest die h. M. die Zulässigkeit der UG (haftungsbeschränkt) & Co. KG (jedenfalls bei typischen Gesellschaftsvertragskonstellationen) anerkennt[1287], ergeben sich weitreichende Folgerungen. Denn dadurch ist die Möglichkeit eröffnet, eine faktisch ohne Grundkapital existierende Kapitalgesellschaft als einzige unbeschränkt haftende Komplementärin

---

1282 BT-Drucks. 8/1347, S. 56 f.

1283 Zur Verhinderung der Umgehung der kapitalgesellschaftsrechtlichen Mindestkapitalanforderungen und zum Schutz des Vertrauens des Geschäftsverkehrs hätte etwa nach dem Regelungsvorbild des § 172 HGB eine Regelung dergestalt eingefügt werden können, dass sich die Kommanditisten einer Kommanditgesellschaft, bei der kein unbeschränkt haftender Gesellschafter eine natürliche Person ist, nur dann auf ihre Haftungsbeschränkung berufen können, wenn die persönlich haftende juristische Person bei Eintritt in die Kommanditgesellschaft über ein Mindestvermögen von 25.000 EUR verfügt hat.

1284 BT-Drucks. 8/1347, S. 57.

1285 Gesetz zur Modernisierung des GmbH-Rechts und zur Bekämpfung von Missbräuchen (MoMiG) vom 23. Oktober 2008.

1286 Siehe zur (neuen) Teleologie des Gläubigerschutzes bereits ausführlich oben § 7B. IV.1, S. 229 ff.

1287 Siehe nur *Römermann/Passarge*, ZIP 2009, S. 1497, 1498; *Römermann*, NJW 2010, S. 905, 909; *Stenzel*, NZG 2009, S. 168, 171; *Heeg*, DB 2009, S. 719, 721; *Fastrich*, in: Baumbach/Hueck, GmbHG, § 5a Rn. 36.

zu beteiligen. In diesem Fall wird sogar regelmäßig das neu geschaffene Kapitalaufbringungssystem – gemeint ist das Ansparmodell durch Thesaurierungspflicht – ins Leere laufen. Denn die Konstellation der Komplementärstellung in der UG (haftungsbeschränkt) & Co. KG wird im Fall typischer Gesellschaftsvertragsgestaltung dazu führen, dass eine solche Thesaurierung nicht stattfinden kann. Denn wie bereits erläutert, wird die Komplementärin aufgrund steuerrechtlicher Erwägungen für gewöhnlich nicht am Gewinn der Kommanditgesellschaft beteiligt und selbst keine weiteren Einkünfte erzielen[1288]. Dies ist grundsätzlich auch unschädlich, da eine zeitliche Begrenzung der Kapitalaufholung bei der UG (haftungsbeschränkt) nicht existiert. Die Bildung und Umwandlung von Rücklagen wird folglich (dauerhaft) ausbleiben. Gleichwohl konstatiert der Gesetzgeber, dass es hinsichtlich der Beteiligung einer UG (haftungsbeschränkt) an einer anderen Gesellschaft keine Besonderheiten gegenüber der GmbH gebe[1289], nimmt also die Übernahme der Komplementärfunktionen durch eine praktisch dauerhaft vermögenslose juristische Person bewusst in Kauf.

2. *Dogmatische Widersprüche statt vergleichbarer Interessenlage*

Wie bereits an anderer Stelle gezeigt werden konnte, ist für die selbstständige Stiftung bürgerlichen Rechts jedenfalls nicht aus Gesichtspunkten des Gläubigerschutzes ein Garantiekapital (bzw. Mindeststiftungsvermögen) erforderlich. Vor diesem Hintergrund wäre es wertungsmäßig kaum nachvollziehbar, wenn für die unternehmens*leitende* Komplementärstiftung höhere Anforderungen hinsichtlich des Kapitals gestellt würden als bei einer unternehmens*tragenden* (unmittelbaren) Unternehmensstiftung. So ist das Risiko für den Rechtsverkehr, hier insbesondere für die Gläubiger, bei unmittelbarem Tätigwerden der Stiftung zumindest nicht geringer, als es bei einer Stiftung ist, die gemeinsam mit mehreren Kommanditisten eine Kommanditgesellschaft gründet. Denn in diesem Fall stehen den Gläubigern neben dem Vermögen des Komplementärs die Kommanditeinlagen zur Verfügung, was eine Besserstellung bedeuten sollte[1290].

3. *Aspekte des Gläubigerschutzes im Übrigen*

Der Gläubigerschutz wird zudem nicht mit den Regeln zum Kapitalschutz erreicht. Auch schon vor Einführung des MoMiG wurde das gesetzliche Gläubigerschutzsystem allgemein von drei Säulen getragen: Neben dem Kapitalschutz kam dem informationellen sowie dem insolvenzrechtlichen Gläubigerschutz eine tragende Rolle zu. Vor dem Hintergrund, dass die Rechtsordnung seit der Schaffung der

---

1288 *Priester*, in: FS Roth 2011, S. 573, 583.

1289 Gesetzentwurf der Bundesregierung zum MoMiG, Stand 23.05.2007, S. 71.

1290 Ähnlich für die Stellung einer ausländischen juristischen Person als Komplementärin: *Höhne*, Die Ltd. & Co. KG, S. 109; *Grothe*, Die „Ausländische Kapitalgesellschaft, & Co.", S. 220.

Unternehmergesellschaft im Hinblick auf eine bedeutende Anzahl an Neugründungen auf die gläubigerschützende Wirkung des Kapitalschutzes bis auf Weiteres verzichtet, wird deutlich, dass den Instrumenten des informationellen und insolvenzrechtlichen Gläubigerschutzes nicht bloß flankierende Wirkung beigemessen wird, sondern dass ihnen die Hauptbedeutung im Gläubigerschutz zukommt. Ein weiterer – und mit Blick auf andere Rechtsordnungen mindestens genauso wichtiger[1291] – Ansatz ist also der Abbau der Informationsasymmetrien zwischen den Gesellschaftern, denen gegenüber der Unternehmensleitung umfassende Informationsrechte zustehen, und den außenstehenden Gläubigern. Und dieser Pflicht zur Rechnungslegungspublizität unterliegt seit dem Jahr 2000 auch die Stiftung & Co. KG[1292]. Denn gemäß § 264a i. V. m. §§ 325 ff. HGB ist sie zur Offenlegung ihres Jahresabschlusses verpflichtet. Diese Regelungen des informationellen Gläubigerschutzes ermöglichen es auch den Gläubigern der Stiftung & Co. KG, die Liquiditätslage und die Solvenz des Unternehmens sachgerecht zu beurteilen.

IV. Zusammenfassung und Folgerung

Zusammenfassend ist festzuhalten, dass bei sorgfältiger Betrachtung des Rechts der Kommanditgesellschaft und der Strukturen der Gläubigerschutzregime eine Pflicht, eine dem Kapitalgesellschaftsrecht entsprechende Mindestvermögensausstattung aufzubringen, weder aus dem Recht der Kommanditgesellschaft selbst noch aus den verwandten Rechtsgebieten begründet werden kann. Die Bedeutung der persönlichen Haftung des Komplementärs erschöpft sich in dem Unterschied zur auf die Haftsumme beschränkten Haftung des Kommanditisten. Eine darüber hinausgehende Konsequenz einer bestimmten finanziellen Leistungsfähigkeit ist der Kommanditgesellschaft auch in Ansehung einer Komplementärstiftung fremd.

C. Handelsgesellschaftsrechtliche Aspekte der Stiftungsaufsicht

Eine Besonderheit stellt aus der Sicht der Kommanditgesellschaft die staatliche Stiftungsaufsicht dar. Nachdem eine derartige Aufsicht bei allen anderen juristischen Personen nicht stattfindet, bildet sie im System des Privatrechts gewissermaßen einen Fremdkörper[1293]. Umso bemerkenswerter ist, dass in den bisherigen einschlägigen

---

1291 Siehe zur „disclosure philosophy“ in England *Schall*, Kapitalgesellschaftsrechtlicher Gläubigerschutz, S. 251 ff.

1292 Der durch das KapCoRiLiG, BGBl. I 2000, Nr. 8 v. 8.3.2000, eingefügte § 264a HGB sieht die Einbeziehung solcher Kommanditgesellschaften in die Publizitätspflicht vor, bei denen nicht wenigstens ein persönlich haftender Gesellschafter eine natürliche Person ist. Damit erfasst die Regelung auch die Stiftung & Co. KG, vgl. *Nietzer/Stadie* NJW 2000, S. 3457, 3461; *Schwarz*, BB 2001, S. 2381, 2385. Siehe zur vorher geltenden Rechtslage *Weimar/Reeh*, DB 1988, S. 1637 ff.

1293 *Hof*, in: v. Campenhausen/Richter, Stiftungsrechts-Handbuch, § 4 Rn. 124.

Untersuchungen Aspekte der Stiftungsaufsicht vorwiegend im Hinblick auf die betriebswirtschaftliche Geeignetheit der Stiftung & Co. KG[1294] Berücksichtigung fanden. Andere sprechen die behördliche Stiftungsaufsicht zwar im Rahmen der Zulässigkeitsprüfung an, eine differenzierte Auseinandersetzung mit den Aufsichtsinstrumentarien der Stiftungsbehörde und ihren Implikationen für die Zulässigkeit für die Stiftung & Co. KG findet aber nicht statt. Nachdem die Stiftungsaufsicht eine erhebliche Mitwirkung des Staates bei der laufenden Geschäftstätigkeit der Stiftung ermöglicht, verdienen die Aspekte der Zulässigkeit derartiger staatlicher Einwirkung besondere Beachtung. In Frage steht also, ob sich aus der staatlichen Stiftungsaufsicht Zulässigkeitshindernisse für eine Stiftung & Co. KG ergeben (können).

I. Exkurs: Reduzierte Stiftungsaufsicht bei privaten Stiftungen

Zu Beginn – gewissermaßen vor der Klammer – soll auf einen Aspekt der staatlichen Stiftungsaufsicht eingegangen werden, der die Frage nach Zulässigkeitshindernissen nicht unmittelbar beantwortet. Vielmehr handelt es sich vornehmlich um Zweckmäßigkeitserwägungen[1295], die aber die praktische Bedeutung der in diesem Abschnitt aufgeworfenen Fragen einzuordnen helfen.

Besondere Beachtung verdient insofern, dass zahlreiche Bundesländer hinsichtlich der Reichweite der behördlichen Stiftungsaufsicht zwischen öffentlichen und privaten Stiftung differenzieren[1296]. Liegen privatnützige Stiftungen vor, reduzieren die Landesstiftungsgesetze die Stiftungsaufsicht ganz oder auf bloße Rahmenbedingungen[1297]. Soweit in den einschlägigen Landesgesetzen ausdrücklich lediglich von Familienstiftungen die Rede ist, sind diese Vorschriften schon wegen des Gleichheitsgrundsatzes (Art. 3 GG) auf alle privatnützigen Stiftungen anzuwenden[1298]. Nachdem die Landesstiftungsgesetze typischerweise darauf abstellen, dass Bestand und Betätigung der Stiftung nicht dem öffentlichen Interesse zuwiderlaufen dürfen, kann davon ausgegangen werden, dass sich die Aufsicht in diesen Fällen – pauschalierend gesprochen – auf Maßnahmen nach § 87 BGB beschränkt[1299].

Für den hier relevanten Kontext stellt sich also die Frage, ob auch solche Komplementärstiftungen, die ihre Aufgabe nicht in spezifisch familiärem Umfeld verrichten,

---

1294 Vgl. nur *Höfner-Byok*, Die Stiftung & Co. KG, S. 57 ff.; *Fasselt*, Die Beteiligungsstiftung, S. 136.

1295 Vgl. *Höfner-Byok*, Die Stiftung & Co. KG, S. 68 ff.

1296 Vgl. zu dieser Unterscheidung bereits oben § 2B.I, S. 28.

1297 Art. 10 BayStiftG, § 10 Abs. 2 BlnStiftG, § 4 Abs. 3 StiftGBbg, § 17 S. 2 BremStiftG, § 5 Abs. 1 HmbStiftG, § 21 Abs. 2 HessStiftG, § 9 Abs. 1 S. 1 StiftGMeVo, § 10 Abs. 2 NdsStiftG, § 3 Abs. 3 StiftGNRW; § 9 Abs. 1 StiftGRhPf; § 10 Abs. 3 SaarlStiftG; § 19 S. 2 StiftGSchlH. Dass die Bundesländer solche Stiftungen ganz oder teilweise aus der Stiftungsaufsicht entlassen, wird teilweise kritisch gesehen, vgl. dazu *Andrick*, ZSt 2005, S. 187, 191 f; *Burgard*, Gestaltungsfreiheit im Stiftungsrecht, S. 213 ff.

1298 *Burgard*, Gestaltungsfreiheit im Stiftungsrecht, S. 212, dort Fn. 59.

1299 So *Burgard*, Gestaltungsfreiheit im Stiftungsrecht, S. 212.

von dieser Lockerung der Stiftungsaufsicht profitieren[1300]. Wie bereits an anderer Stelle erläutert, soll eine private Stiftung vorliegen, wenn deren Zweckerfüllung nur einem durch Familien-, Vereins- oder Betriebszugehörigkeit bzw. in ähnlicher Weise durch konkrete Merkmale begrenzten Personenkreis zugutekommt[1301]. Entscheidend ist dabei nicht, ob die Stiftung bei Erfüllung ihrer Zwecke *mittelbar* auch der Allgemeinheit dient, sondern allein der unmittelbar durch die Zweckerfüllung begünstigte Personenkreis[1302]. Vor diesem Hintergrund soll nun die Zwecksetzung der Komplementärstiftung in den Blick genommen werden: Der Unternehmensführungsaufrag ist darauf gerichtet, die Kommanditgesellschaft nach objektiven, ausschließlich am Interesse des Unternehmens und seiner Gesellschafter orientierten Kriterien zu führen sowie den Bestand und weiteren Ausbau der Gesellschaft zu sichern. Die Erfüllung des Stiftungszwecks kommt also auf der Ebene der Kommanditgesellschaft einem eng begrenzten Personenkreis zu, namentlich den Gesellschaftern. Folglich handelt es sich bei der Komplementärstiftung, wenn sie nicht ausdrücklich auch öffentliche Zwecke verfolgen soll, stets um eine private Stiftung, die der behördlichen Stiftungsaufsicht lediglich in eingeschränktem Maß unterworfen ist.

Die vorstehenden Erwägungen dürfen allerdings nicht davon ablenken, dass auch zahlreiche Situationen denkbar sind, in denen die Komplementärstiftung die Reduzierung der Stiftungsaufsicht nicht ausnutzen kann[1303]. In diesen Fällen stellt sich (mehr als in den Situationen gelockerter Aufsicht) die Frage, ob die Stiftungsaufsicht ein Zulässigkeitshindernis für die Stiftung & Co. KG darstellt.

II. Grenzen der Stiftungsaufsicht in der Kommanditgesellschaft

Die staatliche Aufsicht ist nicht – wie dies historisch lange Zeit beabsichtigt war – Instrument zur Durchsetzung staatlicher Ziele. Die Stiftungsaufsicht ist reine Rechtmäßigkeitskontrolle[1304]. Aus der Beschränkung auf die reine Rechtsaufsicht resultiert insbesondere, dass die Aufsichtsbehörde keine eigenen Zweckmäßigkeitserwägungen

1300 Vgl. *Seibt*, ZIP 2011, S. 249, 252.

1301 *Hüttemann/Rawert*, in: v. Staudinger, BGB, Vor §§ 80 ff. Rn. 118; *Ebersbach*, Handbuch des Deutschen Stiftungsrechts, S. 27 f; *v. Campenhausen/Stumpf*, in: v. Campenhausen/Richter, Stiftungsrechts-Handbuch, § 2 Rn. 3.

1302 *v. Campenhausen/Stumpf*, in: v. Campenhausen/Richter, Stiftungsrechts-Handbuch, § 2 Rn. 3; Ebersbach, Handbuch des Deutschen Stiftungsrechts, S. 28. A. A. *Hüttemann/Rawert*, in: v. Staudinger, BGB, Vor §§ 80 ff. Rn. 118, die den Kreis der privatnützigen Stiftungen dahingehend enger fassen wollen, dass nur Stiftungen, die ausschließlich oder überwiegend der Förderung persönlicher Interessen dienen, darunter fallen.

1303 *Höfner-Byok*, Die Stiftung & Co. KG, S. 57 ff., weist auf die schwer vorhersehbaren Aktivitäten der Landesgesetzgeber hin.

1304 *Andrick/Suerbaum*, Stiftung und Aufsicht, § 4 Rn. 12.

anstellen darf[1305]. Der staatlichen Aufsicht ist es nicht gestattet, ihr Ermessen an die Stelle des Ermessens der Stiftungsorgane zu setzen[1306].

Bedeutende Grenze der Stiftungsaufsicht ist zudem der Stifterwille. Der in Zweck und Satzung festgehaltene Stifterwille setzt als oberste Richtschnur des Stiftungsrechts grundsätzlich auch der staatlichen Aufsicht Grenzen. Zwar kann der Stifter nicht unmittelbar die gesetzlich vorgesehenen Befugnisse der Stiftungsbehörde beschränken oder die Staatsaufsicht abbedingen[1307]. Will der Stifter die Kompetenzen der Stiftungsbehörde zurückdrängen, kann er aber in der Satzung Regelungen vorsehen, etwa die privatnützige Zwecksetzung oder die Einsetzung eines unabhängigen Kontrollorgans, die staatliche Eingriffe entbehrlich werden lassen[1308]. Denn für die Ausübung der Stiftungsaufsicht sind die Grundsätze der Subsidiarität und Verhältnismäßigkeit zu beachten[1309]. Wenn die Einhaltung von Stiftungszweck, Satzung und Gesetz im konkreten Fall durch unabhängige Beteiligte gewährleistet ist, kann sich die Erforderlichkeit der staatlichen Aufsicht deutlich reduzieren[1310]. Es ist daher ratsam, in der Stiftungssatzung neben dem Stiftungsvorstand ein Kontrollorgan vorzusehen, das den Vorstand überwachen und die Erfüllung des Stiftungszwecks gewährleisten soll[1311].

III. Zulässigkeitsaspekte im Einzelnen

Möglichen Bedenken, die sich im Hinblick auf die staatliche Stiftungsaufsicht konkret ergeben können, soll im Einzelnen nachgegangen werden. Erschwert wird die Prüfung dadurch, dass die Stiftungsaufsicht in den verschiedenen Bundesländern trotz deutlicher Fokussierung auf die Rechtsaufsicht unterschiedlich ausgestaltet ist[1312]. Zudem ist zu beachten, dass die Landesstiftungsgesetze bezüglich der vorgesehenen Maßnahmen regelmäßig keinen abschließenden Charakter haben[1313]. Aus diesem Grund werden im Rahmen einer Aufzählung verschiedene Aufsichtsinstrumente zusammengefasst und auf ihre Konsequenzen für die Zulässigkeitsfrage

1305 *Hof*, in: v. Campenhausen/Richter, Stiftungsrechts-Handbuch, § 10 Rn. 73, weist auf die Gefahr der Übergriffigkeit der Behörde hin, die sich durch zahlreiche unbestimmte Rechtsbegriffe in den Landesstiftungsgesetzen ergebe.

1306 *Hüttemann/Rawert*, in: v. Staudinger, BGB, Vor §§ 80 ff. Rn. 89.

1307 *Burgard*, Gestaltungsfreiheit im Stiftungsrecht, S. 216; *Hof*, in: v. Campenhausen/Richter, Stiftungsrechts-Handbuch, § 10 Rn. 80 f.; *Hüttemann/Rawert*, in: v. Staudinger, Vor §§ 80 ff. Rn. 90 m. w. N.

1308 *Hof*, in: v. Campenhausen/Richter, Stiftungsrechts-Handbuch, § 10 Rn. 81.

1309 *Hüttemann/Rawert*, in: v. Staudinger, Vor §§ 80 ff. Rn. 90; Burgard, Gestaltungsfreiheit im Stiftungsrecht, S. 209.

1310 *Hof*, in: v. Campenhausen/Richter, Stiftungsrechts-Handbuch, § 10 Rn. 80 ff.

1311 Vgl. *Höfner-Byok*, Die Stiftung & Co. KG, S. 106, 189.

1312 Statt vieler: *Burgard*, Gestaltungsfreiheit im Stiftungsrecht, S. 207 f.

1313 *Hof*, in: v. Campenhausen/Richter, Stiftungsrechts-Handbuch, § 10 Rn. 76.

untersucht. Die Sortierung orientiert sich an der Eingriffsintensität der behördlichen Maßnahme und ist diesbezüglich aufsteigend.

1. *Unterrichtungs- und Prüfungskompetenzen*

Grundlage der staatlichen Aufsichtstätigkeit sind die in den Stiftungsgesetzen vorgesehenen Informationsansprüche der Aufsichtsbehörden. Bei aller Unterschiedlichkeit der gesetzlichen Ausgestaltung können die Befugnisse dahingehend beschrieben werden, dass sich die Aufsichtsbehörde die zur Aufsicht notwendigen Informationen verschaffen kann. Während zahlreiche Stiftungsgesetze die Formel enthalten, dass sich die Stiftungsaufsicht über alle Angelegenheiten informieren darf[1314], schränken einige Bundesländer das Informationsrecht auf der Rechtsfolgenseite[1315], andere auf der Tatbestandsseite ein[1316]. Bedeutsam ist, dass die Informationsrechte der Stiftungsaufsicht allein der effektiven Rechtsaufsicht dienen und keine subjektiven Rechte Außenstehender begründen[1317].

Eng mit den Informationsansprüchen verknüpft ist die Kompetenz der Aufsichtsbehörde zur Prüfung der Stiftungsverwaltung. In zahlreichen Bundesländern wird den Stiftungsbehörden ausdrücklich eingeräumt, von einer eigenen Prüfung der Stiftung abzusehen und diese durch öffentlich bestellte Wirtschaftsprüfer, eine anerkannte Wirtschaftsprüfungsgesellschaft (oder eine andere Behörde) prüfen zu lassen[1318]. Nachdem es sich aber auch hierbei ausschließlich um eine Rechtsaufsicht handelt, besteht für ein Einschreiten der Stiftungsaufsicht kein Raum, solange die Prüfung ergibt, dass die handels- und steuerrechtlichen Vorschriften und die Grundsätze ordnungsgemäßer Buchführung beachtet werden[1319]. Im vorliegenden Zusammenhang ist besonders zu erwähnen, dass die Stiftungsbehörden zudem zu einer Veröffentlichung der Prüfungsergebnisse nicht befugt sind[1320]. Auch ist die Stiftungsbehörde ohne ausdrückliche Ermächtigung durch die Stiftung nicht dazu berechtigt, an Sitzungen der Stiftungsorgane teilzunehmen[1321].

1314 Art. 12 Abs. 3 BayStiftG, § 7 Abs. 2 StiftGBbg, § 12 S. 1 BremStiftG, § 6 Abs. 1 HmbStiftG, § 12 HessStiftG, § 5 StiftGMeVo, § 5 NdsStiftG, § 8 Ans. 2 StiftGSchlH, § 12 Abs. 3 StiftGThü, § 10 Abs. 2 SiftGSaAnh.

1315 § 9 Abs. 1 StiftGBaWü, § 11 Abs. 1 SaarlStiftG.

1316 § 7 Abs. 1 StiftGNRW, § 9 Abs. 3 StiftGRhPf.

1317 *Hof*, in: v. Campenhausen/Richter, Stiftungsrechts-Handbuch, § 10 Rn. 152.

1318 Art. 16 Abs. 4 BayStiftG, § 9 Abs. 2 BlnStiftG, § 7 Abs. 2 StiftGBbg, § 12 Abs. 1 BremStiftG, § 6 Abs. 1 HmbStiftG, § 12 HessStiftG, § 5 StiftGMeVo, § 11 Abs. 4 NdsStiftG, § 7 Abs. 3 StiftGNRW; § 9 Abs. 3 StiftGRhPf; § 11 Abs. 4 SaarlStiftG; § 7 Abs. 1 StiftGSa; § 10 Abs. 3 SiftGSaAnh; § 8 S. 2 StiftGSchlH.

1319 *Hof*, in: v. Campenhausen/Richter, Stiftungsrechts-Handbuch, § 4 Rn. 159; vgl. auch *Burgard*, Gestaltungsfreiheit im Stiftungsrecht, S. 206, der richtigerweise darauf hinweist, dass die Stiftungsaufsicht nicht die Einhaltung nicht stiftungsspezifischer Rechtsvorschriften des allgemeinen Rechtsverkehrs zu überwachen hat.

1320 *Hof*, in: v. Campenhausen/Richter, Stiftungsrechts-Handbuch, § 4 Rn. 171.

1321 *Ebersbach*, Handbuch des Deutschen Stiftungsrechts, S. 132.

Die allgemeinen Informations- und Prüfungsbefugnisse der Aufsichtsbehörde sind im Hinblick auf die Stellung der Stiftung in der Kommanditgesellschaft unbedenklich. Auch die mit diesen Maßnahmen korrespondierenden Auskunfts- und Anzeigepflichten, denen die beaufsichtigten Stiftungen grundsätzlich unterliegen, begegnen keinen Bedenken. Zwar können hier Geheimnisschutzinteressen hinsichtlich der Betriebs- und Geschäftsgeheimnisse des Unternehmens Konfliktpotential bieten. Denn in dieser Hinsicht ist grundsätzlich das Interesse einer Kommanditgesellschaft (und der übrigen Gesellschafter) anzuerkennen, dass die Einsicht in Geschäftsunterlagen nicht dazu führen darf, dass unnötig Interna der Gesellschaft solchen Außenstehenden offengelegt werden, die die dabei erlangten Informationen missbrauchen könnten[1322]. Diesem Interesse ist aber regelmäßig genüge getan, wenn die in den entsprechenden Stellen arbeitenden Berufsgruppen einer Verschwiegenheitspflicht unterliegen, die die Belange der Gesellschaft wahrt. Verstöße gegen die Verschwiegenheitspflicht sind sowohl hinsichtlich der Amtsträger in der Stiftungsbehörde als auch hinsichtlich der externen Dritten gemäß § 203 StGB mit Strafe bedroht[1323]. Zudem kommen den Angehörigen der Wirtschaftsprüfungsgesellschaft das Auskunftsverweigerungsrecht gemäß § 102 AO sowie die Zeugnisverweigerungsrechte der StPO und der ZPO zu. Die Situation ist also im Wesentlichen vergleichbar mit der eines jeden Kommanditgesellschafters, denn ihn trifft die Pflicht, gegenüber den Finanzbehörden die zur Steuerveranlagung erforderlichen Unterlagen und Informationen zur Verfügung zu stellen[1324]. Bedenken gegen die Zulässigkeit der Stiftung & Co. KG lassen sich daraus nicht begründen.

2. *Einwirkungsmöglichkeiten auf die Stiftungsorgane*

Im Sinne wirklicher aufsichtsrechtlicher Eingriffskompetenz sehen die meisten Landesstiftungsgesetze einen Maßnahmenkatalog vor, bei dem die am Grundsatz der Verhältnismäßigkeit orientierte Stufenfolge meist deutlich erkennbar ist. Die Beanstandung[1325] von Entscheidungen und Maßnahmen sowie die Ankündigung behördlicher Schritte greifen dabei kaum in die Autonomie der Stiftung ein. Bedeutender ist die in vielen Stiftungsgesetzen vorgesehene Aufhebung von Entscheidungen

1322 BGH, Urteil v. 28.05.1962, Az. II ZR 156/61, BB 1962, S. 899, 900.

1323 OLG Hamm, Urteil v. 24.06.1991, Az. 8 U 330/90, DStR 1992, S. 225 ff.

1324 Bei der Stiftung & Co. KG als Personengesellschaft liegt die steuerliche Rechtssubjektivität bei den Gesellschaftern, sodass auf Grundlage der Unternehmenszahlen der von der Personengesellschaft erwirtschaftete Gewinn unmittelbar anteilig bei dem einzelnen Gesellschafter erfasst wird, vgl. § 15 Abs. 1 S. 1 Nr. 2 EStG.

1325 Art. 12 Abs. 4 BayStiftG, § 9 Abs. 3 BlnStiftG, § 8 Abs. 1 StiftGBbg, § 13 Abs. 1 BremStiftG, § 6 Abs. 2 HmbStiftG, § 13 HessStiftG, § 6 StiftGMeVo, § 12 NdsStiftG, § 8 Abs. 1 StiftGNRW; § 9 Abs. 4 StiftGRhPf; § 12 SaarlStiftG; § 7 Abs. 2 StiftGSa; § 10 Abs. 4 SiftGSaAnh;§ 11 StiftGSchlH, § 12 Abs. 4 StiftGThü.

der Stiftungsorgane[1326]. Die Aufhebung ist materiell-rechtlich allerdings nur dann wirksam, wenn der beanstandete Vorgang tatsächlich und rechtlich noch rückgängig gemacht werden kann. Hat die Stiftung zwischenzeitlich Tatsachen geschaffen, sich etwa bindend verpflichtet, kann eine Rückgängigmachung nicht mehr verlangt werden[1327].

Problematischer erscheint, dass zahlreiche Stiftungsgesetze den Aufsichtsbehörden zugestehen, gesetzlich oder durch Satzung gebotene Maßnahmen, die ein Stiftungsorgan nicht trifft, verbindlich anzuordnen[1328] oder hoheitlich durchzuführen[1329]. Zudem ermächtigen fast alle Stiftungsgesetze die Aufsichtsbehörde, Mitgliedern von Stiftungsorganen zeitweilig die Ausübung ihrer Tätigkeit zu untersagen oder sie sogar abzuberufen[1330]. Im Hinblick auf die grundrechtlich geschützte Autonomie der Stiftung verlangen die Stiftungsgesetze hier allerdings das Vorliegen eines besonders wichtigen Grundes, insbesondere eine grobe Pflichtverletzung oder die Unfähigkeit zu ordnungsgemäßer Geschäftsführung. Auch hier gilt, dass die Aufsichtsbehörde bei Vorliegen eines stiftungseigenen Kontrollgremiums zunächst abzuwarten hat, ob die Missstände intern beseitigt werden[1331]. Mit dieser Eingriffsmöglichkeit eng verbunden ist die in einigen Landesstiftungsgesetzen vorgesehene Bestellung von Beauftragten oder Sachwaltern[1332].

Die Zulässigkeit der Stiftung & Co. KG in Zweifel ziehende Bedenken lassen sich auch aus diesen Befugnissen der Stiftungsbehörde nicht begründen. Konkret hat die Stiftungsbehörde sicherzustellen, dass die Komplementärstiftung dem Zweck der Unternehmensführung nachkommt und ihrerseits die nachhaltige Erfüllung des Stiftungszwecks verfolgt. Die Kompetenzgrenzen der staatlichen Aufsicht sind also einerseits dort erreicht, wo es mit Rücksicht auf die reine Rechtsaufsicht nicht mehr

1326 § 10 StiftGBaWü, § 9 Abs. 3 BlnStiftG, § 8 Abs. 1 StiftGBbg, § 13 Abs. 1 BremStiftG, § 6 Abs. 2 HmbStiftG, § 13 Abs. 1 HessStiftG, § 6 StiftGMeVo, § 12 NdsStiftG, § 8 Abs. 1 StiftGNRW; § 9 Abs. 4 StiftGRhPf; § 12 SaarlStiftG; § 7 Abs. 2 StiftGSa; § 10 Abs. 4 SiftGSaAnh; § 11 StiftGSchlH, § 12 Abs. 4 StiftGThü.

1327 *Höfner-Byok*, Die Stiftung & Co. KG, S. 67 f.; *Hof*, in: v. Campenhausen/Richter, Stiftungsrechts-Handbuch, § 10 Rn. 201.

1328 § 11 Abs. 1 StiftGBaWü, Art. 18 BayStiftG, § 9 Abs. 4 BlnStiftG, § 8 Abs. 2 StiftGBbg, § 13 Abs. 2 BremStiftG, § 6 Abs. 2 HmbStiftG, § 13 Abs. 2 HessStiftG, § 6 StiftG-MeVo, § 13 Abs. 1 NdsStiftG, § 8 Abs. 2 StiftGNRW; § 9 StiftGRhPf; § 13 Abs. 1 SaarlStiftG; § 7 Abs. 3 StiftGSa; § 10 Abs. 5 SiftGSaAnh;§ 12 StiftGSchlH, § 12 Abs. 4 StiftGThü.

1329 Siehe zu den Möglichkeiten der Verwaltungsvollstreckung und Ersatzvornahme: *Hof*, in: v. Campenhausen/Richter, Stiftungsrechts-Handbuch, § 10 Rn. 210 ff.

1330 § 12 Abs. 1 StiftGBaWü, Art. 13 BayStiftG, § 9 Abs. 5 BlnStiftG, § 9 Abs. 1 StiftGBbg, § 13 Abs. 3 BremStiftG, § 6 Abs. 3 HmbStiftG, § 15 HessStiftG, § 7 StiftGMeVo, § 14 Abs. 2 NdsStiftG, § 9 Abs. 2 StiftGNRW; § 9 Abs. 5 StiftGRhPf; § 14 SaarlStiftG; § 7 Abs. 4 StiftGSa; § 10 Abs. 7 SiftGSaAnh; § 13 StiftGSchlH, § 12 Abs. 5 StiftGThü.

1331 *Hof*, in: v. Campenhausen/Richter, Stiftungsrechts-Handbuch, § 10 Rn. 223.

1332 § 6 Abs. 4 HmbStiftG; § 8 StiftGMeVo; § 9 Abs. 3 StiftGNRW; § 9 Abs. 6 StiftGRhPf; § 16 SaarlStiftG; § 14 StiftGSchlH, § 16 HessStiftG.

um den Verstoß gegen Zweck, Satzung und andere Rechtsvorschriften, sondern um ökonomische, das Wirtschaftsunternehmen betreffende Entscheidungen geht. Andererseits sind der Stiftungsaufsicht dort Grenzen gesetzt, wo das Tätigwerden über die juristische Person hinaus auf das Umfeld der Stiftung ausgedehnt werden soll. Denn die staatliche Aufsicht über die Beteiligungsträgerstiftung erstreckt sich von vornherein nicht auf die Personengesellschaft, auch wenn deren Anteile ausschließlich von der Stiftung gehalten werden[1333]. Die unausweichliche Präsenz der behördlichen Stiftungsaufsicht bei jeder Stiftung (& Co. KG) führt also schon deswegen nicht zu einem Konflikt mit den Strukturen der Kommanditgesellschaft, weil die behördliche Kompetenz nicht bis zu dieser reicht[1334].

Es gilt zudem, die Eigenständigkeit der Rechtspersönlichkeit der Stiftung in der Kommanditgesellschaft in die Betrachtung einzubeziehen. Die Maßnahmen der Stiftungsbehörde betreffen zwar die Autonomie, nicht aber die Integrität der Stiftung. Die Autonomie der Stiftung ist in erster Linie eine Frage der betriebswirtschaftlichen Eignung der Stiftung als Komplementärin[1335]. In einer atypischen GmbH & Co. KG, in der die Gesellschafter der GmbH und die Kommanditisten personenverschieden sind, besteht ebenfalls die Möglichkeit, dass die Absichten und Vorgaben der hinter der GmbH stehenden Gesellschafter mit denen der Kommanditisten in Konflikt geraten. Eine Unzulässigkeit der Verbindung an sich wird daraus nicht hergeleitet. Die Integrität der Komplementärstiftung ist trotz der Befugnisse der Stiftungsaufsicht gewahrt.

3. Zweckänderung durch Stiftungsbehörde

Nach § 87 Abs. 1 BGB ist die zuständige Stiftungsbehörde dazu berechtigt, den Stiftungszweck zu ändern, wenn die Erfüllung des Stiftungszwecks unmöglich geworden oder das Gemeinwohl gefährdet ist. Daneben sehen manche Landesstiftungsgesetze eigene Regelungen über die behördliche Zweckänderung vor, indem sie als zusätzliche materielle Änderungsvoraussetzung den „wesentlichen Wandel der Verhältnisse" nennen[1336]. Auch die Möglichkeit von Zweck- oder Satzungsänderungen durch die Stiftungsorgane ist in verschiedenen Landesstiftungsgesetzen enthalten[1337]. Gegen diese landesrechtlichen Vorschriften wird von einem (größer werdenden) Teil des

1333 *Ihle*, RNotZ 2009, S. 557, 567.

1334 Selbst wenn man annehmen wollte, dass die stiftungsbehördliche Befugnis auch innerhalb der Kommanditgesellschaft unmittelbar Wirkung entfaltet, wäre immer noch zu prüfen, ob sich nicht die übrigen Gesellschafter im Rahmen ihrer gesellschaftsrechtlichen Gestaltungsfreiheit damit einverstanden erklären könnten.

1335 Dazu bereits ausführlich *Höfner-Byok*, Die Stiftung & Co. KG, S. 57 ff.

1336 Vgl. § 8 Abs. 1 BremStiftG; § 6 Satz 2 StiftGBaWü; § 7 Abs. 4 HmbStiftG; § 9 Abs. 2 HessStiftG; § 9 Abs. 1 StiftGMeVo; § 9 StiftGSa.

1337 § 5 BlnStiftG; § 10 Abs. 1 StiftGBbg; § 8 BremStiftG; § 7 Abs. 1 HmbStiftG; § 11 StiftGMeVo; § 7 NdsStiftG; § 5 StiftGNRW; § 8 StiftGRhPf; § 7 SaarlStiftG; § 9 Abs. 2 StiftGSaAnh; § 5 StiftGSchlH.

stiftungsrechtlichen Schrifttums vorgebracht, sie seien verfassungswidrig. In diesem Fall würden die landesrechtlich vorgesehenen Zweckänderungskompetenzen schon aus diesem Grund nicht gegen die Zulässigkeit der Stiftung & Co. KG sprechen.

a) Zulässigkeit landesrechtlicher Vorschriften

(aa) Einführung

Im Hinblick auf die Zulässigkeit der legislativen Tätigkeit des Landesgesetzgebers neben der bundesgesetzlichen Regelung stellt sich die Frage nach der Gesetzgebungskompetenz der Länder. Die hier weniger interessierende Frage der Verfassungsmäßigkeit der maßgeblichen Norm des Bundesrechts, hier § 87 BGB, prüft *Happ* ausführlich und zeigt[1338], dass anhand der Entstehungsgeschichte nachvollzogen werden kann, dass es sich bei dieser Regelung nicht um einen Teil des Aufsichtsrechts handeln sollte, das dem öffentlichen Recht und somit dem Landesgesetzgeber zuzuweisen wäre. Vielmehr interpretierte der historische Gesetzgeber den § 87 BGB als eine Ausgestaltung des Prinzips der gemeinwohlkonformen Allzweckstiftung[1339].

Wird dem bundesgesetzlichen § 87 BGB abschließende Wirkung gegenüber einer landesgesetzlichen Normierung beigemessen[1340], sind die entsprechenden Normen der Landesgesetze verfassungswidrig und zu entfernen[1341]. Überwiegend wird jedoch vorgebracht, für die Zulässigkeit würde sprechen, dass diese Regelungen unterschiedliche Sachverhalte erfassten[1342]. So beträfe § 87 BGB nur die Zweckänderung und Auflösung auf Initiative der Stiftungsaufsicht, mithin ausschließlich hoheitliche Maßnahmen. Folglich würde § 87 BGB nur insoweit abschließend wirken[1343]. Bezüglich autonomer Zweckanpassungen durch die Stiftungsorgane enthalte die Vorschrift keine Aussage, so dass hier der Landesgesetzgeber tätig werden dürfe.

1338 *Happ*, Stifterwille und Zweckänderung, S. 139 ff.

1339 *Happ*, Stifterwille und Zweckänderung, S. 139 ff.

1340 Gemäß Art. 74 Abs. 1 Nr. 1 GG ist das Stiftungsrecht als Teil des bürgerlichen Rechts Gegenstand der konkurrierenden Gesetzgebung. Das bedeutet, dass der Landesgesetzgeber auf diesem Gebiet nur Gesetze erlassen kann, soweit (sachlich) und solange (zeitlich) noch keine bundesgesetzliche Normierung vorliegt. Vgl. *Maunz*, in: Maunz/Dürig, Grundgesetz, Art. 74 Rn. 14.

1341 *Backert*, in: Bamberger/Roth, BGB, § 87 Rn. 2 f.; *Muscheler*, Stiftungsrecht, S. 375, fordert ausdrücklich die Entfernung aus den Landesstiftungsrechten; vgl. auch *Hüttemann/Rawert*, in: v. Staudinger, BGB, § 87 Rn. 12, und *Kronke*, Stiftungstypus und Unternehmensträgerstiftung, S. 76.

1342 Vgl. *v. Hippel*, Grundprobleme von Nonprofit-Organisationen, S. 183; *Schauhoff*, in: Handbuch der Gemeinnützigkeit, § 3 Rn. 60; *Schlüter*, Stiftungsrecht zwischen Privatautonomie und Gemeinwohlbindung, S. 337; *Schwintek*, Vorstandskontrolle in rechtsfähigen Stiftungen bürgerlichen Rechts, S. 146; *O. Werner*, in: Erman, BGB, § 85 Rn. 4; *Hof*, in: v. Campenhausen/Richter, Stiftungsrechts-Handbuch, § 7 Rn. 131 ff.

1343 Vgl. *Happ*, Stifterwille und Zweckänderung, S. 143.

(bb) Wortlaut des § 85 BGB

Diese Beurteilung der kompetenzrechtlichen Zulässigkeit der ergänzenden Vorschriften der Landesgesetze kann nicht überzeugen. Es fehlt bereits an einer Ermächtigung des Landesgesetzgebers, einen Gegenstand der konkurrierenden Gesetzgebung (Art. 74 Abs. 1 Nr. 1 GG), den der Bundesgesetzgeber bereits umfassend geregelt hat, zu ergänzen. Denn solche Ergänzungen durch das Landesrecht sind nur zulässig, wenn sie ausdrücklich vorbehalten wurden[1344]. Die für das Stiftungsrecht maßgebliche Vorschrift des § 85 BGB[1345] enthält aber bereits keinen Vorbehalt hinsichtlich der Änderung des Stiftungszwecks[1346]. Dies ist aus dem Wortlaut des § 85 BGB zu entnehmen, der die Landesgesetzgeber in Bezug auf die *Stiftungsverfassung* ermächtigt. Der Gesetzgeber unterscheidet allerdings zwischen Stiftungsverfassung und Stiftungszweck, wie in § 87 Abs. 2 S. 2 BGB deutlich wird, in dem die Möglichkeit einer behördlichen Verfassungsänderung eröffnet wird, soweit *„die Umwandlung des Zweckes es erfordert"*. Wenn bei einer Umwandlung des Stiftungszwecks auch die Verfassung der Stiftung geändert werden darf, soweit dies erforderlich ist, dann kann nicht die Zweckumwandlung selbst Bestandteil der Verfassung sein, sondern geht der Verfassungsanpassung zwingend voraus[1347]. Soweit in § 85 BGB nur die *Verfassungsänderung* genannt ist, meint der Gesetzgeber also nur die einfache *Satzungsänderung*.

(cc) Abschließende bundesgesetzliche Vorgabe

Darüber hinaus ist das Fehlen einer Befugnis der Bundesländer, Vorschriften über die Zweckänderung zu erlassen, auch insofern folgerichtig, als § 87 BGB eine abschließende bundesgesetzliche Vorgabe enthält, die abweichenden und ergänzenden Regelungen der Landesgesetzgeber grundsätzlich im Wege steht. So ging bereits der historische Gesetzgeber davon aus, mit § 87 BGB, der durch die Stiftungsrechtsreform nur redaktionell, aber nicht materiell überarbeitet wurde[1348], eine abschließende Regelung getroffen zu haben[1349]. Denn bei einer Gesamtbetrachtung des § 87 BGB zeigt sich, dass der Gesetzgeber auch in dieser Vorschrift – wie im gesamten Stiftungsrecht – ausdrücklich auf die Maßgeblichkeit des Stifterwillens abstellt. Wenn in Abs. 2 vorgeschrieben wird, dass selbst bei einer Zweckänderung[1350]

1344 *Kunig*, in: v. Münch/Kunig, Grundgesetz, Art. 72 Rn. 13; *Maunz*, in Maunz/Dürig, Grundgesetz, Art. 74 Rn. 55.

1345 Die Vorschrift sollte den Ländern die zivilrechtliche Regelungskompetenz auf dem Gebiet des Stiftungsrechts sichern, vgl. *Muscheler* ZSt 2004, S. 3 ff.

1346 *Muscheler*, Stiftungsrecht, S. 299, 375; ders. ZSt 2004, S. 3, 5. A.A. *Ebersbach*, Handbuch des Deutschen Stiftungsrechts, S. 90 f.

1347 *Muscheler*, Stiftungsrecht, S. 375.

1348 *Hüttemann/Rawert*, in: v. Staudinger, BGB, § 87 Rn. 2; vgl. auch BT-Drucks. 14/8765, S. 12: „zeitgemäßer".

1349 *Happ*, Stifterwille und Zweckänderung, S. 142.

1350 Der Gesetzgeber verwendet Änderung und Umwandlung des Zwecks synonym.

wegen Unmöglichkeit oder Gemeinwohlgefährdung die Wertungen des Stifterwillens zu berücksichtigen sind, wird deutlich, dass der Gesetzgeber mit § 87 BGB das Spannungsverhältnis zwischen Stifterwillen und dem Schutzinteresse Dritter im Rechtsverkehr und des Staates aufzulösen versucht. Die Vorschrift stellt also eine einfachgesetzliche Ausgestaltung des Grundrechts auf Stifterfreiheit dar. Sie ist das Ergebnis eines Abwägungsvorgangs, in dem der Schutz des Stifterwillens mit dem Interesse der Allgemeinheit an einem funktionierenden Stiftungswesen[1351] und dem Schutz des Rechtsverkehrs abgewogen wurde. Eine Zweckänderung aus weniger gewichtigen Gründen als der Gemeinwohlgefährdung und der Unmöglichkeit rechtfertigt nach Wertung des historischen Gesetzgebers einen Eingriff in den Stifterwillen nicht[1352]. Die durch den Gesetzgeber vorgenommene Abwägung ergibt, dass der Schutz des Stifterwillens lediglich in den beiden Ausnahmefällen der Unmöglichkeit und der Gemeinwohlgefährdung zurücktreten muss[1353]. Ein dritter Aufhebungs- oder Zweckänderungsgrund, wie etwa die Anpassung an gewandelte Verhältnisse, ist also mit Absicht nicht in § 87 BGB aufgenommen[1354]. Das BGB enthält folglich eine abschließende Regelung, sodass die landesrechtlichen Regelungen verfassungswidrig sind.

(dd) Ergebnis

Im Ergebnis ist also festzuhalten, dass – vorbehaltlich einer Zulässigkeit satzungsmäßiger Zweckänderungsbefugnisse[1355] – eine Zweckänderung nur auf der Grundlage des § 87 BGB zulässig ist. Die landesrechtlich vorgesehenen Zweckänderungsbefugnisse der Stiftungsbehörden können demnach keine Auswirkungen auf die Zulässigkeitsfrage haben.

b) Konsequenzen für die Stiftung & Co. KG?

Es bleibt allein die Frage, ob die in § 87 BGB vorgesehene Befugnis zur Änderung des Stiftungszwecks durch die Stiftungsbehörde Bedenken gegen die Zulässigkeit der Stiftung & Co. KG begründet. Letztlich ist eine Komplementärstiftung, deren Zweck durch die Stiftungsbehörde geändert wurde, nicht anders zu beurteilen als ein natürlicher Komplementär, der das Interesse an der Kommanditgesellschaft verloren hat, oder eine Komplementärgesellschaft, deren Gesellschafter vom Interesse der Kommanditgesellschaft abweichende Absichten hegen. Diese Interessen- oder sogar Zielkonflikte sind mit den Mitteln des Gesellschaftsrechts zu lösen, z. B. des Ausschlusses des Komplementärs durch Mehrheitsbeschluß der Gesellschafterversammlung oder – als ultima ratio – durch Kündigung der Gesellschaft.

1351 *Happ*, Stifterwille und Zweckänderung, S. 143.
1352 Vgl. *Happ*, Stifterwille und Zweckänderung, S. 143 f.
1353 *Happ*, Stifterwille und Zweckänderung, S. 144.
1354 *Happ*, Stifterwille und Zweckänderung, S. 144; *Strickrodt*, Stiftungsrecht, S. 102.
1355 Zu der Zulässigkeit eingehend *Happ*, Stifterwille und Zweckänderung, S. 92 ff.; *Burgard*, Gestaltungsfreiheit im Stiftungsrecht, S. 345 ff.

4. *Beschränkung der Handlungsfreiheit der Stiftung*

a) *Anzeigepflicht und Genehmigungsvorbehalt*

In manchen Bundesländern statuieren die Stiftungsgesetze[1356] für bestimmte, für die Stiftung besonders gewichtige oder riskante Rechtsgeschäfte eine Pflicht zur Anzeige eines (geplanten) Geschäfts gegenüber der Stiftungsbehörde[1357]. Zwar erschöpft sich nach der Rechtsprechung des Bundesverwaltungsgerichts[1358] auch im Hinblick auf die Anzeigepflichten und den Genehmigungsvorbehalt die Befugnis der Behörde in der Rechtsaufsicht, sodass ihr Zweckmäßigkeitserwägungen verwehrt bleiben und Prüfungsmaßstab allein die Erfüllung des Stiftungszwecks im Rahmen der Gesetze sein darf[1359]. Zu einer erheblichen Beschränkung der Dispositionsfreiheit der Stiftung werden diese Regelungen dadurch, dass ein anzeigepflichtiges Rechtsgeschäft erst dann durchgeführt werden darf, wenn die Aufsichtsbehörde seine Rechtsmäßigkeit bestätigt oder es nicht innerhalb einer bestimmten Frist beanstandet hat[1360]. Erfolgt die Anzeige nicht oder wird die Zustimmung versagt, so ist das Rechtsgeschäft unwirksam. Weiterreichender ist die nur noch in Art. 19 BayStiftG vorgesehene Genehmigungsbedürftigkeit bestimmter Rechtsgeschäfte.

Zwar sehen die entsprechenden Vorschriften bei Vorliegen einer privatnützigen[1361] Stiftung bzw. einer reinen Familienstiftung[1362] Ausnahmen vor. Nachdem aber nicht garantiert ist, dass eine Komplementärstiftung stets unter diese Ausnahme subsumiert werden kann, soll diesen Beschränkungen besonders nachgegangen werden.

1356 § 7 Abs. 2 StiftGNRW, § 13 StiftGBaWü, § 9 StiftGSchlH.

1357 Diese Beschränkungen der Handlungsfreiheit sind zu Recht verfassungsrechtlichen Bedenken ausgesetzt, vgl. *Hof*, in: v. Campenhausen/Richter, Stiftungsrechts-Handbuch, § 4 Rn. 148 f. *Burgard*, Gestaltungsfreiheit im Stiftungsrecht, S. 243 f., spricht sich dafür aus, die Vorschriften verfassungskonform dahingehend auszugelegen, dass sie nur die Geschäftsführungsbefugnis des Vorstands beschränken. Nach anderer Ansicht (vgl. Backert, in: Bamberger/Roth, BGB, § 86 Rn. 3a) ist der Anwendungsbereich dieser Vorschriften bei verfassungskonformer Auslegung des § 86 BGB auf die Stiftungen des öffentlichen Rechts zu beschränken. Denn eine Beschränkung der Vertretungsmacht könne nach §§ 86, 26 Abs. 1 S. 3 BGB nur durch die Satzung erfolgen. Eine darüber hinausgehende Regelung des Umfangs der Vertretungsmacht durch die Stiftungsverfassung, zu der nach § 85 BGB auch das Landesrecht gehört, lässt die bundesgesetzliche (abschließende) Regelung des § 86 nicht zu. Für landesrechtliche Bestimmungen fehle den Ländern daher nach Art. 72 Abs. 1 GG die Gesetzgebungszuständigkeit.

1358 BVerwG, Urteil v. 22.09.1972, Az. BVerwG VII C 27.71, BVerwGE 40, S. 347 ff.

1359 *Hof*, in: v. Campenhausen/Richter, Stiftungsrechts-Handbuch, § 8 Rn. 266 f.

1360 *Hof*, in: v. Campenhausen/Richter, Stiftungsrechts-Handbuch, § 4 Rn. 149.

1361 § 7 Abs. 4 StiftGNRW.

1362 § 13 Abs. 2 StiftGBaWü.

b) Auswirkungen für Geschäfte im Namen der Kommanditgesellschaft?

Namentlich *Höfner-Byok* geht davon aus, dass diese aufsichtsrechtlichen Vorbehalte nicht nur dann gelten, wenn die Stiftung diese Geschäfte in eigenem Namen tätigt, sondern auch dann, wenn die Stiftung diese Rechtsgeschäfte für die KG durchführt[1363]. Dies ergebe sich aus der Wertung des § 128 HGB, nach dem der Komplementär für die Erfüllung der Verbindlichkeiten der KG persönlich haftet. Die persönliche Einstandspflicht müsse – so *Höfner-Byok* weiter – aus stiftungsrechtlicher Sicht dazu führen, dass sich die stiftungsrechtliche Genehmigungspflicht auch auf die für die Kommanditgesellschaft getätigten Rechtsgeschäfte erstreckt[1364].

Zunächst ist festzuhalten, dass spezifisch auf die Stiftung zugeschnittene Tatbestandsalternativen – wie die Genehmigungsbedürftigkeit einer Zustiftung[1365] – bei der Stiftung & Co. KG schon naturgemäß keine Bedeutung haben können. Die Argumentation erweist sich aber auch im Übrigen als nicht durchgreifend. Sie übersieht die Trennlinie zwischen Haftung für Gesellschaftsverbindlichkeiten einerseits und Begründung von Gesellschaftsverbindlichkeiten andererseits. Entscheidend ist ein Blick auf die Vertretungsmacht des Komplementärs: So kann auch ein Geschäftsunfähiger oder in der Geschäftsfähigkeit Beschränkter nach allgemeiner Ansicht persönlich haftender Gesellschafter einer Personengesellschaft sein[1366]. Die gesetzlichen Begrenzungen der Vertretungsmacht des gesetzlichen Vertreters (vgl. §§ 1641, 1643, 1804, 1821 Nr. 1 und 3, 1822 Nr. 9–11 BGB) sollen dabei jedoch keine Wirkung gegenüber den Geschäftspartnern der Gesellschaft entfalten[1367]. Da das Rechtsgeschäft unmittelbar gegenüber der Gesellschaft wirke, werde nur sie vertreten[1368], sodass der gesetzliche Vertreter des Geschäftsunfähigen für die im Namen der Personengesellschaft getätigten Geschäfte keine familien- oder vormundschaftliche Genehmigung benötige[1369]. Werden diese Grundsätze auf die Vertretung einer Kommanditgesellschaft durch die (behördlich beaufsichtigte) Stiftung übertragen, können die Anzeige- bzw. Genehmigungsvorbehalte bei Handeln des Stiftungsvorstands im Namen der Personengesellschaft keine Wirkung gegenüber

---

1363 *Höfner-Byok*, Die Stiftung & Co. KG, S. 65.

1364 *Höfner-Byok*, Die Stiftung & Co. KG, S. 65.

1365 Art. 19 Nr. 1 BayStiftG.

1366 *Hillmann*, in: Ebenroth/Boujong/Joost/Strohn, HGB, § 125 Rn. 48; *Scheel*, in: Gummert/Weipert, MünchnerHandbuch GesR Bd. 2, § 9 Rn. 19; *Haas*, in: Röhricht/v. Westphalen/Haas, HGB, § 125 Rn. 18.

1367 BGHZ 38, 26, 29; *Haas*, in: Röhricht/v. Westphalen/Haas, HGB, § 125 Rn. 18.

1368 Die Vorschrift des § 165 BGB, nach der an sich die Minderjährigkeit oder sonstige beschränkte Geschäftsfähigkeit des Vertreters der Gültigkeit der Willenserklärung (die er als Vertreter abgibt) nicht entgegensteht, soll in diesem Fall keine Anwendung finden, weil der minderjährige Komplementär als Gesellschafter selbst von seiner Willenserklärung betroffen ist, sodass der Minderjährigenschutz vorgehen muss, vgl. *Haas*, in: Röhricht/v. Westphalen/Haas, HGB, § 125 Rn. 18; *Scheel*, in: Gummert/Weipert, MünchnerHandbuch GesR Bd. 2, § 9 Rn. 19.

1369 *Haas*, in: Röhricht/v. Westphalen/Haas, HGB, § 125 Rn. 18.

Geschäftspartnern der Stiftung & Co. KG haben[1370]. In diesem spezifischen Kontext gibt es keine Bedenken gegen die (lediglich) akzessorische Verpflichtung der Stiftung durch die Vertreter. Eine jeweilige, spezifisch für das im Namen der Kommanditgesellschaft abgeschlossene Rechtsgeschäft einzuholende Genehmigung ist daher nicht erforderlich. Dafür sprechen auch folgende Erwägungen: Die Anzeige- bzw. Genehmigungsvorbehalte bezwecken in erster Linie den Schutz des Stiftungsvermögens vor solchen Rechtsgeschäften, die einen (erheblichen) Teil des Stiftungsvermögens und dadurch die dauerhafte und nachhaltige Zweckerfüllung gefährden können. Sie sind also insbesondere landesgesetzliche Konkretisierung des Vermögenserhaltungsgrundsatzes. Nachdem dieser Grundsatz, wie an anderer Stelle gezeigt, bei der Komplementärstiftung nicht zur Geltung gelangt, sprechen auch Sinn und Zweck der Anzeige- bzw. Genehmigungsvorbehalte nicht gegen eine Übertragung der familienrechtlichen Wertungen.

IV. Zusammenfassung und Ergebnis

Obwohl die behördliche Aufsicht über die Stiftung eine gewichtige Sonderrolle im deutschen Privatrecht einnimmt, ist sie mit dem Recht der Kommanditgesellschaft vereinbar. Richtig ist, dass sie Anlass zu (sicherlich nicht unwesentlichen) Zweckmäßigkeitserwägungen bietet. Die Zulässigkeit der Stiftung & Co. KG als solche berührt die staatliche Eingriffskompetenz aber nicht. Auch die noch vorzufindenden Beschränkungen der Handlungsfreiheit der Stiftung entfalten bei ihrer Übernahme der Komplementärstellung keine Wirkung.

D. Beschränkung der Organvertretungsmacht

I. Problemstellung

Besonderheiten ergeben sich bei der Stiftung & Co. KG auch an anderer Stelle im Hinblick auf die Vertretung der Gesellschaft nach außen. Soweit der Stiftung als persönlich haftende Komplementärin nach §§ 126 Abs. 1, 170 HGB kraft Gesetzes die Vertretung der Personengesellschaft zusteht, ordnet das Handelsgesellschaftsrecht in § 126 Abs. 2 HGB zwingend die Unbeschränkbarkeit der Vertretungsmacht für die Kommanditgesellschaft an. Der handelsrechtliche Grundsatz der Unbeschränkbarkeit der Organvertretungsmacht dient dabei in erster Linie dem Gläubiger- und Verkehrsschutz. Demgegenüber ermöglichen die speziellen stiftungsrechtlichen Vertretungsregeln in §§ 86 S. 1, 26 Abs. 1 S. 2 BGB die gewillkürte Begrenzung der Vertretungsmacht des Stiftungsvorstands in der Satzung[1371]. Die Vertretungsmacht

---

1370 In diesem Sinne *Schwake*, Kapital und Zweckerfüllung bei Unternehmensstiftungen, S. 171, zu satzungsmäßigen Beschränkungen der Vertretungsmacht gemäß § 26 Abs. 1 S. 2 BGB.

1371 Davon zu unterscheiden ist die im Schrifttum lange Zeit kontrovers diskutierte und immer noch nicht gänzlich überwundene Frage, ob sich eine Beschränkung

des Vorstands kann zum einen sachlich für bestimmte Geschäfte oder Arten von Geschäften oder der Höhe nach beschränkt werden[1372]. Für den Fall einer Beschränkung in der Satzung gab *Schwindhelm* zu bedenken, dass sich die Kommanditgesellschaft grundsätzlich gegenüber den Geschäftspartnern darauf berufen könne, sie sei nicht rechtswirksam verpflichtet worden[1373]. Da dem Stiftungsvorstand als „Vertreter-Vertreter" der KG aufgrund der Vorgaben der Stiftungssatzung die erforderliche Vertretungsmacht zur Vertretung der Stiftung und in dieser Konsequenz zur Vertretung der Kommanditgesellschaft fehle, würde dies im Konflikt mit den Wertungen des § 126 Abs. 2 HGB stehen.

Der Gegensatz dieser unterschiedlichen gesetzlichen Konzepte führt also zu der Frage, ob – und gegebenenfalls mit welcher Begründung – der handelsgesellschaftsrechtliche Grundsatz der Unbeschränkbarkeit der Vertretungsmacht im Interesse von Rechtssicherheit und -klarheit auch dann gelten soll, wenn die Gesellschaft durch eine Stiftung vertreten wird. Wie diese Kollision der unterschiedlichen Regeln des Handelsrechts im Vergleich zu denen des Stiftungsrechts aufgelöst werden kann, ist bislang weitgehend ungelöst. In methodischer Hinsicht lässt sich bei sorgfältiger Differenzierung von der vorstehend aufgeworfenen Fragestellung die Folgefrage der Registerpublizität der Vertretungsverhältnisse unterscheiden[1374]. Denn erst in einem zweiten Schritt ist zu prüfen, ob und wie die Vertretungsverhältnisse bei einer Stiftung & Co. KG ins Handelsregister einzutragen sind. Obgleich einige zu diesem Themenkomplex ergangene Stellungnahmen die Beantwortung beider Fragen verbinden, ist eine möglichst differenzierende Betrachtung vorzugswürdig.

II. Verschiedene Lösungsansätze

Die im Hinblick auf die Beschränkung der Organvertretungsmacht des Stiftungsvorstands einer Komplementärstiftung vertretenen Ansichten lassen sich im Wesentlichen wie folgt sortieren.

1. *Verdrängung des Stiftungsrechts durch die Spezialregelung des § 126 Abs. 2 HGB*

Schwake geht davon aus, dass für die Vertretung der Stiftung & Co. KG durch die Komplementärstiftung gewillkürte Begrenzungen in der Vertretungsmacht des Stiftungsvorstands im Rahmen der gesellschaftsrechtlichen Organstellung keine

der Vertretungsmacht des Stiftungsvorstands schon aus den vom Stiftungszweck vorgegebenen Grenzen ergeben soll.

1372 *Burgard*, Gestaltungsfreiheit im Stiftungsrecht, S. 246 ff.

1373 Vgl. dazu *Höfner-Boyk*, Die Stiftung & Co.KG, S. 44 ff., die *Malte Schwindhelm* aus dessen Manuskript zur öffentlichen Antrittsvorlesung an der Universität Osnabrück vom 21.01.1988 zitiert.

1374 So auch deutlich *Höfner-Boyk*, Die Stiftung & Co. KG, S. 44 f., 46 f.

Wirkung entfalten[1375]. Die Vorschrift des § 126 Abs. 2 HGB sei zwingend und könne nicht dadurch umgangen werden, dass die Gesellschaft durch eine Stiftung vertreten wird[1376]. Denn der Stiftungsvorstand werde für die Gesellschaft tätig, sodass er allein deren Vertretungsorgan sei und die Beschränkungen im Verhältnis zur Stiftung für die Vertretung der Gesellschaft keine Bedeutung erlange[1377]. Maßgeblich sei dann allein das Vertretungsrecht der Gesellschaft[1378].

2. Analogie zur Unbeschränkbarkeit bei Handelsgesellschaften

Nach einer im Vordringen befindlichen Ansicht sollte sich eine Stiftung, sobald sie in Form eines Unternehmens auftritt, in entsprechender Anwendung der handelsrechtlichen Bestimmungen Dritten gegenüber auf eine gewillkürte Beschränkung

---

1375 *Schwake*, Kapital und Zweckerfüllung bei Unternehmensstiftungen, S. 170.

1376 So ausdrücklich *Schwake*, Kapital und Zweckerfüllung bei Unternehmensstiftungen, S. 170 f., der die Argumentation auf den Fall der Beteiligungsträgerstiftung bezieht. Dort geht aus Fn. 822 hervor, dass er nur im Fall der Unternehmensträgerstiftung zur analogen Anwendung der § 82 Abs. 1 AktG, § 37 Abs. 2 GmbHG, § 27 Abs. 2 GenG zurückgreifen will.

1377 *Schwake*, Kapital und Zweckerfüllung bei Unternehmensstiftungen, S. 171.

1378 Für dieses Verständnis spreche – so *Schwake* weiter – auch eine sinngemäße Übertragung der Wertungen, die zur Wahrnehmung der Vertretung durch einen geschäftsunfähigen respektive beschränkt geschäftsfähigen Gesellschafter entwickelt worden seien; siehe dazu bereits oben § 9C.III, S.258 f. Schon *Höfner-Byok* (Die Stiftung & Co.KG, S. 45) hatte die Situation mit der eines minderjährigen Komplementärs verglichen, bei dem die gesetzlichen Schranken der Vertretungsmacht des gesetzlichen Vertreters des Minderjährigen ebenfalls keine Wirkung gegenüber den Geschäftspartnern der Personengesellschaft entfalte. Diesem Hinweis von *Schwake* und *Höfner-Boyk* kommt allerdings hinsichtlich der hier untersuchten satzungsmäßigen Vertretungsmachtbeschränkungen keine Überzeugungskraft zu. Bei sorgfältiger Betrachtung der beiden Grundkonstellationen fällt schnell auf, dass für eine Übertragung der familienrechtlichen Wertungen auf die satzungsmäßige Beschränkung der Vertretungsbefugnis keine Möglichkeit besteht. Bei den Vorschriften der §§ 1641, 1643, 1804, 1821 Nr. 1 und 3, 1822 Nr. 9–11 BGB handelt es sich um ein abstrakt-generelles Schutzregime, das natürliche Personen, die geschäftsunfähig oder zumindest in ihrer Geschäftsfähigkeit beschränkt sind, vor ihrem Vertreter schützen soll. Anders liegen die Dinge aber bei der satzungsmäßigen Beschränkung der Vertretungsmacht bei der Stiftung: Sieht die Satzung eine Beschränkung der Vertretungsmacht nach §§ 86 S. 1, 26 Abs. 2 S. 2 BGB vor, handelt es sich also um eine konkret auf den Einzelfall zugeschnittene Regelung. Die Beschränkung betrifft also nicht abstrakt-generell jede geschäftsunfähige Person, sondern die für den Einzelfall errichtete und in Ansehung ihrer Stellung als Komplementärin ausgestaltete Stiftung. In diesem konkreten Fall muss dann aber der Wille des Stifters zur Beschränkung, weil er gerade angesichts dieses Einsatzzwecks bestimmt ist, überwiegen und darf in der Abwägung nicht gegen abstrakte Verkehrsschutzinteressen zurücktreten.

der Vertretungsmacht nicht berufen dürfen[1379]. Mit der Teilnahme von Stiftungen am Rechts- bzw. Wirtschaftsverkehr gehe das gleiche (erhöhte) Verkehrsschutzbedürfnis einher, welches den Gesetzgeber bei den Personenhandels- und Partnerschaftsgesellschaften sowie im Kapitalgesellschafts- und Genossenschaftsrecht veranlasst habe, die Beschränkung der Vertretungsmacht auszuschließen, §§ 126 Abs. 2, 161 Abs. 2 HGB, § 7 Abs. 3 PartGG, § 82 Abs. 1 AktG, § 37 Abs. 2 GmbHG, § 27 Abs. 2 GenG. Eine für den Analogieschluss erforderliche planwidrige Regelungslücke soll darin gesehen werden, dass eine handelsrechtlich relevante wirtschaftliche Betätigung von Stiftungen in einem Umfang, der einen Regelungsbedarf erzeugt hätte, bei der Kodifikation des BGB nicht abzusehen gewesen sein soll[1380]. Bei Stiftungen, die ein Handelsgewerbe betreiben, könne nur durch eine entsprechende Anwendung der genannten Vorschriften den Bedürfnissen des Handelsverkehrs Rechnung getragen und der Schutz Dritter in notwendigem Umfang sichergestellt werden[1381].

3. Lösung im Handelsregister

Demgegenüber halten einige Autoren eine analoge Anwendung der genannten Vorschriften für nicht erforderlich[1382]. Sie gehen davon aus, dass die Vertretungsmacht des Vorstands einer Unternehmensstiftung[1383] entgegen dem Prinzip der Unbeschränkbarkeit der Vertretungsmacht bei Handelsgesellschaften wirksam eingeschränkt werden kann. Eine Gefährdung des Geschäftsverkehrs sei gleichwohl nicht zu befürchten. Denn solche Beschränkungen seien gemäß §§ 33 Abs. 2 S. 2, 34 HGB in das Handelsregister einzutragen und die Stiftung könne sich gemäß § 15 HGB erst dann auf sie berufen, wenn sie ordnungsgemäß eingetragen und bekannt gemacht worden sind[1384]. Der Verkehrsschutz sei schon dadurch sichergestellt, dass

---

1379 *Kronke*, Stiftungstypus und Unternehmensträgerstiftung, S. 111, der dies für „Unternehmen in Stiftungsform" fordert; *Strickrodt*, Stiftungsrecht, S. 254; so zuletzt auch *Schwintek*, Vorstandskontrolle in rechtsfähigen Stiftungen bürgerlichen Rechts, S. 187 f., der ausdrücklich auf die Beteiligung einer Stiftung an einer Personenhandelsgesellschaft eingeht.

1380 *Schwintek*, Vorstandskontrolle in rechtsfähigen Stiftungen bürgerlichen Rechts, S. 187 f.

1381 *Schwintek*, Vorstandskontrolle in rechtsfähigen Stiftungen bürgerlichen Rechts, S. 187 f. A. A. *Goerdeler*, ZHR 113 (1950), S. 145, 154, 164.

1382 *Hüttemann/Rawert*, in: v. Staudinger, § 86 Rn. 15; nicht ganz eindeutig, aber wohl auch in diesem Sinne *Burgard*, Gestaltungsfreiheit im Stiftungsrecht, S. 248, und *Goerdeler*, ZHR 113 (1950), S. 145, 154.

1383 Zu bemerken ist, dass sich aus diesen Stellungnahmen nicht klar ergibt, ob diese Sichtweise lediglich für den Fall der unmittelbaren Unternehmensträgerstiftung oder auch für den Fall der Stiftung & Co. KG gelten soll. Dass diese Sachverhalte nur in Grenzen miteinander vergleichbar sind, ergibt sich aus § 106 HGB; siehe dazu sogleich unter § 9D.III.3, S. 276 ff.

1384 *Hüttemann/Rawert*, in: v. Staudinger, § 86 Rn. 15; *Burgard*, Gestaltungsfreiheit im Stiftungsrecht, S. 248.

Stiftungen, die einen wirtschaftlichen Geschäftsbetrieb unterhalten, die gewillkürten Beschränkungen der Vertretungsmacht erst nach Eintragung in das Handelsregister Dritten gegenüber geltend machen könnten[1385].

III. Stellungnahme

1. Stiftungsvorstand unmittelbares Organ der Kommanditgesellschaft?

a) Einführende Überlegungen

Mit dem Ansatz von *Schwake,* der Stiftungsvorstand sei allein Vertretungsorgan der Kommanditgesellschaft, ist im Kern die rechtliche Theorie der „gestuften" Organvertretungsmacht und in dieser Konsequenz die dogmatische Begründung der Organvertretung angesprochen. Der veranschaulichende Ausdruck „Organ" lässt insofern offen, wie genau sich das „eigene Handeln" der juristischen Person rechtsdogmatisch begründet. Dadurch wäre augenscheinlich genügend Freiraum gegeben, dahingehend zu argumentieren, dass bei einer solchen „Organstellung in der Organstellung" eine getrennte und gestufte Betrachtung der Befugnisse entbehrlich ist.

Wenden wir uns vor diesem Hintergrund der Organvertretung zu: In der Rechtswissenschaft ist umstritten, ob die Rechtsordnung für die einzelnen Fälle der Vertretungsmacht von einem einheitlichen Begriff ausgeht[1386]. Eng damit verbunden ist die ebenfalls umstrittene Frage, welcher Theorie hinsichtlich der organschaftlichen Vertretung gefolgt werden sollte: der sog. Vertretertheorie, nach der die Organe für die juristische Person wie rechtsgeschäftliche oder gesetzliche Vertreter handeln, oder der Organtheorie, die von einem Eigenhandeln der juristischen Person *durch* ihre Organe ausgeht[1387]. Nach der Vertretertheorie ist die juristische Person selbst nicht zum Wollen und Handeln fähig, dies erledigen Dritte, nämlich Vertreter, für sie. Nach der Organtheorie ist der Verband selbst mittels seiner Organe Willens- und Handlungsträger. Danach handeln die Vertretungsorgane nicht anstelle des Verbands über diesen hinweg, sondern aus ihm heraus. Betrifft das Vorstehende in erster Linie die juristische Person, so ist zu konstatieren, dass auch die Rechtsnatur der Vertretung der Kommanditgesellschaft durch die vertretungsberechtigten Gesellschafter letztlich ungeklärt ist. Der BGH spricht von einer organschaftlichen Vertretungsbefugnis der Personenhandelsgesellschaften[1388]. Das Schrifttum nimmt teilweise an, dass die gesellschaftsrechtliche Vertretung sowohl Elemente einer rechtsgeschäftlich erteilten Vollmacht enthalte, da sie auf dem Gesellschaftsvertrag

1385 *Backert,* in: Bamberger/Roth, BGB, § 86 Rn 3b.

1386 Vgl. *Beuthien,* NJW 1999, S. 1142, 1143 ff.

1387 Vgl. dazu *Schilken,* in: v. Staudinger, BGB, Vor §§ 164 ff. Rn. 21 ff.; die Ansätze sind im Ergebnis nichts anderes als die jeweilige organisationsrechtliche Konsequenz der im Streit um die Theorie der juristischen Person vertretenen Begründungsansätze.

1388 BGH, Urteil v. 11.07.1960, Az. II ZR 260/59, DB 1960, S. 1006 ff.

beruhe, als auch Elemente einer gesetzlichen Vertretung[1389], weil es sich um eine organähnliche Stellung handele und der Inhalt der Vertretungsmacht weitgehend der vertraglichen Disposition entzogen ist[1390].

b) Vertretertheorie

Was bedeutet es nun, dass der Vorstand der Stiftung gemäß §§ 86, 26 BGB i. V. m. §§ 161 Abs. 2, 125–127 HGB kraft gestufter Organstellung mittelbar Vertreter der Kommanditgesellschaft ist? Auf eine argumentative Gegenüberstellung und Entscheidung des Streits um die Theorie von *realer Verbandspersönlichkeit* und Organhandeln einerseits und *fingiertem Rechtssubjekt* und Vertretung andererseits kommt es im Rahmen der hier interessierenden Frage nicht an. Denn nach beiden Begründungsansätzen kann nicht davon ausgegangen werden, dass eine Beschränkung der Vertretungsmacht in der Stiftungssatzung durch die Vorschrift des § 126 Abs. 2 HGB verdrängt wird und die Stellung des Organs im Organ zu einer einheitlichen und unbeschränkten Organbefugnis führt. Offenkundig ist dies bei der Vertretertheorie. Hier hilft ein Seitenblick auf die entsprechende Situation im Fall rechtsgeschäftlicher Vollmacht, die Problemstellung zu verdeutlichen: Bei der sogenannten Untervertretung sind – folgt man dem Bundesgerichtshof – zwei Varianten zu unterscheiden. Bei der *unmittelbaren* Untervertretung erteilt der Hauptvertreter im Namen des Geschäftsherrn dem Untervertreter eine Vollmacht, die unmittelbar gegen den Geschäftsherrn wirkt. Der Geschäftsherr wird dann durch die Willenserklärungen des Untervertreters, die dieser in seinem Namen abgibt, unmittelbar berechtigt und verpflichtet. Voraussetzung einer wirksamen Vertretung ist, dass die Vollmacht des Untervertreters ihn zu dem jeweiligen Geschäft berechtigt. Davon abzugrenzen ist die sogenannte *mittelbare* Untervertretung. In diesem Fall lässt sich der Hauptvertreter seinerseits durch den Untervertreter vertreten, das heißt, der Untervertreter vertritt nicht unmittelbar den Geschäftsherrn, sondern den Hauptvertreter. Danach wird für eine logische Sekunde der Hauptvertreter verpflichtet, bevor die Verpflichtung auf den Geschäftsherrn übergeht und diesen „mittelbar" trifft[1391]. Wesentlich ist in beiden Fällen, dass das konkrete Geschäft von der Vollmacht des Untervertreters umfasst sein muss[1392]. Wenn auch letztlich nicht geklärt ist, ob das BGB von einem einheitlichen Vollmachtsbegriff ausgeht, muss diese Trennung der unterschiedlichen Vollmachtsebenen auch gelten, wenn

---

1389 Schwierigkeiten bereitet unter anderem die Übertragung der im Recht der juristischen Person bekannten Differenzierung nach Organ und Organwalter auf die Personengesellschaften, bei denen die Organschaft gewissermaßen institutionell mit dem jeweiligen Gesellschafter verknüpft ist, vgl. dazu *Schürnbrand*, Organschaft im Recht der privaten Verbände, S. 46 ff.

1390 *Scheel*, in: Gummert/Weipert, MünchnerHandbuch GesR Bd. 2, § 9 Rn. 2.

1391 BGH, Urteil v. 25.05.1977, Az. VII ZR 18/76, BGHZ 68, S. 391 ff; ablehnend gegen diese Konstruktion die h. M., vgl. nur *Schilken*, in: v. Staudinger, BGB, § 167 Rn. 62.

1392 BGH, Urteil v. 25.05.1977, Az. VII ZR 18/76, BGHZ 68, S. 391 ff.

für das organschaftliche Handeln der Vertretertheorie gefolgt wird. Denn dann resultiert die Legitimation der organschaftlichen Befugnisse aus einer Stellvertretung, bei der – so viel Vergleichbarkeit wird in jeden Fall zu unterstellen sein – der Umfang der Vertretungsmacht für die Wirksamkeit der Vertretung maßgeblich ist. Solange die Vertretungsmacht des gewissermaßen als „Untervertreter" handelnden Stiftungsvorstands aber beschränkt ist, kann dieser die Kommanditgesellschaft als Geschäftsherrin nicht wirksam vertreten.

c) Organtheorie

Gemäß der heute herrschenden Organtheorie ist ebenfalls im Ergebnis von der Trennung zweier Organebenen auszugehen, sodass auch hier für jede Ebene die jeweilige Befugnis des Organs zu prüfen ist. Dafür spricht bereits, dass die innerhalb dieser Theorie wiederum meinungsführenden Stimmen vor allem mit Blick auf die bis 2009 geltende Fassung des § 26 Abs. 2 S. 1 Hs. 1 BGB eine Art Stellvertretung seitens der Organe annehmen[1393]. Damit wird dem ursprünglichen Wortlaut der Vorschrift Rechnung getragen, wonach der Vorstand zwar nicht *als* gesetzlicher Vertreter angesprochen wurde, aber formuliert wurde, er habe die Stellung eines solchen. Insofern lassen sich bereits die obenstehenden Wertungen zur rechtsgeschäftlichen (Unter-)Vertretung übertragen. Trotz aller begrifflichen und dogmatischen Unklarheit, die hinsichtlich der Organschaft in Verbänden und juristischen Personen besteht[1394], spricht dafür zudem das vorherrschende Verständnis des Organbegriffs[1395]. Wird davon ausgegangen, dass es sich beim Organ um einen selbstständigen Zuständigkeits- und Funktionskomplex innerhalb einer rechtsfähigen Organisation[1396] (zur Herstellung ihr im natürlichen Sinne fehlender Willens- und Handlungsfähigkeit) handelt, und wird dem Bundesgerichtshof darin gefolgt, dass die Qualifizierung als Organ darauf gestützt werden kann, dass die betreffende Stelle in die Organisation *„eingegliedert"*[1397] oder *„eingebaut"*[1398] ist, wird jedenfalls deutlich, dass – in bildhafter Ausdrucksweise – das Organ integraler Bestandteil

1393 *Maier-Reimer*, in: Erman, BGB, 11. Aufl., § 164 Rn. 14; *Schäfer*, in: Staub/GroßkommHGB, § 125 Rn. 4; *Schramm*, in: MünchKomm/BGB, Vor § 164 Rn. 7.

1394 *Schürnbrand*, Organschaft im Recht der privaten Verbände, passim; vgl. auch *Wiedemann*, Gesellschaftsrecht I, S. 212 ff., der noch eine gänzlich andere Terminologie und Definition heranziehen will; spezifisch stiftungsrechtlich siehe *Burgard*, Gestaltungsfreiheit im Stiftungsrecht, S. 219 ff.

1395 Vgl. zum institutionell-funktionalen Organbegriff: *Schürnbrand*, Organschaft im Recht der privaten Verbände, S. 48 ff, 68 ff, sowie *Burgard*, Gestaltungsfreiheit im Stiftungsrecht, S. 220 f.

1396 *Burgard*, Gestaltungsfreiheit im Stiftungsrecht, S. 220: nämlich nicht nur juristische Personen, sondern richtigerweise auch rechtsfähigen Gesamthandsgesellschaften.

1397 BGH, Urteil v. 15.12.1954, Az. II ZR 322/53, BGHZ 16, S. 17, 25.

1398 BGH, Urteil v. 25.02.1965, Az. II ZR 287/63, BGHZ 43, S. 261, 263.

der jeweiligen Gesellschaft oder juristischen Person ist[1399]. Danach behält auch bei der Grundtypenvermischung sowohl die Stiftung als auch die Personengesellschaft weiterhin ihr eigenständiges Organ, sodass es auch in diesem Fall auf die konkreten Befugnisse des jeweiligen Organs ankommt. Ein Weiteres kommt hinzu: Zu unterscheiden sind das Organ und die Organmitglieder, also die das Amt ausübenden natürlichen Personen. Dass ein Organmitglied in verschiedenen Organen unterschiedlicher (rechtsfähiger) Organisationen Befugnisse wahrnimmt, bedeutet nicht, dass Inhalt, Umfang und Reichweite der abstrakten Organstellung der faktischen Bündelung folgen oder dass die Tätigkeit einer natürlichen Person in verschiedenen Organen diese zu einer Kompetenzeinheit verschwimmen lassen würde. Dies würde die Integrität der jeweiligen Organisationseinheit verletzen.

d) Zwischenergebnis

Aus dem Bisherigen geht hervor, dass trotz des zwingenden Charakters des § 126 Abs. 2 HGB deutlich zwischen der Organbefugnis des persönlich haftenden Gesellschafters der Kommanditgesellschaft und des Stiftungsvorstands „im" persönlich haftenden Gesellschafter zu unterscheiden ist. Ist der Stiftungsvorstand in seiner Vertretungsbefugnis beschränkt, kann er in den der Beschränkung unterliegenden Gebieten die Kommanditgesellschaft nicht wirksam vertreten, dies unabhängig davon, dass er faktisch für die Kommanditgesellschaft tätig wird. Eine andere und – weil eher Zweckmäßigkeitserwägung – hier nicht nähere zu erörternde Fragestellung ist, dass die Vertretungsmacht des Stiftungsvorstands durch die Satzung in der Regel ohnehin nicht eingeschränkt werden kann. Zum einen weil der Stifter eine möglichst verkkehrsfähige Stiftung errichten will[1400]. Zum anderen ist bedeutsam, dass die Einschränkung der Vertretungsmacht nicht soweit gehen darf, dass die Stfitungsorgane an einer dauernden und nachhaltigen Erfüllung des Stiftungszwecks gehindert sind[1401].

2. Keine Analogie zu den Handelsgesellschaften

Schließlich kann auch die Annahme, der Widerspruch sei durch einen Analogieschluss zu lösen, nicht überzeugen. Die in der Literatur reklamierte *planwidrige* Regelungslücke[1402] in §§ 86, 26 BGB besteht de lege lata offensichtlich nicht. Zwar ist es noch richtig, dass der historische Gesetzgeber aufgrund der seinerzeit geringen

---

1399 Vgl. *Schürnbrand*, Organschaft im Recht der privaten Verbände, S. 48 f., der aber dieses Verständnis allein im Hinblick auf Verbände, also genau genommen nicht bezüglich der Stiftung beschreibt.

1400 *Muscheler,* ErbR 2008, S. 174, 179.

1401 *Burgard,* Gestaltungsfreiheit im Stiftungsrecht, S. 248; *Ebersbach*, Handbuch des Deutschen Stiftungsrechts, S. 83; *Hof,* in: v. Campenhausen/Richter, Stiftungsrechts-Handbuch, § 8 Rn. 35.

1402 Siehe zur Terminologie der „planwidrigen Regelungslücke" auch sogleich unter § 10B.III.1, dort Fn. 1463.

Bedeutung der unternehmerischen Betätigung der Stiftung das heute bedeutsam gewordene Spannungsfeld zwischen Unbeschränkbarkeit der Vertretungsmacht bei Handelsgesellschaften und Beschränkbarkeit bei (unternehmerisch tätigen) Stiftungen unterschätzt haben wird. Das Vorhandensein einer planwidrigen Regelungslücke hat der Gesetzgeber aber selbst widerlegt, als er im Rahmen des Gesetzes zur Modernisierung des Stiftungsrechts vom 15. Juli 2002 eine entsprechende Anpassung unterlassen hat, obwohl der Problemkreis der unternehmerisch tätigen Stiftung ein zentrales Thema der Modernisierungsdiskussion war. Erst recht ist die These von der *planwidrigen* Regelungslücke unvertretbar geworden, als der Gesetzgeber seine gegenteiligen Vorstellungen während weiterer Gesetzgebungsarbeiten[1403] zum Ausdruck gebracht hat: Dort hatte der Bundesrat im Gesetzgebungsverfahren explizit angeregt, die bisherige Regelung des § 26 Absatz 2 Satz 2 BGB ersatzlos zu streichen[1404]. Die Vertretungsmacht solle zum *„Schutz des Rechtsverkehrs"* im Außenverhältnis künftig nicht mehr durch die Satzung eingeschränkt werden können[1405]. Gleichwohl kam es zu einer solchen Streichung nicht, weil die Bundesregierung – wie aus ihrer Gegenäußerung deutlich wird[1406] – das Erfordernis der Beschränkbarkeit positiv hervorhob. Daraus muss gefolgert werden, dass der Gesetzgeber bewusst an der Beschränkbarkeit der Vertretungsmacht bei Verein und Stiftung festhalten wollte.

3. Schutz durch Bekanntmachung im Handelsregister?

Als Essenz des bisher Gesagten kann festgehalten werden, dass hinsichtlich der Beschränkung der Vertretungsmacht tatsächlich eine Inkongruenz von Stiftungs- und Personengesellschaftsrecht besteht[1407], die auch hinzunehmen ist, weil eine analoge Anwendung der im Handelsrecht geltenden Vorschriften[1408] ausscheidet. Bevor daraus aber der Schluss gezogen wird, die resultierende Lücke im Verkehrsschutz stelle ein Zulässigkeitshindernis für die Stiftung & Co. KG dar, ist zunächst danach zu fragen, ob das Handelsregisterrecht einen wirksamen und genügenden Schutz des Rechtsverkehrs ermöglicht[1409]. Eine satzungsmäßige Beschränkung der Vertretungsmacht kann Geschäftspartnern gemäß § 15 HGB grundsätzlich nur dann entgegengehalten werden, wenn sie im Handelsregister eingetragen und bekannt

1403 Gesetz zur Erleichterung elektronischer Anmeldungen zum Vereinsregister und anderer vereinsrechtlicher Änderungen, vgl. BT-Drucks. 16/12813, S. 19 ff; siehe auch BR-Drucks 179/09.

1404 BT-Drucks. 16/12813, S. 19.

1405 BT-Drucks. 16/12813, S. 19.

1406 BT-Drucks. 16/12813, S. 21.

1407 *Stengel*, Stiftung und Personengesellschaft, S. 68.

1408 §§ 126 Abs. 2, 161 Abs. 2 HGB, § 7 Abs. 3 PartGG, § 82 Abs. 1 AktG, § 37 Abs. 2 GmbHG, § 27 Abs. 2 GenG.

1409 *Henkel-Hoffmann*, Die Stiftung im Umfeld wirtschaftlicher Tätigkeit, S. 176 f.

gemacht worden ist[1410]. Es stellt sich daher die Frage, ob dieser Vorbehalt auch bei der Komplementärstiftung gilt[1411].

a) *Gewerbetreibende in der Kommanditgesellschaft*

Die Kommanditgesellschaft ist gemäß §§ 162, 106 HGB zur Eintragung in das Handelsregister anzumelden. Die Anmeldung muss den Namen, den Vornamen, das Geburtsdatum und den Wohnort jedes Gesellschafters nennen. Nach §§ 162, 106 Abs. 2 Nr. 4 HGB muss zudem die Vertretungsmacht der Organe zur Eintragung in das Handelsregister gelangen, wobei damit allerdings nicht die Vertretungsmachtbeschränkung beim Vorstand der Komplementärstiftung gemeint ist[1412]. Zwar sind Komplementäre, was ihre Beteiligung an und Betätigung in der Kommanditgesellschaft angeht, nach herrschender Lehre allgemein als Kaufmann anzusehen[1413], jedoch nur in Bezug auf die Handelsgesellschaft, sodass sie allein unter der Firma der Handelsgesellschaft auftreten. Als Spezialregelung verdrängt § 106 HGB daher die Pflicht des § 29 HGB[1414]. Die Komplementäre sind daher grundsätzlich nicht zusätzlich im Handelsregister anzumelden[1415]. Bei der normtypischen Personenhandelsgesellschaft mit natürlichen Gesellschaftern bereitet die Handelsregisterpublizität also keine Schwierigkeiten. Keine Probleme bestehen auch im Fall der GmbH & Co. KG, da die Komplementär-GmbH zu ihrer Errichtung der konstitutiven Wirkung der

---

1410 *Ebersbach*, Handbuch des Deutschen Stiftungsrechts, S. 165; *Hüttemann/Rawert*, in: v. Staudinger, BGB, § 86 Rn. 15.

1411 Zwar sehen mittlerweile sämtliche Stiftungsgesetze der Bundesländer vor, dass bei den Aufsichtsbehörden ein Stiftungsverzeichnis geführt wird. Enthalten sind in diesen Verzeichnissen neben Angaben zu Name, Anschrift, Zweck der Stiftung insbesondere auch Informationen zu Vertretungsberechtigung und Zusammensetzung der vertretungsberechtigten Organe. Im Gegensatz zum Vereins- und Handelsregister oder dem Grundbuch begründen die Eintragungen ins Stiftungsverzeichnis jedoch keine Vermutung der Richtigkeit oder Vollständigkeit oder sonst irgendeinen Vertrauensschutz, worauf die meisten Gesetze ausdrücklich hinweisen (übersichtlich dazu *Burgard*, Gestaltungsfreiheit im Stiftungsrecht, S. 571 ff.).

1412 Vgl. den Entwurf zum ERJuKoG, BT-Drucks. 14/6855: Die Eintragung auch der dem gesetzlichen Normalfall entsprechenden Vertretungsmacht soll der Verbesserung des Informationsgehalts des Handelsregisters dienen. Dass die bisherige gesetzliche Regelung es erlaubte, den in das Handelsregister Einsichtnehmenden hinsichtlich der allgemeinen gesetzlichen Vertretungsmacht im Unklaren zu lassen, ihn damit auf die Lektüre der gesetzlichen Bestimmungen zu verweisen, wurde als unbefriedigend angesehen.

1413 BGH, Urteil v. 02.06.1966, Az. VII ZR 292/64, BGHZ 45, S. 282 ff; *Wiedemann*, Gesellschaftsrecht I, S. 97; Hopt, in: Baumbach/Hopt, HGB, § 105 Rn 19 ff.; *Hennerkes/Binz/Sorg*, DB 1986, S. 2269, 2270.

1414 *Stengel*, Stiftung und Personengesellschaft, S. 118.

1415 *Hennerkes/Binz/Sorg*, DB 1986, S. 2269, 2270; Schwarz, BB 2001, S. 2381, 2384.

Eintragung bedarf. Ist die Stiftung persönlich haftende Gesellschafterin, ist demgegenüber für ihre Entstehung keine Eintragung in das Handelsregister erforderlich.

b) *Scheitern des § 33 HGB bei der Stiftung & Co. KG*

Allerdings sieht die Vorschrift des § 33 HGB vor, dass auch solche vollkaufmännisch tätige juristische Personen, die nicht bereits zu ihrer Errichtung der konstitutiven Eintragung bedürfen, in das Handelsregister einzutragen sind. Es stellt sich also die Frage, ob die Komplementärstiftung in einer Kommanditgesellschaft nach § 33 HGB ins Handelsregister einzutragen ist.

Nach § 33 HGB hat die Eintragung der Stiftung sowie gemäß Abs. 2 die Eintragung besonderer Bestimmungen der Satzung über die gewillkürte Beschränkung der Vertretungsmacht des Vorstands dann zur erfolgen, wenn die Stiftung ein Handelsgewerbe nach §§ 1, 2 oder 3 HGB betreibt[1416]. § 33 HGB gilt also nur für den unmittelbaren Betrieb eines einzelkaufmännischen Unternehmens durch eine juristische Person, sodass er auf die Komplementärstiftung nicht anwendbar sein soll[1417]. Denn der Stiftung wird nur in ihrer Eigenschaft als persönlich haftende Gesellschafterin der Betrieb eines Handelsgewerbes zugeschrieben, ohne dass sie dabei ein eigenes Handelsgewerbe betreibt[1418]. *Höfner-Byok* argumentiert, dass konsequenterweise jede natürliche Person in der Rolle des Komplementärs gemäß § 29 HGB zur Eintragung in das Handelsregister verpflichtet werden müsse, wenn bei der Stiftung in der Funktion der persönlich haftenden Gesellschafterin die Eintragungspflichtigkeit nach § 33 HGB bejaht werden würde[1419]. Tatsächlich würde aber die Gesetzessystematik dafür sprechen, dass § 106 HGB nicht nur § 29 HGB, sondern auch § 33 HGB mitverdrängt[1420].

c) *Analoge Anwendung des § 33 HGB auf die Komplementärstiftung*

Mit Recht gehen einige Autoren davon aus, dass es bei der Stiftung & Co. KG hiermit nicht sein Bewenden haben darf[1421]. Die von ihnen favorisierte Lösung liegt in einer analogen Anwendung des § 33 HGB. Die Vorschrift habe den Zweck, die handelsregisterliche Publizität derjenigen juristischen Personen sicherzustellen, deren

---

1416 Vgl. *Backert*, in: Bamberger/Roth, BGB, § 80 Rn. 18; *Kronke*, Stiftungstypus und Unternehmensträgerstiftung, S. 163.

1417 *Stengel*, Stiftung und Personengesellschaft, S. 119; *Ebersbach*, Handbuch des Deutschen Stiftungsrechts, S. 165; *Kronke*, Stiftungstypus und Unternehmensträgerstiftung, S. 163; *Hennerkes/Binz/Sorg*, DB 1986, S. 2269, 2270; *Höfner-Byok*, Die Stiftung & Co. KG, S. 48 f. A.A. *Grothe*, Die „ausländische Kapitalgesellschaft & Co.", S. 253 f.

1418 *Höfner-Byok*, Die Stiftung & Co. KG, S. 49.

1419 *Höfner-Byok*, Die Stiftung & Co. KG, S. 49.

1420 *Stengel*, Stiftung und Personengesellschaft, S. 119.

1421 *Stengel*, Stiftung und Personengesellschaft, S. 119; *Höfner-Byok*, Die Stiftung & Co. KG, S. 48 f.

Eintragung nicht bereits aufgrund ihrer konstitutiven Wirkung oder durch andere Vorschriften gewährleistet ist. Wenn danach eine unmittelbare Unternehmensträgerstiftung unter dem Gesichtspunkt der Sicherheit des Rechtsverkehrs nach § 33 HGB ihre Rechtsverhältnisse publizieren müsse, sei dies auch in dem Fall geboten, dass die Stiftung Komplementärin einer KG ist. Die Interessenlage sei identisch[1422]. In diesem Fall seien § 106 und 33 HGB kumulativ anzuwenden[1423].

Der (analogen) Anwendung ist grundsätzlich zuzustimmen. Allerdings ist das Ergebnis nach hier vertretener Ansicht bereits durch eine extensive Auslegung des § 33 HGB zu erzielen. Der Systematik von §§ 29, 33 und 106 HGB widerspricht es nicht, bei einer juristischen Person in der Rolle des Komplementärs § 33 HGB direkt anzuwenden. Denn das Normziel des § 33 HGB geht an der hier entscheidenden Stelle über das des § 29 HGB hinaus. So bezweckt § 29 HGB allein, dass das Handelsregister als öffentliches Register zur Sicherheit des Rechtsverkehrs durch Offenlegung der wichtigsten Rechtsverhältnisse vollständige Auskunft über die im Sinne der §§ 1, 2 und 3 HGB tätigen Personen gibt. Wird demgegenüber § 33 Abs. 2 S. 1 Hs. 2, S. 2 HGB in den Blick genommen, wird deutlich, dass § 33 HGB über die Erfassung der ein Handelsgewerbe betreibenden Einrichtungen hinausgeht. Ihm kommt auch die Aufgabe zu, durch Offenlegungspflichten den spezifischen Gefahren der juristischen Personen Rechnung zu tragen, und er fordert zusätzlich die Publizität spezifischer Informationen. Der Anwendungsbereich ist also an sich breiter gefasst als der des § 29 HGB, sodass schon bei zutreffender (extensiver) Auslegung § 33 HGB anzuwenden ist.

IV. Zusammenfassung und Ergebnis

Es ist im Ergebnis festzuhalten, dass aufgrund der (analogen) Anwendung des § 33 HGB auch die Komplementärstiftung zur Publizität im Handelsregister verpflichtet ist. Erst mit Eintragung und Bekanntmachung der Vertretungsbefugnisse bei der Stiftung und damit einhergehend der Vertretungsverhältnisse bei der Kommanditgesellschaft kann Geschäftspartnern die Beschränkung der Vertretungsmacht entgegengehalten werden[1424]. Es besteht daher im Ergebnis kein Grund, die Stiftung & Co. KG wegen unzumutbarer Undurchsichtigkeit der Vertretungsverhältnisse für unzulässig zu erachten[1425].

1422 *Höfner-Byok*, Die Stiftung & Co. KG, S. 49.

1423 *Stengel*, Stiftung und Personengesellschaft, S. 120.

1424 So wohl auch *Hüttemann/Rawert*, in: v. Staudinger, § 86 Rn. 15; *Burgard*, Gestaltungsfreiheit im Stiftungsrecht, S. 248.

1425 So auch *Höfner-Byok*, Die Stiftung & Co. KG, S. 55. Mit Verweis auf die a. A. von *Schwindhelm* in seinem Manuskript zur öffentlichen Antrittsvorlesung an der Universität Osnabrück vom 21.01.1988.

E. Treuepflicht und Stiftung

Ein oft diskutiertes Zulässigkeitshindernis soll das Spannungsverhältnis von stiftungsrechtlich gebotener Verwirklichung des Stifterwillens und handelsgesellschaftsrechtlicher Treuepflicht sein[1426]. Zu bedenken ist hier, dass die Gesellschafter einer Personengesellschaft aufgrund deren personalistischer Struktur eine besondere Treupflicht gegenüber ihren Mitgesellschaftern trifft.

I. Kritische Stimmen

Nach *Pavel* führt die Reduzierung der gesellschaftsrechtlichen Treuepflicht der Stiftung als Gesellschafterin durch die notwendig vorrangige Bindung der Stiftung an den vom Stifter niedergelegten Stiftungszweck zu einer unzumutbaren Abhängigkeit der Mitgesellschafter[1427]. Einen (unauflösbaren) Konflikt will *Pavel* dort ausmachen, wo die Treupflicht des Gesellschafters bei der Wahrnehmung seiner berechtigten Interessen ende[1428]. In diesem Fall trete die gesellschaftsrechtliche Treue hinter der Bindung der Stiftung an den Stifterwillen zurück. In Kollisionsfällen sei die Stiftung damit faktisch von der Treue gegenüber den Mitgesellschaftern entbunden, worin er eine unzulässige Benachteiligung der übrigen Gesellschafter der Personengesellschaft sieht[1429]. Die personengesellschaftliche Treuepflicht sei Ausdruck der Interessengemeinschaft und des Vertrauens der Gesellschafter zueinander. Eine Abhängigkeit aller anderen Gesellschafter von der Stiftung sei mit der Treuepflicht unvereinbar[1430]. Denn das vertrauensvolle Miteinander der Gesellschafter sei bei Einschaltung einer Stiftung entgegen den Vorstellungen des Gesetzgebers verhindert.[1431]

II. Vermittelnde Ansichten

Vermittelnd weist *Kronke* darauf hin, dass nicht nur die Stiftung als Gesellschafterin wie jedes andere Verbandsmitglied zur Rücksichtnahme gegenüber ihren Mitgesellschaftern verpflichtet sei, sondern andererseits auch – und zwar auch als Mehrheitsgesellschafter – Rücksichtnahmeansprüche gegenüber anderen Gesellschaftern

1426 *Pavel*, Eignet sich die Stiftung für den Betrieb erwerbswirtschaftlicher Unternehmen?, S. 61 ff., der diese Einwände zwar in erster Linie auf die Beteiligung einer Stiftung an einer OHG bezieht.
1427 *Pavel*, Eignet sich die Stiftung für den Betrieb erwerbswirtschaftlicher Unternehmen?, S. 61; ihm folgend *Reuter*, GmbHR 1973, S. 241, 241.
1428 *Pavel*, Eignet sich die Stiftung für den Betrieb erwerbswirtschaftlicher Unternehmen?, S. 60 ff.
1429 *Pavel*, Eignet sich die Stiftung für den Betrieb erwerbswirtschaftlicher Unternehmen?, S. 61 ff.
1430 Vgl. auch *Reuter*, GmbHR 1973, S. 241, 242.
1431 *Henkel-Hoffmann*, Die Stiftung im Umfeld wirtschaftlicher Tätigkeit, S. 72 ff.

habe[1432]. Die Beteiligung der Stiftung als Alleinkomplementärin sei daher mit der Wahrung der Interessen aller Gesellschafter vereinbar. Aber auch in bestimmten Konstellationen, in denen Konfliktmöglichkeiten aus der Existenz weiterer Komplementäre oder einer Inkompatibilität von Stiftungssatzung und Gesellschaftsvertrag resultierten, geht Kronke davon aus, dass dies kein gesellschaftsrechtliches Zulässigkeitshindernis darstelle[1433].

Andere sehen in dem Zusammentreffen von stiftungsrechtlicher Zweckverwirklichung und gesellschaftsrechtlicher Treuepflicht zwar Konfliktpotential[1434]. Dieses könne aber durch verzahnte Gestaltung der Statuten aufgelöst werden[1435]. Zwar dürfe der Stifterwille die Treuepflicht nicht zurückdrängen. Durch eine entsprechende Regelung in der Stiftungssatzung könne allerdings der Treupflicht der Vorrang eingeräumt und so der Kollisionsfall aufgelöst werden[1436]. Stiftungsrechtlich sei es unbedenklich, in der Satzung die Stiftungsbetätigung nach Maßgabe und unter Berücksichtigung der gesellschaftsrechtlichen Treupflicht festzusetzen[1437]. Die Stiftungstätigkeit stehe dann unter dem Vorbehalt der gesellschaftsrechtlichen Treuepflicht.

III. Treuepflicht kein generell-abstraktes Zulässigkeitshindernis

In der Tat ist festzuhalten, dass die Treupflicht als zwingendes Strukturmerkmal der Personengesellschaft auch im Fall der Stiftung & Co. KG Beachtung verlangt. Konsequenzen für die Zulässigkeit der Stiftung & Co. KG lassen sich daraus aber nicht herleiten. Gegen den Ansatz der Autoren, die in der Pflicht zur gesellschaftsrechtlichen Treue ein Zulässigkeitshindernis hinsichtlich der Stellung der Stiftung als persönlich haftende Gesellschafterin erblicken wollen, spricht bereits, dass die Stiftung ihren Zweck nur im Rahmen des geltenden Rechts verfolgen kann[1438]. Die Interessen der Mitgesellschafter und deren Miteinander sind dadurch ausreichend gewahrt, dass auch die Komplementärstiftung zur Rücksichtnahme verpflichtet

1432 *Kronke*, Stiftungstypus und Unternehmensträgerstiftung, S. 202.

1433 *Kronke*, Stiftungstypus und Unternehmensträgerstiftung, S. 202, unter Hinweis darauf, dass in solchen Fällen stiftungsrechtliche Zulässigkeitsfragen tangiert sein können; dazu bereits oben unter § 7A, S. 213 ff.

1434 *Schwintek*, Vorstandskontrolle in rechtsfähigen Stiftungen bürgerlichen Rechts, S. 83 f.

1435 Auf die Möglichkeit des Stifters und der Stiftungsbehörde, schon bei Errichtung durch entsprechende Gestaltung von Stiftungssatzung bzw. Gesellschaftsvertrag Konflikte zu vermeiden, weist auch *Kronke*, Stiftungstypus und Unternehmensträgerstiftung, S. 202, hin.

1436 *Stengel*, Stiftung und Personengesellschaft, S. 73.

1437 *Stengel*, Stiftung und Personengesellschaft, S. 73.

1438 Stengel, Stiftung und Personengesellschaft, S. 73, 129 f.; *Schwake*, Kapital und Zweckerfüllung bei Unternehmensstiftungen, S. 183 f.

ist[1439]. Zudem ist es grundsätzlich Sache der Gesellschafter, die mit der Stiftung einen Gesellschaftsvertrag eingehen, zu entscheiden, ob sie einer satzungsmäßig festgelegten Zweckstrenge ihre Zustimmung geben[1440]. Der Schutz der übrigen Gesellschafter – auch von Minderheitsgesellschaftern – dürfte aufgrund der Bindung der Komplementärstiftung an ihren Stiftungszweck und wegen dem daraus resultierenden Gleichlauf der Interessen aller Gesellschafter gewahrt sein. Vielmehr kann bei einer Stiftungssatzung, die originär im Blick auf die Übernahme einer (unternehmensleitenden) Gesellschafterposition ausgestaltet ist, angenommen werden, dass die Stiftungstätigkeit im Rahmen der vom Stifter vorausgesehenen Bedingungen umgesetzt werden soll. Ist also die Beteiligung an einer Personengesellschaft in der Satzung vorgesehen, so wird dem Stifter zu unterstellen sein, dass er die Erfüllung des Stiftungszwecks nur im Einklang mit der gegenüber den übrigen Gesellschaftern bestehenden Treuepflicht angeordnet wissen will[1441].

F. Ergebnis: Keine gesellschaftsrechtlichen Hindernisse

Abschließend kann festgehalten werden, dass das Handelsgesellschaftsrecht die Bildung einer Stiftung & Co. KG nicht hindert[1442]. Das Recht der Kommanditgesellschaft lässt juristische Personen als Komplementärinnen allgemein zu und ist auch mit den zwingenden Strukturmerkmalen der selbstständigen Stiftung trotz deren rechtsformspezifischen Besonderheiten vereinbar.

1439 *Kronke*, Stiftungstypus und Unternehmensträgerstiftung, S. 202; *Stengel*, Stiftung und Personengesellschaft, S. 130; Schwake, Kapital und Zweckerfüllung bei Unternehmensstiftungen, S. 184.

1440 *Schwintek*, Vorstandskontrolle in rechtsfähigen Stiftungen bürgerlichen Rechts, S. 83 f.; *K. Schmidt*, Stiftungswesen, S. 29 f.

1441 Ähnlich *Stengel*, Stiftung und Personengesellschaft, S. 73, für die OHG.

1442 *K. Schmidt*, DB 1987, S. 261, 263.

§ 10 Umgehungen der Unternehmensmitbestimmung als Zulässigkeitshindernis?

Die Organisationsform der Stiftung & Co. KG hat seit der Jahrtausendwende einen – vor allem vor unternehmensmitbestimmungsrechtlichem Hintergrund zu verstehenden – signifikanten Bedeutungszuwachs in der Beratungspraxis erlangt[1443]. Besondere Bedeutung kommt der Zielsetzung zu, durch die Errichtung einer Stiftung & Co. KG die betriebliche Mitbestimmung nach dem Mitbestimmungsgesetz zu umgehen. Zwar greift die – rechtsformunabhängige – betriebliche Mitbestimmung, nach der auch bei der Stiftung & Co. KG gemäß § 1 Abs. 1 BetrVG in Betrieben mit in der Regel fünf ständigen wahlberechtigten Arbeitnehmern Betriebsräte gewählt werden[1444]. Davon zu unterscheiden ist aber die Pflicht zur Unternehmensmitbestimmung. Der Einwand einer rechtsmissbräuchlichen Umgehung der unternehmerischen Mitbestimmung wäre von vorneherein unbegründet, wenn bei der Stiftung & Co. KG unter denselben Voraussetzungen wie etwa bei der GmbH & Co. KG der Anwendungsbereich des MitbestG eröffnet wäre. Dies wäre der Fall, wenn das MitbestG auch auf die Stiftung angewendet werden müsste.

A. Die Mitbestimmung bei der Kommanditgesellschaft und der Co. KG

Die Kommanditgesellschaft ist zur Bildung eines Aufsichtsrats nicht verpflichtet, und zwar auch dann nicht, wenn sie Publikumsgesellschaft oder kapitalistisch organisiert ist. Die verschiedenen Gesetze, die die unternehmerische Mitbestimmung der Arbeitnehmer regeln[1445], erfassen die Kommanditgesellschaft an sich nicht. Dies beruht auf der – im Hinblick auf ihre personalistische Struktur nachvollziehbaren[1446] – Entscheidung des Gesetzgebers, Personengesellschaften mitbestimmungsfrei zu lassen[1447]. Dieser Grundsatz erfährt allerdings für Kommanditgesellschaften, deren

1443 *Seibt*, ZIP 2011, S. 249, 251 f.

1444 *Wehrheim/Gehrke*, StuW 2005, S. 264, 239.

1445 Das Recht der unternehmerischen Mitbestimmung ist gegenwärtig in vier Gesetzen geregelt, dem Mitbestimmungsgesetz (MitbestG), dem Drittelbeteiligungsgesetz, dem Montan-Mitbestimmungsgesetz und dem Montan-Mitbestimmungsergänzungsgesetz.

1446 Personenhandelsgesellschaften und Kaufleute sollten aufgrund der engen Verknüpfung des unternehmerischen Risikos mit der persönlichen Unternehmensleitung von der Unternehmensmitbestimmung ausgenommen sei; vgl. Regierungsentwurf zum MitbestG, BT-Drucks. 7/2172, S. 20.

1447 Vgl. *Mutter*, in: Gummert/Weipert, MünchnerHandbuch GesR, Bd. 2, § 53 Rn. 1.

einziger persönlich haftender Gesellschafter eine Kapitalgesellschaft oder eine ihrerseits beschränkt haftende Personengesellschaft ist, eine Einschränkung. Das MitbestG enthält in § 4 Abs. 1 eine besondere Regelung für den Fall, dass eines der in § 1 Abs. 1 Nr. 1 MitbestG bezeichneten Unternehmen, also eines in der Rechtsform der AG, KGaA, GmbH oder Genossenschaft, persönlich haftender Gesellschafter einer Kommanditgesellschaft ist. Unter der Voraussetzung, dass die Komplementärgesellschaft nach näherer Maßgabe des MitbestG mit der Kommanditgesellschaft eine unternehmerische Einheit bildet, gelten danach für die Anwendung des MitbestG auf den persönlich haftenden Gesellschafter die Arbeitnehmer der Kommanditgesellschaft als Arbeitnehmer der geschäftsführenden Komplementärin. Es erfolgt also eine Zurechnung der Arbeitnehmer der Kommanditgesellschaft zur juristischen Person. Erreicht diese aufgrund der Zurechnung die Schwelle von in der Regel mehr als 2.000 Arbeitnehmern (§ 1 Abs. 1 Nr. 1 MitbestG), besteht bei der Komplementärin die Mitbestimmungspflichtigkeit nach den Regeln des MitbestG.

B. Anwendbarkeit des MitbestG auf die Stiftung

I. Scheitern der Subsumtion

Der Mechanismus, mit dem im Fall einer juristischen Person & Co. KG die Erstreckung der Mitbestimmungspflicht auf die Kommanditgesellschaft bewirkt wird, führt hinsichtlich der Frage der mitbestimmungsrechtlichen Behandlung der Stiftung bürgerlichen Rechts zu einer Problemstellung von enormer Bedeutung[1448]. Da § 4 Abs. 1 MitbestG gerade nicht zu einer Mitbestimmung auf Ebene der Kommanditgesellschaft führt, sondern lediglich die Mitbestimmungspflichtigkeit auf Ebene der Komplementärin betrifft, ist fraglich, ob der Anwendungsbereich des MitbestG im Fall der Stiftung & Co. KG überhaupt eröffnet ist. Denn § 4 Abs. 1 MitbestG begründet nicht eine „neue“ Mitbestimmungspflichtigkeit für jede erdenkliche Rechtsform in der Stellung eines persönlich haftenden Gesellschafters[1449]. Vielmehr setzt die Vorschrift voraus, dass die Komplementärin eine in § 1 Abs. 1 MitbestG aufgezählte Rechtsform aufweist, also grundsätzlich in den Anwendungsbereich des MitbestG fällt[1450]. In § 1 Abs. 1 MitbestG ist die Stiftung bürgerlichen Rechts jedoch nicht genannt[1451]. Dies führt zu der Frage nach der Anwendbarkeit des MitbestG im Fall der Stiftung & Co. KG.

1448 Dazu *Trappe*, Unternehmensmitbestimmung und unternehmensverbundene Stiftungen, passim.

1449 *Gach*, in: MünchKomm/AktG, Bd. 2, MitbestG, § 4 Rn. 10 ff.

1450 *Seibt*, in: Henssler/Willemsen/Kalb, ArbRKomm, § 4 MitbestG, Rn. 3; ders., ZIP 2011, S. 249, 251 f.; *Ulmer/Habersack*, in: Ulmer/Habersack/Henssler, Mitbestimmungsrecht, § 4 MitbestG, Rn. 7.

1451 Vgl. *Fasselt*, Die Beteiligungsstiftung, S. 134.

II. Streitstand im Hinblick auf die analoge Anwendbarkeit des MitbestG

1. *Unternehmensmitbestimmung in der Stiftung mittels analoger Anwendung?*

Die aufgeworfene Frage wird im Schrifttum kontrovers diskutiert. In der Literatur werden Versuche unternommen, die Anwendbarkeit der Mitbestimmung auf die Stiftung bürgerlichen Rechts mittels einer analogen Anwendung der Mitbestimmungsgesetze zu begründen[1452]. Ausgangspunkt dieses Begründungsansatzes ist die Frage, ob eine ursprünglich beabsichtigte Regelungslücke aufgrund sich ändernder tatsächlicher Verhältnisse nachträglich als eine planwidrige Regelungslücke zu beurteilen sein kann[1453]. Aufgrund der Notwendigkeit, Vorschriften fortwährend im Kontext der bestehenden sozialen Verhältnisse und gesellschaftsrechtlichen Anschauungen zu sehen, sei davon auszugehen, dass auch die Nichterfassung eines Sachverhalts durch den Gesetzgeber sich mit zunehmendem Zeitabstand zwischen Kodifikation des Gesetzesbefehls und der einzelfallkonkreten Rechtsanwendung zu einer planwidrigen Regelungslücke wandeln könne[1454]. *Trappe* weist an dieser Stelle nach, dass der Gesetzgeber die rechtsformspezifische Ausgestaltung lediglich aus Praktikabilitätsgründen gewählt hat[1455]. Anhand der Gesetzesmaterialien kann – so *Trappe* weiter – nachvollzogen werden, dass die enumerative Ausgestaltung des mitbestimmungsrechtlichen Anwendungsbereichs dem Telos nach als gesetzessystematische Durchgangslösung anzusehen ist, die langfristig in eine rechtsformunabhängige Mitbestimmung habe umgewandelt werden sollen[1456]. Der Gesetzgeber habe sich lediglich *zunächst* für eine rechtsformabhängige Ausgestaltung entschieden, allerdings schon im Rahmen des Gesetzgebungsverfahrens die Absicht geäußert, eine rechtsformunabhängige Unternehmensmitbestimmung zu etablieren[1457]. Aus diesem Grund sei eine analoge Anwendung des MitbestG auf die Stiftung nicht ausgeschlossen.

1452 *Ulmer/Habersack*, in: Ulmer/Habersack/Henssler, MitbestG, § 1 Rn. 28, wollen eine analoge Anwendung dann ins Auge fassen, wenn eine Gesamtbetrachtung der Unternehmensorganisation dies geboten erscheinen lasse.

1453 *Trappe*, Unternehmensmitbestimmung und unternehmensverbundene Stiftungen, S. 170.

1454 *Trappe*, Unternehmensmitbestimmung und unternehmensverbundene Stiftungen, S. 173.

1455 Trappe, Unternehmensmitbestimmung und unternehmensverbundene Stiftungen, S. 174.

1456 *Trappe*, Unternehmensmitbestimmung und unternehmensverbundene Stiftungen, S. 176, unter Hinweis auf *Neandrup*, AuR 1977, 225, 233 ff.

1457 *Trappe*, Unternehmensmitbestimmung und unternehmensverbundene Stiftungen, S. 175.

Im hier konkret interessierenden Fall der Komplementärbeteiligung einer Stiftung an einer Kommanditgesellschaft führe die Analogiefähigkeit der mitbestimmungsrechtlichen Vorschriften erst recht zu einer Mitbestimmungspflichtigkeit der Stiftung & Co. KG. Denn werde die Konzeption des § 4 MitbestG in den Blick genommen, sei zu konstatieren, dass im Ergebnis nicht etwa nur die als Komplementärin fungierende juristische Person erfasst sei und lediglich die Besonderheit bestehe, dass zur Umsetzung der Mitbestimmung auf die Komplementärin zurückgegriffen werde[1458]. Vielmehr sei im Ergebnis auch die Kommanditgesellschaft mitbestimmt. Diese bewusste Durchbrechung des Prinzips der mitbe-stimmungsfreien Personengesellschaft müsse als Indiz dafür gewertet werden, dass der Gesetzgeber mit der zugrundeliegenden Wertentscheidung auch die Stiftung & Co. KG treffen wolle[1459].

2. Ablehnung einer analogen Anwendung auf die Stiftung

Meinungsführend sind die Stimmen, die eine analoge Anwendung des MitbestG auf die Stiftung bürgerlichen Rechts schon aufgrund der Rechtsformgebundenheit der Mitbestimmungsgesetze ablehnen[1460]. Nachdem der Gesetzgeber die vom Anwendungsbereich erfassten Rechtsformen enumerativ aufgezählt habe, sei eine abschließende Regelung geschaffen worden, die für eine Analogie keinen Raum lasse[1461]. Sie komme schon deshalb nicht in Betracht, weil § 1 Abs. 1 Nr. 1 MitbestG den Geltungsbereich abschließend auf die AG, KGaA, GmbH und die eG beschränke und für eine andere Rechtsform, ob Stiftung, e. V. oder ausländische juristische Person, keine Geltung beanspruche[1462]. Gegen eine Ausdehnung des Anwendungsbereichs wird zuvorderst angeführt, die Vorschrift sei aufgrund ihres schon dem Wortlaut nach abschließenden Charakters nicht analogiefähig[1463]. Wie sich auch aus den Gesetzesmaterialien ergebe, sei die Regelung vom Gesetzgeber bewusst ohne die Einbeziehung weiterer Rechtsformen konzipiert worden. Dem Einwand der veränderten Situation

1458 *Trappe*, Unternehmensmitbestimmung und unternehmensverbundene Stiftungen, S. 190.

1459 *Trappe*, Unternehmensmitbestimmung und unternehmensverbundene Stiftungen, S. 190.

1460 *Seibt*, in: Henssler/Willemsen/Kalb, ArbRKomm, § 4 MitbestG, Rn. 3; ders., ZIP 2011, S. 249, 251 f.; *Ul-mer/Habersack*, in: Ulmer/Habersack/Henssler, Mitbestimmungsrecht, § 4 MitbestG, Rn. 7.; *Stengel*, Stiftung und Personengesellschaft, S. 69 f.; *Höfner-Byok*, Die Stiftung & Co. KG, S. 116 f.; *Hüttemann/Rawert*, in: v. Staudinger, BGB, Vor §§ 80 ff. Rn. 177; *Künnemann*, Die Stiftung im System des Unterordnungs-Konzerns, S. 33; *Wisskirchen/Bissels/Dannhorn*, DB 2007, S. 2258, 2259; *Götze/Winzer/Arnold*, ZIP 2009, S. 245, 247; *Nietzer/Stadie*, NJW 2000, S. 3457, 3460 f.; *Jahn*, steueranwaltsmagazin 2010, S. 128, 131; *Hennerkes/Binz/Sorg*, DB 1986, S. 2269, 2272.

1461 *Raiser*, MitbestimmungsG, § 1 Rn 10; *Gach*, in: MünchKomm/AktG, Bd. 2, MitbestG, § 1 Rn. 6.

1462 Vgl. auch *Muscheler*, ErbR 2008, S. 134, 140.

1463 *Gach*, in: MünchKomm/AktG, Bd. 2, MitbestG, § 1 Rn. 6, § 4 Rn 3.

lasse sich zudem entgegenhalten, dass der Gesetzgeber im Jahr 2004 – und somit nachdem sich die Diskussion um die mitbe-stimmungsrechtliche Behandlung der Stiftung verbreitet hatte – mit dem die Bestimmungen des BetrVG 1952 ersetzenden DrittelbG eine neue mitbestimmungsrechtliche Regelung kodifiziert hat, ohne auf die Fragestellung der Stiftung einzugehen, und dies, obwohl das DrittelbG hinsichtlich der Beschreibung des Geltungsbereichs ähnlich konzipiert ist. Hätte er entgegen der schon damals meinungsführenden Ansicht eine Anwendung auch auf Stiftungen bürgerlichen Rechts gewollt, hätte Gelegenheit bestanden, dies deutlich zu machen.

Zudem stelle die Unternehmensmitbestimmung in einer politisch hoch umstrittenen Materie einen Kompromiss dar, was einer Übertragung der Wertungen entgegenstehe[1464]. Ferner werden praktische Schwierigkeiten angeführt. Das MitbestG sieht die Beteiligung von Arbeitnehmervertretern im Aufsichtsrat vor und knüpft damit eng an gesellschaftsrechtliche Strukturen an. Auf eine Stiftung bürgerlichen Rechts, bei der ein Aufsichtsrat grundsätzlich nicht vorgesehen ist, lasse sich dieses Modell nur mit erheblichen Anpassungsproblemen und letztlich vor allem gegen den Willen des Stifters übertragen, da die Stiftung unter Umständen dazu gezwungen wäre, ein Organ einzurichten, das der Stifter gar nicht vorgesehen hat.

III. Stellungnahme

1. Voraussetzungen der analogen Anwendung des MitbestG

Zuzugeben ist, dass die Analogiefähigkeit – entgegen der von den meinungsführenden Stellungnahmen vorgebrachten Argumentation – nicht schon deswegen verneint werden darf, weil der Gesetzgeber den Anwendungsbereich eines Regelungsregimes im Wege einer Aufzählung ausgestaltet hat. Statt apodiktisch auf die die Stiftung nicht nennende Gesetzesformulierung abzustellen, ist vielmehr nach den Möglichkeiten zulässiger Rechtsanwendung zu fragen.

Zunächst ist der Abgrenzung zwischen extensiver Auslegung einer Norm und ihrer analogen Anwendung nachzugehen. Nach wohl allgemeiner Auffassung bildet die Grenze zwischen extensiver Auslegung und Analogie der mögliche Wort*sinn,* und nicht der Wort*laut.* Die Ermittlung des Wort*sinns* hat im Wege der (extensiven) Auslegung unter Berücksichtigung aller Auslegungkanones zu erfolgen. Liegt der zu subsumierende Begriff noch im Bereich des möglichen Wortsinns, handelt es sich um extensive Auslegung. Liegt er dagegen außerhalb des Wortsinns, ist der Fall jedoch ähnlich und trifft die ratio legis (also der Gesetzeszweck) auf ihn zu, stellt sich die Frage der Analogie[1465]. Vorliegend steht außer Zweifel, dass aufgrund der

---

1464 So auch BGH, Urteil v. 24.02.1997, Az. II ZB 11/96, BGHZ 134, 392, 400: „Es kann nicht Aufgabe der Gerichte sein, den auf politischem Wege gefundenen Mitbestimmungskompromiß durch eine – wie auch immer geartete – Rechtsfortbildung zu korrigieren."

1465 Vgl. dazu insgesamt *Coing/Honsell*, in: v. Staudinger, Eckpfeiler, S. 29 ff.

insofern eindeutigen Ausgestaltung der Norm auch nach dem Wort*sinn* für eine extensive Auslegung kein Raum besteht.

Erfasst also das MitbestG den Fall der Stiftung nicht, obwohl er prima facie den gesetzlich geregelten Fällen ähnlich ist, so erfordert das eine Prüfung der Anwendung der gesetzlichen Regelung durch Analogie. Grundvoraussetzung der juristischen Analogie ist die Analogiefähigkeit der jeweiligen Norm. Analogiefähig sind grundsätzlich alle Rechtsnormen, deren Tatbestandsmerkmale hinreichende, aber nicht notwendige Voraussetzung der angeordneten Rechtsfolge sind[1466]. Es ist also – wiederum im Wege der Auslegung – zu bestimmen, ob der Tatbestand einer Norm ihren Anwendungsbereich abschließend beschreibt oder nicht[1467]. Entscheidend ist der Wille des Gesetzgebers, der unter Wertungsgesichtspunkten zu ermitteln ist. Erst wenn die Prüfung der Analogiefähigkeit der Norm positiv war, kann in einem zweiten Schritt die Untersuchung der Analogiefähigkeit des Sachverhalts vorgenommen werden[1468]. Im Rahmen der Analogiefähigkeit des Sachverhalts ist

1466 *Luther*, JA 2013, S. 449, 450.

1467 *Luther*, JA 2013, S. 449, 450.

1468 In Rechtsprechung und Literatur wird üblicherweise untersucht, ob eine „planwidrige Gesetzeslücke" vorliegt und ob diese aufgrund „vergleichbarer Interessenlage" durch eine analoge Anwendung zu schließen ist. Durch die Terminologie der „Planwidrigkeit der Gesetzeslücke" soll der Gefahr der Übergriffigkeit der Rechtsfortbildung und der Trennung legislativer und judikativer Zuständigkeiten Rechnung getragen werden. Die Begriffe suggerieren, dass die Judikative lediglich eine Nachlässigkeit des Gesetzgebers ausgleicht, ohne in seinen Kompetenzbereich einzugreifen. Auf der anderen Seite ist aber zu konstatieren, dass diese herkömmliche Prüfungsfolge (und Begrifflichkeit) von dem inneren Grund und damit von der Rechtfertigung eines jeden Analogieschlusses ablenkt. Denn die Erweiterung des Anwendungsbereichs einer Vorschrift im Wege der analogen Anwendung ist allein zulässig, um den – sich sonst ergebenden – Widerspruch zu grundsätzlichen Wertungen der Rechtsordnung (insbesondere Art. 3 GG) zu beseitigen. Im Ergebnis besteht zwischen dem herkömmlichen Prüfungsschema und der hier gewählten Vorgehensweise kein Unterschied (vgl. *Luther*, JA 2013, S. 449, 453). Wenn eine analogiefähige Norm und ein analogiefähiger Sachverhalt vorliegen, ist davon auszugehen, dass die Ungleichbehandlung durch den (zu eng) gefassten Tatbestand im Widerspruch zu übergeordneten Wertungen steht (so *Puppe*, Kleine Schule des juristischen Denkens, S. 99 f.). Nachdem es sich bei unserer Rechtsordnung um normativ positives Recht handelt, ist eine Gesetzeslücke ohnehin nur dann anzunehmen, wenn ein tatsächlicher Sachverhalt von einer Norm nicht erfasst ist, obwohl ein vergleichbarer Sachverhalt unter den Tatbestand der Norm fällt. Die Gefahr einer Übergriffigkeit der Judikative durch Analogiebildung besteht also nicht. Vorzugswürdig ist die hier gewählte Herangehensweise aber, weil deutlicher auf die – getrennte – Ermittlung des Willens des Gesetzgebers abgestellt wird: Es wird einerseits positiv gefragt und durch Auslegung untersucht, ob die Vorschrift abschließenden Charakter hat. Und andererseits wird geprüft, ob eine Gleichbehandlung der Sachverhalte unter systematischen, historischen und teleologischen Aspekten geboten erscheint.

zu fragen, ob der nicht tatbestandsmäßige Sachverhalt dem Tatbestand unter systematischen, historischen oder teleologischen Aspekten so stark ähnelt, dass eine Analogie geboten erscheint[1469].

2. *Abschließender Anwendungsbereich des MitbestG?*

Hervorzuheben ist, dass bei einem enumerativ, also aufzählend ausgestalteten Regelungskatalog nicht notwendigerweise eine abschließende Regelung vorliegen muss. Vielmehr ist bei einer enumerativen Ausgestaltung die Aufzählung daraufhin zu untersuchen, ob sie nach dem Willen des Gesetzgebers abschließenden Charakter haben soll. Gesetzestechnisch wird die Ausschlusswirkung regelmäßig durch entsprechende Formulierungen, etwa durch die Verwendung eines „nur" oder eines „ausschließlich", zu erkennen gegeben. Nicht abschließende Aufzählungen sind demgegenüber regelmäßig durch ein „insbesondere" gekennzeichnet. In diesem Sinne hat auch der Bundesgerichtshof in der sog. Herrenreiter-Entscheidung grundlegend festgestellt, dass auch eine enumerativ ausgestaltete Rechtsnorm analogiefähig sein kann[1470].

Im vorliegenden Fall hat der Gesetzgeber entsprechende Schlüsselbegriffe nicht verwendet. Die Analogiefähigkeit des § 1 Abs. 1 MitbestG ist also danach zu ermitteln, ob die Auslegung des enumerativen Regelungskatalogs erkennen lässt, dass der Gesetzgeber den Katalog für alle Zeiten abschließend festlegen wollte, oder ob im Hinblick auf die stete Entwicklung der tatsächlichen Verhältnisse eine – den Regelungskatalog erweiternde – analoge Anwendung nicht ausgeschlossen werden sollte. Der Umstand, dass der Gesetzgeber alle originär als Unternehmensform ausgestalteten Rechtspersonen einzeln aufgezählt hat, kann hierbei nicht als Beweis dienen. Auf der Grundlage der oben bereits dargestellten Erwägungen zur Gesetzgebungshistorie spricht in der Tat vieles dafür, dass mit der Aufzählung in § 1 Abs. 1 MitbestG keine abschließende Regelung geschaffen werden sollte. Denn aus dem Gesetz ergibt sich nichts Gegenteiliges[1471]. Vielmehr ist anzunehmen, dass nach dem Willen des Gesetzgebers eine Übertragung der Regeln zur Unternehmensmitbestimmung auf andere Unternehmensträger (ohne persönlich haftenden Beteiligten) für den Fall, dass zusätzlich ein analogiefähiger Sachverhalt vorliegt, nicht verhindert werden sollte. Im Rahmen der vorliegenden Untersuchung kann

---

1469 *Luther*, JA 2013, S. 449, 450 ff.

1470 Der BGH, Urteil vom 14.02.1958, Az. I ZR 151/56, BGHZ 26, 349 ff, entschied, dass Verletzungen des allgemeinen Persönlichkeitsrechts entsprechend § 253 BGB a. F. zum Ersatz des immateriellen Schadens verpflichten, obwohl die enumerative Aufzählung der Rechtsgüter in § 847 BGB a. F. das allgemeine Persönlichkeitsrecht zu dieser Zeit nicht nannte; vgl. *Trappe*, Unternehmensmitbestimmung und unternehmensverbundene Stiftungen, S. 174.

1471 Zur Prüfung der Analogiefähigkeit *Luther*, JA 2013, S. 449, 450: „Rechtsnormen sind also analogiefähig, sofern sich aus dem Gesetz nichts Gegenteiliges ergibt".

die Frage der Analogiefähigkeit der Norm aber letztlich dahinstehen, da jedenfalls im Fall der Stiftung & Co. KG keine Analogiefähigkeit des Sachverhalts gegeben ist.

3. Keine Analogiefähigkeit des Sachverhalts

Maßgeblich für die Analogiefähigkeit des Sachverhalts ist nicht die faktische Ähnlichkeit der Vergleichsfälle. Entscheidend ist die Frage, ob der nicht tatbestandsmäßige Sachverhalt behandelt werden soll wie die tatbestandsmäßigen Fälle[1472]. Maßstäbe dieser Untersuchung sind Systematik, Geschichte und Telos der Norm[1473]. Diese Prüfungskriterien zugrundegelegt, ist die Analogiefähigkeit der Stiftung bürgerlichen Rechts im Hinblick auf § 1 Abs. 1 MitbestG zu verneinen. Denn hinsichtlich der Teleologie des MitbestG ist hervorzuheben, dass die Regeln zur *Unternehmens*mitbestimmung ausschließlich solche Rechtsformen verpflichten sollen, die originär als *unternehmens*tragende Rechtsperson bereitgestellt werden. Es gelten im Kern die Erwägungen, die an anderer Stelle der Untersuchung bereits zur Frage der Aufbringung eines Mindestkapitals erläutert worden sind[1474]. Die Rechtsformen der AG, der KGaA, der GmbH sowie der Genossenschaft haben gemeinsam, dass der Gesetzgeber mit ihrer Bereitstellung als legislatives Ziel die Schaffung von Unternehmensformen verfolgt hat. Beweis dafür ist, dass sie alle auf die unternehmerische Betätigung zugeschnitten sind. Das MitbestG greift diese Unternehmensformen auf, um die Demokratisierung der Unternehmensführung als sozialstaatliche Zielsetzung umzusetzen. Für den Gesetzgeber waren also weniger die Rechtsformen als viel mehr die Unternehmen Ziel der Mitbestimmungspflicht. So ist in den Gesetzesmaterialien nachzulesen, er habe das MitbestG auf die dort genannten *„genau bezeichneten* ***Unternehmensformen***" zugeschnitten[1475]. Indem der Begriff des Unternehmens den Zentralbegriff des Handelsrechts darstellt[1476], nimmt der Gesetzgeber mit Deutlichkeit das Sonderprivatrecht für geschäftliche Tätigkeit in Bezug und grenzt die mitbestimmungspflichtigen (Sonder-)Rechtsformen so von den Rechtsformen des allgemeinen Privatrechts ab. Die Stiftung ist gerade nicht vorrangig als Unternehmensträgerin konzipiert, verfügt demnach grundsätzlich nicht über eine Unternehmensführung. Die Anwendung der Norm auf den (nur ähnlichen) Fall der Stiftung würde also gegen die Normsystematik und den gesetzgeberischen Willen verstoßen. Wenn auch die Norm des § 1 Abs. 1 MitbestG an sich

---

1472 *Luther*, JA 2013, S. 449, 451.

1473 Eine Wortlautauslegung als vierter Aspekt der klassischen Auslegungkanones kommt dagegen nicht mehr in Betracht, weil die Analogie nur dann zur Anwendung kommt, wenn ein Sachverhalt vom Wortlaut eines Tatbestands nicht mehr erfasst ist; *Luther*, JA 2013, S. 449, 451.

1474 Siehe dazu bereits § 7B.IV.1.c)(aa), S. 234 f.

1475 Siehe BT-Drucks. 7/2172, S. 19 (Hervorhebung durch den Verfasser); ähnlich auch BT-Drucks. 7/4845, S. 3; vgl. zum Rechtsbegriff „Unternehmen": *Dauner-Lieb*, Unternehmen in Sondervermögen, S. 14 ff.

1476 *K. Schmidt*, Handelsrecht, S. 67.

nicht abschließend ausgestaltet wurde, würde es ihrem Telos widersprechen, wenn ihre Rechtsfolge auf solche Rechtsformen angewendet würde, die gar nicht primär als Unternehmensträger verfasst sind. Gegen die Analogiefähigkeit spricht letztlich der folgende Unterschied: Die Stiftung bürgerlichen Rechts *kann* als Unternehmensform auf dem Markt eingesetzt werden, die in § 1 Abs. 1 MitbestG genannten Rechtsformen *sollen* als Unternehmensformen dienen.

Eine Analogiefähigkeit der Sachverhalte kann erst recht nicht für den Fall der Grundtypenvermischung einer KG mit einer Stiftung angenommen werden. Denn nach Wortlaut und Konzeption des § 4 MitbestG gelten für die Anwendung des MitbestG auf den persönlich haftenden Gesellschafter der Kommanditgesellschaft die Arbeitnehmer der Kommanditgesellschaft als Arbeitnehmer des persönlich haftenden Gesellschafters. Nicht die Kommanditgesellschaft wird mitbestimmungspflichtig, sondern die Komplementärin[1477]. Auf diese Weise wird das Prinzip der mitbestimmungsfreien Personengesellschaft nicht durchbrochen. Bei dieser gesetzestechnischen Konzeption – anders wäre es zu beurteilen, wenn die Kommanditgesellschaft selbst mitbestimmungspflichtig würde und allein die Stiftung in der tatbestandlichen Aufzählung möglicher Komplementäre fehlte – stellt sich die Frage der Analogiefähigkeit der Sachverhalte wieder und alleine hinsichtlich der Stiftung[1478], und zwar ohne Ansehung ihrer Funktion in der Stiftung & Co. KG. Zudem ist auch die zweite Voraussetzung einer mehrheitlichen Personenidentität zwischen Kommanditisten und den Anteilsinhabern des Komplementärunternehmens[1479] hinsichtlich der ihr innewohnenden Wertung kaum übertragbar.

C. Missbrauch von rechtlichen Gestaltungsmöglichkeiten durch Umgehung der Mitbestimmungspflichtigkeit

Auf der Grundlage des vorstehend gefundenen Ergebnisses zur Anwendbarkeit des MitbestG kann eine Zurechnung nach § 4 Abs. 1 MitbestG nicht erfolgen, sodass die Stiftung & Co. KG in der Tat nicht mitbestimmungspflichtig ist[1480]. Folgt man dieser Sichtweise, liegt es nicht fern, in der Errichtung einer Stiftung & Co. KG eine unzulässige Umgehung des Prinzips der Unternehmensmitbestimmung zu erblicken[1481].

1477 *K. Schmidt*, Gesellschaftsrecht, S. 1651.

1478 *Trappe*, Unternehmensmitbestimmung und unternehmensverbundene Stiftungen, S. 189 f.

1479 Vgl. § 4 Abs. 1 MitbestG.

1480 So auch *Nietzer/Stadie*, NJW 2000, S. 3457, 3460 f; *Henerkes/Binz/Sorg*, DB 1986, S. 2269, 2272; *Weimar/Geitzhaus/Delp*, BB 1986, 1999, 2009.

1481 Die Problematik der Gesetzesumgehung ist in Wissenschaft und Rechtsprechung noch nicht abschließend geklärt. Nach überwiegender Ansicht lässt sich eine eigenständige Rechtsfigur „Gesetzesumgehung“ nicht überzeugend begründen. Danach handelt es sich bei Umgehungsproblematiken allein um eine Frage der Anwendung der betreffenden Norm. Bei diesem Verständnis sind Umgehungssachverhalte also mit den herkömmlichen Mitteln der Normanwendung auf der

Einige behaupten sogar, der Gesellschaftsvertrag sei aufgrund des Missbrauchs rechtlicher Gestaltungsmöglichkeiten nichtig[1482].

In diesem Kontext ist zunächst darauf hinzuweisen, dass schon das Reichsgericht in seinem Beschluss zur GmbH & Co. KG festgestellt hat, dass die Umgehung allenfalls dann zur Versagung der Zulässigkeit einer Beteiligungsform führen kann, wenn einziges Motiv der Wahl der Beteiligungsform das Umgehungsmotiv ist[1483]. Hinter dem Begriff der Gesetzesumgehung verbirgt sich allein die Frage nach dem Überschreiten von gesetzgeberisch gesetzten Grenzen der Gestaltungsfreiheit, die im Zweifel durch Auslegung zu ermitteln sind[1484]. Die Gesetzesumgehung kann demnach beschrieben werden als Verstoß gegen den Sinn einer Norm, ohne dass der Worlaut verletzt ist[1485]. Nach allgemeiner Ansicht kennzeichnet eine unzulässige Gesetzesumgehung, dass die Erfüllung eines Tatbestandes, der ohne die Veränderung anwendbar wäre, rechtsmissbräuchlich durch eine objektive Umgehungshandlung vermieden (oder zur Anwendung gebracht bzw. ein normfreier Raum geschaffen) wird[1486]. Um eine unzulässige Umgehung von einer zulässigen Gestaltung abzugrenzen, ist also eine Gesetzesumgehung nur dann zu bejahen, wenn zwar der Geltungsbereich einer Norm nicht eingreift, aber gleichwohl gegen das Normziel verstoßen wird[1487]. Es muss regelmäßig durch Auslegung ermittelt werden, welches Ziel mit der maßgeblichen Norm verfolgt werden soll. Die Umgehung einer gesetzlichen Norm ist danach streng von dem schlichten Nichtverwirklichen einer Normvoraussetzung zu unterscheiden.

Als Umgehungshandlung kann im vorliegenden Fall allein die Wahl der Stiftung als Komplementärin anstelle einer in § 1 Abs. 1 MitbestG genannten Rechtsform angesehen werden. Nach der vorstehenden Definition liegt dann allerdings schon deswegen keine Umgehungshandlung vor, weil der Gesetzgeber den Anwendungsbereich des MitbestG bewusst derart eingeschränkt gestaltet hat. Durch die gewollte Beschränkung ergeben sich denklogisch Freiräume, in denen die legislatorische Wertentscheidung nicht gilt. Möglichkeiten der Vermeidung einer Mitbestimmung sind bei der vom Gesetzgeber gewählten Gestaltung des § 1 Abs. 1 MitbestG gewissermaßen unvermeidlich. Sie wurden bewusst in Kauf genommen, was sich daraus schließen lässt, dass die Lücken in der Mitbestimmungspflichtigkeit während des

Grundlage einer Auslegung, einer teleologischen Reduktion oder einer Analogie zu bewältigen; vgl. dazu ausführlich *Sieker*, Umgehungsgeschäfte, S. 10 ff. sowie *Rehberg*, in: Eidenmüller, Ausländische Kapitalgesellschaften, § 6 Rn. 154.

1482 *Großfeld*, in: v. Staudinger, BGB, IntGesR, Rn. 550 f., für die ausländische Kapitalgesellschaft, wobei er deutlich auf die Umgehung der inländischen Mitbestimmungsregeln abstellt; vgl. dazu *Höhne*, Die Ltd. & Co. KG, S. 130.

1483 RG, Beschluss vom 04.07.1922, Az. II B 2/22, RGZ 105, S. 101, 106.

1484 *Burgad*, Gestaltungsfreiheit im Stiftungsrecht, S. 65 ff.

1485 *Teichman*, JZ 2003, S. 761, 762.

1486 *v. Hein*, in: MünchKomm/BGB, IPR, Einl. Rn. 282; *Benecke*, Gesetzesumgehung im Zivilrecht, S. 34 ff; vgl. auch *Teichman*, JZ 2003, S. 761, 762 ff.

1487 *Benecke*, Gesetzesumgehung im Zivilrecht, S. 208.

Gesetzgebungsverfahrens bemängelt, aber nicht beseitigt wurden[1488]. Auch ein Verstoß gegen das maßgebliche Normziel des MitbestG liegt nicht vor. Wie im Rahmen der Analogieprüfung nachgewiesen wurde, besteht das Normziel – nach hier vertretener Ansicht – in der Einführung einer mitbestimmten Unternehmensführung in solchen Rechtsformen, die vom Gesetzgeber primär als Unternehmensträger vorgesehen sind. Nachdem die Stiftung gerade nicht zu diesen Rechtsformen zu zählen ist, steht das Nutzen der Stiftung in Gestaltungen, in denen *Unternehmensträgerrechtsformen* mitbestimmungspflichtig wären, nicht in Konflikt zum Normziel des MitbestG. In diesem Sinne hat auch die Bund-Länder-Arbeitsgruppe Stiftungsrecht die Frage, „ob die Gefahr der Umgehung unternehmensrechtlicher Vorschriften durch die Wahl der Rechtsform Stiftung eine Einschränkung der unternehmensverbundenen Stiftung rechtfertige", abschließend verneint.

Eine Unzulässigkeit der Stiftung & Co. KG kommt zudem aus folgender Erwägung nicht in Betracht: Selbst wenn man eine Umgehung des Mitbestimmungsregimes annehmen wollte, würde dies nicht zur Unzulässigkeit respektive Nichtigkeit dieser Gestaltung führen. Denn nach überwiegender Ansicht führt ein Umgehungsgeschäft grundsätzlich zur Anwendung der umgangenen Vorschrift im Wege der Analogie oder Rechtsfortbildung[1489]. Die Stiftung & Co. KG wäre mithin nicht unzulässig; Rechtsfolge wäre vielmehr die Anwendung der (umgangenen) Regelungen zum MitbestG[1490].

1488 Vgl. *Grothe*, Die „ausländische Kapitalgesellschaft & Co.", S. 296; *Höhne*, Die Ltd. & Co. KG, S. 133.
1489 Siehe dazu bereits Fn. 1476.
1490 Ähnlich *Höhne*, Die Ltd. & Co. KG, S. 133, zur Ltd. & Co. KG.

§ 11 Keine weiteren Zulässigkeitsbedenken

Ist damit gezeigt, dass weder in stiftungsrechtlicher noch in gesellschaftsrechtlicher Hinsicht ein abstrakt-generelles Zulässigkeitshindernis besteht, muss abschließend noch auf die Frage eingegangen werden, ob die Stiftung & Co. KG im Einzelfall unzulässig sein kann. In diesem Kontext kann zunächst festgehalten werden, dass Bedenken hinsichtlich gesetzlicher Verbote im Sinne des § 134 BGB nicht bestehen[1491]. Denn im geltenden Recht ist keine Vorschrift vorhanden, die als Verbotsgesetz die Errichtung einer Stiftung & Co. KG untersagt.

Schon aus der Diskussion um die Zulässigkeit der GmbH & Co. KG ist die Erwägung bekannt, derartige Gestaltungsformen seien sittenwidrig im Sinne des § 138 BGB, weil sie der Verfolgung von Zielen dienten, die unvereinbar mit den ursprünglich für die einzelnen Rechtsformen vorgesehenen Leitbildern seien[1492]. Anders als bei dem Gesichtspunkt der generell-abstrakten Zulässigkeit der Typenvermischung[1493] ist hier die Fragestellung gemeint, ob derartige Gestaltungen aufgrund der Motive und Zielsetzungen der handelnden Personen sittenwidrig sein können. Während bei der Untersuchung der Rechtsformen-Vermischung die objektiven Elemente der Verbindung der Rechtsformen auf ihre Vereinbarkeit mit der geltenden Rechtsordnung zu untersuchen waren, ist mit der Erörterung eines etwaigen genrellen Rechtsformen-Missbrauchs die subjektive Seite angesprochen[1494].

Nach der Rechtsprechung sind die Voraussetzungen der Sittenwidrigkeit erfüllt, wenn der Gesamtcharakter des Rechtsgeschäfts mit den guten Sitten nicht vereinbar ist, wobei nicht nur der objektive Inhalt des Geschäfts, sondern auch die Umstände, die zu der Vornahme geführt haben, und die verfolgten Absichten und Beweggründe zusammenfassend zu berücksichtigen sind[1495]. Nach allgemeinen Grundsätzen endet die eingeräumte Vertragsfreiheit (Art. 2 Abs. 1 GG) erst dort, wo die Rechte Dritter entgegenstehen. Für die Beurteilung der Wirksamkeit im Hinblick auf § 138 BGB bedeutet dies, dass die vereinbarte Regelung nicht nur nach den subjektiven Beweggründen, sondern auch nach ihrem objektiven Gehalt – und insoweit auch nach ihren möglichen Auswirkungen auf die Rechtsstellung Dritter – mit den guten Sitten in Einklang stehen muss[1496]. Bei der Stiftung & Co. KG ist also der Fragestellung nachzugehen, ob es die hinter ihrer Errichtung stehenden Personen auf ungerechtfertigte, weil von der Rechtsordnung so nicht vorgesehene Vorteile abgesehen haben

1491 So schon *Höfner-Byok*, Die Stiftung & Co. KG, S. 55.
1492 Siehe dazu bereits oben § 3B.IV.3, S. 74.
1493 Siehe dazu bereits oben § 8B, S. 244 ff.
1494 *Stengel*, Stiftung und Personengesellschaft, S. 46 f.
1495 BGH, Urteil v. 10.10.1997, Az. V ZR 74/96, BGH NJW-RR 1998, S. 590 ff.
1496 BGH, Urteil, v. 08.12.1982, Az. IVb ZR 333/81, BGHZ 86, S. 82, 88; vgl. BGH, Urteil v. 9. Juli 1953, Az. IV ZR 242/52, JZ 1953, S. 664, 665.

oder die den Rechtsformen immanenten Grenzen rechtsmissbräuchlich überschreiten wollen und dies (negative) Auswirkungen auf die Rechtstellung Dritter hat[1497].

Soweit bei der Errichtung einer Stiftung & Co. KG die Gründung einer Personengesellschaft unter Vermeidung persönlicher Haftung im Vordergrund stehen kann, bei der zudem auf Seiten des Komplementärs keine Mindesthaftungssumme zu erbringen ist, entkräftet schon der Blick auf andere mögliche Rechtsformen-Vermischungen den Vorwurf des Missbrauchs. Nachdem sowohl die ltd. & Co. KG wie auch jüngst die UG (haftungsbeschränkt) & Co. KG als zulässige Gestaltungsalternativen angesehen werden können, stellt die Haftungsbeschränkung (ohne summenmäßig bestimmtes Mindestkapital) kein Alleinstellungsmerkmal mehr dar. Nichts anderes gilt im Hinblick auf die Unternehmensmitbestimmung. Die Stiftung & Co. KG scheint also auch im Einzelfall nicht den Rahmen des Zulässigen zu verlassen.

1497 *Stengel*, Stiftung und Personengesellschaft, S. 46 f; *Höfner-Byok*, Die Stiftung & Co. KG, S. 56 f.

§ 12 Schlussbetrachtung

Ziel dieser Arbeit war es, das kontrovers diskutierte Phänomen der Stiftung & Co. KG von einem neuen Blickwinkel aus zu analysieren. Die im Rahmen der Untersuchung gewonnenen Erkenntnisse können in folgenden Kernthesen zusammengefasst werden:

- Die Stiftung bürgerlichen Rechts ist eine Rechtsform unter vielen. Unter den von der deutschen Rechtsordnung zur Verfügung gestellten Rechtsformen ist die selbstständige Stiftung als Allzweckrechtsform verfasst. Während die Gesellschaftsformen der AG oder GmbH primär zur Verfolgung wirtschaftlicher Zwecke konzipiert sind, jedoch auch zu nichtwirtschaftlichen Zwecken errichtet werden können, stellt die Stiftung eine in erster Linie zur Verfolgung nichtwirtschaftlicher Zwecke bereitgestellte Rechtsform dar, die jedoch auch zur Verfolgung wirtschaftlicher Zwecke eingesetzt werden kann.
- Die Behauptung der Unzulässigkeit der Stiftung & Co. KG erfolgt aus Gründen, die auf offenkundig falschen Annahmen beruhen. Das sogenannte Verbot der Selbstzweckstiftung zielt so, wie es in der Literatur dargestellt und begründet wird, im Kern auf eine (reine) Vermögensverwaltungsstiftung ab, deren Zweck wie folgt beschrieben werden kann: *„Zweck der Stiftung ist die Verwaltung und Vermehrung ihres Vermögens. Das Stiftungsvermögen soll dazu möglichst profitabel investiert werden.“* Tatsächlich jedoch liegt eine Selbstzweckstiftung im eigentlichen Sinne erst dann vor, wenn der Stiftungszweck sich in der Schaffung der juristischen Person erschöpft. Im Rahmen der juristischen Debatte um die Zulässigkeit solcher Stiftungsvorhaben sollte daher nicht länger auf den Begriff der Selbstzweckstiftung zurückgegriffen werden. Denn eine reine *Vermögensverwaltungsstiftung* ist mit dem geltenden Stiftungsrecht vereinbar.
- In Ansehung dieser Ergebnisse soll abschließend auf Folgendes hingewiesen werden: In Anlehnung an die Worte von *Kronke* steht die vorliegende Arbeit allein für die einschränkungslose Bejahung der Zulässigkeit der untersuchten Einsatzzwecke auf Basis einer unbefangenen Prüfung der lege lata, ohne dabei der Frage nach der Wünschbarkeit de lege ferenda nachzugehen. Ob eine Rückbesinnung[1498] auf den historischen Gehalt des Stiftungswesens rechtspolitisch befürwortenswert ist, wurde absichtlich unberücksichtigt gelassen.
- Das stiftungsrechtliche Vermögenserfordernis hat seinen Grund allein darin, die Handlungsfähigkeit der juristischen Person sicherzustellen und dadurch die dauerhafte und nachhaltige Erfüllung des Stiftungszwecks zu gewährleisten. Es ist folglich auch eine Stiftung zulässig, deren Zweck nicht unmittelbar ein Vermögen voraussetzt.

1498 Vgl. dazu *K. Schmidt*, ZHR 166 (2002), S. 145, 149.

- Die Übernahme der Komplementärstellung durch eine Stiftung bürgerlichen Rechts ist sowohl dann zulässig, wenn die Stiftung einen bestimmten Kapitalanteil an dem Gesellschaftsvermögen hält, als auch dann, wenn sie keine vermögenswerte Beteiligung an der Gesellschaft hält.
- Es entspricht der geltenden Teleologie des Gläubigerschutzes, dass die Stiftung bürgerlichen Rechts kein Mindestkapital aufzubringen hat. Die mit der Seriositätsschwelle beabsichtigte ökonomische Lenkungswirkung ist mit dem Leitbild der Allzweckstiftung nicht vereinbar.
- Es muss deutlich zwischen der Organbefugnis des persönlich haftenden Gesellschafters der Kommanditgesellschaft und des Stiftungsvorstands „im" persönlich haftenden Gesellschafter unterschieden werden. Ist der Stiftungsvorstand in seiner Vertretungsbefugnis beschränkt, kann er in den der Beschränkung unterliegenden Gebieten die Kommanditgesellschaft nicht wirksam vertreten, dies unabhängig davon, dass er faktisch für die Kommanditgesellschaft tätig wird.
- Erst mit Eintragung und Bekanntmachung der Vertretungsbefugnisse bei der Stiftung und damit einhergehend der Vertretungsverhältnisse bei der Kommanditgesellschaft kann Geschäftspartnern die Beschränkung der Vertre-tungsmacht entgegengehalten werden.
- Hinsichtlich der Teleologie des MitbestG ist hervorzuheben, dass die Regeln zur Unternehmensmitbestimmung ausschließlich solche Rechtsformen verpflichten sollen, die originär als unternehmenstragende Rechtsperson bereitgestellt werden. Die analoge Anwendung der Normen des MitbestG auf den nur ähnlichen Fall der Stiftung würde daher gegen die Normsystematik und den gesetzgeberischen Willen verstoßen.

Literaturverzeichnis

Achilles, Alexander / Gebhard, Albert / Spahn, Peter: Protokolle der Kommission für die zweite Lesung des Entwurfs eines Bürgerlichen Gesetzbuches. Im Auftrag des Reichsjustizamts, bearbeitet von Alexander Achilles, Albert Gebhard, Peter Spahn, Bd. 1–7, Berlin 1897–1899.

Andrick, Bernd: Stiftungsrecht und Staatsaufsicht unter besonderer Berücksichtigung der nordrhein-westfälischen Verhältnisse, zugl. Diss. Münster, Baden-Baden 1988.

Andrick, Bernd: Die Entwicklung zum modernisierten Stiftungsrecht, in: ZSt 2003, S. 3 ff.

Andrick, Bernd: Die staatliche Anerkennung der Stiftung, in: DVBl 2003, S. 1246 ff.

Andrick, Bernd: Das novellierte nordrhein-westfälische Stiftungsgesetz, in: ZSt 2005, S. 187 ff.

Andrick, Bernd / Suerbaum, Joachim: Stiftung und Aufsicht. Dogmatik - Stiftungspraxis - Reformbestrebungen, München 2001.

Andrick, Bernd / Suerbaum, Joachim: Das Gesetz zur Modernisierung des Stiftungsrechts, in: NJW 2002, S. 2905 ff.

App, Michael: Die Stiftung & Co KG - eine mögliche Alternative zur GmbH & Co. KG, in: BuW 1992, S. 557 ff.

Arndts von Arnesberg, Karl Ludwig: Lehrbuch der Pandecten, München 1852.

Auerbach, W.: Das Gesellschaftswesen in juristischer und volkswirthschaftlicher Hinsicht unter besonderer Berücksichtigung des allgemeinen deutschen Handelsgesetzbuchs, Frankfurt am Main 1861. (zitiert als: Auerbach, Das Gesellschaftswesen in juristischer und volkswirthschaftlicher Hinsicht)

Backert, Wolfram: Anforderungen an die Vermögensausstattung rechtsfähiger Stiftungen bürgerlichen Rechts, in: ZSt 2003, S. 129 ff.

Ballerstedt, Kurt: Der gemeinsame Zweck als Grundbegriff des Rechts der Personengesellschaften, in: JuS 1963, S. 253 ff.

Ballerstedt, Kurt / Salzwedel, Jürgen: Soll das Stiftungsrecht bundesgesetzlich vereinheitlicht und reformiert werden, gegebenenfalls mit welchen Grundzügen? in: Verhandlungen des 44. Deutschen Juristentag, Band I (Gutachten), 5. Teil, Tübingen 1962.

Bamberger, Heinz Georg / Roth, Herbert: Kommentar zum Bürgerlichen Gesetzbuch: BGB, 3. Auflage 2012.

Barth, Kuno: Die Publizitäts- und Prüfungspflicht der GmbH & Co. KG, in: BB 1986, S. 2235 ff.

Baumbach, Adolf / Hueck, Alfred: GmbH-Gesetz: Gesetz betreffend die Gesellschaft mit beschränkter Haftung, 20. Auflage, München 2013.

Baumbach, Adolf / Hopt, Klaus: Handelsgesetzbuch mit GmbH & Co., Handelsklauseln, Bank- und Börsenrecht, Transportrecht (ohne Seerecht), 36. Auflage, München 2014.

Bekker, Ernst Immanuel: System des heutigen Pandektenrechts, Band 1, Weimar 1886.

Bergmann, Andreas: Der Kommanditist als Vertretungsorgan der Kommanditgesellschaft: Zugleich Besprechung OLG Frankfurt am Main v. 26.9.2005, Az. 20 W 192/05, in: ZIP 2006, 904 ff.

Berndt, Hans: Stiftung und Unternehmen, 3. Auflage, Berlin 1978.

Berndt, Hans / Götz, Hellmut: Stiftung und Unternehmen: Zivilrecht, Steuerrecht, Gemeinnützigkeit, 8. Auflage, Herne 2009.

Beseler, Georg: System des gemeinen deutschen Privatrechts, Band 1, 4. Auflage, Berlin 1885.

Beuthien, Volker: Gibt es eine organschaftliche Stellvertretung?, in: NJW 1999, S. 1142 ff.

Beuthien, Volker: Genossenschaftsgesetz mit Umwandlungs- und Kartellrecht sowie Statut der Europäischen Genossenschaft, 15. Auflage, München 2011.

Binz, Mark / Sorg, Martin: Die GmbH & Co. KG im Gesellschafts- und Steuerrecht, Handbuch für Familienunternehmen, 11. Auflage, München 2010.

Boesebeck, Ernst: Die „kapitalistische" Kommanditgesellschaft, Frankfurt am Main 1938.

Borgolte, Michael: Stiftungen in Christentum, Judentum und Islam vor der Moderne – Auf der Suche nach ihren Gemeinsamkeiten und Unterschieden in religiösen Grundlagen, praktischen Zwecken und historischen Transformationen, Berlin 2005.

Brandmüller, Gerhard / Lindner, Reinhold: Gewerbliche Stiftungen: Unternehmensträgerstiftung - Stiftung & Co. KG - Familienstiftung, 3. Auflage, Berlin 2005.

Brodmann, Erich: Gesellschaft m.b.H. und Compagnie. Ein Epilog, in: JW 1922, 51. Jg, S. 1656 ff.

Brodmann, Erich: Gesetz betreffend die Gesellschaften mit beschränkter Haftung: Kommentar, Berlin 1924.

Bruns, Patrick: Fiduziarische Stiftung als Rechtsperson, in: JZ 2009, 840 ff.

Bruns, Patrick: Kommentar zum Stiftungsgesetz für Baden-Württemberg, 6. Auflage, Essen 2010.

Burgard, Ulrich: Das neue Stiftungsprivatrecht, in: NZG 2002, S. 697 ff.

Burgard, Ulrich: Gestaltungsfreiheit im Stiftungsrecht: Zur Einführung korporativer Strukturen bei der Stiftung, Köln 2006.

Burgard, Ulrich: Die Anerkennungsfähigkeit von Unternehmensstiftungen, in: Die Stiftung, Jahreshefte zum Stiftungswesen, 3. Jahrgang, Frankfurt am Main 2009, S. 31 ff.

Bydlinski, Franz: Grundzüge der juristischen Methodenlehre, Wien 2005.

Cahn, Fritz: G.m.b.H. und Co., Kommanditgesellschaft, Mannheim 1922.

Coing, Helmut: Europäisches Privatrecht, Band 1: Älteres gemeines Recht (1500–1800), München 1985.

Coing, Helmut: Europäisches Privatrecht, Band 2: 19. Jahrhundert – Überblick über die Entwicklung des Privatrechts in den ehemals gemeinrechtlichen Ländern, München 1989.

Daeschner, Léon: Handelsgesellschaftliche Gestaltungsformen: Eine Prüfung ihrer Zulässigkeit nach privatem und öffentlichen Recht unter besonderer Berücksichtigung der neuesten handelsrechtlichen Gesellschaftsformen und ihrer Stellung zu den einschlägigen Reichs-Steuergesetzen, zugl. Diss. Frankfurt 1920.

Damrau, Jürgen / Wehinger, Michael: Übersicht zum Mindeststiftungsvermögen nach dem Recht der Bundesländer, in: ZEV 1998, S. 178 ff.

Dauner-Lieb, Barbara: Unternehmen in Sondervermögen. Haftung und Haftungsbeschränkung. Zugleich ein Beitrag zum Unternehmen im Erbgang, zugl. Habil. Mainz, Tübingen 1998.

Delp, Udo Albert: Die Stiftung & Co. KG: Eine Unternehmensform der rechtsgestaltenden Beratungspraxis, Heidelberg 1991.

Dernburg, Heinrich: Pandekten, Band 1: Allgemeiner Theil und Sachenrecht, 3. Auflage, Berlin 1892.

Dewald, Stephan: Die privatrechtliche Stiftung als Instrument zur Wahrnehmung öffentlicher Zwecke, zugl. Diss. Kiel 1989.

Döring, Caterina: Die Stiftung als Finanzierungsinstrument für Unternehmen, zugl. Diss. Berlin 2010.

Drescher, Helmut: Wie gründet man eine Kommanditgesellschaft? Gemeinverständliche Darstellung der Entstehung einer Kommanditgesellschaft, 3. Auflage, Stuttgart 1946. (zitiert als: Drescher, Wie gründet man eine Kommanditgesellschaft?)

Duden, Konrad: Für ein Bundesstiftungsgesetz, in: JZ 1968, S. 1 ff.

Düringer, Adelbert / Hachenburg, Max: Das Handelsgesetzbuch vom 10. Mai 1897 (unter Ausschluss des Seerechts), 3. Auflage, Mannheim 1932.

Dutta, Anatol: Warum Erbrecht? Das Vermögensrecht des Generationenwechsels in funktionaler Betrachtung, zugl. Habil. Hamburg, Tübningen 2014.

Dutta, Anatol: Von der pia causa zur privatnützigen Vermögensbindung: Funktionen der Stiftung in der heutigen Privatrechtskodifikation, RabelsZ 77 (2013), S. 828 ff.

Duys, Oliver: Auslands-Kapitalgesellschaft & Co. KG: Systemimmanente Grenzen - Europarechtliche Einflüsse, zugl. Diss. Bonn, Regensburg 2001.

Ebenroth, Carsten Thomas / Boujong, Karlheinz / Joost, Detlev / Strohn, Lutz: Kommentar zum Handelsgesetzbuch, Band 1: §§ 1–342e, 3. Auflage 2014.

Ebersbach, Harry: Handbuch des deutschen Stiftungsrechts, Göttingen 1972.

Eberth, Christine: Die Aktiengesellschaft mit atypischer Zwecksetzung, zugl. Diss. Trier 1999, Frankfurt am Main 2000.

Eidenmüller, Horst: Ausländische Kapitalgesellschaften im deutschen Recht, München 2004.

Eltzbacher, Paul: Offene Handelsgesellschaft und Aktiengesellschaft als Teilnehmerinnen einer offenen Handelsgesellschaft, in: ZHR 45 (1896), S. 40 ff.

Enneccerus, Ludwig / Nipperdey, Hans Carl: Lehrbuch des Bürgerlichen Rechts, Band 1: Allgemeine Lehren, 15. Auflage, Tübingen 1959.

Erman, Walter: Bürgerliches Gesetzbuch – Handkommentar, Band 1: §§ 1–758, 14. Auflage, hrsg. von Westermann, Harm Peter u.a., Köln 2014.

Flämig, Christian: Unternehmensnachfolge mittels stiftungshafter Gebilde, in: DB 1978, Beilage Nr. 22, S. 1 ff.

Flechtheim, Julius: Die GmbH als Komplementär einer Kommanditgesellschaft. Entgegnung, in: JW 1923, S. 227 ff.

Flume, Werner: Allgemeiner Teil des Bürgerlichen Rechts,

- 1. Band, 1. Teil: Die Personengesellschaft, Berlin u.a. 1977.
- 1. Band, 2. Teil: Die juristische Person, Berlin u.a. 1983.

Fasselt, Martin: Die Beteiligungsstiftung, zugl. Diss. Berlin 1988.

Förster, Franz / Eccius, Max Ernst: Preußisches Privatrecht, 4. Band, 6. Auflage, Berlin 1893.

Frowein, Jochen: Grundrecht auf Stiftung, Dokumentation einer Vortragsveranstaltung anläßlich der Mitgliederversammlung des Stifterverbandes vom 27.4.1976 in München, Materialien aus dem Stiftungszentrum Heft 9, Essen 1976.

Fuchs, Eugen: Stellungnahme zum Reichsgerichtsurteil Bd. 105, S. 101 ff., in: JW 1922, S. 1677.

Gantenbrink, Matthias: Die hoheitliche Beendigung der Stiftung durch die Stiftungsbehörde, zugl. Diss. Bochum, Frankfurt u.a. 2011.

Gehrke, Matthias: Die Stiftung & Co. KGaA im Gesellschafts- und Steuerrecht, zugl. Diss. Marburg 2006, Frankfurt am Main 2007.

Geibel, Stefan J.: Die Beschränkung der Vertretungsmacht mit Wirkung gegenüber Dritten bei Stiftung und GbR, in: ZJS 2009, 339 ff.

Goerdeler, Reinhard: Die Stiftung als Rechtsform für Unternehmen, in: ZHR 113 (1950), S. 145 ff.

Goerdeler, Reinhard / Ulmer, Peter: Der Stiftungszweck in der Reform des Stiftungsrechts, in: AG 1963, S. 292 ff., S. 328 ff.

Goldschmidt, Levin: Universalgeschichte des Handelsrechts, Bd. 1, Unveränderter Nachdruck d. 3. Auflage Stuttgart 1891, Aalen 1957.

Götze, Cornelius / Winzer, Thomas / Arnold, Christian: Unternehmerische Mitbestimmung - Gestaltungsoptionen und Vermeidungsstrategien, in: ZIP 2009, 245 ff.

Grimm, Jacob und Wilhelm: Deutsches Wörterbuch von Jacob und Wilhelm Grimm, 16 Bände in 32 Teilbänden, Leipzig 1865–1961.

Großfeld, Bernhard: Aktiengesellschaft, Unternehmenskonzentration und Kleinaktionär, Tübingen 1968.

Großfeld, Bernhard / Mark, Jürgen: Die Stiftung als Träger von Unternehmen im deutschen Recht, in: WuR 37, 1985, S. 65 ff.

Grothe, Helmut: Die „ausländische Kapitalgesellschaft & Co.“: Zulässigkeit grenzüberschreitender Grundtypvermischungen und Anknüpfung des Gesellschaftsstatuts unter besonderer Berücksichtigung des europäischen Gemeinschaftsrechts, zugl. Diss. Osnabrück, Köln 1989.

Hachenburg, Max: Steuerlast und Gesellschaftsform, in: DJZ 1913, S. 53 ff.

Hahn, Ottokar: Die Besteuerung der Stiftung. Mit besonderer Berücksichtigung der wirtschaftlichen Stiftungen, Baden-Baden 1966.

Handelsgesetzbuch, Großkommentar in 15 Bänden, begründet von Hermann Staub, hrsg. von Canaris, Claus-Wilhelm u.a.

- Band 3: §§ 105–160, 5. Auflage 2009.
- Band 4: §§ 161–237, 5. Auflage 2015.

Happ, Annette: Stifterwille und Zweckänderung – Möglichkeiten und Grenzen einer Änderung des Stiftungszwecks durch Organbeschluss, zugl. Diss. Köln, Köln 2007.

Härtl, Peter: Ist das Stiftungsrecht reformbedürftig? Eine vergleichende Untersuchung der Landesstiftungsgesetze unter Berücksichtigung der Stiftungspraxis bei den stattlichen Stiftungsgenehmigungs- und aufsichtsbehörden, zugl. Diss. Münster 1990.

Haupt, Günter / Reinhardt, Rudolf: Gesellschaftsrecht, 4. Auflage, Tübingen 1952.

Heeg, Volker: Die UG (haftungsbeschränkt) & Co. KG als (weiteres) hybrides Rechtsgebilde im deutschen Gesellschaftsrecht, in: BB 2009, S. 719 ff.

Heintzeler, Oskar: Die G.m.b.H. & Co. Kommanditgesellschaft - Ihr Anwendungsgebiet und ihre Errichtung, Stuttgart 1923.

Heise, Arnold: Grundriss eines Systems des gemeinen Civilrechts zum Behuf von Pandecten-Vorlesungen, 3. Ausgabe (wenn nicht anders zitiert), Heidelberg 1819.

Held, (Vorname unbekannt): Die Gesellschaft m.b.H. als persönlich haftender Gesellschafter einer offenen Handelsgesellschaft oder Kommanditgesellschaft, in: DJZ 1913, S. 1196 f.

Henkel-Hoffmann, Martina: Die Stiftung im Umfeld wirtschaftlicher Betätigung; insbesondere als geschäftsführender Gesellschafter, zugl. Diss. Bayreuth 1988.

Hennerkes, Brun-Hagen: Die Stiftung & Co. – eine interessante Alternative zur GmbH & Co., Steuerberater-Jahrbuch 1984/85, S. 117 ff.

Hennerkes, Brun-Hagen / Binz, Mark K. / Sorg, Martin H.: Die Stiftung als Rechtsform für Familienunternehmen, in: DB 1986, S. 2217 ff., 2269 ff.

Hennerkes, Brun-Hagen: Überlegungen zur Rechtsformwahl im Familienunternehmen, in: DB 1988, S. 483 ff.

Hennerkes, Brun-Hagen / Schiffer, Jan: Regelung der Unternehmensnachfolge durch Stiftungskonstruktion? Einige grundsätzliche Anmerkungen, in: BB 1992, S. 1940 ff.

Hennerkes, Brun-Hagen / Schiffer, Jan / Fuchs, Marcus: Die unterschiedliche Behandlung der unternehmensverbundenen Familienstiftung in der Praxis der Stiftungsbehörden, in: BB 1995, S. 209 ff.

Henssler, Martin / Willemsen, Josef / Kalb, Jürgen: Arbeitsrecht Kommentar, hrsg. von Henssler, Martin u.a., 6. Auflage, Köln 2014.

Hergenhahn, Theodor: Die offene Handelsgesellschaft: Eine systematische, für den Gebrauch im Geschäftsleben bestimmte Darstellung der gesamten auf die offene Handelsgesellschaft und deren Teilhaber sich beziehenden Rechtsverhältnisse, Leipzig 1894.

Hesselmann, Malte / Tillmann, Bert / Mueller-Thuns, Thomas: Handbuch der GmbH & Co. KG: Gesellschaftsrecht – Steuerrecht, 20. Auflage, Köln 2009.

Heuel, Markus: Die Entwicklung der Unternehmensträgerstiftung in Deutschland, zugl. Diss. Münster, Baden-Baden 2001.

Heymann, Ernst: Handelsgesetzbuch, Kommentar, hrsg. von Norbert Horn, Band 2 (§§ 105–237), 2. Auflage, Berlin 1996.

Historisch-kritischer Kommentar zum BGB,

- Band 1: Allgemeiner Teil (§§ 1–240), hrsg. von Schmoeckel, Mathias / Rückert, Joachim / Zimmermann, Reinhard, Tübingern 2003.

Hübner, Heinz: Allgemeiner Teil des BGB, 2. Auflage 1996.

Hof, Hagen: Die Vermögensausstattung von Stiftungen privaten Rechts, in: DStR 1992, S. 1549 ff., S. 1587 ff.

Hof, Hagen: Stiftungen im deutschen Recht, in: Stiftungsrecht in Europa, hrsg. von Hopt, Klaus J. / Reuter, Dieter, Köln 2001, S. 301 ff.

Hof, Hagen: Zur Typologie der Stiftung, in: Handbuch Stiftungen, hrsg. von der Bertelsmann Stiftung, 2. Auflage, Wiesbaden 2003, S. 765 ff.

Höfner-Byok, Petra: Die Stiftung & Co. KG, zugl. Diss. Osnabrück 1994, Frankfurt am Main 1996.

Höhne, Thorsten: Die Ltd. & Co. KG: gesellschaftsrechtliche und kollisionsrechtliche Aspekte der Beteiligung einer englischen Limited als Komplementärin einer deutschen Kommanditgesellschaft, zugl. Diss. Tübingen 2009/10, Berlin 2011.

Holdheim, Paul: Aktiengesellschaft als Mitglied einer offenen Handelsgesellschaft, in: Wochenschrift für Aktienrecht und Bankwesen, Steuer- und Stempelfragen, hrsg. von Paul Holdheim, Band 1, 1982, S. 195 ff.

Holzschuh, Robert: Die Stiftung als Rechtsform für erwerbswirtschaftliche Unternehmen in rechtlicher, steuerlicher und betriebswirtschaftlicher Sicht in der Bundesrepublik Deutschland und in den Vereinigten Staaten von Amerika, zugl. Diss. Universität 1972. (zitiert als: Holzschuh, Die Stiftung als Rechtsform für erwerbswirtschaftliche Unternehmen).

Huber, Ulrich Vermögensanteil, Kapitalanteil und Gesellschaftsanteil an Personalgesellschaften des Handelsrechts, Heidelberg 1970.

Hugo, Gustav: Lehrbuch des Naturrechts: Als einer Philosophie des positiven Rechts, Berlin 1798.

Hushahn, Johannes: Unternehmensverbundene Stiftungen im deutschen und schwedischen Recht – Ein Rechtsvergleich zur Behandlung der Konstellation verdeckter Unternehmensselbstzweckstiftungen, zugl. Diss., Köln 2009.

Hüffer, Uwe: Aktiengesetz, Kommentar, 11. Auflage, München 2014.

Hüffer, Uwe: Stiftung mit Holdingfunktion – Anerkennung und rechtliche Behandlung, in: Wirtschaft und Gesellschaft im Staat der Gegenwart – Gedächtnisschrift für Peter J. Tettinger 2007, hrsg. von Enuschat, Jörg / Geerlings, Jörg / Mann, Thomas / Pielow, Johann-Christian, S. 449 ff.

Hüttemann, Rainer: Der Grundsatz der Vermögenserhaltung im Stiftungsrecht, in: Festgabe für Werner Flume zum 90. Geburtstag, Berlin u.a. 1998, S. 59 ff.

Hüttemann, Rainer: Das Gesetz zur Modernisierung des Stiftungsrechts, in: ZHR 167 (2003), S. 35 ff.

Hüttemann, Rainer: Stiftungsgeschäft und Vermögensausstattung, in: Festschrift für Olaf Werner zum 70. Geburtstag, Baden-Baden 2009, S. 85 ff.

Hüttemann, Rainer: Gemeinnützigkeits- und Spendenrecht, Eine umfassende und detaillierte Darstellung, 3. Auflage, Köln 2015.

Hüttemann, Rainer / Schön, Wolfgang: Vermögensverwaltung und Vermögenserhaltung im Stiftungs- und Gemeinnützigkeitsrecht, Schriftenreihe des Instituts für Stiftungsrecht und das Recht der Non-Profit-Organisationen, Bd. II/3, Köln u.a. 2007.

Ihle, Jörg: Stiftungen als Instrument der Unternehmens- und Vermögensnachfolge, in: RNotZ 2009, S. 557 ff., S. 621 ff.

Jahn, Andreas: Die Stiftung & Co. KG - Eine attraktive Gestaltungsvariante im zivil- und steuerrechtlichen Überblick, steueranwaltsmagazin 2010, S. 128 ff.

Jakob, Dominique: Schutz der Stiftung. Die Stiftung und ihre Rechtsverhältnisse im Widerstreit der Interessen, Tübingen 2006.

Jakobs, Horst Heinrich / Schubert, Werner: Die Beratung des Bürgerlichen Gesetzbuchs in systematischer Zusammenstellung der unveröffentlichten Quellen, Allgemeiner Teil §§ 1–240, Teilband 1 u. 2, Berlin 1985. (zitiert als: Jakobs/Schubert, Die Beratung des BGB).

Kalteis, Günter: Der Stiftungsgedanke und seine Verwirklichung bei wirtschaftlichen Unternehmungen, zugl. Diss. München 1969.

Karper, Ines: Die Zusammenlegung von privatrechtlichen Stiftungen, zugl. Diss. Göttingen 1993, Aachen 1995.

Kersten, Eduard: Stiftung und Handelsgesellschaft. Ein Beitrag zur Unternehmensstiftung und ihren Erscheinungsformen, in: Festschrift für den 45. Deutschen Juristentag, hrsg. von der Juristischen Studiengesellschaft in Karlsruhe, Karlsruhe 1974, S. 123 ff.

Kiethe, Kurt: Die Haftung des Stiftungsvorstands, in: NZG 2007, S. 810 ff.

Kilian, Michael: Flucht des Staates in die Stiftung, in: Grenzen der Instrumentalisierung von Stiftungen, hrsg. von Mecking, Christoph / Schulte, Martin, Tübingen 2003, S. 87 ff.

Kluge, Friedrich: Etymologisches Wörterbuch der deutschen Sprache, 24. Auflage, Berlin u.a. 2002.

Knobbe-Keuk, Brigitte: Die unbeschränkte Kommanditistenhaftung nach § 176 HGB – Schein und Wirklichkeit, in: Festschrift für Walter Stimpel zum 68. Geburtstag am 29. November 1985, Berlin 1985, S. 187 ff.

Knoke, Paul: Handwörterbuch der Rechtswissenschaft, Bd. 5: Reichsgericht –Territorialprinzip, hrsg. von Stier-Somlo, Fritz / Elfter, Alexander, Berlin u.a. 1928.

Kohler, Josef: Ueber das Recht der Stiftungen, in: Archiv für bürgerliches Recht, Band 3, Berlin 1890, S. 228 ff.

Kolb, Christoph: Kann eine Aktiengesellschaft a) einem anerkannten Verein, b) einer offenen Handelsgesellschaft, c) einer eingetragenen Genossenschaft als Mitglied angehören?, zugleich Diss. Erlangen 1896. (zitiert als: Kolb: Kann eine Aktiengesellschaft einer offenen Handelsgesellschaft als Mitglied angehören?)

Kölner Kommentar zum Aktiengesetz,

- Band 1: (§§ 1–75 AktG), hrsg. Zöllner, Wolfgang / Noack, Ulrich, 3. Auflage Köln 2011.

Koller, Ingo / Kindler, Peter / Roth, Wulf-Henning / Morck, Winfried: Handelsgesetzbuch: HGB Kommentar, 8. Auflage, München 2015.

Kronke, Herbert: Stiftungstypus und Unternehmensträgerstiftung. Eine rechtsvergleichende Untersuchung, Tübingen 1988.

Kronke, Herbert: Organkompetenzen in Stiftung, Kapital- und Personengesellschaft – Gestaltungsprobleme bei mittelbaren Unternehmensträgerstiftungen, in: ZGR 1996, S. 18 ff.

Kutzenberger, Gerhard: Mitbestimmung der Aktionäre. Ein wirtschaftswissenschaftlicher Beitrag zur Aktienrechtsreform, Berlin 1964.

Kübler, Friedrich / Assmann, Heinz-Dieter: Gesellschaftsrecht: Die privatrechtlichen Ordnungsstrukturen und Regelungsprobleme von Verbänden und Unternehmen, 6. Auflage, 2006.

Künnemann, Ulf: Die Stiftung im System des Unterordnungs-Konzerns, zugl. Diss. Münster 1995, Frankfurt am Main 1996.

Kunz, Alfred: Rechtsgebilde als Gesellschafter einer offenen Handelsgesellschaft, zugl. Diss. Breslau 1914.

Kunze, Otto: Unternehmensträger-Stiftung und Unternehmensrechtsreform, in: Wirtschaftsfragen der Gegenwart: Festschrift für Carl Hans Barz zum 65. Geburtstag am 6. Dezember 1974, hrsg. von Robert Fischer u.a., Berlin 1974, S. 172 ff.

Lang, Johann / Weidmüller, Ludwig: Genossenschaftsgesetz, Kommentar, 37. Auflage, Göttingen 2011.

Larenz, Karl: Allgemeiner Teil des deutschen bürgerlichen Rechts, 3. Auflage, München 1975.

Larenz, Karl / Canaris, Claus-Wilhelm: Methodenlehre der Rechtswissenschaft, 4. Auflage, Berlin 2015.

Larenz, Karl / Wolf, Manfred: Der allgemeine Teil des deutschen Bürgerlichen Rechts, 9. Auflage 2004.

Lehmann, Karl: Das Recht der Aktiengesellschaften, Berlin 1898.

Lehmann, Karl / Ring, Viktor: Das Handelsgesetzbuch für das Deutsche Reich, Kommentar, Berlin 1902.

Lenel, Hans Otto: Ursachen der Konzentration unter besonderer Berücksichtigung der deutschen Verhältnisse, Tübingen 1962. (zitiert als: Lenel, Ursachen der Konzentration).

Liebetanz, Reinhold: Das Stiftungswesen nach bürgerlichem und öffentlichem Recht unter Berücksichtigung der Rechtsprechung, Berlin 1931.

Liebmann, (Vorname unbekannt): Darf eine G. m. b. H. persönlich haftender Gesellschafter einer offenen Handelsgesellschaft oder einer Kommanditgesellschaft sein?, in: DJZ 1913, S. 229 f.

Liermann, Hans: Handbuch des Stiftungsrechts, 1. Band: Geschichte des Stiftungsrechts, Tübingen 1963.

Mainczyk, Andreas: Die Stiftung als Gestaltungsmöglichkeit im Rahmen der Unternehmensnachfolge, in: Stbg 2002, S. 76 ff.

Maunz, Theodor / Dürig, Günter: Kommentar zum Grundgesetz, Loseblatt-Sammlung, 72. Ergänzungslieferung, München 2014.

Maurer, Hartmut: Allgemeines Verwaltungsrecht, 18. Auflage, München 2011.

Mayer, Ernst: „Juristische Personen", in: Wörterbuch des Deutschen Verwaltungsrechts, Bd. 1, Freiburg/Tübingen 1894, S. 692 ff.

Mertens, Hans-Joachim: Die Handelsgesellschaft KGaA als Gegenstand gesellschaftsrechtlicher Diskussion und die Wissenschaft vom Gesellschaftsrecht, in: Festschrift für Wolfgang Ritter zum 70. Geburtstag: Steuerrecht, Steuer- und Rechtspolitik, Wirtschaftsrecht und Unternehmensverfassung, Umweltrecht, hrsg. Kley, Max Dietrich u.a., S. 731 ff.

Mestmäcker, Ernst Joachim: Soll das Stiftungsrecht bundesgesetzlich vereinheitlicht und reformiert werden, gegebenenfalls mit welchen Grundzügen?, in: Verhandlungen des 44. Deutschen Juristentages, Bd. II, Tübingen 1964, Teil G, S. 3 ff.

Meyer zu Hörste, Gerhard: Die Familienstiftung als Technik der Vermögensverewigung, zugl. Diss. Göttingen 1976.

Mirbach, Niklas: Stiftungszweck und Gemeinwohlgefährdung, zugl. Diss. Bonn 2011.

Motive zu dem Entwurf eines bürgerlichen Gesetzbuches für das Deutsche Reich, Band 1, Allgemeiner Theil, Berlin u.a. 1888.

Mühlenbruch, Christian Friedrich: Rechtliche Beurtheilung des Städel'schen Beerbungsfalles, 1828.

Müller-Erzbach, Rudolf: Deutsches Handelsrecht, 3. Auflage, Tübingen 1928.

Münchner Handbuch des Gesellschaftsrechts,

- Band 2: Kommanditgesellschaft, GmbH & Co. KG, Publikums-KG, Stille Gesellschaft, hrsg. von Gummert, Hans / Weipert, Lutz, 4. Auflage, München 2014.
- Band 5: Verein, Stiftung bürgerlichen Rechts, hrsg. von Beuthien, Volker / Gummert, Hans / Schöpflin, Martin, 3. Auflage, München 2009.

Münchner Kommentar zum Aktiengesellschaft,

- Band 2, (§§ 76–117, MitbestG, DrittelbG), hrsg. von Goette, Wulf/Habersack, Mathias, 4. Auflage, München 2014.

Münchner Kommentar zum Bürgerlichen Gesetzbuch,

- Band 1 (§§ 1–240), 6. Auflage, hrsg. von Säcker, Franz Jürgen u.a., München 2012.
- Band 10 (IPR I, Art. 1–24 EGBGB), 6. Auflage, hrsg. von Säcker, Franz Jürgen u.a., München 2014.

Münchner Kommentar zum Handelsgesetzbuch,

- Band 2: (§§ 105–160), 3. Auflage, hrsg. von Karsten Schmidt, München 2011.
- Band 3: (§§ 161–237), 3. Auflage, hrsg. von Karsten Schmidt, München 2012.

Mugdan, Benno: Die gesammelten Materialien zum Bürgerlichen Gesetzbuch für das Deutsche Reich, Band I, Berlin 1899.

Muscheler, Karlheinz: Die Rechtsstellung der Stiftungsdestinatäre, in: WM 2003, 2213 ff.

Muscheler, Karlheinz: Die Verbindlichkeit des Verbindlichen im Stiftungsrecht, in: JR 2003, S. 441 ff.

Muscheler, Karlheinz: Stiftung und Gemeinwohlgefährdung, in: NJW 2003, S. 3161 ff.

Muscheler, Karlheinz: Bundesrechtliche Vorgaben und Grenzen für eine Reform der Landesstiftungsgesetze, in: ZSt 2004, S. 3 ff.

Muscheler, Karlheinz: Die Unternehmensstiftung, besser: Die unternehmensverbundene Stiftung, in: ErbR 2008, S. 134 ff., S. 174 ff.

Muscheler, Karlheinz: Die Verbrauchsstiftung, in: Festschrift für Olaf Werner zum 70. Geburtstag, Baden-Baden 2009, S. 129 ff.

Muscheler, Karlheinz: Stiftungsrecht – Gesammelte Beiträge, 2. Auflage, Baden-Baden 2011.

Neandrup, Peter-Hubert: Mitbestimmungsgesetz und Organisationsfreiheit, in: AuR 1977, S. 225 ff.

Neuhoff, Klaus: Die gemeinwohlkonforme Allzweckstiftung als Gegenstand des Stiftungsrecht des BGB, , in: Deutsches Stiftungswesen 1977 bis 1988, Wissenschaft und Praxis, 1989, S. 61 ff.

Nienhaus, Julia: Kapitalschutz in der Aktiengesellschaft mit atypischer Zwecksetzung: eine rechtsvergleichende/europarechtliche Untersuchung für Deutschland, Frankreich, Belgien, Großbritannien und Irland, zugl. Diss. Mainz 2002, Köln u.a. 2002.

Nietzer, Wolf M. / Stadie, Volker: Die Familienstiftung & Co. KG – eine Alternative für die Nachfolgeregelung bei Familienunternehmen, in: NJW 2000, S. 3457 ff.

Nissel, Reinhard: Das neue Stiftungsrecht: Stiftungen bürgerlichen Rechts, Leitfaden zum Deutschen Bundesrecht, Baden-Baden 2002.

NomosKommentar Bürgerliches Gesetzbuch,

- Band I (§§ 1–240 BGB), 2. Auflage, hrsg. von Heidel, Thomas u.a., Baden-Baden 2012.

Oppenheimer, Fritz: Handelsgesellschaften als Mitglieder von Personengesellschaften, zugl. Diss. Breslau 1922.

Palandt, Otto: Bürgerliches Gesetzbuch mit Nebengesetzen, 74. Auflage, München 2015.

Palm, Ulrich: Die Person im Ertragsteuerrecht, Tübingen 2013.

Polden, Patrick: Peter Thellusson's Will of 1797 and Its Consequences on Chancery Law, Edwin Mellen Press 2002.

Pavel, Uwe: Eignet sich die Stiftung für den Betrieb erwerbswirtschaftlicher Unternehmen? Bad Homburg 1967.

Peiker, Peter: Kommentar zum Hessischen Stiftungsgesetz, Materialien aus dem Stiftungszentrum Heft 24, hrsg. vom Stiftungszentrum im Stifterverband für die Deutsche Wissenschaft, 3. Auflage, Wiesbaden 2005.

Pfeifer, Carl: Die Lehre von den juristischen Personen nach gemeinem und würtembergischem Rechte, Tübingen 1847.

Plagemann, Jochen: Die Stiftung als Unternehmungsform, zugl. Diss. Marburg 1950.

Priester, Hans-Joachim: Die Kommanditgesellschaft auf Aktien ohne natürlichen Komplementär, in: ZHR 160 (1996), S. 250 ff.

Priester, Hans-Joachim: Kapitalbildung bei der UG (haftungsbeschränkt) – einer GmbH mit ernst zu nehmenden Sonderregeln, in: Festschrift Günter H. Roth 2011, hrsg. Altmeppen, Holger u.a., S. 573 ff.

Pruns, Matthias: Das Verbot der „Selbstzweckstiftung“ und der „Stiftung für den Stifter“ (Teil 1): Gesetzliche Grundlagen, in: AnwZert ErbR 08/2012, Anm. 2.

Pruns, Matthias: Das Verbot der „Selbstzweckstiftung“ und der „Stiftung für den Stifter“ (Teil 2): Selbstzweckstiftung – Der Wille des Gesetzgebers, systematische Bedenken und Lösung, in: AnwZert ErbR 10/2012, Anm. 2.

Pruns, Matthias: Das Verbot der „Selbstzweckstiftung“ und der „Stiftung für den Stifter“ (Teil 3): Das Verbot der „Stiftung für den Stifter“, in: AnwZert ErbR 11/2012, Anm. 2.

Puchta, Georg Friedrich: Georg Friedrich Puchta's Kleine civilistische Schriften, ges. u. hrsg. von Adolph August Friedrich Rudorff, Leipzig 1851.

Puppe, Ingeborg: Kleine Schule des juristischen Denkens, 2. Auflage, Göttingen 2011.

Rawert, Peter: Die Genehmigungsfähigkeit der unternehmensverbundenen Stiftung, zugl. Diss. Kiel 1989, Frankfurt am Main 1990.

Rawert, Peter: Der Einsatz der Stiftung zu stiftungsfremden Zwecken, in: ZEV 1999, S. 294 ff.

Rawert, Peter: Die privatnützige Stiftung, in: Stiftung & Sponsoring, 4/2000, S. 16 ff.

Rawert, Peter: Der Stiftungsbegriff und seine Merkmale – Stiftungszweck, Stiftungsvermögen, Stiftungsorganisation, in: Stiftungsrecht in Europa, hrsg. von Hopt, Klaus / Reuter, Dieter, Köln 2001, S. 109 ff.

Rawert, Peter: Stiftung und Unternehmen, in: Non Profit Law Yearbook 2003, S. 1 ff.

Rehbein, Hugo: Das Bürgerliche Gesetzbuch mit Erläuterungen für das Studium und die Praxis Band 1, Allgemeiner Teil, Berlin 1899.

Regelsberger, Ferdinand: Pandekten, Systematisches Handbuch der deutschen Rechtswissenschaft, Bd. 1, Leipzig 1893.

Reicke, Siegfried: Stiftungsbegriff und Stiftungsrecht im Mittelalter, in: Zeitschrift der Savigny Stiftung für Rechtsgeschichte Bd. 53, Germanistische Abteilung, S. 247 ff.

Raiser, Thomas / Veil, Rüdiger: Recht der Kapitalgesellschaften. Ein Handbuch für Praxis und Wissenschaft Aktiengesellschaft, Kommanditgesellschaft auf Aktien,

Gesellschaft mit beschränkter Haftung, Übernahmerecht, Umwandlungsrecht, Konzernrecht, Internationales Gesellschaftsrecht, Europäisches Gesellschaftsrecht, 5. Auflage, München 2010.

Raiser, Thomas: Kommentar zum Mitbestimmungsgesetz, 4. Auflage, Berlin 2002.

Raiser, Thomas: Der Begriff der juristischen Person – Eine Neubesinnung, in: AcP 199 (1999), S. 104 ff.

Reuter, Dieter: Stiftungsabhängigkeit des Unternehmens – Ein Mittel zur Lösung des Nachfolgeproblems?, in: GmbHR 1973, S. 241 ff.

Reuter, Dieter: Privatrechtliche Schranken der Perpetuierung von Unternehmen: Ein Beitrag zum Problem der Gestaltungsfreiheit im Recht der Unternehmensformen, zugleich Habil. Bielefeld 1972, Frankfurt am Main 1973.

Reuter, Dieter: Neue Impulse für das gemeinwohlorientierte Stiftungswesen?, in: Non Profit Law Yearbook 2001, S. 27 ff.

Reuter, Dieter: Stiftungsform, Stiftungsstruktur und Stiftungszweck, in: AcP 207 (2007), S. 1 ff.

Reuter, Dieter: Die unselbstständige Stiftung, in: Stiftungen in Deutschland und Europa, im Auftrag des Bundesverbandes Deutscher Stiftungen aus Anlaß seines 50jährigen Bestehens, hrsg. von v. Campenhausen, Axel Freiherr / Kronke, Herbert / Werner, Olaf, Düsseldorf 1998, S. 203 ff.

Reuter, Dieter: Stiftung und Staat, in: Stiftungsrecht in Europa, hrsg. von Hopt, Klaus J. / Reuter, Dieter, Köln 2001, S. 139 ff.

*Reuter, Dieter: S*tiftungsrechtliche Vorgaben für die Verwaltung des Stiftungsvermögens, in: NZG 2005, S. 649 ff.

RGRK zum BGB: Das Bürgerliche Gesetzbuch mit besonderer Berücksichtigung der Rechtsprechung des Reichsgerichts und des Bundesgerichtshofs, hrsg. von Mitgliedern des Bundesgerichtshofs,

- I. Bd. (§§ 1–240), 12. Auflage, Berlin 1980.

RGRK zum HGB: Kommentar zum Handelsgesetzbuch, früher hrsg. von Mitgliedern des Reichsgerichts,

- 1. Band (§§ 1–104), bearbeitet von Würdinger, 2. Aufl., Berlin 1953,
- 2. Band (§§ 105–177; 335–342), bearbeitet von Weipert, 2. Aufl. Berlin 1950.

Richter, Andreas / Sturm, Sebastian: Stiftungsreform und Novellierung der Landesstiftungsgesetze, in: NZG 2005, S. 655 ff.

Richter, Andreas / Wachter, Thomas: Handbuch des internationalen Stiftungsrechts, Angelbachtal 2007.

Riehmer, Klaus: Körperschaften als Stiftungsorganisation - eine Untersuchung stiftungsartiger Körperschaften in Deutschland, England und den USA, zugl. Diss. Kiel, Baden-Baden 1993.

Riemer, Hans Michael: Stiftungen im schweizerischen Recht, in: Stiftungsrecht in Europa, hrsg. von Hopt, Klaus J. / Reuter, Dieter, Köln 2001, S. 511 ff.

Rittner, Fritz: Die werdende juristische Person - Untersuchungen zum Gesellschafts- und Unternehmensrecht, Tübingen 1973.

Rodloff, Frank / Drabe, Kai: Die Verwaltung von Stiftungsvermögen durch Vorstand und Vermögensverwalter, in: ZIP 2003, S. 2284 ff.

Rödel, Thomas: Rechtsfolgen einer verlustbringenden Anlage des Stiftungsvermögens in Aktien, in: NZG 2004, S. 754 ff.

Röhricht, Volker / Westphalen, Friedrich Graf von / Haas, Ulrich: Handelsgesetzbuch: Kommentar zu Handelsstand, Handelsgesellschaften, Handelsgeschäften und besonderen Handelsverträgen (ohne Bilanz-, Transport- und Seerecht), 4. Auflage, Köln 2014.

Römermann, Volker / Passarge, Malte: Die GmbH & Co. KG ist tot – es lebe die UG & Co. KG!, in: ZIP 2009, S. 1497 ff.

Römermann, Volker: Die Unternehmergesellschaft – manchmal die bessere Variante der GmbH – Wider die vorurteilsbelastete Sicht einer neuen Gesellschaftsform, in: NJW 2010, S. 905 ff.

Rösner, Fabian: Die Konzernierung der Stiftung und ihr Einfluss auf die Pflichten des Stiftungsvorstands, zugl. Diss. Münster 2011, Baden-Baden 2012.

Roth, Paul: Über Stiftungen, in: Jehrings Jahrbücher für die Dogmatik des heutigen römischen und deutschen Privatrechts, Bd. 1, 1857, S. 189 ff.

Sachs, Michael: Kein Recht auf Stiftungsgenehmigung, in: Freiheit und Eigentum, Festschrift für Walter Leisner zum 70. Geburtstag, hrsg. von Josef Isensee u.a., Berlin 1999, S. 955 ff.

Saenger, Ingo / Arndt, Ingo: Reform des Stiftungsrechts – Auswirkungen auf Unternehmensstiftungen und privatnützige Stiftungen, in: ZRP 2000, S. 13 ff.

Saenger, Ingo: Gesellschaftsrecht, 2. Auflage, München 2013.

Sandkühler, Hans Jörg: Europäische Enzyklopädie zu Philosophie und Wissenschaften, 4. Band (R-Z), Hamburg 1990.

Sandkühler, Hans Jörg: Enzyklopädie Philosophie, In drei Bänden (auf CD-Rom), 2. Auflage, Hamburg 2010.

Sawada, Tobias: Der Gläubigerschutz in der UG (haftungsbeschränkt) & Co. KG, zugl. Diss. 2012, Jena 2012.

Schäfer, Günter: Zulässigkeit und rechtliche Grenzen der GmbH u. Co., zugl. Diss. Frankfurt am Main 1965.

Schär, Johann Friedrich: Buchhaltung und Bilanz, 2. Auflage, Berlin 1914.

Schall, Alexander: Kapitalgesellschaftsrechtlicher Gläubigerschutz: Grund und Grenzen der Haftungsbeschränkung nach Kapitaldebatte, MoMiG und Trihotel, München 2009.

Schauhoff, Stephan: Handbuch der Gemeinnützigkeit, hrsg. von Stephan Schauhoff, 3. Auflage, München 2010.

Scheuerle, Wilhem: Das Wesen des Wesens – Studien über das sog. Wesensargument im juristischen Begründen, in: AcP 163 (194), S. 429 ff.

Scheuing, Paul: Die Führung einer zweiten Firma durch Handelsgesellschaften und deren Teilnahme an einer offenen Handelsgesellschaft, zugl. Diss. 1905. (zitiert als: Die Teilnahme an einer offenen Handelsgesellschaft).

Schewe, Markus: Die Errichtung der rechtsfähigen Stiftung von Todes wegen, zugl. Diss. Bochum 2003.

Schiffer, Jan: Die unternehmensverbundene Stiftung ist im Gerede – Einige Anmerkungen und Klarstellung zu Rawert, in: ZEV 1999, S. 294 –, ZEV 1999, S. 424 ff.

Schiffer, Jan: Fortsetzung der Diskussion zur unternehmensverbundenen Stiftung trotz des neuen Stiftungszivilrechts? - Ein Ruf aus der Praxis, in: ZSt 2003, S. 252 ff.

Schiffer, Jan: Die Entwicklung des Stiftungszivilrechts in den Jahren 2004 bis 2006, in: NJW 2006, S. 2528 ff.

Schiffer, Jan / Pruns, Matthias: Zum Lehrsatz vom Verbot der Selbstzweckstiftung: Teil 1: Grundlagen und kritische Überprüfung, in: ZStV 2012, S. 1 ff.

Schindler, Ambras: Vermögensanlage von Stiftungen im Zielkonflikt zwischen Rendite, Risiko und Erhaltung der Leistungskraft, in: DB 2003, S. 297 ff.

Schlüter, Andreas: Stiftungsrecht zwischen Privatautonomie und Gemeinwohlbindung: Ein Rechtsvergleich Deutschland, Frankreich, Italien, England, USA, München 2004.

Schmidt, Karsten: Haftung des nicht eingetragenen Kommanditisten, in: NJW 1983, S. 2260 ff.

Schmidt, Karsten: Die GmbH & Co. – eine Zwischenbilanz, in: GmbHR 1984, S. 272 ff.

Schmidt, Karsten: Verbandszweck und Rechtsfähigkeit im Vereinsrecht: Eine Studie über Erwerb und Verlust der Rechtsfähigkeit nichtwirtschaftlicher und wirtschaftlicher Vereine, Heidelberg 1984.

Schmidt, Karsten: Wohin steuert die Stiftungspraxis?, in: DB 1987, S. 261 ff.

Schmidt, Karsten: Stiftungswesen – Stiftungsrecht – Stiftungspolitik, Berglisch-Gladbach u.a. 1987.

Schmidt, Karsten: Kapitalsicherung in der GmbH & Co. K: Schlußbilanz und Zwischenbilanz einer rechtsfortbildung? – Eine Skizze mit Ausblicken auf die Auslandsgesellschaft & Co. sowie auch die Stiftung & Co. KG, in: GmbHR 1989, S. 141 ff.

Schmidt, Karsten: Deregulierung des Aktienrechts durch Denaturierung der Kommanditgesellschaft auf Aktien?, in: ZHR 160 (1996), S. 250 ff.

Schmidt, Karsten: Handelsrecht, 5. Auflage, Köln u.a. 1999.

Schmidt, Karsten: „Ersatzformen" der Stiftung – Unselbstständige Stiftung, Treuhand und Stiftungskörperschaft, in: Stiftungsrecht in Europa, hrsg. von Hopt, Klaus J. / Reuter, Dieter, Köln 2001, S. 175 ff.

Schmidt, Karsten: Gesellschaftsrecht, 4. Auflage, Köln u.a. 2002.

Schmidt, Karsten: Brave New World: Deutschland und seine Unternehmenserben aus dem Weg in ein Stiftungs-Dorado?, in: ZHR 166 (2002), S. 145 ff.

Schmidt, Karsten: Die GmbH & Co. KG als Lehrmeisterin des Personengesellschaftsrechts, in: JZ 2008, S. 425 ff.

Scholz, Franz: Kommentar zum GmbH-Gesetz,

– Band I: §§ 1–34, 10. Auflage, Köln 2006.

Schönfeld, Walther: Rechtsperson und Rechtsgut im Lichte des Reichsgerichts als Vorarbeit zu einer künftigen Wirklichkeitslehre des deutschen Rechts, in: Die Reichsgerichtspraxis im deutschen Rechtsleben, Band 2: Zivil- und Handelsrecht, Berlin u.a. 1929.

Schönfeld, Walther: Zur Ehrenrettung der juristischen Person, in: AcP 136 (1932), S. 331 ff.

Schönle, Friedrich: Grundtypenvermischung im neuen Recht. Insbesondere die Kapitalgesellschaften als Mitglieder von Personengesellschaften, Berlin 1935.

Schröder, Rainer: Stiftungsaufischt im Spannungsverhältnis von Privatautonomie und Staatskontrolle – ein Beitrag zum Verhältnis von Statt und Stiftung, in: DVBl 2007, S. 207 ff.

Schubert, Werner: Die Vorlagen der Redaktoren für die erste Kommission zur Ausarbeitung des Entwurfs eines Bürgerlichen Gesetzbuches, hrsg. von Werner Schubert, unveränderter Nachdruck der Ausgabe aus den Jahren 1876–1887, Berlin 1981.

Schuck, Frank: Die Doppelstiftung - Instrument zur Gestaltung der Unternehmensnachfolge, zugl. Diss. Bochum 2009.

Schulte, Martin: Die Mehrfachkontrolle von Stiftungen, DÖV 1996, S. 497 ff.

Schulze, Reiner: Historischer Hintergrund des Stiftungsrechts, in: Deutsches Stiftungswesen 1977 bis 1988, Wissenschaft und Praxis, 1989, S. 29 f.

Schulze, Reiner: Die Gegenwart des Vergangenen – Zu Stand und Aufgaben der Stiftungsrechtsgeschichte, in: Stiftungsrecht in Europa, hrsg. von Hopt, Klaus / Reuter, Dieter, Köln 2001, S. 55 ff.

Schulze zur Wiesche, Dieter: Die Stiftung & Co. KG – eine attraktive Unternehmensform, in: WPg 1988, S. 128 ff.

Schürnbrand, Jan: Organschaft im Recht der privaten Verbände, zugl. Habil. Mainz, Tübingen 2007.

Schwake, Johannes: Zum Mindestkapital bei rechtsfähigen Stiftungen des bürgerlichen Rechts, in: NZG 2008, S. 248 ff.

Schwake, Johannes: Kapital und Zweckerfüllung bei Unternehmensstiftungen, zugl. Diss. Würzburg, Hamburg 2008.

Schwarting, Richard: Kann eine GmbH persönlich haftender Gesellschafter einer oHG sein?, zugl. Diss. Kiel 1913.

Schwarz, Günter Christian: Zur Neuregeleung des Stiftungsprivatrechts, in: DStR 2002, S. 1718 ff., 1767 ff.

Schwarz, Günter Christian: Die Stiftung als Instrument für die mittelständische Unternehmensnachfolge, in: BB 2001, S. 2381 ff.

Schwarz, Günter Christian: Zur Zulässigkeit landesrechtlicher Vorschriften über die Familien- und Unternehmensstiftung, in: ZEV 2003, S. 306 ff.

Schwarz, Gustav: Rechtssubjekt und Rechtszweck: Eine Revision der Lehre von den Personen, in: Archiv für bürgerliches Recht, Bd. 32, 1908, S. 12 ff.

Schwintek, Sebastian: Vorstandskontrolle in rechtsfähigen Stiftungen bürgerlichen Rechts – Eine Untersuchung zu Pflichten und Kontrolle von Leitungsorganen im Stiftungsrecht - insbesondere in Unternehmensträgerstiftungen, zugl. Diss. Osnabrück, Baden-Baden 2001.

Schwintek, Sebastian: Stiftungsförderung durch Normativsystem? – Anmerkung zu gegenwärtigen Reformbestrebungen im Stiftungsrecht, in: ZRP 1999, S. 25 ff.

Schwintek, Sebastian: Die Haftung von Organmitgliedern gegenüber der Stiftung für fehlerhafte Vermögensverwaltung und Ertragsverwendung, in: ZSt 2005, 108 ff.

Schwintowski, Hans-Peter: Die Stiftung als Konzernspitze, in: NJW 1991, S. 2736 ff.

Seibt, Christoph: Unternehmensmitbestimmungsrechtliche Konzernzurechnung bei Einschaltung von Stiftung & Co. KG und paritätischen Beteiligungsunternehmen, in: ZIP 2011, S. 249 ff.

Seifart, Werner: Vermögensverwaltung bei Stiftungen, in: BB 1987, S. 1889 ff.

Servos, Rüdiger: Die Personengesellschaften und die stille Gesellschaft in den Kodifikationen und Kodifikationsentwürfen vom ALR bis zum ADHGB, zugl. Diss. Bonn 1984. (zitiert als: Servos, Die Personengesellschaften in den Kodifikationen vom ALR bis zum ADHGB).

Sieker, Susanne: Umgehungsgeschäfte: typische Strukturen und Mechanismen ihrer Bekämpfung, zugl. Habil. Berlin 1999/2000.

Soergel, Hans Theodor: Bürgerliches Gesetzbuch mit Einführungsgesetz und Nebengesetzen, begründet von Hans Theodor Soergel, hrsg. von W. Siebert u.a.

- §§ 1–240, 10. Aufl., Stuttgart 1967.
- §§ 1–103, 13. Aufl., Stuttgart 2000.
- §§ 104–240, 13. Aufl., Stuttgart 1999.

Spiegelberg, Ernst: Die offene Handelsgesellschaft als Teilnehmerin an einer anderen offenen Handelsgesellschaft, zugl. Diss. Göttingen 1906.

Spilker, Bettina: Nicht eingetragene Vereine und unselbständige Stiftungen als juristische Personen im Sinne des UStG, in: ZStV 2010, S. 127 ff.

Staub, Hermann: Kommentar zum Handelsgesetzbuch,
- Erster Band: §§ 1–177, 11. Auflage, Berlin 1921.
- Zweiter Band: §§ 178–342, 11. Auflage, Berlin 1921.

Steils, Jan: Die Stiftung auf Zeit und die Verbrauchsstiftung. Unter besonderer Berücksichtigung der Anerkennungsvoraussetzungen des § 80 Abs. 2 BGB, zugl. Diss. Bochum 2013, Frankfurt am Main u.a. 2014.

Steinbeck, Anja: Vereinsautonomie und Dritteinfluß - dargestellt an den Verbänden des Sports, Berlin 1999.

Stengel, Arndt: Stiftung und Personengesellschaft: Die Beteiligung einer Stiftung an einer Personengesellschaft des Handelsrechts, zugl. Diss. Trier 1991, Baden-Baden 1993.

Stenzel, Igor: Die Pflicht zur Bildung einer gesetzlichen Rücklage bei der UG (haftungsbeschränkt) und die Folgen für die Wirksamkeit des Gesellschaftsvertrags einer UG (haftungsbeschränkt) & Co. KG, in: NZG 2009, S. 168 ff.

Stern, Fritz: Die Möglichkeit der Bildung einer oHG durch andere Handelsgesellschaften, zugl. Diss. Erlangen 1915.

Strachwitz, Rupert Graf / Mercker, Florian: Stiftungen in Theorie, Recht und Praxis: Handbuch für ein modernes Stiftungswesen, 1. Auflage, München 2005.

Strickrodt, Georg: Stiftungsrecht: Geltende Vorschriften und rechtspolitische Vorschläge, Baden-Baden 1977.

Steuck, Heinz-Ludwig: Die Stiftung als Rechtsform für wirtschaftliche Unternehmen, ihre Struktur und Besteuerung, zugl. Diss. Mannheim, Berlin 1967.

Teichman, Arndt: Die „Gesetzesumgehung" im Spiegel der Rechtsprechung, in: JZ 2003, S. 761 ff.

Thöl, Heinrich: Das Handelsrecht: In Verbindung mit dem allgemeinen deutschen Handelsgesetzbuch dargestellt, Leipzig 1841.

Tieves, Johannes: Der Unternehmensgegenstand der Kapitalgesellschaft, zugl. Diss. Heidelberg 1997, Köln 1998.

Timmer, Karsten: Stiften in Deutschland: Die Ergebnisse der StifterStudie, Gütersloh 2005.

Trappe, Sebastian: Unternehmensmitbestimmung und unternehmensverbundene Stiftungen, zugl. Diss. Bochum 2010, Frankfurt am Main 2010.

Trops, Fritz: Wirtschaftliche Unternehmen innerhalb der Stiftung; Eine Übersicht über die möglichen Stiftungsstrukturen, in: AG 1970, S. 367 ff.

Trops Fritz: Stiftungsreform oder Unternehmensreform? Zwei Gesichter der Stiftung, in: ZRP 1971, S. 227 ff.

Ulmer, Peter / Habersack, Mathias / Henssler, Martin: Mitbestimmungsrecht, Kommentierung des MitbestG, des DrittelbG, des SEBG und des MgVG, 3. Auflage, München 2013.

Ulmer, Peter / Habersack, Mathias / Löbbe, Marc: Gesetz betreffend die Gesellschaften mit beschränkter Haftung: Großkommentar,

– Band 1: Einleitung § 1–28, 2. Auflage 2013.

Unger, Joseph: System des österreichischen allgemeinen Privatrechts, Band 1, 5. Auflage, Leipzig 1892.

Vinken, Horst: Die Stiftung als Trägerin von Unternehmen und Unternehmensteilen – Ein Beitrag zur Morphologie der Einzelwirtschaften, zugl. Diss. Köln 1969.

Vogel, Steffen: Das Gesetz zur Stärkung des Ehrenamtes und die Verbrauchsstiftung – Reform zur Aufweichung des Wesensgehaltes des Instituts der selbstständigen Stiftungen bürgerlichen Rechts?, in ZStV 2014, S. 81 ff.

Volkholz, Torsten: Geltung und Reichweite der Privatautonomie bei der Errichtung von Stiftungen: Die Weiterentwicklung des Stiftungsrechts nach Neufassung der §§ 80 bis 88 BGB durch das Gesetz zur Modernisierung des Stiftungsrechts zum 1. September 2002, zugl. Diss. Frankfurt 2008.

Voll, Otto / Störle, Johann: Bayerisches Stiftungsgesetz, 5. Auflage, Stuttgart 2009.

von Arnesberg, Arndts: Lehrbuch der Pandekten, 7. Auflage, Stuttgart 1872.

von Brinz, Alois: Lehrbuch der Pandekten, Band 1, 2. Auflage, Erlangen 1873.

von Campenhausen, Axel Freiherr / Richter, Andreas: Stiftungsrechts-Handbuch, 4. Auflage, München 2014.

von Gierke, Otto: Die Genossenschaftstheorie und die deutsche Rechtsprechung, Berlin 1887.

von Gierke, Otto: Personengemeinschaften und Vermögensbegriffe in dem Entwurfe eines Bürgerlichen Gesetzbuches für das Deutsche Reich - Band 18 von Beiträge zur Erläuterung und Beurtheilung des Entwurfes eines Bürgerlichen Gesetzbuches für das Deutsche Reich, Berlin 1889.

von Gierke, Otto: Der Entwurf eines bürgerlichen Gesetzbuchs und das deutsche Recht, Leipzig 1889.

von Gierke, Otto: Deutsches Privatrecht, Band 1: Allgemeiner Teil und Personenrecht, Leipzig 1895.

von Gierke, Otto: Das deutsche Genossenschaftsrecht, Band 3: Die Staats- und Korporationslehre des Altertums und des Mittelalters und ihre Aufnahme in Deutschland, Berlin 1881.

von Hahn, Friedrich: Commentar zum Allgemeinen Deutschen Handelsgesetzbuch, Band 1, 4. Auflage, Braunschweig 1894.

von Hippel, Thomas: Grundprobleme von Nonprofit-Organisationen: eine zivilrechtsdogmatische, steuerrechtliche und rechtsvergleichende Untersuchung über

Strukturen, Pflichten und Kontrollen und wirtschaftliche Tätigkeit von Vereinen und Stiftungen, Tübingen 2007.

von Hippel, Thomas / Walz, Rainer: Rechtsvergleichender Generalbericht, in: Spenden- und Gemeinnützigkeitsrecht in Europa: Rechtsvergleichende, rechtsdogmatische, ökonometrische und soziologische Untersuchungen, hrsg. von Hippel, Thomas u.a., Tübingen 2007, S. 89 ff.

von Holtzendorff, Franz / Kohler, Josef: Enzyklopädie der Rechtswissenschaft in systematischer Bearbeitung, Band 2, begründet von Franz von Holtzendorff, hrsg. von Josef Kohler, 7. Auflage, München 1915.

von Jhering, Rudolf: Geist des römischen Rechts auf den verschiedenen Stufen seiner Entwicklung, I–III. Theil, 4. Auflage, Leipzig 1880–1888.

von Münch, Ingo / Kunig, Philipp: Grundgesetz-Kommentar, Bd. 2 (Art. 70 bis Art. 146), 6. Auflage, München 2012.

von Savigny, Friedrich Carl: System des heutigen römischen Rechts, Band 2, Berlin 1840, Neudruck Berlin 1973.

von Savigny, Friedrich Carl: Das Obligationenrecht als Theil des heutigen römischen Rechts, Band 2, Berlin 1853.

von Staudinger, Julius: Kommentar zum Bürgerlichen Gesetzbuch mit Einführungsgesetz und Nebengesetzen:

- §§ 1–89, 12. Bearbeitung, Berlin 1980,
- §§ 21–103, 13. Bearbeitung, Berlin 1995,
- § 80–89, Neubearbeitung 2011, Berlin 2011.
- EGBGB/IPR, Internationales Gesellschaftsrecht, Neubearbeitung 1998.

Wachter, Thomas: Stiftungen: Zivil- und Steuerrecht in der Praxis, 2. Auflage, Köln 2012.

Wehrheim, Michael / Gehrke, Matthias: Zur Qualifikation von Einkünften bei einer Stiftung & Co. KGaA, StuW 2005, S. 234 ff.

Weimar, Robert / Delp, Udo: Die Stiftung & Co. KG - ein dauerhafter Schutz gegen Bilanzeinsicht?, in: BB 1987, S. 1707 ff.

Weimar, Robert / Delp, Udo: Die Stiftung & Co. KG in rechtlicher und steuerrechtlicher Sicht, in: Information StW 1987, S. 74 ff.

Weimar, Robert / Geitzhaus, Georg / Delp, Udo: Die Stiftung & Co. KG als Rechtsform der Unternehmung, in: BB 1986, S. 1999 ff.

Weimar, Robert / Reeh, Michael: Rechts- und Gestaltungsformen zur Vermeidung der Register- bzw. Hauspublizität, in: DB 1988, S. 1637 ff.

Weimar, Robert / Kohl, Christine: Die gesellschaftsrechtliche Praxis unter dem Einfluß der neuen handelsrechtlichen Publizitätspflichten, in: MDR 1989, S. 396 ff.

Weitemeyer, Birgit: Vorwort zu npoR 4/2010, in: Zeitschrift für das Recht der Non Profit Organisationen.

Werner, Olaf: Stiftung und Stifterwille, inStiftungen in Deutschland und Europa, im Auftrag des Bundesverbandes Deutscher Stiftungen aus Anlaß seines 50jährigen Bestehens, hrsg. von v. Campenhausen, Axel Freiherr / Kronke, Herbert / Werner, Olaf, Düsseldorf 1998, S. 243 ff.

Werner, Rüdiger: Die Haftung des Stiftungsvorstands, in: ZEV 2009, S. 366 ff.

Werner, Olaf / Saenger, Ingo: Die Stiftung – Recht, Steuern, Wirtschaft. Stiftungsrecht, Berlin 2008.

Wernicke, Thomas: Vorstandskontrolle in der Stiftung, in: ZEV 2003, S. 301 ff.

Westermann, Harm Peter: Vertragsfreiheit und Typengesetzlichkeit im Recht der Personengesellschaften, Berlin 1970.

Westermann, Herbert: Zweck der Gesellschaft und Gegenstand des Unternehmens im Aktien- und Gesellschaftsrecht, in: Festschrift für Ludwig Schnorr von Carolsfeld zum 70. Geburtstag am 26. Januar 1973, hrsg. von Hubmann, Heinrich / Hübner, Hübner, Köln u.a. 1972, S. 517 ff.

Wieacker, Franz: Zur Theorie der Juristischen Person des Privatrechts, in: Festschrift für Ernst Rudolf Huber zum 70. Geburtstag am 8. Juni 1973, hrsg. von Ernst Forsthoff, Werner Weber und Franz Wieacker, Göttingen 1973.

Wiedemann, Herbert: Gesellschaftsrecht: Ein Lehrbuch des Unternehmens- und Verbandsrechts,

– Band 1: Grundlagen, München 1980,

– Band 2: Recht der Personengesellschaften, München 2004.

Wiedemann, Herbert: Grundfragen der Unternehmensverfassung, in: ZGR 1975, S. 385 ff.

Wiederhold, Johannes: Stiftung und Unternehmens im Spannungsverhältnis, zugl. Diss. Mannheim 1971, Bern 1971.

Wieland, Karl Albert: Handelsrecht, Band 1: Das kaufmännische Unternehmen und die Handelsgesellschaften, München 1921.

Wiethölter, Rudolf: Die GmbH & Co. KG – Chancen und Grenzen, in: Aktuelle Probleme der GmbH & Co., zugleich Bericht über die Arbeitstagung „GmbH & Co." in Köln am 16./17.3.1967, Köln 1967, S. 11 ff.

Windscheid, Bernhard: Lehrbuch des Pandektenrechts, Band 1, 6. Auflage, Frankfurt am Main 1887.

Wisskirchen, Gerlind / Bissels, Alexander / Dannhorn, Wolfgang: Vermeidung der unternehmerischen Mitbestimmung aus arbeitsrechtlicher Sicht, in: DB 2007, S. 2258 ff.

Wochner, Georg: Stiftungen und stiftungsähnliche Körperschaften als Instrumente dauerhafter Vermögensbindung, in: MittRhNotK 1994, S. 89 ff.

Wochner, Georg: Rechtsfähige Stiftungen – Grundlagen und aktuelle Reformbestrebungen, in: BB 1999, S. 1441 ff.

Wolff, Hans / Bachof, Otto / Stober, Rolf / Kluth, Winfried: Verwaltungsrecht, Band II, 7. Auflage, München 2010.

Würdinger, Hans: Aktienrecht - eine systematische Darstellung, 1. Auflage, Karlsruhe 1959.

Zahn, Friedrich: Kann eine Aktiengesellschaft Mitglied einer offenen Handelsgesellschaft werden?, in: Seufferts Blätter für Rechtsanwendung, Band 11, 1893, S. 97 ff., S. 113 ff.

Zartmann, Hugo: Mischformen des Gesellschaftsrechts in neuer Betrachtung, in: BB 1951, S. 736 ff.

Zartmann, Hugo/ Litfin, Peter Martin: Unternehmensform nach Mass – Ein kritischer Vergleich für die Praxis, 2. Auflage, Stuttgart 1977.

Zielinski, Gustav: Grundtypvermischungen und Handelsgesellschaftsrecht: Der Eintritt von Kapitalgenossenschaften in Personalgesellschaften, seine wirtschaftliche Bedeutung und rechtliche Zulässigkeit, Marbug 1925.

Zimmermann, Herbert: Die Familienstiftung im Lande Nordrhein-Westfalen, in: ZRP 1976, S. 300 ff.

Bochumer Studien zum Stiftungswesen

Herausgegeben von Karlheinz Muscheler

Der Verein „Fundare e.V., Gemeinnütziger Verein zur Förderung des Stiftungswesens" hat sich zum Ziel gesetzt, zu einer aufblühenden Stiftungskultur in Deutschland beizutragen. Auch die von Prof. Dr. Karlheinz Muscheler im Auftrag von Fundare herausgegebene Schriftenreihe „Bochumer Studien zum Stiftungswesen" dient diesem Ziel. In ihr sollen Arbeiten aus grundsätzlich allen wissenschaftlichen Disziplinen erscheinen, die sich mit dem Stiftungswesen im weitesten Sinne beschäftigen. Einen Schwerpunkt bilden Arbeiten zum Zivil-, Verwaltungs- und Steuerrecht der Stiftung. Veröffentlicht werden insbesondere Dissertationen, Habilitationen und sonstige Monographien.

Band 1 Irena Braxator: Grundlagen der Panama-Stiftung. 2009.

Band 2 Frank Schuck: Die Doppelstiftung. Instrument zur Gestaltung der Unternehmensnachfolge. 2009.

Band 3 Sang-Hyun Ko: Errichtung einer Stiftung nach deutschem und koreanischem Recht. 2009.

Band 4 Jonas Arnhold: Die selbständige Stiftung und der Testamentsvollstrecker. 2010.

Band 5 Sebastian Trappe: Unternehmensmitbestimmung und unternehmensverbundene Stiftungen. 2010.

Band 6 Irena Braxator: Fundamental Principles of Panamanian Foundations. 2011.

Band 7 Matthias Gantenbrink: Die hoheitliche Beendigung der Stiftung durch die Stiftungsbehörde. Zur Aufhebung und Zusammenführung von Stiftungen. 2011.

Band 8 Dominik Wagner: Errichtung und Tätigkeit von Stiftungen nach polnischem Recht. 2012.

Band 9 Jochen Maier: Gemeinnützige Stiftungen und Generationengerechtigkeit. Möglichkeiten und Grenzen ihrer Einbeziehung in eine generationengerechte Politik. 2012.

Band 10 Matthias Klein: Bürgerstiftungen in Deutschland. Entwicklungen, Erfahrungen und Ausblicke. 2013.

Band 11 Jan Steils: Die Stiftung auf Zeit und die Verbrauchsstiftung. Unter besonderer Berücksichtigung der Anerkennungsvoraussetzungen des § 80 Abs. 2 BGB. 2014.

Band 12 Pierre Plottek: Vermögensanfall bei Verein und Stiftung. Zivil- und Gemeinnützigkeitsrecht. 2014.

Band 13 Gordian Oertel: Die Zulässigkeit der Stiftung & Co. KG. Unter besonderer Berücksichtigung der Strukturmerkmale der Stiftung bürgerlichen Rechts. 2016.

www.peterlang.com